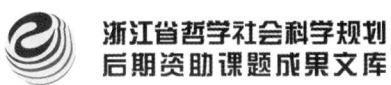

浙江省哲学社会科学规划
后期资助课题成果文库

网络金融犯罪若干问题研究

WANGLUO JINRONG FANZUI
RUOGAN WENTI YANJIU

张启飞◎著

 中国政法大学出版社

2020·北京

图书在版编目（CIP）数据

网络金融犯罪若干问题研究/张启飞著. —北京：中国政法大学出版社，2020.9
ISBN 978-7-5620-9676-4

Ⅰ.①网… Ⅱ.①张… Ⅲ.①金融网络－计算机犯罪－研究－中国 Ⅳ.①D924.364

中国版本图书馆 CIP 数据核字 (2020) 第 189289 号

出 版 者	中国政法大学出版社
地　　址	北京市海淀区西土城路 25 号
邮寄地址	北京 100088 信箱 8034 分箱　邮编 100088
网　　址	http://www.cuplpress.com（网络实名：中国政法大学出版社）
电　　话	010-58908285(总编室) 58908433（编辑部）58908334(邮购部)
承　　印	固安华明印业有限公司
开　　本	720mm×960mm　1/16
印　　张	19
字　　数	310 千字
版　　次	2020 年 9 月第 1 版
印　　次	2020 年 9 月第 1 次印刷
定　　价	89.00 元

摘　要

ABSTRACT

网络金融作为一种金融新形态，在改变传统金融模式的同时，也在不断引发网络金融犯罪。目前，我国网络金融犯罪无论在规模上还是种类上都呈现扩展的趋势。研究、探讨网络金融犯罪领域相关的法律问题，是预防网络金融犯罪的重要方面，并且有益于网络金融的健康发展。本书着重讨论网络金融电子数据、电子代理人、网络金融平台涉及的法律问题，并对网络洗钱犯罪、网络信用卡诈骗犯罪、第三方支付诈骗犯罪、互联网金融犯罪予以重点研究。本书共分为五章。

第一章，网络金融犯罪概述。网络金融犯罪是在网络金融发展的过程中出现的新型犯罪，既涉及网络犯罪，又涉及金融犯罪。通过介绍我国惩治网络金融犯罪的立法概况，对网络金融、网络金融犯罪与相关概念的异同进行辨析，并对《中华人民共和国刑法》（以下简称《刑法》）分则第三章第四节、第五节规定的 38 种具体金融犯罪进行梳理，认为共有 13 种罪名可以构成网络金融犯罪，具体包括：（1）第 174 条第 1 款，擅自设立金融机构罪；（2）第 176 条，非法吸收公众存款罪；（3）第 177 条之一第 2 款，窃取、收买、非法提供信用卡信息罪；（4）第 179 条，擅自发行股票、公司、企业债券罪；（5）第 180 条第 1 款，内幕交易、泄露内幕信息罪；（6）第 180 条第 4 款，利用未公开信息交易罪；（7）第 181 条第 1 款，编造并传播证券、期货交易虚假信息罪；（8）第 181 条第 2 款，诱骗投资者买卖证券、期货合约罪；（9）第 182 条，操纵证券、期货市场罪；（10）第 191 条，洗钱罪；（11）第 192 条，集资诈骗罪；（12）第 196 条第 1 款，信用卡诈骗罪；（13）第 198 条，保险诈骗罪。但是，我国网络金融犯罪刑事立法整体上滞后于金融犯罪刑事立法与整体刑事立法，并且以刑法为主，单行刑法和附属刑法相关条款规定较为原则，网络金融犯罪立法不够健全，缺乏专门的法律条款，相关金融法律层阶较低，法律法规之间缺乏衔接，亟须进一步完善。

第二章，网络金融犯罪的一般问题。网络金融犯罪的一般问题亦即网络金融犯罪的共性问题，包括涉及网络金融电子数据、电子代理人、网络金融平台等法律问题。其中，网络金融电子数据主要研究涉及电子货币和用户密码的法律问题。电子货币作为电子商务中的一种支付工具，具有法定货币的部分功能，但其法律性质和发行主体不明，规范电子货币的法律法规几乎处于空白状态。本书认为，电子货币是一种新型电子支付结算工具，中国人民银行、商业银行、非银行金融机构及信息产业公司等机构都能够成为我国电子货币发行的主体。由于相关法律规定的缺失，使电子货币的法律地位难以明确，容易利用电子货币实施洗钱、盗窃、诈骗及其他违法犯罪行为，面临较大的法律风险。用户密码作为确认或完成民商事活动的重要电子数据，未经授权使用或非法获取他人用户密码，侵害他人民事权益的，应承担相应的侵权责任；泄露商用密码技术秘密、非法攻击商用密码或者利用商用密码从事危害国家安全和利益的活动，情节严重的，涉嫌构成非法获取计算机信息系统数据罪；此外，冒用他人信用卡账户密码，进行网上支付或转账的，涉嫌构成信用卡诈骗罪。电子代理人作为使用人意志和行为的延伸，其法律性质存有争议，作为折中理论的"电子人论"学说获得多数学者的赞同。电子代理人能否成为诈骗的对象，成为理论界和实务界关注的焦点，以典型的电子代理人 ATM 机为例，本书认为 ATM 机能够成为诈骗罪和信用卡诈骗罪的受骗者。网络金融平台促进了网络金融的发展，但也存在沉淀资金的法律性质、交易安全、非法交易、风险控制、消费者权利保护等方面的问题，同时，网络金融平台容易触犯擅自设立金融机构罪，非法吸收公众存款罪，擅自发行股票、公司、企业债券罪，洗钱罪，集资诈骗罪，信用卡诈骗罪等金融犯罪。

第三章，网络洗钱犯罪。网络洗钱作为在传统洗钱的基础上结合网络技术发展起来的一种新型洗钱方式，主要借助网上银行及其他金融机构提供的网络金融服务，以及利用电子付款系统、电子货币等电子支付工具等方法掩饰、隐瞒犯罪来源和性质。网络洗钱的表现形式主要包括利用网上银行洗钱，利用电子货币洗钱，利用在线网络销售服务洗钱，利用网络赌博洗钱，利用网络保险、网络证券及网络理财产品洗钱，利用互联网金融创新工具洗钱及其他网络洗钱形式。目前，我国反洗钱立法尚不够完善，未能全面履行相关国际公约规定的反洗钱义务；反洗钱立法仍侧重于传统洗钱的预防和控制，对网络洗钱立法规定缺失；洗钱罪客体归属不准确，有碍准确打击洗钱犯罪；洗钱罪主观要件过于严格，客观要件过于狭窄。建议修订洗钱罪的构成要件，完善传统洗钱犯罪立法。包括扩大洗钱犯罪的上游犯罪范围，将原生本犯纳入洗钱罪主体；调整现有洗钱罪的归属类别，将其纳入"妨害司法罪"；扩大洗钱罪主观方面的成立范围，把"明知"理解为"知道或应当知道"；增设洗钱罪的实行行为方式，使之包含"获取、占有和使用"等行为方式；确立"构成管辖权"，弥补"普遍管辖权"的不足；明确规定洗钱罪的不作为形式等。

第四章，新型网络支付诈骗犯罪。新型网络支付诈骗犯罪包括网络信用卡诈骗犯罪、第三方支付诈骗犯罪及其他新型支付诈骗犯罪。其中，网络信用卡诈骗犯罪典型的表现形式包括冒用他人信用卡信息、使用伪造的信用卡信息、使用信用卡后拒付、网络钓鱼等。信用卡诈骗领域出现的新的犯罪形式，给法律适用带来了困惑。我国《刑法》第 196 条无法涵盖网络无卡信用卡诈骗行为及使用信用卡后拒付两种情况，为堵塞刑法上的漏洞，应在我国《刑法》第 196 条第 1 款增加一项"使用信用卡后拒付的"，在第 196 条增设一款"以网络无卡方式进行信用卡诈骗的，依照前款规定处罚"，将上述行为纳入信用卡诈骗罪的范畴；盗窃信用卡并使用其实质仍是信用卡诈骗，不宜定盗窃罪，建议删除我国《刑法》第 196 条第 3 款的规定。目前，第三方支付平台发展迅速，缺乏有效的行政监管和法律约束，刑法视野下第三方支付平台存在信用卡套现、洗钱、沉淀资金、用户信息安全等问题，利用第三方支付实施诈骗犯罪的行为主要包括利用交易对方对交易规则不熟悉进行诈骗、利用网络钓鱼进行诈骗、信用卡诈骗等。

第五章，互联网金融创新的刑法规制。互联网金融是互联网时代的新金融活动，对我国经济社会的现代化发挥重要的推动作用，同时，也面临互联网金融违法犯罪、法律和监管方面的风险。互联网金融创新行为面临诸多刑事风险，其中，他人利用第三方支付业务涉嫌构成的犯罪包括洗钱罪，非法经营罪，挪用资金罪，职务侵占罪，侵犯公民个人信息罪，盗窃罪，诈骗罪等其他违法犯罪。P2P 网贷面临的刑事风险包括非法吸收公众存款罪，集资诈骗罪，非法经营罪，洗钱罪，擅自设立金融机构罪，高利转贷罪等。众筹模式涉嫌构成的犯罪包括非法吸收公众存款罪，集资诈骗罪，擅自发行股票、公司、企业债券罪，非法经营罪等。我国应为互联网金融的健康发展提供有力的法律保障，尽快确立甄别互联网金融创新与相关违法犯罪的刑法标准。从社会危害性和刑事违法性两个方面、实质标准和定罪标准两个层次上来设定互联网金融的刑法保障标准，实质标准是是否有利于实体经济和经济社会发展，定罪标准是行为同时具有严重社会危害性和刑事违法性，保护互联网金融合法经营活动，宽宥对待其中的轻微违法行为，严厉打击互联网金融犯罪。对互联网金融的监管规范应首先考虑运用民商、行政等法律规制，只有在其难以有效发挥保障作用时，才需要刑法介入。

CONTENTS

目　录

摘　要 …………………………………………………………… 001

引　言 …………………………………………………………… 001

一、问题的缘起 ………………………………………………… 001

二、研究的述评 ………………………………………………… 002

三、研究的路径 ………………………………………………… 009

第一章　网络金融犯罪概述 …………………………………… 011

第一节　网络金融概述 ………………………………………… 011

一、网络金融的概念 …………………………………………… 011

二、网络金融的特征 …………………………………………… 014

三、我国网络金融的发展概况 ………………………………… 015

第二节　网络金融犯罪的基本范畴 …………………………… 018

一、网络金融犯罪的概念 ……………………………………… 018

二、网络金融犯罪的类型 ……………………………………… 021

三、网络金融犯罪的特征 ……………………………………… 021

四、我国网络金融犯罪的现状 ………………………………… 024

第三节　我国惩治网络金融犯罪的立法概况 ………………… 026

一、我国惩治网络金融犯罪的刑事立法 ……………………… 026

二、惩治网络金融犯罪的其他规范性文件 …………………… 048

三、我国惩治网络金融犯罪的立法评价 ……………………… 053

第二章　网络金融犯罪的一般问题 ……………………… 057

第一节　网络金融电子数据问题 ……………………… 057

一、电子数据概述 ……………………………………… 057

二、电子货币问题 ……………………………………… 064

三、用户密码的法律地位问题 ………………………… 073

第二节　电子代理人相关法律问题 …………………… 078

一、电子代理人概述 …………………………………… 079

二、电子代理人中的诈骗问题 ………………………… 085

三、电子代理人中的错误问题 ………………………… 089

第三节　网络金融平台相关法律问题 ………………… 093

一、网络金融平台概述 ………………………………… 093

二、互联网金融平台存在的法律问题 ………………… 097

三、互联网金融平台面临的刑事法律风险 …………… 112

第三章　网络洗钱犯罪 ………………………………… 120

第一节　网络洗钱犯罪概述 …………………………… 120

一、网络洗钱犯罪的概念和特征 ……………………… 120

二、网络洗钱犯罪的发展趋势 ………………………… 125

三、网络洗钱犯罪的表现形式 ………………………… 127

第二节　我国反网络洗钱犯罪立法概况及现存问题 … 133

一、我国反洗钱立法概况 ……………………………… 133

二、我国反网络洗钱犯罪立法存在的问题 …………… 141

第三节　我国反网络洗钱犯罪立法的完善 …………… 152

一、完善传统反洗钱犯罪的刑事立法 ………………… 153

二、加强新型反网络洗钱犯罪立法 …………………… 170

第四章　新型网络支付诈骗犯罪 ……………………… 173

第一节　新型网络支付诈骗犯罪概述 ………………… 174

一、新型网络支付诈骗犯罪概述 ……………………………… 174

二、新型网络支付诈骗犯罪的特征 …………………………… 176

三、新型网络支付诈骗犯罪的表现形式 ……………………… 178

第二节　网络信用卡诈骗犯罪 ………………………………… 179

一、网络信用卡诈骗概况 ……………………………………… 179

二、网络信用卡诈骗犯罪的表现形式 ………………………… 182

三、我国网络信用卡诈骗犯罪立法问题及其解决 …………… 184

第三节　第三方支付诈骗犯罪 ………………………………… 189

一、第三方支付诈骗概述 ……………………………………… 189

二、第三方支付诈骗监管现状及问题 ………………………… 192

三、第三方支付诈骗犯罪的行为分析及解决途径 …………… 199

第五章　互联网金融创新的刑法规制 ………………………… 209

第一节　互联网金融创新行为概述 …………………………… 209

一、我国互联网金融的发展现状 ……………………………… 209

二、互联网金融创新的表现形式 ……………………………… 217

三、互联网金融创新中存在的问题 …………………………… 222

第二节　互联网金融创新行为的刑事风险 …………………… 227

一、第三方支付面临的刑事风险 ……………………………… 228

二、P2P 网贷面临的刑事风险 ………………………………… 233

三、众筹面临的刑事风险 ……………………………………… 238

第三节　互联网金融刑法适用的理论基础 …………………… 241

一、我国互联网金融犯罪与刑事领域中的行政犯 …………… 241

二、我国互联网金融犯罪中二次违法性原理的适用问题 …… 246

三、刑法的谦抑性与我国互联网金融犯罪刑事政策的适用 ………… 249

第四节　互联网金融创新行为的刑法保障 …………………… 252

一、互联网金融创新行为的法律保障状况 …………………… 252

二、互联网金融创新的刑法保障标准 …………………………… 256

三、互联网金融创新的刑法保障路径 …………………………… 260

结　语 ……………………………………………………………… 264

参考文献 …………………………………………………………… 266

引 言

一、问题的缘起

金融业的发展对于社会发展具有不可替代的重要作用，特别是通过调配资金分配与运行，推动着经济的发展与繁荣。同时金融业由于其特殊属性，本身也具有巨大的风险，因而是国家宏观调控包括法律调控的重点领域。网络金融是网络信息技术与现代金融相结合的产物，是未来金融业发展的目标模式。然而网络在将金融业的优势放大的同时，也将各种金融风险放大，特别是网络的交互性、传递性使得各种金融风险放大，网络金融犯罪行为日趋多发、危害愈发巨大。2015 年由于网络金融创新导致的股灾不但使数千万股民血本无归，也使得国家经济受到莫大冲击；而频频发生的 P2P 平台跑路以及引发的非法集资类犯罪的适用问题更是为传统刑法理论提出了新的难题。

网络金融的有序发展有赖于有效的法律规制，网络金融犯罪的产生归因于金融制度不严和法律控制不力。目前，网络金融行为面临着突出的法律问题：一方面，网络金融风险和安全问题更为突出和复杂；另一方面，网络金融法律面对许多新问题、新形势出现失灵现象。从法律角度来看，网络金融属于新生事物，现行法律法规难以有效规制网络金融行为，造成众多网络金融活动无法可依，游走在合法与非法的边缘地带。随着"互联网+"战略的推进，网络金融的发展和运行方式发生持续变化，侵犯网络金融安全的手段日益智能化、隐蔽化。网络金融犯罪频发，给社会带来巨大的危害，并且，随着网络技术的迅猛发展，网络金融犯罪将仍呈上升态势。网络金融系统的任何故障、非法入侵和破坏、信息泄露等，都会给金融机构带来巨大损失，甚至造成金融业的瘫痪。本书立足于网络金融发展的现状，以现有刑法理论为依托，以保护网络金融安全为目标，考察网络金融犯罪的发展态势，分析现行刑法对网络金融犯罪的规制，研究如何改进、完善刑事立法，以促进网络金融的健康发展。

二、研究的述评

目前，国内外针对网络金融犯罪的研究较少，至今尚未有专著出版，在相关数据库中也未见公开发表在核心期刊的论文和学位论文。这主要是因为网络金融犯罪是一种新型犯罪，是网络犯罪和金融犯罪的结合，研究者或者在网络犯罪研究的著作中论及金融犯罪，或者在金融犯罪的研究中论及利用网络实施的金融犯罪。网络金融犯罪涉及网络金融、网络犯罪、金融犯罪等诸多研究领域。

对于网络金融犯罪，国内外研究此方面并公开发表的有关文献资料极少，多数著作侧重于传统金融犯罪的研究。外文著作仅见美国学者马西安达罗主编《全球金融犯罪：恐怖主义、洗钱与离岸金融中心》（西南财经大学出版社2007年版），法国学者玛丽-克里斯蒂娜·迪皮伊-达侬著《金融犯罪：有组织犯罪怎样洗钱》（中国大百科出版社2006年版），比较研究方面的著作有王文华著《欧洲金融犯罪比较研究：以欧盟、英国和意大利为视角》（外语教学与研究出版社2006年版），赵凤祥主编《国际金融犯罪比较研究与防范》（中国大百科全书出版社1998年版），巴瑞·亚历山大·肯尼斯·瑞德、阎海亭等著《国际金融犯罪预防与控制》（中国金融出版社2010年版）。相对而言，国内对于传统金融犯罪的研究较为成熟，出版了多部学术专著，比较有代表性的有顾肖荣、周骏如、涂龙科等著《当前金融犯罪新问题研究》（黑龙江人民出版社2008年版），曲伶俐等著《刑事政策视野下的金融犯罪研究》（山东大学出版社2010年版），周平主编《转型期金融犯罪忧思录》（上海财经大学出版社2008年版），刘鑫著《民间融资犯罪问题研究》（上海人民出版社2015年版），白建军主编《金融犯罪研究》（法律出版社2000年版），张智辉、刘远主编《金融犯罪与金融刑法新论》（山东大学出版社2006年版），林孟皇著《金融犯罪与刑事审判》（元照出版社2010年版），刘宪权著《金融犯罪刑法理论与实践》（上海人民出版社2014年版），刘宪权著《金融犯罪刑法学专论》（北京大学出版社2010年版），李永升主编《金融犯罪研究》（中国检察出版社2010年版），卢勤忠著《非法集资犯罪刑法理论与实务》（上海人民出版社2014年版），安曦萌著《金融犯罪的刑法治理：以刑法谦抑为视角》（北京大学出版社 2017 年版），万春主编《金融犯罪指导性案例实务指引》（中国检察出版社 2018 年版），吴羽、李振林著《金融犯罪防治研究》（中国政法大学出版社 2018 年版），王新主编《北大金融犯罪司法实务 15 讲》（法律出版社 2019 年版），张朝霞主编《金融犯罪不捕不诉典型案例》（中国检察出版社 2019 年版），刘宪权著《金融犯罪刑法学原理》（上海人民出版社 2020 年版）。从研究主题来看，国内刑法学界对于金融犯罪的研究主要集中在以下几个问题的探讨：（1）金融犯罪的概念问题，包括金融犯罪的范围、金融犯罪的分类、金融犯罪的特征等；（2）金融犯罪的立法技术问题，包括金融犯罪的立法完善，应否增加罚金刑和资格刑等；（3）金融犯罪个罪的认定问题，即破坏金融管理秩序罪与金融诈骗罪的司法认定等。

在网络犯罪研究方面，目前国内研究较为成熟。以皮勇著《网络安全法原论》（中国人民公安大学出版社 2008 年版），皮勇著《网络犯罪比较研究》（中国人民公安大学出版社 2005 年版）为代表。其他有关网络犯罪的著作包括皮勇著《电子商务领域犯罪研究》（武汉大学出版社 2002 年版），郑毅著《网络犯罪及相关问题研究》（武汉大学出版社 2014 年版），刘会霞等编《网络犯罪与信息安全》（电子工业出版社 2014 年版），孙景仙、安永勇著《网络犯罪研究》（知识产权出版社 2006 年版），季境、张志超主编《新型网络犯罪问题研究》（中国检察出版社 2012 年版），孙春雨等编著《计算机与网络犯罪专题整理》（中国人民公安大学出版社 2007 年版），黄泽林著《网络犯罪的刑法适用》（重庆出版社 2005 年版），于同志著《网络犯罪》（法律出版社 2008 年版），许秀中著《网络与网络犯罪》（中信出版社 2003 年版）。喻海松著《网络犯罪二十讲》（法律出版社 2018 年版），邵彦铭等著《网络犯罪识别与防控》（中国民主法制出版社 2019 年版），齐文远、杨柳著《网络犯罪问题研究》（中国法制出版社 2019 年版），王肃之著《网络犯罪原理》（人民法院出版社 2019 年版），敬力嘉著《信息网络犯罪规制的预防转向与限度》（社会科学文献出版社 2019 年版），李玉萍主编《网络司法典型案例刑事卷（2019）》（人民法院出版社 2020 年版），王玉薇著《网络犯罪治理的法治化路径》（北京大学出版社 2020 年版）。这些著作主要关注的问题包括但不限于（1）网络与网络犯罪相关概念的界定，包括系统安全，网络犯罪发展现状及立法现状，并提出立法建议和防控措施等。（2）网络犯罪相关问题研究，包括电子证据，个人信息安全的法律保护等网络犯罪相关的问题进行探讨。(3) 网络犯罪的比较研究，包括国外网络犯罪的立法及欧盟有关网络犯罪的公约介绍等。

近年来，随着互联网、云计算等技术的普遍应用，互联网金融领域的犯罪也屡有发生，刑法学者研究的注意力也转向该领域。与前述网络犯罪和传统金融研究略有不同，互联网金融方兴未艾，该领域的研究著作较少，论文居多。其中，专著方面，郭华著《互联网金融犯罪概说》（法律出版社 2015 年版），袁小萍著《互联网金融犯罪侦防对策研究》（中国人民公安大学出版社 2015 年版），王铼等著《互联网金融犯罪侦查与司法实务研究》（中国人民公安大学出版社 2018 年版），袁远著《互联网金融法律理论与实务问题研究》（中国法制出版社 2019 年版），刘刚、邹新月著《互联网金融乱象及其风险监管》（北京大学出版社 2019 年版），汪恭政、皮勇著《第三方支付平台犯罪及刑事责任研究》（中国社会科学出版社 2020 年版）。其中，《互联网金融犯罪概说》作为我国第一部探讨互联网金融犯罪的专著，以互联网金融创新、风险与犯罪为主线，分析了互联网金融犯罪的现状与未来趋势，提出了互联网金融入罪与出罪的判断思路，阐释了互联网金融犯罪认定的基本方法。论文方面，《华东政法大学学报》2014 年第 5 期以"互联网金融法律规制问题研究"为专题发表的 5 篇文章较有代表性。毛玲玲的"发展中的互联网金融法律监管"一文从对互联网金融"是否需要监管"和"如何监管"两个层面探讨了行政监管介入互联网金融的必要性和可行性，并从以信用为核心构建行政监管、从金融消费者权益保护的角度完善民事责任、从"反欺诈"的角度配置刑事管制等三个方面构建了互联网金融的法律监管的路径。姜涛的"互联网金融所涉犯罪的刑事政策分析"一文，在分析互联网金融现有三种典型模式属于民间借贷的网络类型的基础上，认为其与刑法中的非法吸收公众存款罪、集资诈骗罪等的构成要件之间具有契合性。面对互联网金融，刑法应保持谦抑性。刘宪权、金华捷的"P2P 网络集资行为刑法规制评析"一文，以对当前我国 P2P 网络集资无序发展这一现实困境的分析为起点，在坚持刑法介入 P2P 网络集资具有必要性的前提下，认为刑法亦不能过度干预从而妨害其发展。文章认为，应将传统的"信息中介"式的 P2P 网络集资排除在犯罪之外，刑法应仅将"异化"的网络集资行为纳入刑法规制范围，而在 P2P 网络集资的刑事认定中，司法机关应当以非法吸收公众存款罪或非法经营罪追究相关责任人的刑事责任。肖凯的"论众筹融资的法律属性及其与非法集资的关系"主要分析众筹融资的构成条件及是否作为非法集资的政策要求。文章从众筹之"众"、众筹之"资"和众筹与非法集资的关系等方面进行了细致的论述，主张在适用非法吸收公众存款罪时，应以投资人的风险识别能力和承担能力为基础，辅之以人数标准，衡量其社会性构成要件。万志尧的"对第三方支付平台的行政监管与刑法审视"一文，以互联网金融模式中的第三方支付平台为分析对象，主要就第三方支付平台在我国的发展以及现有的行政监管措施予以介绍，并详细分析了互联网金融所面临的刑事法律风险。

关于互联网金融犯罪的论文还有：殷宪龙的"我国网络金融犯罪司法认定研究"（《法学杂志》2014 年第 2 期），该文认为我国规范网络金融犯罪的相关法律略显滞后，政策性立法占主导地位，相关实体及程序法律规定不够完善，建议制定专门的反网络金融犯罪刑事立法。王建文、奚方颖的"我国网络金融监管制度：现存问题、域外经验与完善方案"（《法学评论》2014 年第 6 期）一文，认为我国网络金融监管存在法律体系不完善，监管模式滞后等缺陷，阻碍了网络金融的健康发展，应借鉴国外的经验，协调监管和创新，建立专业化的监管模式，完善我国网络金融监管法律制度，从而控制网络金融风险。郭德香的"网上银行金融犯罪法律防治措施新探"（《中国刑事法杂志》2013 年第 9 期）一文，认为我国应确立网上银行金融犯罪法律防治新思维，制定防治网上银行金融犯罪的专门立法，并借鉴国际公约的规定以提升我国防治网上银行金融犯罪的立法层次，并重视国际合作，以有效遏制网上银行金融犯罪的高发态势。傅跃建、傅俊梅的"互联网金融犯罪及刑事救济路径"（《法治研究》2014 年第 11 期）一文，认为完善互联网金融刑事规制体系，要坚持"二次性违法原则""公平原则""鼓励创新原则"，针对互联网金融犯罪的特征，应力争互联网金融犯罪罪名独立，拓宽处罚手段，扩大犯罪主体。何欣奕的"股权众筹监管制度的本土化法律思考——以股权众筹平台为中心的观察"（《法律适用》2015 年第 3 期）一文，以股权众筹监管制度为思考对象，以众筹平台为观察视角，分析我国股权众筹发展面临法律、信义和现实困境，应确立原则导向监管制度，建立"合格投资者"准入制度，建立投资者人数及投资金额的防控制度，并明确普通合伙人无限责任，建立行业监管及信息披露制度，以完善我国股权众筹监管。黄辛、李振林的"互联网金融犯罪的刑法规制"（《人民司法》2015 年第 5 期）一文，认为互联网金融犯罪导致刑法规制的诸多困境，容易冲击刑法的稳定性，导致泛刑主义思想抬头。在刑事立法方面，应注重刑罚结构的科学化，在刑事司法方面，应重视司法的理性克制并坚持罪刑法定原则。张雪楳的"P2P 网络借贷相关法律问题研究"（《法律适用》2014 年第 8 期）一文，对 P2P 网络贷款的性质界定及其法律效力，P2P 网贷合同有效情形下的利息问题，P2P 网贷平台公司在交易中的行为性质及 P2P 网贷涉及的刑事犯罪问题进行了研究。李晓明的"P2P 网络借贷的刑法控制"（《法学》2015 年第 6 期）一文，认为 P2P 网络借贷面临诸多刑事风险，可以采取刑事政策、犯罪构成、刑罚措施及行刑衔接与轻罪建构等具体措施加强刑法控制。

关于互联网金融风险防范及监管的论文有：杨东的"P2P 网络借贷平台的异化及其规制"（《社会科学》2015 年第 8 期）一文，认为 P2P 网络借贷模式在我国民间融资出现异化，偏离传统纯信用平台本质，借款人、贷款人、平台和第三人各方主体极易引发道德和法律风险，应通过完善 P2P 网络借贷法律法规以避免上述风险。刘宪权的"互联网金融股权众筹行为刑法规制论"（《法商研究》2015 年第 6 期）一文，认为一方面应健全相关行政法律法规，对股权众筹的融资主体资格、投资主体条件、平台义务等作出细致的规定，从而将其纳入规范化治理的轨道；另一方面应当审慎适用擅自发行股票罪、非法吸收公众存款罪等罪名，构建一个能够适当限制将股权众筹行为轻易入罪的"缓冲带"，对于借股权众筹之名行集资诈骗、非法吸收公众存款、洗钱犯罪之实的行为，要严厉打击。杨东、刘翔的"互联网金融视阈下我国股权众筹法律规制的完善"［《贵州民族大学学报（哲学社会科学版）》2014 年第 2 期］一文，在分析我国股权众筹的发展现状及法律风险的基础上，借鉴美国《JOBS 法案》，提出完善我国股权众筹发展的建议。杨东、苏伦嘎的"股权众筹平台的运营模式及风险防范"（《国家检察官学院学报》2014 年第 4 期）一文，通过对市场上流行的股权众筹平台——创投圈、天使汇和大家投等的研究，分析其服务范围、运营流程及资金流转等方面的特点，提出相应的风险分析与防范措施。杨东的"互联网金融的法律规制——基于信息工具的视角"（《中国社会科学》2015 年第 4 期）一文，认为我国现行管制型立法对互联网金融风险规制失灵，抑制竞争且加剧信息不对称，应重新厘定信息工具范式，以大数据和征信体系为基础，规范市场准入并明确市场主体法律地位，发挥信息工具之风险预警作用，构建投资者保护立法，完善融合型互联网金融法律规制体系，以弥补管制型立法的制度错配和法律漏洞。杨东的"互联网金融风险规制路径"（《中国法学》2015 年第 3 期）一文，以金融消费者保护为视角，阐述我国互联网金融的风险及其规制范式，提出应在互联网金融平台资质、互联网金融主要业态之金融资产规制、信息机制及融资者和平台的行为义务的体系内展开对互联网金融消费者的法律保护。刘宪权的"互联网金融市场的刑法保护"（《学术月刊》2015 年第 7 期）一文认为，互联网金融市场刑法保护应当以信息安全保障与金融风险控制为基本政策定位，优化市场调整机制与刑法保护之间的动态关系，实现互联网金融市场行政与刑事法律制度的联动立法。同时在司法层面有效规制严重违反风险控制规则的金融犯罪行为，优化信息披露司法审查机制，并提升金融司法资源运作效率。刘宪权的"互联网金融平台的刑事风险及责任边界"（《环球法律评论》2016 年第 5 期）一文认为，互联网金融平台是互联网思维在金融领域内的创新性产物。防范互联网金融平台的刑事风险是规范该行业健康发展的底线。对于以互联网金融之名行资金自融之实的"伪"平台，应依据资金用途限制非法吸收公众存款罪的适用；对于违规提供担保的平台，应给予行政处罚并令其承担连带保证责任；对于违规设立资金池的平台，应视具体情形作出不同处理。刘宪权、陈罗兰的"我国 P2P 网贷平台法律规制中的刑民分界问题"（《法学杂志》2017 年第 6 期）一文认为，处理 P2P 网贷平台刑民分界问题应坚持一定的理念与原则，实体法上应贯彻刑事优先理念，"刑法是最后一道屏障"的观念不适用于刑事司法层面；程序法上应根据涉案标的是否具有同一性，妥善处理民事诉讼程序与刑事诉讼程序之间的关系。叶良芳的"P2P 网贷平台刑法规制的实证分析——以 104 份刑事裁判文书为样本"［《辽宁大学学报（哲学社会科学版）》2018 年第 1 期］一文认为，应当将平台虚假宣传作为非法集资犯罪的构成要件之一，明确平台入罪应以对吸收资金能够自由支配控制且事实上未按照约定用途使用为前提，明确排除法条竞合时对普通罪名的适用。叶良芳、马路瑶的"第三方支付环境下非法占有他人财物行为的定性"（《华东政法大学学报》2017 年第 3 期）一文认为，在第三方支付环境下通过偷换店家收款二维码获取本应为店家所得的营业收入的行为，其定性应当从行为效果针对买家和店家的不同进行分析。该行为对买家构成诈骗罪，对店家则构成盗窃罪，但由于被侵害的法益事实上只有一个，不能被评价为想象竞合犯，因而陷入定性的困境。为此，在技术进步的前提下，应当对在第三方支付环境下买卖合同双方当事人的义务进行重新分配。就店家而言，其应当负有保证支付设备安全的义务和价款支付检验的义务，所以对偷换店家收款二维码的行为应当认定为盗窃罪。黄明儒、孙珺涛的"论刑法介入互联网金融的限度"（《理论探索》2019年第5期）一文认为，刑法介入互联网金融应当保持合理限度，从而在保障金融安全与促进金融效益中寻求平衡。在立法方面，应当以行政违法性为前提并坚持刑法谦抑性，合理确定互联网金融犯罪的入罪边界；在司法适用方面，应当以罪刑法定原则为制约，合理并准确把握金融创新与金融犯罪的界限，从而确保立法扩张下的限缩适用。时延安的"互联网金融行为的规制与刑事惩罚"[《厦门大学学报（哲学社会科学版）》2020年第4期]一文认为，对互联网金融犯罪的治理，应当通过确立合理有效的行政规制和必要的刑事惩罚来实施。互联网金融行为具有"互联网风险+金融风险"这种风险叠加的特点，因而应采取比传统金融规制更为严格的规制方式。对互联网金融犯罪的认定，应从违反行政规制的角度界定其非法性，同时应结合行政规制和风险的视角区分互联网金融领域的行政违法与犯罪。在司法实践中，应摈弃"刑事规制"的思路，避免刑事法制对市场经济活动进行过度的干预。

与此相关的论文还有：顾海鸿"互联网金融创新发展中的刑事犯罪风险及司法防控对策"（《犯罪研究》2017年第2期），时延安"网络规制与犯罪治理"（《中国刑事法杂志》2017年第6期），刘伟丽"互联网金融环境下我国洗钱犯罪的惩治与预防"（《法学杂志》2017年第8期），陈叙言"互联网众筹的刑事法律风险研究"（《学习与探索》2017年第9期），郝艳兵"互联网金融时代下的金融风险及其刑事规制——以非法吸收公众存款罪为分析重点"（《当代法学》2018年第3期），姜盼盼"互联网金融刑法风险的应对逻辑"（《河北法学》2018年第3期），王勇"互联网时代的金融犯罪变迁与刑法规制转向"（《当代法学》2018年第3期），崔仕绣"我国互联网金融领域的涉罪分析与刑法规制"[《广西大学学报（哲学社会科学版）》2018年第4期]，徐彰、汪自成"P2P网络借贷中民事与刑事法条适用及其完善"（《南京社会科学》2018年第11期），高艳东"网络犯罪定量证明标准的优化路径：从印证论到综合认定"（《中国刑事法杂志》2019年第1期），于冲"网络平台刑事合规的基础、功能与路径"（《中国刑事法杂志》2019年第6期），杨猛"网络金融平台反洗钱KYC的刑事风险与规制"（《法学》2019年第11

期），邓超"互联网金融发展的刑法介入路径探析——以 P2P 网络借贷行为的规制为切入点"（《河北法学》2019 年第 5 期），李勇"互联网金融乱象刑事优先治理政策之反思"（《西南政法大学学报》2019 年第 6 期），夏阳、范志飞"涉第三方支付平台犯罪类型与办案难点"（《人民检察》2019 年第 18期），欧阳本祺、史雯"互联网金融企业刑事合规制度的建立"（《人民检察》2019 年第 21 期），周辉"网络平台治理的理想类型与善治——以政府与平台企业间关系为视角"（《法学杂志》2020 年第 9 期）。

其他相关论文还包括张晓朴"互联网金融监管的原则：探索新金融监管范式"（《金融监管研究》2014 年第 2 期），岳彩申"互联网时代民间融资法律规制的新问题"（《政法论丛》2014 年第 3 期），姚海放"网络平台借贷的法律规制研究"（《法学家》2013 年第 5 期），姚军、苏战超"互联网金融视角下的消费者权益保护"（《金融法苑》2014 年第 2 期），谢平、邹传伟"互联网金融模式研究"（《金融研究》2012 年第 12 期），王东"论网络金融犯罪的成因与法律监管"（《中国经贸导刊》2011 年第 14 期）等。上述论文涉及互联网金融创新行为的刑法保护、法律风险及金融监管等问题，但相关研究尚不够全面，未能揭示互联网金融的本质，对相关网络金融犯罪分析较浅。相反，由于国外互联网金融发展较为规范，学者多从经济、金融等角度研究互联网金融，对互联网金融犯罪研究较少。

三、研究的路径

1. 比较分析法。网络无国界，网络金融犯罪也无国界，其他国家特别是欧美国家在这一问题上已经有较为深入的实践，对于我国网络金融犯罪治理有很强的借鉴意义。同时我国又有不同于西方国家的具体国情，对于其网络金融犯罪的规制思路、规制模式又不能一味照搬，需要在比较分析的基础上进行恰当的法律移植。本书通过比较国内外网络金融犯罪立法、司法及学术界的研究及立法现状，基于网络金融犯罪在世界范围内的发展态势和治理实践，对我国网络金融犯罪的预防及治理提供有益借鉴。

2. 归纳演绎法。网络金融犯罪既是一种网络现象，也是一种犯罪类型。本书一方面基于网络的发展及其特征，研究网络金融犯罪不同于传统金融犯罪之处，进而有针对性地提出刑法对策；另一方面基于刑法视角，通过论证网络金融犯罪各类罪名，归纳出刑法对网络金融犯罪打击的现存问题，在此基础上研究网络金融犯罪对刑事立法及司法产生的诸多影响。

3. 体系分析法。随着网络的发展，网络金融犯罪不但危害更加巨大，而且涉及的领域愈发广泛、自身的构成愈发复杂，研究网络金融犯罪必须采取体系化的方式。本书结合网络金融犯罪中存在的诸多问题，如网络金融安全犯罪问题、网络金融诈骗犯罪问题、互联网金融创新的刑法规制问题等进行研究，运用体系性的思维分析以解决理论及实务中存在的难题。

4. 实证分析法。网络金融犯罪在我国呈高发态势，已有较多的刑事案件进入诉讼程序，司法实务中大量存在的网络金融犯罪为研究的深入开展提供了样本。本书梳理实务中存在的疑难问题，通过相关案例的研究，研究网络金融犯罪实务处理中的经验与不足，并以此作为网络金融犯罪立法的重要参考依据，使研究具有较为扎实的实践基础。

第一章

网络金融犯罪概述

20世纪90年代中后期以来，以计算机和互联网为代表的信息技术的飞速发展，改变了人类的生产和生活方式，促进了网络经济和电子商务的发展，催生了网络金融的产生和发展。网络金融作为传统金融的创新和发展，是未来金融业发展的主流，但是，网络金融在为用户带来极大便利的同时，网络金融犯罪也在滋生和蔓延，威胁着网络金融健康、有序发展。目前，我国惩治网络金融犯罪的刑事立法不够缜密，难以有效控制和打击网络金融犯罪，有进一步完善的空间。

第一节　网络金融概述

在电子商务发展的浪潮中，现代网络技术为网络金融业务的发展提供了可靠的技术支持，金融业面临着巨大的变革。网络金融作为一种便捷、高效的新金融，正在改变着传统金融的面貌，使传统金融面临着挑战和革新。网络金融的发展，改变了传统金融机构的结构和运作模式，使大量的金融交易与传统金融实体相分离，极大地降低了金融交易的成本，提高了金融服务的效率和质量，成为金融业未来发展的重要趋势。

一、网络金融的概念

网络金融是伴随网络经济的发展，金融服务电子化、网络化的产物，是电子商务的重要组成部分。在网络经济形势下，网络金融逐渐形成一种独立的业务形态，对社会经济的发展具有不可或缺的重要影响。

（一）网络金融的定义

网络金融是网络与金融结合的产物，但又不是两者的简单相加，而是两者高度结合而形成的一种新的金融形态。作为在互联网上实现的金融活动，网络金融不同于传统依赖于物理形态存在的金融活动，是一种存在于虚拟空间的金融活动，其存在形态是虚拟化的、运行方式是网络化的。[1]从狭义上理解，网络金融是指通过网络技术实现的信用货币融通模式，是以金融服务提供者的主机为基础，以因特网或者其他通信网络为媒介，通过内嵌金融数据和业务流程的软件平台，以用户终端为操作界面的新型金融运作模式。包括了网络银行、网络证券、网络保险、网络期货、网络理财、网上支付、网上结算、电子货币等依托网络环境进行的金融创新活动等。从广义上理解，网络金融是以计算机网络为支撑的全球范围的各种金融活动的总称，即在任何时间、任何地点、以任何方式提供综合的、多元化的金融服务。包括与其运作模式相配套的网络金融机构、网络金融交易、网络金融市场，以及相关的金融法律、金融监管等外部环境。[2]换句话说，广义上的网络金融包括了网络金融活动涉及的所有业务和领域。[3]

网络金融是网络信息技术与现代金融有机紧密结合后的产物，是整个金融行业基于互联网、计算机和现代通讯技术的重组和创新。网络金融作为存在于电子空间中的金融活动，具有虚拟化的存在形态和网络化的运行方式，它是信息技术特别是网络技术飞速发展的产物，是适应电子商务发展需要而产生的网络时代的金融运行模式。[4]

（二）网络金融与相关概念的区别

网络金融、网络经济、电子金融、金融电子化、互联网金融这些概念在当今社会被广泛使用，它们之间是否可以画等号，或者本身就是不同的概念？应该说，这是五个相似而又不同的概念。

1. 网络金融与网络经济。所谓网络经济，是指利用互联网和互联网技术在网上进行各种经济活动以及其他相关经济形态活动的总称。从组成上看，网络经济可分为网络基础设施、网络应用基础设施、网络中介公司和电子商务公司四个部分。从业务内容上看，网络经济可分为财物服务类、服务或软件类、人口站点及网络安全类、广告或信息提供类、网络零售业以及网络服

---

〔1〕 参见张成虎主编：《网络金融》，科学出版社 2005 年版，第 3 页。

〔2〕 参见叶蔚、袁清文主编：《网络金融概论》，北京大学出版社 2006 年版，第 6 页。

〔3〕 参见张进、姚志国编著：《网络金融学》，北京大学出版社 2002 年版，第 4 页。

〔4〕 参见杨天翔等编著：《网络金融》，复旦大学出版社 2015 年版，第 12 页。

务提供商等。[1]从上述定义可以看出，网络经济是信息经济和服务经济两者的结合，而网络金融是网络经济的产物，是伴随电子商务发展而形成的新的金融业务形态，仅涉及金融业务及相关领域。从上述分析可以看出，网络金融属于网络经济的一部分，网络经济的范围要远远大于网络金融。

2. 网络金融与电子金融。电子金融是指运用现代电子技术所展开的各种金融交易活动的总称。[2]电子金融是个宽泛的概念，涵盖了所有利用电子化手段经营的金融业务以及延伸领域，其业务模式包括网络金融、移动金融、物联网金融、数字电视金融等。由此可见，网络金融属于电子金融，但不能说电子金融就是网络金融。以 POS 机为例，依托的是传统的电话线路，与网银支付原理不同，不属于网络金融范畴，但属于电子金融。

3. 网络金融与金融电子化。金融电子化是金融业在发展过程中在业务处理领域应用计算机网络技术，使业务流程数字化并提高工作效率。早在 20 世纪 50 年代，美国的金融界就将计算机技术引入金融业务中，逐渐实现金融的电子化。金融电子化不同于传统金融业务发展的新兴业务模式，它是金融业向网络化发展的一个阶段，属于网络金融的早期阶段。

4. 网络金融与互联网金融。目前，关于互联网金融的定义，理论界争议较大，没有达成一致的意见。2015 年 7 月，中国人民银行等十部门联合制定的《关于促进互联网金融健康发展的指导意见》（以下简称《指导意见》）对互联网金融的概念作出了界定：认为"互联网金融是传统金融机构与互联网企业（以下统称从业机构）利用互联网技术和信息通信技术实现资金融通、支付、投资和信息中介服务的新型金融业务模式"。[3]根据上述定义，可以发现，互联网金融是一种新型的金融业务模式，是对传统金融模式的再造，它的本质是金融，但并不包揽所有的金融业务。由此可见，网络金融的范畴要大于互联网金融的范畴。此外，网络金融的产生要早于互联网金融，网络金融产生于 20 世纪 90 年代中期，互联网金融则是近年来才产生的一种金融形态。

---

〔1〕 参见胡玫艳主编：《网络金融学》，对外经济贸易大学出版社 2008 年版，第 6 页。
〔2〕 参见王国刚、张扬："互联网金融之辨析"，载《财贸经济》2015 年第 1 期。
〔3〕 中国人民银行等十部门《关于促进互联网金融健康发展的指导意见》第 1 条。

二、网络金融的特征

网络金融并非传统金融的网络化运营，还包括在电子商务环境下发展起来的金融创新，是对传统金融业务的颠覆，具有自己的特点。

第一，网络金融的高效性与经济性。与传统金融相比，网络金融的高效性是指网络技术的运用使得金融信息和业务处理的方式更加先进，系统化和自动化程度不断提高，不受时间和空间的限制，可提供全天候、全方位的实时服务，而且能为客户提供更丰富多样、自主灵活、方便快捷的金融服务，具有很高的效率。经济性是指与传统金融相比，投入少而产出多。网络技术应用于金融企业后，采用了开放技术共享软件，极大地降低了金融产品的开发费用和金融系统的维护费用，虚拟化的网络金融在为客户提供更高效的服务的同时，也降低了金融市场的运行成本。同时，由于无需承担经营场所、员工等费用开支，因而具有显著的经济性。[1]

第二，网络金融的科技性与共享性。网络金融的科技性是指现代信息技术已经快速广泛地运用于金融业中，降低了金融业网络建设的成本，并使信息传递和资源共享突破了时间和空间的限制，为金融产品的开发与设计注入了活力，并提高了金融业务的信息处理速度。共享性是指资源可以共享。网络金融的数据库可以为众多金融终端所使用，实现网络资源的共享，从而将资源的利用发挥得淋漓尽致。

第三，网络金融的人为性与创新性。网络金融的人为性是指网络金融以人为本。在网络金融活动中，尽管网络信息技术起了主要作用，但最关键的还是人的作用。网络信息技术作为一种工具，若没有人的使用，就不会发挥其作用和价值。网络技术的制造发明，网络金融的应用、效果的实现都是靠人来完成，因此人在网络金融中起决定性的作用。[2]

网络金融的创新性主要表现在四个方面：[3]（1）网络金融业务创新。网络信息技术的发展，使金融业务突破了传统金融的物理限制，网络金融由最初的网上银行、网上证券、网上期货、网上保险逐渐发展到网上交易、网上

---

〔1〕 参见叶蔚、袁清文主编：《网络金融概论》，北京大学出版社 2006 年版，第 7~8 页。

〔2〕 参见岳意定、吴庆田主编：《网络金融学》，东南大学出版社 2005 年版，第 14 页。

〔3〕 参见杨天翔等编著：《网络金融》，复旦大学出版社 2015 年版，第 13~14 页。

支付、网上结算等，并形成网络金融服务平台。（2）网络金融的经营模式创新。目前，商业银行网上银行所提供的业务体现了以消费需求和便利为经营导向的混业经营特征，除传统银行业务外，还提供缴纳水电费、网费、煤气费等公共服务。在金融业务创新方面，非金融机构涉足网络金融业务，形成了"互联网金融"的经营模式，是对传统金融经营模式的颠覆。（3）网络金融的盈利模式创新。与传统金融业务依靠业务覆盖和市场占有率影响盈利的情况不同，网络时代金融业务的扩展边界呈现出无极限的态势。在"去中心化"、"普惠金融"和"脱媒化"等思维的推动下，在移动互联网、大数据、云计算等信息技术不断发展的背景下，以"余额宝"为代表的各种金融理财产品，是对传统金融盈利模式的颠覆。（4）网络金融监管创新。在网络金融环境下，传统金融模式下的垂直管理模式被网络化的扁平化组织模式所取代，传统封闭的金融监管政策被现代开放的金融监管政策所取代。

第四，网络金融的信息化与虚拟化。网络金融的信息化是指网络金融是金融信息收集、整理、加工、反馈的载体，同时也是金融信息化的产物。网络金融本质上是一个信息市场，也是一个虚拟市场，网络技术的引进不仅强化了金融业的信息特征，而且虚拟化了金融的实务运作，使经营地点、经营业务和经营过程虚拟化。

三、我国网络金融的发展概况

网络金融作为传统金融与现代信息网络技术紧密结合而形成的一种新的金融形态，自20世纪90年代诞生以来，在电子商务及网络技术的推动下，获得了迅速的发展，并促进了整个金融业的转型。

（一）网络金融的产生背景

网络金融的产生背景包括宏观和微观两个层面，宏观层面包括网络经济和电子商务的迅速发展，微观层面包括信息技术的发展和应用及金融业面临的激烈竞争。

1. 网络经济的发展。网络经济是通过网络进行的经济活动，它是传统经济网络化的结果。与传统经济相比，网络经济是全球化经济，是一种24小时经济，也是一种虚拟经济，网络经济的出现，加快了传统金融市场化的进程。网络经济的这些特点给网络金融的发展提供了条件，是网络金融产生的重要基础和催化剂。

2. 电子商务的迅速发展。电子商务（electronic commerce）是指通过互联网进行的商务活动。它是伴随着网络经济的发展而产生的新型贸易方式，是当代信息技术，特别是互联网技术在商务领域广泛应用的结果；是一种适应网络经济的发展，突破时空限制的高度自动化、虚拟化、个性化、低成本的商务模式。[1]电子商务的发展催生了网络金融，一个成熟、发达的电子商务社会构成了网络金融发展的商业基础。

3. 信息技术的发展和应用。信息技术，特别是互联网技术的发展，为网络金融的产生和发展提供了技术基础。同时，互联网应用的迅速普及，使互联网接入用户迅速壮大，庞大的互联网用户群为金融机构开展网络金融服务提供了巨大的市场，为网络金融的产生和发展提供了空间。

4. 金融业面临的激烈竞争。在网络经济时代，金融业面临激烈的竞争，促使金融机构争相发展网络金融业务。这些竞争主要来自三个方面：一是金融机构所面临的 IT 企业的冲击；二是金融业内部的激烈竞争；三是加入 WTO 我国金融业全面对外开放后，所面临的外资金融机构的激烈竞争。[2]这些方面的竞争，促使我国金融行业发展网络金融以提高在金融市场中的竞争力。

（二）我国网络金融的发展现状

我国网络金融发展起步较晚，至 20 世纪 90 年代中后期以来，随着网络信息技术的发展，我国才正式进入网络金融时代。主要表现在以下几个方面：

1. 网络银行。1996 年 6 月，全球首家网络银行诞生，1996 年 10 月，中国银行在网上设立网站，开始通过互联网向社会公众提供银行服务。此后，网络银行在国内获得迅速发展，成为发展最为迅速的网络金融业务。从现有的形式来看，我国网络银行全都依托传统商业银行建立，在传统商业银行的体制内运行，把传统银行业务利用网络进行推广和操作，从严格意义上讲，并非纯虚拟的网络银行机构，而是只有网络银行业务。[3]

2. 网络保险。1997 年 11 月 28 日，"中国保险信息网"开始运行，成为我国网络保险的里程碑。1997 年 12 月，新华人寿保险公司在网上完成国内首份网络保险业务，标志着网络保险业务落地生根。2000 年 9 月，泰康人寿保

---

〔1〕 参见王龙华主编：《网络金融》，中国金融出版社 2009 年版，第 4~5 页。
〔2〕 参见张成虎主编：《网络金融》，科学出版社 2005 年版，第 8 页。
〔3〕 参见杨天翔等编著：《网络金融》，复旦大学出版社 2015 年版，第 28 页。

险公司在北京宣布"泰康在线"开通，在该网站上可以实现从保单设计、投保、核保、交费到后续服务全过程的网络化。此后，网络保险网站不断出现，并出现了市场的细化。以机动车险为例，出现了车盟网、114 保险网等多家网站。但总体而言，我国网络保险业务起步较晚，网络硬件建设较好，软件开发不完善，标准化程度不高，网络保险使用效率偏低。

3. 网络证券交易。1996 年年底，我国券商开始尝试开办网上交易业务。1997 年 3 月，我国首家开办网络证券交易业务的证券营业部——中国华融信托投资公司湛江营业部——推出多媒体公众信息网网上交易系统，揭开了我国网络证券的帷幕。[1]此后，网络证券业务获得空前发展。网络证券业务的最大优势是其动态的数据库功能，可以为用户提供查询动态的历史信息和最新信息。相对来讲，在网络证券业务操作中，行情查询、账户查询和买卖交易的使用程度要高于理财咨询业务。

（三）我国网络金融的发展趋势

电子商务与网络金融的发展，极大地促进了国民经济的快速发展，并促进了经济全球化和金融一体化的进程。网络金融不但为企业和商家带来无限商机，也带来了新的风险，使金融业面临严重的挑战。

1. 网络金融将加快金融业混业经营的进程。在我国，金融分业经营实行多年，金融业内部分野清晰，银行业务、保险业务、证券业务分别由商业银行、保险公司、证券机构承担，各个领域绝对不能涉足对方业务范围，否则会受到"一行三会"的处罚。但是，在网络金融时代，上述行业之间的界限渐趋模糊，一个金融网站，可以涉足多种金融业务。目前，我国仍实行金融业分业经营的管理模式，但是，随着我国金融业向国际金融业接轨，金融业混业经营的模式可能很快会在我国出现。

2. 网络金融的竞争将日趋激烈。随着网络金融的发展，传统金融机构纷纷涉足网络金融领域，新兴的纯网络金融机构不断进行业务创新加入竞争。但是，随着网络金融业务的成熟，金融创新步伐的减缓，网络金融的商业模式逐渐趋同，导致全球网络金融机构集中在有限的业务范围内运营，网络金融业竞争将越来越激烈。[2]

---

〔1〕　参见秦成德等编著：《网络金融》，电子工业出版社 2012 年版，第 19 页。
〔2〕　参见杨天翔等编著：《网络金融》，复旦大学出版社 2015 年版，第 29~30 页。

3. 金融创新将成为网络金融发展的动力。在网络金融领域，一个新兴的业务模式的诞生，并不能使领先者维持太久的优势，只有继续创新才能够推动该领域的发展。不管是网络金融的业务创新、网络金融的经营模式创新，还是网络金融盈利模式的创新，都是对传统金融业务的颠覆性破坏，并且形成新的金融生态，金融创新的步伐不断加快，创新水平不断提高，为网络金融的发展提供了不竭的动力。

4. 互联网金融是我国网络金融经营模式未来的发展方向。当前的互联网金融，主要指以阿里金融为代表的利用互联网技术进行金融运作的非银行金融机构和以 P2P 为代表的借贷平台，以及以众筹为代表的股权投资平台三种模式。[1] 换言之，互联网金融运作模式主要是指以支付宝为代表的第三方支付、余额宝、P2P 网贷、股权众筹等金融创新产品的运作模式，这些金融创新产品将颠覆已有的金融体系，成为取代以银行信用为代表的间接金融模式和以资本市场为代表的直接金融模式的第三种金融模式。[2]

第二节　网络金融犯罪的基本范畴

网络金融促进了经济的发展，但自网络金融诞生以来，网络金融犯罪也如影随形。近年来，网络金融犯罪日趋严重，无论在规模上还是种类上都呈扩张趋势，严重威胁了金融领域的健康、稳定、有序发展，成为影响我国金融安全的主要因素。目前，我国刑法在打击网络金融犯罪方面稍显滞后，难以适应网络金融犯罪的新形势，因此，有必要对网络金融犯罪进行深入研究，准确界定网络金融中的违法犯罪行为，加大打击网络金融犯罪的力度，保障网络金融的健康发展。

一、网络金融犯罪的概念

网络金融犯罪是网络金融发展过程中出现的一种新型犯罪，既涉及网络犯罪，又涉及金融犯罪。它并不是刑法学意义上的一类罪名，而与"经济犯罪""未成年人犯罪""计算机犯罪"等术语一样，是依据犯罪学理论进行划

---

〔1〕 参见张劲松编著：《互联网金融经营管理之道》，机械工业出版社 2014 年版，第 58 页。

〔2〕 参见谢平等："互联网金融模式研究"，载《新金融评论》2012 年第 1 期。

分的犯罪类型，刑法学意义上网络金融犯罪的界定，要进一步研究。

（一）网络金融犯罪的定义

目前，理论界关于网络金融犯罪的概念尚没有取得一致意见，对此概念的称谓也因人而异。例如，有学者认为"金融计算机犯罪是以计算机技术为手段、政策实施危害社会的犯罪行为"。[1]还有学者认为"金融领域计算机犯罪是指在金融电子时代、行为人以计算机资源为作案工具或者侵害对象而实施的、危害金融领域正常交易秩序、管理秩序、侵害公私财产所有权、情节严重的行为"。[2]另有学者认为"网络金融犯罪就是网络化金融犯罪，是指行为人运用计算机技术，借助于网络对其系统或信息进行攻击，破坏或利用网络进行危害金融领域正常的交易秩序、管理秩序、侵害公私财产所有权，情节严重的行为"。[3]本书认为，上述概念从不同的角度阐明了网络金融犯罪的部分特征，但是没有进行刑法学意义的分析，缺少刑法层面的限定。因此，笔者赞同这样的观点，认为："网络金融犯罪是指行为人通过网络实施的以谋取一定的经济利益或避免损失为目的，在金融及其相关活动中实施的侵害国家金融关系和金融秩序，触犯刑律，依法应受刑法处罚的行为。"[4]

（二）网络金融犯罪与相关概念的区别

网络金融犯罪与网络犯罪、金融犯罪、互联网金融犯罪这些概念之间是否相似或者有本质的区别？准确区分上述概念的异同，有助于更准确地理解网络金融犯罪。

1. 网络金融犯罪与网络犯罪。网络犯罪是指以网络为犯罪工具或犯罪对象，实施危害网络信息系统安全的犯罪行为。以网络为犯罪工具是指行为人以网络作为犯罪工具，危害网络安全的犯罪行为；以网络为犯罪对象是指行为人以网络作为犯罪对象，危害网络安全的犯罪行为；危害网络信息系统安全是指危害网络及其相关的配套的设备、设施的安全，危害网络的运行环境安全，危害网络信息储存、处理、输出的安全，危害网络功能安全等。[5]从

---

[1] 曹士贞："金融计算机犯罪的特点及对策"，载《行政与法》1998 年第 3 期。

[2] 张竹英："金融领域计算机犯罪的特征及法律对策"，载《社会科学家》1998 年第 4 期。

[3] 殷宪龙："我国网络金融犯罪司法认定研究"，载《法学杂志》2014 年第 2 期。

[4] 佟志伟："论网络金融犯罪及侦查对策"，载《内蒙古民族大学学报》（社会科学版）2007 年第 2 期。

[5] 参见杨正鸣主编：《网络犯罪研究》，上海交通大学出版社 2004 年版，第 11~12 页。

上述概念可以看出，网络犯罪是一种特殊的犯罪形态，其侵害的客体是网络的正常管理秩序及网络系统的安全。据此分析，网络犯罪是对现阶段计算机、网络技术等信息技术相关犯罪的称谓，[1]网络犯罪的范围要远远大于网络金融犯罪，网络金融犯罪仅是网络犯罪的一个分支，属于网络犯罪的下位概念。

2. 网络金融犯罪与金融犯罪。金融犯罪是我国刑法理论界、实务界约定俗成的概念，然而，对金融犯罪的界定并没有达成一致的意见。例如，有的学者认为，所谓金融犯罪，就是违反金融法律制度，严重破坏金融秩序或金融关系，造成严重的社会危害，依照金融刑法应当受到刑罚处罚的行为。[2]有的学者认为，金融犯罪是指发生在金融业务活动领域中，危害国家有关货币、银行、信贷、票据、外汇、保险、证券期货等金融管理制度，破坏金融管理秩序，情节严重，依照刑法应受刑罚处罚的行为。[3]还有学者认为，金融犯罪是指依法应当受到刑罚处罚的破坏金融秩序的行为。[4]上述学者分别从广义和狭义的角度对金融犯罪进行界定。不管理论界如何界定金融犯罪，根据我国《刑法》分则第三章第四节"破坏金融管理秩序罪"和第五节"金融诈骗罪"的规定，我国《刑法》所规定的金融犯罪共38个。据此，可以肯定的是，网络金融犯罪是金融犯罪的网络化形式，并非所有的金融犯罪都能构成网络金融犯罪，金融犯罪涵盖的范围要比网络金融犯罪广。

3. 网络金融犯罪与互联网金融犯罪。互联网金融犯罪不是刑法学上的犯罪概念，甚至不是犯罪学上的概念，它是互联网金融创新中涉及的一些犯罪现象的统称。主要包括我国《刑法》第174条规定的擅自设立金融机构罪，第176条规定的非法吸收公众存款罪，第179条规定的擅自发行股票、公司、企业债券罪，第191条规定的洗钱罪，第192条规定的集资诈骗罪，第225条规定的非法经营罪等十余种犯罪。可以看出，互联网金融犯罪的范围要远远小于网络金融犯罪的范围。若对上述犯罪概念按照其涵盖的范围大小进行排序，网络犯罪的范围最大，金融犯罪次之，网络金融犯罪再次之，互联网金融犯罪的范围最小。

〔1〕 参见皮勇：《网络犯罪比较研究》，中国人民公安大学出版社2005年版，第11页。

〔2〕 参见王凤垒：《金融犯罪研究》，中国检察出版社2008年版，第9页。

〔3〕 参见刘宪权、卢勤忠：《金融犯罪理论专题研究》，复旦大学出版社2002年版，第9页。

〔4〕 参见曲新久：《金融与金融犯罪》，中信出版社2003年版，第62~63页。

二、网络金融犯罪的类型

犯罪类型是根据各种犯罪的性质、特征、所侵害的客体及社会危害程度，按照一定原则或标准将其划分为不同的类型。[1]根据上述网络金融犯罪的概念，可以将其大致分为两种类型，即以计算机网络为工具实施的扰乱金融秩序犯罪和以计算机网络为对象实施的扰乱金融秩序犯罪。

1. 以计算机网络为工具实施的扰乱金融秩序犯罪。该类犯罪是指违反国家法律规定，利用金融计算机网络实施的各种依法构成犯罪应受惩罚的行为。[2]根据我国《刑法》第287条的规定，"利用计算机实施金融诈骗、盗窃、贪污、挪用公款、窃取国家秘密或者其他犯罪的，依照本法有关规定定罪处罚"。该类犯罪以贪财型犯罪为主，一般具有非法占有他人财产的目的，并且通过计算机来实现其犯罪目的。

2. 以计算机网络为对象实施的扰乱金融秩序犯罪。以金融计算机网络为对象或目标而实施的犯罪是指违反国家法律规定，对金融计算机网络信息系统或其存储、传输的数据信息侵入、占有、进行攻击或者破坏，造成金融计算机网络不能正常运行、后果严重的行为。[3]根据我国《刑法》第285条、第286条、第287条之一、第287条之二的规定，该类犯罪包括非法侵入计算机信息系统罪，非法获取计算机信息系统数据、非法控制计算机信息系统罪，提供侵入、非法控制计算机信息系统程序、工具罪，破坏计算机信息系统罪，非法利用信息网络罪，帮助信息网络犯罪活动罪等。

三、网络金融犯罪的特征

网络金融犯罪在时间、空间、工具、方法、手段、原因、结果等方面都与传统金融犯罪有差异，作为一种特殊的犯罪现象，不但具有犯罪学、刑法学上的普遍特征，还具有自身的特殊性。

1. 犯罪主体的专业性强。网络金融犯罪是以网络技术为手段，实施的危害金融秩序的犯罪行为，该类犯罪行为以使用网络技术为前提，是一种高科

---

〔1〕　参见康树华主编：《犯罪学通论》，北京大学出版社1996年版，第191页。

〔2〕　参见殷宪龙："我国网络金融犯罪司法认定研究"，载《法学杂志》2014年第2期。

〔3〕　参见殷宪龙："我国网络金融犯罪司法认定研究"，载《法学杂志》2014年第2期。

技犯罪，实施网络金融犯罪的人员往往具有丰富的计算机知识和熟练的计算机操作技能。作为一种专业性极强的犯罪，网络金融犯罪是利用网络专业知识，以计算机为工具所实施的金融犯罪，是金融犯罪与网络犯罪的一种复合体。一般来说，这类犯罪者通常具备两方面的条件：一是熟悉金融业务。犯罪者以金融活动为载体或者为借口来实施犯罪行为，必须具备相应的金融业务知识与技能，有的甚至还要利用其职业性质、特点及条件来实施犯罪。二是熟悉并可熟练运用计算机信息网络。计算机信息网络技术具有一定的专业性，犯罪者必须具备一定的网络专业知识，熟悉使用规定、操作规程甚至网络漏洞，具有实施犯罪的技能。例如，行为人借用互联网、"伪基站"等通讯系统进行诈骗活动，通过网络窃取他人信用卡的账户密码进行信用卡诈骗等，行为人通常具有相关计算机知识，能够熟练运用计算机网络。

2. 犯罪手段的抽象性强。网络是一个独立于现实世界的虚拟空间，通过网络电子技术，可以突破国界、地域和人员的限制，在短时间内实施各种形式的金融犯罪。在这个虚拟化的网络空间里，犯罪手段更加隐蔽，唯一的记载就是转瞬即逝的电子脉冲，而电子数据的可变性、易改性，又使得网络犯罪呈现犯罪痕迹的抽象性和犯罪现场的虚拟化。随着电子通讯技术的快速发展，犯罪者将网络金融与电子商务、通讯技术紧密结合，或是利用互联网盗刷银行卡资金，或是利用黑客软件、通过网络植入病毒盗取银行卡号和密码，从而通过网络支付系统盗划卡内资金，又或者设置"钓鱼网页"骗取个人信息，还有的能够利用银行资金系统将骗得的资金在最短的时间内分散转移。如电信诈骗案中，犯罪者通过设置在境外的服务器，架设诈骗网站，用多重代理或者移动上网技术维护诈骗网页，对于骗得的大额资金采取多重划转的方式化整为零，把一个账户扩展到几十个甚至上百个账户，迅速转移出境。网络世界的虚拟性决定了网络金融犯罪手段的抽象性，行为人在网络虚拟空间中自由穿梭，不受时间、空间的限制，导致网络犯罪跨越时空的界限，抽象性明显。在网络金融犯罪中，行为人只要拥有一台可以连上网络的计算机，就可以侵入任意一台联网的计算机，进入终端，实施金融犯罪活动。因此，从理论上讲，网络金融犯罪具有很强的抽象性，可以在任何时间、任何地点、以任何方式实施，给网络金融犯罪的侦查带来了很大的难度。[1]

---

〔1〕 参见殷宪龙："我国网络金融犯罪司法认定研究"，载《法学杂志》2014年第2期。

3. 犯罪方式的智能化程度高。网络金融犯罪作为一种高技术的智能犯罪，实施该种犯罪的行为人大多掌握计算机专业技术，或者对网络有浓厚的兴趣，既有较高的智力水平，又熟悉网络特性，容易借助技术优势实施网络金融犯罪。犯罪者多具有大学及以上学历，毕业于应用电子、计算机应用、金融、财会等专业，并具有相关行业从业经历。以网络金融诈骗犯罪为例，行为人多是具有一定金融知识的高科技人员、黑客及金融从业人员中具有网络知识的人，[1]一般熟悉金融业务并可自由使用计算机信息网络，具有一定的反侦查意识，掌握实施网络金融犯罪的技能。

4. 犯罪手段的多样化。网络金融的普及与推广，为网络金融犯罪的行为人提供了形式多样的高科技犯罪手段。除较为常见的通过入侵网络金融系统获取个人信息进行诈骗外，行为人还通过网络盗窃、贪污或挪用电子货币；破坏网络金融系统；进行网络洗钱；非法侵入金融计算机系统盗窃商业秘密和国家秘密；故意使用有害程序感染计算机系统；进行电子商务诈骗等。[2]随着网络金融的发展，网络金融犯罪的手段将更加多样化。

5. 犯罪后果的危害性大。网络犯罪的领域和对象都具有广泛性和不特定性，互联网使用的广泛性、跨国界、易传播的特征，使得网络犯罪比传统犯罪的犯罪领域更广，犯罪对象更具有不特定性，计算机病毒的扩散性使得犯罪后果更具危害性。此外，互联网迅捷性和便利性的特征，使得犯罪财产的转移更为迅速和无形。例如，网络金融诈骗案件呈现一种全球化的趋势，犯罪行为由境内外人员互相勾结，在境内骗得财产后迅速通过网络转移出境，给案发后的侦查和追赃行动带来极大的困难，也给被害人带来无法弥补的损失。网络金融犯罪的显著特征是犯罪后果严重，这是由网络金融犯罪的性质决定的。由于网络技术在金融领域的广泛应用，行为人能够更方便地操纵网络金融系统，系统一旦遭到破坏或侵入，造成的严重后果不堪设想。此外，拥有现代信息技术的不法分子，只要在键盘上轻轻敲击，就有可能窃取国家政治、军事、经济机密。涉及国家秘密或者战略决策的计算机系统一旦遭到侵犯和破坏，就有可能给国家主权与安全带来灾难性后果。因此，网络金融

---

〔1〕　参见王鑫："论网络金融诈骗犯罪的特点及防范对策"，载《行政与法》（吉林省行政学院学报）2006年第3期。

〔2〕　参见皮勇："论金融领域计算机犯罪"，载《法学评论》2000年第2期。

犯罪的社会危害性要远远大于其他类型的犯罪，网络金融系统的任何故障或信息泄露，都会给金融机构带来巨大的损失，甚至造成金融系统的瘫痪。

6. 犯罪形式的隐蔽性与非限制性。无论是网络金融诈骗，还是利用电脑盗窃银行巨款；无论是造谣惑众，损害商业信誉，还是网络侵权违法；无论是利用电脑敲诈勒索，还是以盗窃等方法侵犯知识产权；无论是网上窃密，还是传播病毒或虚假不良信息；无论是制黄贩黄，还是文化的渗透与侵略，都是在虚拟的空间中进行。这些"行为"有时会留下记录，但更多时候是无迹可寻，唯一的记录便是那一闪即逝的电子脉冲，有极大的隐蔽性。计算机信息系统的广泛运用和网络技术的发展，使地球上任何地方可以方便地在网络上存取和交换信息。网络的全球化必将导致网络异化不受国界、地域限制，任何一个"黑客"都可以从地球上的任何一个角落向目标发起直接或迂回攻击，通过计算机网络获取信息、窃取钱财或破坏信息系统。[1]

四、我国网络金融犯罪的现状

近年来，以网络银行、网络证券、网络保险、电子商务、电子银行为代表的网络金融逐渐颠覆传统金融体系，网络金融在给人们带来便利的同时，不法分子利用计算机网络从事金融犯罪的现象也日渐增多，犯罪手段日趋复杂，严重扰乱了国家正常的金融秩序。当前，我国网络金融犯罪的现状主要表现在以下几个方面：

1. 网络金融犯罪呈现高发势头，危害日趋严重。近年来，网络金融处于快速发展阶段，与此同时，网络金融犯罪案件也增长迅速，各种新型网络金融犯罪案件层出不穷，呈方兴未艾之势。从已发生的网络金融犯罪来看，网络金融犯罪案件往往涉案金额巨大，直接经济损失惊人。以非法集资案为例，涉案金额往往达百万元、千万元，甚至数亿元，这是传统金融犯罪案件无法比拟的。在金融领域，互联网案件占全国互联网案件的 61%，每年造成的直接经济损失近亿元，[2]网络金融犯罪渗透于经济运行的各个领域，其危害后果不言而喻。[3]

---

〔1〕 参见上海市浦东新区人民检察院课题组："网络金融犯罪的治理"，载张凌、陈辐宽、严励主编：《犯罪防控与法治中国建设——中国犯罪学学会年会论文集（2015 年）》，第 354 页。

〔2〕 参见郭华：《互联网金融犯罪概说》，法律出版社 2015 年版，第 58 页。

〔3〕 参见隋信刚："当前我国金融犯罪的现状与特点"，载《辽宁警专学报》2002 年第 2 期。

2. 网络金融犯罪地域跨度大，涉及面广。互联网无国界是网络上的公认准则，网络的时空压缩性技术特点，决定了网络上物理空间的界限是不存在的。[1]由于网络的虚拟性及跨时空的特性，网络金融犯罪行为早已突破了地域的限制，跨越地区和国家的界限，不仅涉及网络银行、网络证券、网络保险等行业，还涉及网络金融各个行业，网络金融的每一项业务、每一个市场、每一个部门都有被网络金融犯罪侵犯的风险。[2]

3. 网络金融犯罪手段新颖，呈现多样化、专业化趋势。网络金融犯罪手段可以概括为三种基本形态，一是新颖型作案手段，即作案时使用现代科技手段或国际金融犯罪手段；二是翻新型作案手段，即将过去的金融犯罪手段进行了"适应"当前犯罪需要的改造，翻新使用；三是效仿型作案手段，即国内的金融犯罪分子效仿国际新型金融犯罪手法作案。[3]当前，网络金融犯罪从初期的建立假冒的金融机构网站、假冒知名度较高的网上购物商城骗取客户信息到利用木马等黑客程序植入银行客户电脑，盗取客户资金，再到直接使用黑客技术攻击金融系统网站，[4]再到最新的互联网金融犯罪，犯罪手段越来越多样化和专业化，智能化水平越来越高。

4. 互联网金融领域犯罪呈现高发、频发态势。互联网金融作为传统金融的发展，它以第三方支付、P2P 网贷、股权众筹等金融创新产品为依托，提供金融服务，具有成本低、风险小、不受时间、地域限制等优点，在我国获得迅速发展，并形成规模庞大的互联网金融市场。互联网金融在迅速发展的同时，资金安全与犯罪问题也随之出现。目前，互联网金融领域违法犯罪现象突出，其中，以 P2P 网贷平台"跑路"现象最为明显。据报道，自 2013 年至 2014 年上半年，已经有 120 余家 P2P 网络集资平台因发生"竞相挤兑"或者涉嫌诈骗犯罪而相继退出市场。[5]2014 年到 2018 年，平台的跑路、诈骗问题更加严重，如 e 租宝、中晋资产等大案频发。特别是 2018 年 6 月以来，北京、上海、深圳、杭州等地超百家网贷平台接连出现项目逾期、兑付困难、

---

〔1〕　参见季境、张志超主编：《新型网络犯罪问题研究》，中国检察出版社 2012 年版，第 6 页。

〔2〕　参见林志农："试论我国金融犯罪现状、原因及其对策"，载《公安大学学报》2001 年第 6 期。

〔3〕　参见隋信刚："当前我国金融犯罪的现状与特点"，载《辽宁警专学报》2002 年第 2 期。

〔4〕　参见郭璐："当前利用计算机网络从事金融犯罪的现状及预防打击对策"，载《公安研究》2006 年第 8 期。

〔5〕　参见闫瑾："P2P 网贷平台陷短命怪圈"，载《北京商报》2014 年 7 月 7 日，第 B01 版。

暂停运营等状况，2018 年 7 月，仅第一周，爆雷的网贷平台就达 40 家，触及资金超 1200 亿元，"联璧金融""唐小僧""钱宝网""雅堂金融"等明星平台皆因涉嫌违法被警方立案侦查。互联网金融犯罪不仅危及互联网金融创新与发展，还损害人们对互联网金融的信任，作为一类新型网络金融犯罪，本书在后面章节将予重点讨论。

第三节 我国惩治网络金融犯罪的立法概况

目前，我国并没有专门针对网络金融犯罪的刑事立法，对网络金融犯罪的惩治主要集中在 1997 年《刑法》分则第三章第四节破坏金融管理秩序罪和第五节金融诈骗罪中。此后，全国人民代表大会常务委员会（以下简称"全国人大常委会"）分别于 1998 年 12 月 29 日通过《关于惩治骗购外汇、逃汇和非法买卖外汇犯罪的决定》，2000 年 12 月 28 日通过《关于维护互联网安全的决定》（2009 年修正），2012 年 12 月 28 日通过《关于加强网络信息保护的决定》，最高人民法院、最高人民检察院颁布相关司法解释惩治网络金融犯罪，国务院及各部委也制定相关的规范性文件规范网络金融行为。这些法律、法规及规范性文件并非针对网络金融犯罪制定，但明显有利于促进网络金融安全。对我国网络金融犯罪刑事立法进行梳理，有助于准确适用刑法并对完善金融犯罪的刑法体系具有重要意义。

一、我国惩治网络金融犯罪的刑事立法

我国 1979 年《刑法》虽有若干处罚金融犯罪的规定，但规定的不够具体，没有专节规定金融犯罪。1995 年 6 月 30 日全国人大常委会通过的《关于惩治破坏金融秩序犯罪的决定》以单行刑法的形式规定了金融犯罪，对惩治和防范金融犯罪起到了重要作用。至 1997 年《刑法》全面修订，《关于惩治破坏金融秩序犯罪的决定》的内容被全部纳入到《刑法》中。《刑法》颁布生效后，1998 年 12 月 29 日全国人大常委会通过的《关于惩治骗购外汇、逃汇和非法买卖外汇犯罪的决定》以及此后通过的《中华人民共和国刑法修正案》（以下简称《刑法修正案》）、《中华人民共和国刑法修正案（三）》［以下简称《刑法修正案（三）》］、《中华人民共和国刑法修正案（五）》［以下简称《刑法修正案（五）》］、《中华人民共和国刑法修正案（六）》［以下简称

《刑法修正案（六）》]、《中华人民共和国刑法修正案（七）》［以下简称《刑法修正案（七）》]、《中华人民共和国刑法修正案（八）》［以下简称《刑法修正案（八）》]、《中华人民共和国刑法修正案（九）》［以下简称《刑法修正案（九）》] 对《刑法》中有关金融犯罪的罪名、罪状和法定刑作出补充和修改，完善了刑法分则体系的结构。但是，前述刑法规定的具体金融犯罪并不等同于网络金融犯罪，需要对现行刑法关于金融犯罪的规定进行梳理，区分出哪些犯罪属于传统金融犯罪，哪些犯罪可以构成网络金融犯罪，以准确适用法律，严厉打击网络金融犯罪。

（一）刑法

1997 年《刑法》分则第三章"破坏社会主义市场经济秩序罪"以专节的形式规定了金融犯罪，第四节"破坏金融管理秩序罪"22 个条文（《刑法》第 170 条至第 191 条）设置 30 个罪名，第五节"金融诈骗罪"8[1]个条文（《刑法》第 192 条至第 200 条）设置 8 个罪名，金融犯罪共涉及 30 个刑法条文，38 个具体罪名，使惩治金融犯罪的刑事立法趋于完善，为准确打击金融犯罪提供了法律依据。本书结合网络金融犯罪的概念和特征，对传统金融犯罪进行梳理，以准确鉴别普通金融犯罪和网络金融犯罪。

1. 破坏金融管理秩序罪

破坏金融管理秩序罪是指"违反国家对银行、票据、证券、信贷、外汇、期货等有关金融管理法律、法规，破坏金融管理秩序，依法应受到刑罚处罚的行为"。[2]它是破坏国家金融活动管理秩序的一类犯罪，不是具体的罪名，是我国《刑法》分则第三章第四节规定的 30 个具体罪名的总称。该 30 个罪名包括：（1）第 170 条，伪造货币罪；（2）第 171 条第 1 款，出售、购买、运输假币罪；（3）第 171 条第 2 款，金融工作人员购买假币、以假币换取货币罪；（4）第 172 条，持有、使用假币罪；（5）第 173 条，变造货币罪；（6）第 174 条第 1 款，擅自设立金融机构罪；（7）第 174 条第 2 款，伪造、变造、转让金融机构经营许可证、批准文件罪；（8）第 175 条，高利转贷罪；（9）第 175 条之一，骗取贷款、票据承兑、金融票证罪；（10）第 176 条，非

---

[1]　第五节原来为 9 个条文，2015 年 8 月 29 日全国人大常委会通过的《刑法修正案（九）》第 12 条删除《刑法》第 199 条。

[2]　王作富主编：《刑法分则实务研究》（上），中国方正出版社 2010 年版，第 413 页。

法吸收公众存款罪；（11）第 177 条，伪造、变造金融票证罪；（12）第 177 条之一第 1 款，妨害信用卡管理罪；（13）第 177 条之一第 2 款，窃取、收买、非法提供信用卡信息罪；（14）第 178 条第 1 款，伪造、变造国家有价证券罪；（15）第 178 条第 2 款，伪造、变造股票、公司、企业债券罪；（16）第 179 条，擅自发行股票、公司、企业债券罪；（17）第 180 条第 1 款，内幕交易、泄露内幕信息罪；（18）第 180 条第 4 款，利用未公开信息交易罪；（19）第 181 条第 1 款，编造并传播证券、期货交易虚假信息罪；（20）第 181 条第 2 款，诱骗投资者买卖证券、期货合约罪；（21）第 182 条，操纵证券、期货市场罪；（22）第 185 条之一第 1 款，背信运用受托财产罪；（23）第 185 条之一第 2 款，违法运用资金罪；（24）第 186 条，违法发放贷款罪；（25）第 187 条，吸收客户资金不入账罪；（26）第 188 条，违规出具金融票证罪；（27）第 189 条，对违法票据承兑、付款、保证罪；（28）第 190 条，逃汇罪；（29）《关于惩治骗购外汇、逃汇和非法买卖外汇犯罪的决定》第 1 条，骗购外汇罪[1]；（30）第 191 条，洗钱罪。

理论上对金融犯罪进行不同的分类，有助于分清此罪与彼罪的界限，同时也有助于刑事立法和司法。正如美国学者 M. W. 瓦托夫斯基所言，这种分类的意义在于，它比单纯的识别具有更多的内容；因为在分类中，被识别的事物间的关系以分类关系的形式得以表示。这就使有可能发展起一种具有形式体系的一切性质的分类的形式体系，即：以如此一种方式阐明观察到的关系并进行鉴认，从而允许按规则进行推理。[2]以金融犯罪所侵犯的客体为标准，破坏金融管理秩序罪可以分为货币类犯罪，金融管理类犯罪，证券、期货类犯罪，金融渎职类犯罪，外汇类犯罪，洗钱罪等。

（1）货币类犯罪

货币类犯罪是典型的传统金融犯罪，是指违反国家货币管理法律、法规，故意实施伪造、变造货币以及出售、购买、运输、持有、使用、走私假币、以假币换取货币等破坏国家货币管理制度活动，依照刑法应当受刑罚处罚的行为。[3]

---

〔1〕 本罪根据 1998 年 12 月 29 日第九届全国人民代表大会常务委员会第六次会议通过的《关于惩治骗购外汇、逃汇和非法买卖外汇犯罪的决定》第 1 条的规定增加。

〔2〕 ［美］M. W. 瓦托夫斯基：《科学思想的概念基础——科学的哲学导论》，范岱年译，求实出版社 1982 年版，第 217 页。

〔3〕 参见郑丽萍：《货币犯罪研究》，中国方正出版社 2004 年版，第 67 页。

本类犯罪侵犯的客体是国家的货币管理制度，客观上表现为行为人违反国家货币管理法律、法规，故意实施伪造、变造货币以及出售、购买、运输、持有、使用、走私假币、以假币换取货币的行为。本类犯罪的主体包括自然人和单位，主观方面表现为故意，过失不构成本类犯罪。根据《刑法》第170条至第173条的规定，货币类犯罪主要包括伪造货币罪，出售、购买、运输假币罪，金融工作人员购买假币、以假币换取货币罪，持有、使用假币罪，变造货币罪，共5种罪名。此外，《刑法》第151条第1款规定了走私假币罪，该罪虽属于货币犯罪的范畴，但其侵犯的主要客体不是金融管理秩序，本书不做讨论。

第一，伪造货币罪。伪造货币罪的行为方式多种多样，主要包括手工版印刷、照相制版印刷、复印、手工描绘等方法。[1]随着印刷技术的发展，影印、拓印、化学感光、电子制版和机器制造等方法也广泛地应用于伪造货币中。虽然行为人在伪造货币的行为过程中可能通过互联网进行商议、交流、谋划，但本罪主要的行为方式并不能通过网络进行，本质上仍属于传统金融犯罪，不属于新型的网络金融犯罪。

第二，出售、购买、运输假币罪。本罪的行为方式主要表现为出售、购买、运输假币。出售，是指"将本人持有的货币以他人支付一定对价为条件有偿转让给他人持有的行为"。[2]购买，是指"将他人持有的伪造的货币予以收购，通常是以低于票面额的价格买进"。[3]运输，是指"行为人以运输的意图，通过使用各种方法将假币从一地运往另一地的行为"。[4]本罪中的出售、购买等交易行为可以通过互联网支付等新型支付手段进行，运输则一般通过火车、汽车、飞机、船舶等交通工具进行，也可以通过邮寄、携带等方法进行，仍属于传统金融犯罪。

第三，金融工作人员购买假币、以假币换取货币罪。本罪的行为方式主要表现在银行或其他金融机构的工作人员购买假币或者利用职务上的便利以假币换取货币。前述，"购买假币"的行为可以通过网络支付进行，但"以假

---

〔1〕　参见孙国祥、魏昌东：《经济刑法研究》，法律出版社2005年版，第302页。

〔2〕　郭立新、黄明儒主编：《刑法分则适用典型疑难问题新释新解》，中国检察出版社2010年版，第120页。

〔3〕　王作富主编：《刑法分则实务研究》（上），中国方正出版社2010年版，第418页。

〔4〕　李永升、刘建主编：《金融刑法学教程》，法律出版社2014年版，第145页。

币换取货币"的行为一般只能通过"手工"完成，本罪仍属于传统金融犯罪。

第四，持有、使用假币罪。本罪的行为方式表现为明知是伪造的货币而持有、使用。持有，根据词典解释，是指"对其特定物事实上的支配"，[1]在刑法学中，对"持有"的性质也多有争论，具体到本罪，"只要伪造的货币实际处于行为人的支配和控制中就可以视为持有"。[2]使用，是指"将伪造的货币投入流通领域，作为一种支付手段而购买商品或者接受服务等"。[3]本罪中的使用行为是将伪造的货币投入流通领域，然而，在网络金融犯罪中，资金的流动及交易多通过银行间转账、划拨或互联网支付等电子资金形式进行，较少使用现金支付，本罪很难构成网络金融犯罪。

第五，变造货币罪。本罪的行为方式表现为通过对真实的货币进行加工改造，使其价值发生改变。变造货币的行为方式多种多样，主要包括涂改变造、挖补变造、拼凑变造、揭层变造、重印变造、移位变造等方法。[4]上述行为或方法可通过"手工"或机器制作完成，难以和互联网发生关联，仍属于传统金融犯罪。

通过对前述五种货币类犯罪众多表现形式进行分析，并结合网络金融犯罪的概念和构成特征，本书认为，货币类犯罪不属于典型的网络金融犯罪，即使出售、购买假币等个别交易行为可以通过网络进行，但不能改变货币类犯罪属于传统金融犯罪的本质属性。

（2）金融管理类犯罪

金融管理类犯罪，是指行为人严重违反金融管理法规、扰乱金融市场秩序，破坏国家对金融机构的特许经营和审批制度、信贷资金管理制度、融资管理制度、信用卡及信用卡信息资料的管理制度，依照刑法应负刑事责任的行为。[5]金融管理犯罪侵犯的客体是金融管理秩序，客观方面表现为违反金融管理法规，实施破坏金融管理秩序的行为。金融管理类犯罪的主体为一般主体，除妨害信用卡管理罪和窃取、收买、非法提供信用卡信息罪只能由自然人构成外，其他几种犯罪既可由单位构成，也可由自然人构成。犯罪主观

---

〔1〕《法学词典》，上海辞书出版社 1984 年版，第 666 页。

〔2〕薛瑞麟："论持有、使用假币罪"，载《中国法学》1999 年第 4 期。

〔3〕高铭暄、马克昌主编：《刑法学》，北京大学出版社、高等教育出版社 2011 年版，第 402 页。

〔4〕参见吴占英："变造货币罪研究"，载《武汉冶金管理干部学院学报》2001 年第 1 期。

〔5〕李永升、刘建主编：《金融刑法学教程》，法律出版社 2014 年版，第 182 页。

方面为故意。根据《刑法》第 174 条至第 177 条的规定，金融管理类犯罪主要包括擅自设立金融机构罪，伪造、变造、转让金融机构经营许可证、批准文件罪，高利转贷罪，骗取贷款、票据承兑、金融票证罪，非法吸收公众存款罪，妨害信用卡管理罪，窃取、收买、非法提供信用卡信息罪，共 8 种罪名。

第一，擅自设立金融机构罪。本罪经《刑法修正案》第 3 条修正，其行为方式表现为未经国家有关主管部门批准，擅自设立商业银行、证券交易所、期货交易所、证券公司、期货经纪公司、保险公司或其他金融机构。在"前互联网时代"，设立金融机构需要固定的场所、营业地点、工作人员等必备要素，本罪属于传统金融犯罪无疑，但在互联网时代，以股权众筹、P2P 网络借贷、互联网支付、余额宝为代表的互联网金融创新行为若未经国家有关主管部门批准，擅自开展证券、期货、保险、资金支付等金融业务，涉嫌构成本罪。[1]这些业务本属于银行等金融机构的业务范围，开展此类业务的机构属于本罪中的"金融机构"，据此，本书认为，擅自设立金融机构罪属于网络金融犯罪。

第二，伪造、变造、转让金融机构经营许可证、批准文件罪。本罪的行为方式表现为采用各种方法制造假的金融机构许可证、批准文件，或者在真实的金融机构经营许可证、批准文件的基础上进行加工改变，或者将合法取得的金融机构许可证、批准文件给他人使用。[2]伪造、变造含义与前文相同，不做赘述，转让一般是指转交、让与，包括有偿转让与无偿转让，该类行为都不属于网络金融犯罪的范畴，本罪仍属于传统金融犯罪。

第三，高利转贷罪。本罪的行为方式表现为以转贷牟利为目的，套取金融机构信贷资金高利转贷他人的行为。所谓套取，是指"行为人出于转贷牟利的目的，编造虚假理由，骗取金融机构信贷资金的使用权"。[3]高利转贷他人是指将套取的贷款以高于银行同期贷款利率转贷给其他自然人或单位的行为。本罪的套取和转贷行为难以归类到网络金融的行为方式，应属于传统金融犯罪。

第四，骗取贷款、票据承兑、金融票证罪。本罪是《刑法修正案（六）》

---

〔1〕　参见吴文嫔、张启飞："论互联网金融创新刑法规制的路径选择——以非法集资类犯罪为视角"，载《中国检察官》2015 年第 11 期。

〔2〕　参见利子平、胡祥福主编：《金融犯罪新论》，群众出版社 2005 年版，第 113 页。

〔3〕　杨辉忠编著：《经济刑法：原理与实训》，南京大学出版社 2014 年版，第 259 页。

第 10 条新增的罪名，作为《刑法》第 175 条之一，其行为方式是指以欺骗手段取得银行或者其他金融机构贷款、票据承兑、信用证、保函等。欺骗是指虚构事实，隐瞒真相，使他人在违背真实意思的情况下为或不为某种行为。本罪中的骗取贷款、票据承兑、金融票证等行为属于传统金融犯罪的行为方式，不属于网络金融犯罪。

第五，非法吸收公众存款罪。本罪的行为方式表现为非法吸收公众存款或者变相吸收公众存款的行为。所谓非法吸收公众存款具体包含两种情况：一是行为人不具有吸收公众存款的主体资格而吸收公众存款，二是行为人虽然具有吸收公众存款的主体资格，但采用非法的方法吸收公众存款。[1]所谓变相吸收公众存款，是指"行为人不是以存款的名义而是通过其他形式吸收公众资金，从而达到吸收公众存款的目的的行为"。[2]在互联网金融活动中，一些 P2P 网络借贷平台在开展业务时，偏离平台的中介性质，虚构借款项目吸收资金、未经批准开展自融业务以及归集资金池，[3]属于非法吸收公众存款或者变相吸收公众存款的行为，符合非法吸收公众存款罪的"非法性、公开性、利益性、广延性"四个条件，应以非法吸收公众存款罪定罪处罚。据此，本书认为，非法吸收公众存款罪属于网络金融犯罪。

第六，伪造、变造金融票证罪。本罪的行为方式表现为伪造、变造金融票证。伪造包括有形伪造和无形伪造两种情况，前者是指没有金融票证制作权的人，假冒他人（包括虚无人）的名义，擅自制造外观上足以使一般人误认为是真实票证的假金融票证。后者是指有金融票证制作权的人，超越其制作权限，违背事实制造内容虚假的金融票证。[4]变造是指"在真实的金融票据或金融凭证的基础上，对其记载事项进行非法加工改造，并达到足以使一般人误认为是内容真实的金融票据或金融凭证的行为"。[5]金融票证是指汇

---

〔1〕 参见李希慧："论非法吸收公众存款罪的几个问题"，载《中国刑事法杂志》2001 年第 4 期。

〔2〕 高铭暄、马克昌主编：《刑法学》，北京大学出版社、高等教育出版社 2011 年版，第 405 页。

〔3〕 参见刘宪权、金华捷："论互联网金融的行政监管与刑法规制"，载《法学》2014 年第 6 期。

〔4〕 参见张明楷：《刑法学》，法律出版社 2011 年版，第 689 页。

〔5〕 郭立新、黄明儒主编：《刑法分则适用典型疑难问题新释新解》，中国检察出版社 2010 年版，第 147 页。

票、本票、支票，委托收款凭证、汇款凭证、银行存单等其他银行结算凭证、信用证或者随附的单据、文件，信用卡。通过对本罪的行为方式及构成要素进行分析，本书认为伪造、变造金融票证罪属于传统金融犯罪。

第七，妨害信用卡管理罪。本罪是《刑法修正案（五）》第1条新增的罪名，作为《刑法》第177条之一第1款，其行为主要表现为：①明知是伪造的信用卡而持有、运输的，或者明知是伪造的空白信用卡而持有、运输，数量较大的；②非法持有他人信用卡，数量较大的；③使用虚假的身份证明骗领信用卡的；④出售、购买、为他人提供伪造的信用卡或者以虚假的身份证明骗领的信用卡的。本罪中的"持有""运输""出售""购买""使用虚假的身份证明""为他人提供"等行为多属于传统金融犯罪的行为方式，据此，本罪不属于网络金融犯罪。

第八，窃取、收买、非法提供信用卡信息罪。本罪是《刑法修正案（五）》第1条新增的罪名，作为《刑法》第177条之一第2款，其行为主要表现为窃取、收买或者非法提供他人信用卡信息资料。若单纯从本罪中的"窃取""购买""为他人提供"等行为方式进行判断，可能会得出本罪属于传统金融犯罪的结论。但是，本罪是否属于网络金融犯罪还要结合网络金融犯罪的特征及本罪的行为对象来认定。

其一，窃取、收买、非法提供信用卡信息罪的行为对象为信用卡信息。信用卡信息主要包括信用卡磁条上记录的信息和信用卡正反面记录的信息，信用卡正面记录的信息包括发卡机构、信用卡号、持卡人姓名、芯片、有效期等，反面记录的信息包括信用卡后四位尾号、个人账户标识、客户服务热线、银行官方网站等。根据2000年11月8日中国人民银行发布的《银行卡磁条信息格式和使用规范》的规定，银行卡信息主要包括：（1）主账号。即primary account number（PAN），该账号由发卡机构标识号码、个人账户标识和校验位组成，是进行金融交易的主要账号，标识发卡机构和持卡者信息的号码。（2）发卡机构标识号码。即issuer identification number（IIN），是标识主要行业和发卡机构的代码。（3）个人账户标识。即individual account identi-fication，是识别个人账户，由发卡机构分配的号码。（4）校验位。即check digit，是指位于持卡者标识之后的一位数字。它根据由发卡机构标识号码和个人账户标识全部字符算出，用以检验输入数据的正确性。（5）个人标识代码。即personal identification number（PIN），指持卡者的个人密码。信用卡信息可以通过计算机进行复制、摘录等方法窃取并传递给他人，表现出计算机犯罪的部分特征。

其二，窃取、收买、非法提供信用卡信息具有网络金融犯罪的部分特征。网络金融犯罪包括侵犯网络金融系统和数据安全的犯罪，其中数据安全包括侵犯个人、国家金融数据安全、侵犯信用卡数据安全等。信用卡信息是信用卡数据的重要组成部分，信用卡信息被窃取、收买或非法提供给他人，轻则造成持卡人财产损失，重则危机国家金融安全。据此，本书认为，窃取、收买、非法提供信用卡信息罪属于网络金融犯罪。

通过对前述金融管理类犯罪的客观表现形式进行分析，本书认为，该8种犯罪中，擅自设立金融机构罪，非法吸收公众存款罪，窃取、收买、非法提供信用卡信息罪属于网络金融犯罪。

（3）证券、期货类犯罪

证券、期货类犯罪是指在证券、期货发行、交易、管理及其他相关活动过程中，违反有关证券、期货管理法规，应受刑法惩罚的行为。本类犯罪侵犯的客体是"国家对证券、期货市场的正常管理秩序和投资者的合法权益"。[1]客观方面表现为行为人违反有关证券、期货管理法规，非法从事证券、期货发行、交易、管理等活动。本类犯罪的主体为一般主体，包括自然人和单位，主观方面为故意，过失不构成本类犯罪。根据《刑法》第178条至第182条的规定，证券、期货类犯罪主要包括伪造、变造国家有价证券罪，伪造、变造股票、公司、企业债券罪，擅自发行股票、公司、企业债券罪，内幕交易、泄露内幕信息罪，利用未公开信息交易罪，编造并传播证券、期货交易虚假信息罪，诱骗投资者买卖证券、期货合约罪，操纵证券、期货市场罪，共8种犯罪。

此外，《刑法》第160条规定了欺诈发行股票、债券罪，第161条规定了违规披露、不披露重要信息罪，该两罪实践中虽发生较多，多少也涉及证券、期货内容，但并不都发生在证券、期货市场，且1997年《刑法》将该两罪规定在分则第三章第三节"妨害对公司、企业的管理秩序罪"中，理论上一般不作为证券、期货类犯罪研究。[2]第403条规定了滥用管理公司、证券职权

---

〔1〕 利子平、胡祥福主编：《金融犯罪新论》，群众出版社2005年版，第226页。

〔2〕 参见刘宪权：《金融犯罪刑法学新论》，上海人民出版社2014年版，第317页。

罪，该罪作为渎职罪的一种，惩治的是国家机关工作人员徇私舞弊、滥用职权的行为，本书不做讨论。

第一，伪造、变造国家有价证券罪。本罪的行为方式表现为行为人伪造、变造国库券或者国家发行的其他有价证券。伪造是指行为人仿照真实的国库券或者国家发行的其他有价证券制作假国家有价证券的行为，包括印刷、复印、绘制等方法。变造是指对真实的国库券或者国家发行的其他有价证券进行剪接、挖补、拼凑、覆盖、涂改，使其主要内容发生改变的行为。本罪中的"伪造""变造"行为属于传统金融犯罪的行为方式，据此，本罪不属于网络金融犯罪。

第二，伪造、变造股票、公司、企业债券罪。本罪的行为方式表现为行为人伪造、变造股票、公司、企业债券。伪造是指"以翻版、复制、临摹、描绘、印刷、拓印等一种或多种方式的综合，从头到尾地以自备的原材料、工具、设备等，按照真券的图案、颜色、文字、形状等防制而成的虚假的股票、公司、企业债券"。[1]变造是指对真实的股票、公司、企业债券进行加工改造，使其面值增大的行为。本罪与前罪一样，不属于网络金融犯罪。

第三，擅自发行股票、公司、企业债券罪。本罪的行为方式表现为行为人未经国家有关主管部门批准，擅自发行股票或者公司、企业债券。顾名思义，未经国家有关主管部门批准，即为擅自发行。对于股票、公司债券，根据2018年新修正的《中华人民共和国公司法》（以下简称《公司法》）第92条第2款、第154条的规定，股份有限公司公开发行新股的，须经国务院证券监督管理机构的核准，发行公司债券须经国务院授权的部门核准。对于企业债券，根据2011年1月8日国务院修订的《企业债券管理条例》第11条第2款规定，"中央企业发行企业债券，由中国人民银行会同国家计划委员会[2]审批；地方企业发行企业债券，由中国人民银行省、自治区、直辖市、计划单列市分行会同同级计划主管部门审批"。据此，股票、公司、企业债券的发行管理部门略有不同。在互联网金融活动中，作为互联网金融创新重要形式之一的股权众筹，若发起人未经上述国家有关主管部门批准，向社

---

[1] 屈学武：《金融刑法学研究》，中国检察出版社2004年版，第342页。
[2] 现指"国家发展改革委员会"。

会不特定对象发行股票或者公司、企业债券累计超过 30 人[1]或是向特定对象发行股票或者公司、企业债券累计超过 200 人[2]，行为人的行为就涉嫌构成本罪。据此，本书认为，擅自发行股票、公司、企业债券罪可以构成网络金融犯罪。

第四，内幕交易、泄露内幕信息罪。本罪经《刑法修正案》第 4 条、《刑法修正案（七）》第 2 条修正而成，其行为方式表现为在涉及证券的发行、证券、期货交易或者其他对证券、期货交易的价格有重大影响的信息尚未公开前，买入或者卖出该证券，或者从事与该内幕信息有关的期货交易，或者泄露该信息，或者明示、暗示他人从事上述交易活动。目前，证券、期货交易一般在证券、期货交易所通过互联网进行，该罪中的内幕交易、泄露内幕信息等行为符合网络金融犯罪的特征。本书认为，该罪属于网络金融犯罪。

第五，利用未公开信息交易罪。本罪是《刑法修正案（七）》第 2 条新增的罪名，作为《刑法》第 180 条第 4 款，本罪的行为方式表现为行为人利用因职务便利获取的内幕信息以外的其他未公开的信息，违反规定，从事与该信息相关的证券、期货交易活动，或者明示、暗示他人从事相关交易活动。本罪中的"交易活动"与前罪一样，需在证券、期货交易所通过互联网进行，同理，该罪属于网络金融犯罪。

第六，编造并传播证券、期货交易虚假信息罪。本罪经《刑法修正案》第 5 条第 1 款修订，其行为方式表现为编造并传播影响证券、期货交易虚假信息，扰乱证券、期货交易市场。本罪中的编造是指无中生有的捏造，传播是指以语言、文字、视频、音频等形式将信息扩散给行为人以外的人。[3]在互联网时代，传播不仅可以通过口头、书面进行，还可以通过互联网进行。2000 年 12 月 28 日全国人大常委会通过《关于维护互联网安全的决定》（2009年修正），其中，第 3 条第 4 项规定"利用互联网编造并传播影响证券、期货交易或者其他扰乱金融秩序的虚假信息"，表明"编造并传播"行为可以通过网络进行。据此，本书认为，编造并传播证券、期货交易虚假信息罪属于网络金融

---

[1] 据最高人民检察院、公安部 2010 年 5 月 7 日发布的《关于公安机关管辖的刑事案件立案追诉标准的规定（二）》（2020 年修改）第 34 条第 2 项的规定。

[2] 据最高人民法院 2010 年 12 月 13 日发布的《关于审理非法集资刑事案件具体应用法律若干问题的解释》第 6 条的规定。

[3] 参见鲜铁可：《金融犯罪的定罪与量刑》，人民法院出版社 1999 年版，第 330 页。

犯罪。

第七，诱骗投资者买卖证券、期货合约罪。本罪经《刑法修正案》第5条第2款修正，其行为方式表现为行为人故意提供虚假信息或者伪造、变造、销毁交易记录，诱骗投资者买卖证券、期货合约，造成严重后果。其中提供虚假信息，伪造、变造、销毁等交易记录等行为既可以通过传统方式进行，也可以通过计算机网络进行，据此，本书认为，该罪属于网络金融犯罪。

第八，操纵证券、期货市场罪。本罪经《刑法修正案》第6条、《刑法修正案（六）》第11条修正。根据修正后《刑法》第182条规定，本罪的行为方式为：①单独或者合谋，集中资金优势、持股或者持仓优势或者利用信息优势联合或者连续买卖，操纵证券、期货交易价格或者证券、期货交易量的；②与他人串通，以事先约定的时间、价格和方式相互进行证券、期货交易，影响证券、期货交易价格或者证券、期货交易量的；③在自己实际控制的账户之间进行证券交易，或者以自己为交易对象，自买自卖期货合约，影响证券、期货交易价格或者证券、期货交易量的；④以其他方法操纵证券、期货市场的。如前所述，无论是正常的证券、期货交易，还是不正常的操纵证券、期货交易，都要通过证券、期货交易所进行，进入特定的证券、期货网络系统进行操作。由于证券、期货使用电子系统进行交易，买卖证券、期货通过电子支付工具进行，传统的交易方式已被电子化和网络化交易所取代，买卖证券、期货的行为属于典型的网络金融行为。据此，本书认为，该罪属于网络金融犯罪。

通过对前述证券、期货类犯罪的客观表现形式进行分析，本书认为，该8种犯罪中，有6种犯罪属于网络金融犯罪，分别是擅自发行股票、公司、企业债券罪，内幕交易、泄露内幕信息罪，利用未公开信息交易罪，编造并传播证券、期货交易虚假信息罪，诱骗投资者买卖证券、期货合约罪，操纵证券、期货市场罪。

（4）金融渎职类犯罪

金融渎职类犯罪是指"金融机构或其工作人员违反规定，在存贷款业务、票据业务中违规操作，造成较大损失或重大损失的行为"。[1]本类犯罪侵犯的客体是金融机构及其工作人员的公务活动及金融机构对资金的管理制度，客

───────────────

〔1〕　李永升、刘建主编：《金融刑法学教程》，法律出版社2014年版，第218页。

观方面表现为银行或者其他金融机构的工作人员利用职务之便，违反国家金融管理制度的行为。本类犯罪的主体是特殊主体，必须是银行或其他金融机构及其工作人员。其中，背信运用受托财产罪和违法运用资金罪是纯正单位犯罪，只能由单位构成，其他罪名的犯罪主体是银行或者其他金融机构的工作人员，既可由自然人构成，也可由单位构成。犯罪主观方面是故意。根据《刑法》第 185 条之一至第 189 条的规定，金融渎职类犯罪主要包括背信运用受托财产罪，违法运用资金罪，违法发放贷款罪，吸收客户资金不入账罪，违规出具金融票证罪，对违法票据承兑、付款、保证罪，共 6 种罪名。

第一，背信运用受托财产罪。本罪是《刑法修正案（六）》第 12 条新增的罪名，作为《刑法》第 185 条之一第 1 款，本罪的行为方式表现为商业银行、证券交易所、期货交易所、证券公司、期货经纪公司、保险公司或者其他金融机构，违背受托义务，擅自运用客户资金或者其他委托、信托的财产，情节严重。擅自运用是指未经客户或者委托人同意而私自动用其资金的行为。据此，本书认为，该罪属于传统金融犯罪。

第二，违法运用资金罪。本罪是《刑法修正案（六）》第 12 条新增的罪名，作为《刑法》第 185 条之一第 2 款，本罪的行为方式表现为社会保障基金管理机构、住房公积金管理机构等公众资金管理机构，以及保险公司、保险资产管理公司、证券投资基金管理公司，违反国家规定运用资金。违规运用资金的行为会损害投资者的资金安全，危害金融市场秩序，其行为方式决定本罪属于传统金融犯罪，不属于网络金融犯罪。

第三，违法发放贷款罪。本罪经《刑法修正案（六）》第 13 条修正，其行为方式表现为行为人违反国家规定发放贷款，数额巨大或者造成重大损失。违法发放贷款，会给国家和金融机构造成损失，扰乱正常的信贷秩序，同前罪一样，其行为方式决定本罪属于传统金融犯罪，不属于网络金融犯罪。

第四，吸收客户资金不入账罪。本罪经《刑法修正案（六）》第 14 条修正，其行为方式表现为行为人吸收客户资金不入账，数额巨大或者造成重大损失。银行或者其他金融机构的工作人员利用办理存储业务的便利，吸收客户资金不入账，逃避金融监管，形成资金的"账外循环"，扰乱了金融秩序，其行为方式决定本罪属于传统金融犯罪，不属于网络金融犯罪。

第五，违规出具金融票证罪。本罪经《刑法修正案（六）》第 15 条修正，其行为方式表现为行为人违反规定，为他人出具信用证或者其他保函、票据、存单、资信证明，情节严重。违反规定是指行为人违反了《中华人民共和国商业银行法》（以下简称《商业银行法》）、《中华人民共和国票据法》（以下简称《票据法》），其他出具信用证或者其他保函、票据、存单、资信证明应当遵守的有关金融法律、法规以及金融机构内部制定的有关规章制度。[1]出具是指开出或写出各种金融票证。违规出具金融票证的行为，关系到银行或者其他金融机构的利益，侵犯了正常的金融票证管理制度，同前罪一样，其行为方式决定本罪属于传统金融犯罪，不属于网络金融犯罪。

第六，对违法票据承兑、付款、保证罪。本罪的行为方式表现为行为人在票据业务中，对违反《票据法》规定的票据予以承兑、付款或者保证，造成重大损失。其中的承兑、付款或者保证等行为在《票据法》上具有特定的含义，对违反《票据法》规定的票据予以承兑、付款或者保证，扰乱了国家票据管理秩序，但承兑、付款或者保证等行为方式决定本罪属于传统金融犯罪，不属于网络金融犯罪。

通过对前述金融渎职类犯罪的客观表现形式进行分析，本书认为，该类犯罪均属传统金融犯罪。

（5）外汇类犯罪

外汇类犯罪是指违反国家外汇管理法规，破坏外汇管理制度，骗购外汇、逃汇和非法买卖外汇，情节严重的行为。[2]本类犯罪侵犯的客体是我国的外汇管理制度，客观方面表现为违反国家外汇管理法规，骗购外汇、逃汇和非法买卖外汇的行为。本类犯罪的主体为自然人或者单位，其中，逃汇罪是纯正的单位犯罪，骗购外汇罪的主体既可以由单位构成，也可以由自然人构成。本类犯罪的主观方面为故意。根据《刑法》第 190 条及 1998 年全国人大常委会《关于惩治骗购外汇、逃汇和非法买卖外汇犯罪的决定》第 1 条的规定，外汇类犯罪主要包括逃汇罪、骗购外汇罪。此外，根据《关于惩治骗购外汇、逃汇和非法买卖外汇犯罪的决定》第 4 条的规定，在国家规定的交易场所以外非法买卖外汇，扰乱市场秩序，情节严重的，依照非法经营罪定罪处罚，本书不做探讨。

---

[1] 参见马克昌主编：《经济犯罪新论——破坏社会主义经济秩序罪研究》，武汉大学出版社1998 年版，第 278 页。

[2] 参见李永升主编：《金融犯罪研究》，中国检察出版社 2010 年版，第 380 页。

第一，逃汇罪。本罪经《关于惩治骗购外汇、逃汇和非法买卖外汇犯罪的决定》第3条修正，行为方式表现为违反国家规定，擅自将外汇存放境外，或者将境内的外汇非法转移到境外，数额较大。其中存放是指寄存、存储，非法转移是指违反国家规定，通过携带、邮寄、电汇等方式将外汇转移至境外。根据该罪的行为方式，本书认为，逃汇罪属于传统金融犯罪。

第二，骗购外汇罪。本罪是《关于惩治骗购外汇、逃汇和非法买卖外汇犯罪的决定》第1条新增罪名，其行为方式包括：①使用伪造、变造的海关签发的报关单、进口证明、外汇管理部门核准件等凭证和单据，骗购外汇的；②重复使用海关签发的报关单、进口证明、外汇管理部门核准件等凭证和单据，骗购外汇的；③以其他方式骗购外汇的。根据本罪中的各种行为方式，本书认为，骗购外汇罪属于传统金融犯罪。

通过对外汇类犯罪进行分析，本书认为，该类犯罪均属传统金融犯罪。

（6）洗钱犯罪

洗钱罪，是指明知是毒品犯罪、黑社会性质的组织犯罪、恐怖活动犯罪、走私犯罪、贪污贿赂犯罪、破坏金融管理秩序犯罪、金融诈骗犯罪的所得及其产生的收益，而以各种方法掩饰、隐瞒其来源和性质的行为。[1]本罪经《刑法修正案（三）》第7条、《刑法修正案（六）》第16条修正后，《刑法》第191条规定，本罪的行为方式表现为：①提供资金账户的；②协助将财产转换为现金、金融票据、有价证券的；③通过转账或者其他结算方式协助资金转移的；④协助将资金汇往境外的；⑤以其他方法掩饰、隐瞒犯罪所得及其收益的来源和性质的。

传统的洗钱方法主要通过走私货币、利用银行等金融机构或非金融机构及地下钱庄洗钱，随着网络交易与网络支付的发展，洗钱的手段和方法也在发生变化。在网络时代，行为人为了掩饰、隐瞒犯罪所得及其收益的来源和性质，洗钱的方式在传统洗钱的基础上有了新的发展，主要包括利用电子银行洗钱、利用电子货币洗钱、利用网络赌博洗钱、利用网络销售服务洗钱等。[2]此外，在互联网金融活动中，经营机构或行为人利用互联网金融活动

---

〔1〕 参见王作富主编：《刑法分则实务研究》（上），中国方正出版社2010年版，第546页。

〔2〕 参见张宗亮："网络时代背景下的洗钱犯罪"，载《中国人民公安大学学报》（社会科学版）2006年第4期。

中资金快速流动的特点，为他人提供洗钱服务，则涉嫌构成洗钱罪。[1]据此，本书认为，洗钱罪属于网络金融犯罪。

综上，本书认为，在《刑法》分则第三章第四节"破坏金融管理秩序罪"规定的30种具体金融犯罪中，可以构成网络金融犯罪的共有10种，包括：①第174条第1款，擅自设立金融机构罪；②第176条，非法吸收公众存款罪；③第177条之一第2款，窃取、收买、非法提供信用卡信息罪；④第179条，擅自发行股票、公司、企业债券罪；⑤第180条第1款，内幕交易、泄露内幕信息罪；⑥第180条第4款，利用未公开信息交易罪；⑦第181条第1款，编造并传播证券、期货交易虚假信息罪；⑧第181条第2款，诱骗投资者买卖证券、期货合约罪；⑨第182条，操纵证券、期货市场罪；⑩第191条，洗钱罪。

2. 金融诈骗罪

金融诈骗罪，是指"以非法占有为目的，采取法定的虚构事实或隐瞒真相的方式，进行集资、贷款、金融票据、金融凭证、信用卡、保险、有价证券诈骗，数额较大或进行信用证诈骗的行为"。根据我国《刑法》分则第三章第五节的规定，金融诈骗罪是一类罪，共包括8种罪名：①第192条，集资诈骗罪；②第193条，贷款诈骗罪；③第194条第1款，票据诈骗罪；④第194条第2款，金融凭证诈骗罪；⑤第195条，信用证诈骗罪；⑥第196条第1款，信用卡诈骗罪；⑦第197条，有价证券诈骗罪；⑧第198条，保险诈骗罪。

第一，集资诈骗罪。根据《刑法》第192条的规定，集资诈骗罪是指以非法占有为目的，使用诈骗方法非法集资，数额较大的行为。诈骗方法就是指"欺骗行为"，表现为"向受骗者表示虚假的事项，或者说向受骗人传递不真实的资讯，但这种欺骗行为必须是使受骗者陷入或者继续维持（或强化）处分财产的认识错误的行为"。[2]非法集资，是指违反法律、法规向社会公众募集资金的行为。在互联网金融活动中，股权众筹，P2P网络借贷等成为融资的新模式，这些金融创新形式在快速发展的同时，可能会触碰"非法吸收

---

〔1〕　参见刘宪权："论互联网金融刑法规制的'两面性'"，载《法学家》2014年第5期。
〔2〕　张明楷：《刑法学》，法律出版社2016年版，第796页。

公众存款罪"或"集资诈骗罪"等的高压线。[1]据此，本书认为，集资诈骗罪属于网络金融犯罪。

第二，贷款诈骗罪。根据《刑法》第 193 条的规定，贷款诈骗罪是指以非法占有为目的，诈骗银行或者其他金融机构的贷款，数额较大的行为。本罪的行为对象是"银行或者其他金融机构的贷款"，其行为方式表现为：①编造引进资金、项目等虚假理由的；②使用虚假的经济合同的；③使用虚假的证明文件的；④使用虚假的产权证明作担保或者超出抵押物价值重复担保的；⑤以其他方法诈骗贷款的。根据本罪中的各种行为方式，本书认为，贷款诈骗罪属于传统金融犯罪。

第三，票据诈骗罪。根据《刑法》第 194 条第 1 款的规定，票据诈骗罪是指"以非法占有为目的，利用（虚假的）金融票据（汇票、本票、支票）进行诈骗活动，骗取数额较大财物的行为"。[2]其行为方式表现为：①明知是伪造、变造的汇票、本票、支票而使用的；②明知是作废的汇票、本票、支票而使用的；③冒用他人的汇票、本票、支票的；④签发空头支票或者与其预留印鉴不符的支票，骗取财物的；⑤汇票、本票的出票人签发无资金保证的汇票、本票或者在出票时作虚假记载，骗取财物的。其中的"使用""冒用""签发"等行为需要结合特定的金融票据才能进行，这决定了本罪只能构成传统金融犯罪，不属于网络金融犯罪。

第四，金融凭证诈骗罪。根据《刑法》第 194 条第 2 款的规定，金融凭证诈骗罪是指使用伪造、变造的委托收款凭证、汇款凭证、银行存单等其他银行结算凭证的行为。所谓使用，是指"将伪造或变造的银行结算凭证冒充真正的银行结算凭证交付他人，以换取他人向自己交付财产、提供服务或者以该伪造或变造的银行结算凭证假意履行自己的义务从而使他人受到损失的行为"。[3]这种"使用"行为，决定了本罪同前罪一样，只能构成传统金融犯罪。

第五，信用证诈骗罪。根据《刑法》第 195 条的规定，信用证诈骗罪是指以非法占有为目的，进行信用证诈骗的行为。其行为方式表现为：①使用

---

〔1〕 参见姜涛："互联网金融所涉犯罪的刑事政策分析"，载《华东政法大学学报》2014 年第 5 期。
〔2〕 张明楷：《诈骗罪与金融诈骗罪研究》，清华大学出版社 2006 年版，第 556 页。
〔3〕 杨兴培、李翔：《经济犯罪和经济刑法研究》，北京大学出版社 2009 年版，第 214 页。

伪造、变造的信用证或者附随的单据、文件的；②使用作废的信用证的；③骗取信用证的；④以其他方法进行信用证诈骗活动的。其中，使用是指"买方单独或勾结开证行、通知行等，将虚假的信用证交付给卖方，骗取对方货物，也包括付款行、承兑行、议付行单独或勾结受益人使用虚假的信用证，对其予以付款、承兑、议付，诈骗开证行或开证申请人信用证项下的款项"。[1]骗取是指"虚构事实、隐瞒真相，欺骗开证银行为其开具信用证的情况"。[2]该罪中的使用和骗取行为决定本罪只能构成传统金融犯罪。

第六，信用卡诈骗罪。根据《刑法》第196条的规定，信用卡诈骗罪是指利用信用卡进行诈骗活动，骗取财物数额较大的行为。本罪经《刑法修正案（五）》第2条修正，其行为方式表现为：①使用伪造的信用卡，或者使用以虚假的身份证明骗领信用卡的；②使用作废的信用卡的；③冒用他人信用卡的；④恶意透支的。1997年后，随着电子商务的迅速发展，推动了信用卡业务的进步，ATM机、POS机的广泛使用，"使无纸刷卡、网络授权方式取代了传统用卡方式，网上消费还实现了'无卡'使用方式"，[3]行为人可以利用互联网实施上述第三种、第四种行为进行信用卡诈骗，"行为人利用黑客软件，侵入他人计算机，利用支付的机会，破获他人曾经在网上交易过的信用卡卡号和密码后，在客户不知情的情况下，直接用于网上转账或消费，这是一种网络无卡信用卡诈骗模式，属于利用互联网'冒用他人信用卡'或恶意透支的行为，构成信用卡诈骗罪"。[4]据此，本书认为，信用卡诈骗罪属于网络金融犯罪。

第七，有价证券诈骗罪。根据《刑法》第197条的规定，有价证券诈骗罪是指使用伪造、变造的国库券或者国家发行的其他有价证券，进行诈骗活动，数额较大的行为。使用，一般是指行使，运用，此处是指"将伪造、变造的国家有价证券作为真实有效的有价证券行使的行为"。[5]据此，本书认为，有价证券诈骗罪属于传统金融犯罪。

第八，保险诈骗罪。保险诈骗罪是指"投保人、被保险人或者受益人以

---

〔1〕　王晨："信用证诈骗罪定性问题研究"，载《法学评论》2004年第5期。

〔2〕　但伟："论信用证诈骗罪的若干问题"，载《法学评论》1999年第3期。

〔3〕　皮勇、麦勇浩："论电子商务环境下的信用卡诈骗罪"，载《法学家》2002年第3期。

〔4〕　参见姜涛："互联网金融所涉犯罪的刑事政策分析"，载《华东政法大学学报》2014年第5期。

〔5〕　张明楷：《诈骗罪与金融诈骗罪研究》，清华大学出版社2006年版，第744页。

非法取得保险金为目的，违反《中华人民共和国保险法》（以下简称《保险法》）规定，采取虚构事实或者隐瞒真相的方法，向保险单位骗取保险金，数额较大的行为"。[1]根据《刑法》第 198 条第 1 款的规定，本罪的行为方式表现为：①投保人故意虚构保险标的，骗取保险金的；②投保人、被保险人或者受益人对发生的保险事故编造虚假的原因或者夸大损失的程度，骗取保险金的；③投保人、被保险人或者受益人编造未曾发生的保险事故，骗取保险金的；④投保人、被保险人故意造成财产损失的保险事故，骗取保险金的；⑤投保人、受益人故意造成被保险人死亡、伤残或者疾病，骗取保险金的。传统保险一般由投保人与保险人签订书面保险合同，约定保险事宜，随着网络技术的发展，保险业也开始拥抱互联网，改变传统的销售方式。目前，我国网络保险业务快速增加，呈井喷式发展，在这一过程中，网络保险违法犯罪活动也时有发生。银保监会相关部门负责人称："不法分子通过互联网投保后诈骗保险金、利用互联网非法经营保险业务以及在网络支付环节盗划、侵占保险客户资金等违法犯罪行为。"[2]投保人、被保险人或者受益人利用网络进行保险诈骗，涉嫌构成保险诈骗罪。据此，本书认为，保险诈骗罪属于网络金融犯罪。

综上，本书认为，在《刑法》分则第三章第五节"金融诈骗罪"规定的 8 种具体金融犯罪中，可以构成网络金融犯罪的共有 3 种，包括：①第 192 条，集资诈骗罪；②第 196 条第 1 款，信用卡诈骗罪；③第 198 条，保险诈骗罪。

（二）刑法修正案

到目前为止，我国共通过十一个刑法修正案，除《中华人民共和国刑法修正案（二）》[以下简称《刑法修正案（二）》]、《中华人民共和国刑法修正案（四）》[以下简称《刑法修正案（四）》]、《中华人民共和国刑法修正案（十）》[以下简称《刑法修正案（十）》] 没有涉及金融犯罪的修订外，其余 8 个刑法修正案均对金融犯罪做了修改，部分条文甚至修订两次，相对于其他条款，对金融犯罪的修订略显频繁。部分原因是社会经济生活的变动不居，部分原因是金融犯罪形势较为严峻，需要对金融犯罪进行修订，以适

---

〔1〕 马克昌主编：《百罪通论》，北京大学出版社 2014 年版，第 370 页。
〔2〕 张兰："警惕网络保险违法犯罪活动"，载《金融时报》2014 年 5 月 15 日，第 1 版。

应社会的变迁。

前述对我国《刑法》分则第三章第四节、第五节规定的 38 种具体金融犯罪的分析，本书认为，可以构成网络金融犯罪的共有 13 种罪名。具体到 7 个[1]涉及金融犯罪的刑法修正案而言，共包括 9 种罪名：（1）第 174 条第 1 款，擅自设立金融机构罪（《刑法修正案》第 3 条修正）；（2）第 177 条之一第 2 款，窃取、收买、非法提供信用卡信息罪［《刑法修正案（五）》第 1 条新增罪名］；（3）第 180 条第 1 款，内幕交易、泄露内幕信息罪［《刑法修正案》第 4 条、《刑法修正案（七）》第 2 条修正］；（4）第 180 条第 4 款，利用未公开信息交易罪［《刑法修正案（七）》第 2 条新增罪名］；（5）第 181 条第 1 款，编造并传播证券、期货交易虚假信息罪（《刑法修正案》第 5 条修正）；（6）第 181 条第 2 款，诱骗投资者买卖证券、期货合约罪（《刑法修正案》第 5 条修正）；（7）第 182 条，操纵证券、期货市场罪［《刑法修正案》第 5 条、《刑法修正案（六）》第 11 条修正］；（8）第 191 条，洗钱罪［《刑法修正案（三）》第 7 条、《刑法修正案（六）》第 16 条修正］；（9）第 196 条第 1 款，信用卡诈骗罪［《刑法修正案（五）》第 2 条修订］。

（三）单行刑法及其他规范性文件

单行刑法是指"国家以决定、规定、补充规定、条例等名称颁布的，规定某一类犯罪及刑罚或刑法的某一事项的法律"。[2]1979 年《刑法》生效后至 1997 年《刑法》生效前，全国人大常委会共颁布了 23 个单行刑法，对 1979 年《刑法》相关犯罪的罪名、罪状和法定刑进行了补充和修改。另外，还有一些其他规范性文件也作出了相关规定。其中，针对金融犯罪的是 1995 年 6 月 30 日全国人大常委会通过的《关于惩治破坏金融秩序犯罪的决定》。1997 年《刑法》通过后，1998 年 12 月 29 日，全国人大常委会针对金融犯罪的严峻形势，颁布《关于惩治骗购外汇、逃汇和非法买卖外汇犯罪的决定》（2009 年修正），以严厉打击外汇犯罪。此外，2000 年 12 月 28 日全国人大常委会通过的《关于维护互联网安全的决定》，有利于促进互联网的健康发展，

---

　　[1]　2011 年 5 月 1 日施行的《刑法修正案（八）》第 30 条删除票据诈骗罪、金融凭证诈骗罪、信用证诈骗罪的死刑，第 31 条增加了集资诈骗罪、票据诈骗罪、金融凭证诈骗罪、信用证诈骗罪罚金刑的规定，2015 年 11 月 1 日施行的《刑法修正案（九）》第 11 条、第 12 条分别删除伪造货币罪和集资诈骗罪的死刑，均没有涉及具体罪名及罪状的修改。

　　[2]　黎宏：《刑法学》，法律出版社 2012 年版，第 2 页。

维护国家、社会、公民、法人和其他组织的合法权益。

1. 《关于惩治破坏金融秩序犯罪的决定》

为了维护国家金融管理秩序，严厉打击金融犯罪，1995 年 6 月 30 日全国人大常委会通过了《关于惩治破坏金融秩序犯罪的决定》，该决定是针对1979 年《刑法》有关货币和证券方面的犯罪规定不足而做出的重要补充，对原有罪名进行了修订，增设新的金融犯罪，加重了破坏金融秩序犯罪的刑罚，使我国金融犯罪的刑事立法得到进一步完善。1997 年修订《刑法》时，该决定有关刑事责任的规定已纳入《刑法》中，根据《刑法》第 452 条第 3 款的规定，《关于惩治破坏金融秩序犯罪的决定》有关行政处罚和行政措施继续有效，刑事责任的规定不再适用。前文已对纳入《刑法》的金融犯罪进行分析，此处不再赘述。

2. 《关于惩治骗购外汇、逃汇和非法买卖外汇犯罪的决定》

为了维护国家外汇管理秩序，严厉打击外汇犯罪，1998 年 12 月 29 日全国人大常委会通过了《关于惩治骗购外汇、逃汇和非法买卖外汇犯罪的决定》，该决定是 1997 年《刑法》颁行之后通过的第一个单行刑法，是现行有效的单行刑法。该决定对逃汇罪作出修正，加重了刑罚处罚，并增设骗购外汇罪，严密了惩治外汇犯罪的刑事法网。前文对外汇类犯罪进行分析，认为，该类犯罪均属传统金融犯罪，兹不赘述。

3. 《关于维护互联网安全的决定》

为保障互联网运行安全和信息安全，严厉打击网络安全犯罪，2000 年 12月 28 日全国人大常委会通过了《关于维护互联网安全的决定》（2009 年修正），该决定是我国互联网安全立法进程中的重要成果。该决定第 1 条至第 5条明确规定了涉及互联网的犯罪，但"没有对利用互联网犯罪行为在刑法之外另行规定罚则，但将利用互联网实施的各种犯罪行为集中表述，明确列举"，[1]没有涉及新增罪名，仅笼统规定"构成犯罪的，依照刑法有关规定追究刑事责任"。其中，第 3 条第 4 项"利用互联网编造并传播影响证券、期货交易或者其他扰乱金融秩序的虚假信息"涉及网络金融犯罪的规定，主要是"指行为人利用自己的主页或网站、电子公告编造并且传播对证券、期货

---

〔1〕 陈国庆、韩耀元："正确适用刑法，依法打击利用互联网犯罪——全国人大常委会《关于维护互联网安全的决定》刑法适用有关问题研究"，载《网络安全技术与应用》2001 年第 2 期。

交易价格产生较大影响的虚假信息，以及其他扰乱金融秩序的虚假信息的行为，如编造传播银行利率、国家外汇汇率、金融政策要作重大调整等虚假信息的行为"。[1]该规定作为《刑法》第181条第1款的解释，扩大了该罪的行为方式，但上述行为是否构成编造并传播证券、期货交易虚假信息罪，仍需结合《刑法》第181条规定的"扰乱证券、期货交易市场，造成严重后果的"情形才能认定。前文认为，编造并传播证券、期货交易虚假信息罪属于网络金融犯罪，兹不赘述。

（四）附属刑法

附属刑法是指"附带规定于民法、经济法、行政法等非刑事法律中的罪刑规范"。[2]我国的经济、金融法律包括《中华人民共和国中国人民银行法》（以下简称《中国人民银行法》）、《商业银行法》、《保险法》、《票据法》、《中华人民共和国证券法》（以下简称《证券法》）、《中华人民共和国信托法》、《中华人民共和国反洗钱法》（以下简称《反洗钱法》）、《公司法》等，这些经济、金融法律均包含有犯罪条款，是金融法律的有效组成部分，也是对《刑法》的补充和完善。一般认为，附属刑法的立法模式分为依附型立法和独立型立法，前者是指没有规定法定刑，不能独立适用，必须结合刑法和单行刑法的规定才能适用；后者是指在金融法规中所规定的金融犯罪有独立的罪状和法定刑。[3]

我国经济、金融法律中规定的金融犯罪采用依附型立法，没有规定独立的罪状和法定刑。这种依附型立法模式表现有两点：其一，照应性规定方式。即在刑法和单行刑法对某种犯罪已有明确规定的情况下，又在金融法律中再做一次照应性、重申性的规定。例如，我国《刑法》已规定擅自设立金融机构罪，内幕交易、泄露内幕信息罪，操纵证券、期货市场罪，背信运用受托财产罪，然而，2019年修订的《证券法》第202条、第191条、第192条、第194条又分别规定擅自设立证券公司、内幕交易、泄露内幕信息、操纵证券市场、背信运用受托财产等违法行为，并在第219条规定："违反本法规定，构成犯罪的，依法追究刑事责任。"《证券法》的上述规定事实上是对刑

---

〔1〕 黄太云："有关危害互联网安全犯罪的刑法适用问题"，载《人民检察》2001年第4期。

〔2〕 张明楷：《刑法学》，法律出版社2011年版，第21页。

〔3〕 参见利子平、胡祥福主编：《金融犯罪新论》，群众出版社2005年版，第15页。

法上的否定性评价的重申。2015 年修正的《商业银行法》第 73 条至第 78 条，第 81 条、第 82 条、第 86 条、第 87 条也有类似的规定。其二，原则性规定方式。即在非刑事法律中只原则性规定对某行为"构成犯罪的，依法追究刑事责任"，但在刑法或单行刑法中都没有相应的处罚规定。例如，2003 年修正的《中国人民银行法》第 49 条规定了强迫贷款罪，强迫担保罪，但是单行刑法和现行刑法都没有将上述行为规定为犯罪。

本书认为，在金融法规中规定金融犯罪的条款，可以满足惩治金融犯罪的需要，保障金融安全，并且，依附型的金融附属刑法与刑法相关条款进行衔接，能够保持刑法的稳定性，是我国金融立法的一个长期趋势。前文对我国《刑法》第三章第四节、第五节的金融犯罪进行梳理，共有 13 种网络金融犯罪，若附属刑法规定的相关金融犯罪属于该 13 种网络金融犯罪，则该金融犯罪行为可以构成网络金融犯罪。

二、惩治网络金融犯罪的其他规范性文件

针对金融犯罪多发生在金融交易、监管及调控过程中的现状，除了制定刑法、单行刑法及附属刑法规制金融犯罪之外，全国人大常委会出台相关决定，最高人民法院、最高人民检察院出台相关司法解释及规范性文件，国务院制定行政法规，国务院各部委、中国人民银行、银保监会、证监会、银保监会、审计署等部门相继发布各种规范性文件，内容涉及银行存贷款、证券、期货、信用卡、信用证、外汇、保险、金融凭证、反洗钱等各个方面，为认定金融犯罪提供了法律依据。

（一）全国人大常委会出台的相关决定

除前述三个单行刑法外，2012 年 12 月 28 日全国人大常委会通过《关于加强网络信息保护的决定》，该决定共 12 个条文，主要内容包括保护公民个人电子信息、治理垃圾电子信息、网络身份管理及监管等几个方面。该决定虽然针对网络信息保护，但在网络时代，这些信息又与公民的财产安全息息相关，如果被不当使用，很容易侵犯公民的合法权益，诱发网络诈骗、侵犯公民个人信息等相关犯罪。《关于加强网络信息保护的决定》第 11 条规定，"对有违反本决定……，构成犯罪的，依法追究刑事责任"。该决定的出台，有利于打击利用手机和网络发布各种违法信息的行为，对于利用网络信息从事欺诈行为，也具有一定的遏制作用。

（二）最高人民法院颁布的规范性文件

1997 年《刑法》实施以来，最高人民法院先后单独颁布 8 个关于金融犯罪的规范性文件，共包括：

1. 1998 年 9 月 1 日，最高人民法院《关于审理骗购外汇、非法买卖外汇刑事案件具体应用法律若干问题的解释》；

2. 2000 年 9 月 14 日，最高人民法院《关于审理伪造货币等案件具体应用法律若干问题的解释》；

3. 2010 年 11 月 3 日，最高人民法院《关于审理伪造货币等案件具体应用法律若干问题的解释（二）》；

4. 2001 年 1 月 21 日，《全国法院审理金融犯罪案件工作座谈会纪要》；

5. 2009 年 11 月 11 日，最高人民法院《关于审理洗钱等刑事案件具体应用法律若干问题的解释》；

6. 2011 年 1 月 4 日，最高人民法院《关于审理非法集资刑事案件具体应用法律若干问题的解释》（以下简称《非法集资解释》）；

7. 2011 年 8 月 18 日，最高人民法院《关于非法集资刑事案件性质认定问题的通知》；

8. 2015 年 9 月 1 日，最高人民法院《关于审理民间借贷案件适用法律若干问题的规定》（2020 年第 2 次修正）。

该 8 个规范性文件中，其中 6 个属于审理具体案件的司法解释，最高人民法院的会议纪要和通知虽不能作为法律条文引用，但具有法律解释的属性，可以作为认定具体案件的重要参考。

（三）最高人民检察院颁布的规范性文件

最高人民检察院先后单独颁布 4 个关于金融犯罪的规范性文件，其中，1997 年《刑法》实施之前颁布 1 个，之后颁布 4 个，共包括：

1. 1995 年 7 月 8 日，最高人民检察院《关于认真执行〈关于惩治破坏金融秩序犯罪的决定〉的通知》；

2. 1998 年 11 月 27 日，最高人民检察院法律政策研究室《关于保险诈骗未遂能否按犯罪处理问题的答复》；

3. 1999 年 1 月 21 日，最高人民检察院《关于认真贯彻执行〈全国人民代表大会常务委员会关于惩治骗购外汇、逃汇和非法买卖外汇犯罪的决定〉的通知》；

4. 2008 年 5 月 7 日，最高人民检察院《关于拾得他人信用卡并在自动柜员机（ATM 机）上使用行为如何定性问题的批复》；

5. 2017 年 6 月 2 日，最高人民检察院《关于办理涉互联网金融犯罪案件有关问题座谈会纪要》。该 5 个规范性文件属于通知、批复、答复纪要的性质，不属于严格意义上的司法解释，但对于办理金融犯罪案件及贯彻执行法律具有指导作用。

（四）最高人民法院、最高人民检察院及其他部门联合颁布的规范性文件

1997 年刑法实施以来，最高人民法院、最高人民检察院、公安部先后联合颁布 7 个关于金融犯罪的规范性文件，共包括：

1. 1999 年 6 月 7 日，最高人民法院、最高人民检察院、公安部《办理骗汇、逃汇犯罪案件联席会议纪要》；

2. 2008 年 1 月 2 日，最高人民法院、最高人民检察院、公安部、中国证券监督管理委员会《关于整治非法证券活动有关问题的通知》；

3. 2009 年 12 月 16 日，最高人民法院、最高人民检察院《关于办理妨害信用卡管理刑事案件具体应用法律若干问题的解释》（2018 修正）；

4. 2010 年 5 月 7 日，最高人民检察院、公安部《关于公安机关管辖的刑事案件立案追诉标准的规定（二）》（2011 年修正）；

5. 2011 年 9 月 1 日，最高人民法院、最高人民检察院《关于办理危害计算机信息系统安全刑事案件应用法律若干问题的解释》；

6. 2012 年 6 月 1 日，最高人民法院、最高人民检察院《关于办理内幕交易、泄露内幕信息刑事案件具体应用法律若干问题的解释》；

7. 2014 年 3 月 25 日，最高人民法院、最高人民检察院、公安部《关于办理非法集资刑事案件适用法律若干问题的意见》（以下简称《非法集资意见》）。

8. 2019 年 1 月 30 日，最高人民法院、最高人民检察院、公安部《关于办理非法集资刑事案件若干问题的意见》；

9. 2019 年 2 月 1 日，最高人民法院、最高人民检察院《关于办理非法从事资金支付结算业务、非法买卖外汇刑事案件适用法律若干问题的解释》；

10. 2019 年 7 月 1 日，最高人民法院、最高人民检察院《关于办理利用未公开信息交易刑事案件适用法律若干问题的解释》；

11. 2019 年 7 月 1 日，最高人民法院、最高人民检察院《关于办理操纵证券、期货市场刑事案件适用法律若干问题的解释》；

12. 2019 年 11 月 1 日，最高人民法院、最高人民检察院《关于办理非法利用信息网络、帮助信息网络犯罪活动等刑事案件适用法律若干问题的解释》。

该 12 个规范性文件中，其中 9 个属于办理具体案件的司法解释，其余 3 个分别为会议纪要、通知及立案追诉标准，这些规范性文件虽与司法解释的效力不同，但亦是认定具体犯罪的重要参考。

（五）其他规范性文件

在计算机软件保护、信息系统保护、网络信息服务管理及互联网金融等方面，国务院、各部委单独或联合颁布有关计算机安全管理的法律、法规，以维护计算机网络安全。此外，随着互联网金融的发展，相关规范性文件也先后出台，以促进互联网金融健康发展。

1. 1994 年 2 月 18 日，国务院《计算机信息系统安全保护条例》，2011 年 1 月 8 日修订；

2. 1996 年 2 月 1 日，国务院《计算机信息网络国际联网管理暂行规定》，1997 年 5 月 20 日修订；

3. 2000 年 9 月 25 日，国务院《互联网信息服务管理办法》，2011 年 1 月 8 日修订；

4. 2002 年 1 月 1 日，国务院《计算机软件保护条例》，2011 年 1 月 8 日第 1 次修订，2013 年 3 月 1 日第 2 次修订；

5. 2002 年 11 月 15 日，国务院《互联网上网服务营业场所管理条例》，2011 年 1 月 8 日修订，2016 年 2 月 6 日第 2 次修订，2019 年 3 月 24 日第 3 次修订；

6. 1997 年 12 月 30 日，公安部《计算机信息网络国际联网安全保护管理办法》，2011 年 1 月 8 日修订；

7. 2000 年 4 月 26 日，公安部《计算机病毒防治管理办法》；

8. 2000 年 1 月 1 日，国家保密局《计算机信息系统国际联网保密管理规定》；

9. 2015 年 7 月 14 日，中国人民银行、工业和信息化部、公安部、财政部、工商总局、法制办、银监会、证监会、保监会、国家互联网信息办公室

《关于促进互联网金融健康发展的指导意见》；

10. 2015 年 10 月 1 日，中国保监会关于印发《互联网保险业务监管暂行办法》的通知（已失效）。

11. 2016 年 4 月 12 日，国务院办公厅《互联网金融风险专项整治工作实施方案》；

12. 2016 年 4 月 13 日，中国银行监督管理委员会（已撤销）等十五部门《P2P 网络借贷风险专项整治工作实施方案》；

13. 2016 年 4 月 14 日，中国人民银行、中央宣传部、中央维稳办等十七部门《通过互联网开展资产管理及跨界从事金融业务风险专项整治工作实施方案》；

14. 2016 年 7 月 21 日，中国互联网金融协会《中国互联网金融协会会员自律公约》、《互联网金融行业健康发展倡议书》和《中国互联网金融协会会员管理办法》；

15. 2016 年 7 月 21 日，中国互联网金融协会《中国互联网金融协会章程》；

16. 2016 年 8 月 17 日，中国银行监督管理委员会（已撤销）、工业和信息化部、公安部、国家互联网信息办公室《网络借贷信息中介机构业务活动管理暂行办法》；

17. 2017 年 6 月 29 日，中国人民银行等十七部委《关于进一步做好互联网金融风险专项整治清理整顿工作的通知》；

18. 2017 年 6 月 30 日，互联网金融风险专项整治工作领导小组办公室《关于对互联网平台与各类交易场所合作从事违法违规业务开展清理整顿的通知》；

19. 2017 年 12 月 1 日，互联网金融风险专项整治工作领导小组办公室、P2P 网络借贷风险专项整治工作领导小组办公室《关于规范整顿"现金贷"业务的通知》；

20. 2018 年 3 月 28 日，《互联网金融风险专项整治工作领导小组办公室关于加大通过互联网开展资产管理业务整治力度及开展验收工作的通知》；

21. 2019 年 1 月 1 日，中国人民银行、中国银行保险监督管理委员会、中国证券监督管理委员会关于印发《互联网金融从业机构反洗钱和反恐怖融资管理办法（试行）》的通知。

三、我国惩治网络金融犯罪的立法评价

通过对我国惩治网络金融犯罪立法的梳理，可以发现，我国基本形成以刑法为主，单行刑法与附属刑法为辅，司法解释、单行条例及部门规章等规范性文件为补充的立法格局。我国《刑法》分则第三章第四节、第五节有关金融犯罪的规定基本满足了打击金融犯罪的需求，单行刑法、附属刑法及全国人大常委会、最高人民法院、最高人民检察院、国务院及其部委制定的规范性文件作为金融立法的组成部分，补充了金融犯罪的立法体系，使之更为完善。现行法律对金融犯罪的规定，包括了金融犯罪的大多数类型，为准确认定犯罪提供了法律依据，但在金融领域出现的新型网络犯罪则缺乏明确规定，在立法上出现空白，不利于对网络金融犯罪进行刑法规制。总体而言，我国关于网络金融犯罪的立法有以下几个特征：

1. 我国网络金融犯罪立法整体上滞后于金融犯罪刑事立法与整体刑事立法，发展较为缓慢

我国金融犯罪刑事立法基本上与整体刑事立法的发展同步，[1]但是，网络犯罪由于其特殊性，包括网络金融犯罪在内的刑事立法滞后于整体刑事立法。其中，既有立法技术的原因，也有立法者认识能力局限的因素。一个国家的立法史同时也是该国的社会发展史，立法者虽有一定的前瞻性，但不可能超越其所处的时代。1997 年《刑法》制定时，计算机尚未普及，网络还没有走进普通大众的生活，谈不上利用网络或计算机犯罪，更不用说网络金融犯罪，立法者没有在《刑法》中规定网络金融犯罪实属必然。随着网络技术日新月异的发展，网络"飞入寻常百姓家"，便利了人们的生活，不法分子也利用网络实施违法犯罪活动，网络诈骗、网络洗钱等犯罪层出不穷。但是，规制网络金融犯罪的刑事立法却没有及时跟进，刑法规定的缺失，导致网络金融犯罪只能依照传统金融犯罪定罪处罚。

1997 年《刑法》通过之后，立法机关又通过四部单行刑法和十一个刑法修正案，其中一部单行刑法和八个修正案涉及金融犯罪的修改，但同样缺少对网络金融犯罪的规定。2010 年以来，以互联网为代表的新技术开始对既有

---

〔1〕　参见刘宪权：《金融犯罪刑法学专论》，北京大学出版社 2010 年版，第 64 页。

金融模式产生巨大冲击，2013年也被冠以"互联网金融元年"的称号，[1]互联网金融犯罪也如影随形，成为互联网金融健康发展的阴影，但规制互联网金融犯罪的法律法规却付之阙如。期间，最高人民法院、最高人民检察院、国务院及各部委曾发布效力不同的规范性文件，但均没有明确规定网络金融犯罪，仅在部分条款涉及。例如，2000年12月28日，全国人大常委会通过的《关于维护互联网安全的决定》（2009年修正）第3条第4项规定"利用互联网编造并传播影响证券、期货交易或者其他扰乱金融秩序的虚假信息"，该项涉及网络金融犯罪，但要结合《刑法》第181条第1款编造并传播证券、期货交易虚假信息罪才能认定。我国网络金融犯罪刑事立法滞后于社会的发展，不利于完善金融犯罪刑事立法，不利于打击相关金融犯罪行为，亟须改进。

2. 网络金融犯罪刑事立法以刑法为主，其他规范性文件规定较为原则，针对性不强

我国刑事立法"以刑法为主、单行刑法和附属刑法为辅"的特点决定了网络金融犯罪主要体现在刑法中，八个有关金融犯罪的刑法修正案作为刑法的一部分而融入其中。由于社会的发展，科技的进步，犯罪的形式也随之发生变化，特别是网络技术的普及，深深地改变了人们的生活，金融犯罪的形式也趋于多样化，网络金融犯罪应运而生。现行《刑法》制定于20世纪90年代，一方面由于立法者认识能力有限，受制于时代的局限性；另一方面由于刑事法律的稳定性，对于金融犯罪的多变性考虑较少，使得现行刑法对网络金融犯罪的规定出现空白。例如，我国金融犯罪刑事立法偏重于国有金融机构利益的保护，忽视民间金融的利益，罪名设置也是以传统金融交易模式为基础，对于以P2P网络借贷、股权众筹、第三方支付等新兴的金融交易形式没有提及，立法技术和内容不能紧跟时代的发展。本书认定的13种网络金融犯罪，是在传统金融犯罪的构成要件框架下结合金融犯罪的新形式而得出的结论，并非刑法明文规定。

此外，我国有关网络金融犯罪的规定较为原则和抽象。除《关于惩治破坏金融秩序犯罪的决定》《关于惩治骗购外汇、逃汇和非法买卖外汇犯罪的决定》规定有叙明罪状及法定刑外，《关于维护互联网安全的决定》共7个条

---

〔1〕 参见杨涛主编：《互联网金融理论与实践》，经济管理出版社2015年版，第4页。

文，第 1 条至 5 条属于确认性规定，"构成犯罪的，依照刑法有关规定追究刑事责任"，第 6 条、第 7 条属于宣示性规定，没有规定罚则。此外，全国人大常委会制定的《关于加强网络信息保护的决定》也仅笼统规定"构成犯罪的，依法追究刑事责任"。附属刑法中也没有规定罚则条款，仅笼统规定"构成犯罪的，依法追究刑事责任"，可操作性不强。例如，2003 年修正的《中国人民银行法》第 42 条、第 43 条、第 46 条、第 48 条至第 51 条，均有"构成犯罪的，依法追究刑事责任"的规定，2015 年修正的《商业银行法》、2006 年制定的《中华人民共和国银行业监督管理法》（以下简称《银行业监督法》）也有类似规定，在规定行政责任的同时规定刑事责任，金融违法行为与犯罪行为界限不够明显，将金融一般违法行为和犯罪行为合二为一，把行政、经济、刑事责任混为一谈，实践中不易区分金融一般违法行为和金融犯罪的界限，而且在何种情况下应追究何种法律责任没有明确规定，容易混淆罪与非罪的界限，有可能出现"以罚代刑"的现象。[1]

3. 网络金融犯罪刑事立法不足，缺乏专门的法律条款，规定较为笼统

1997 年《刑法》规定的 38 种金融犯罪，基本涵盖了主要的金融犯罪活动，但并没有针对网络金融犯罪的专门条款，对于利用网络实施金融犯罪这种新的犯罪形式，缺少专门的规定，仅在《刑法》第 287 条规定："利用计算机实施金融诈骗、盗窃、贪污、挪用公款、窃取国家秘密或者其他犯罪的，依照本法有关规定处罚。"该条规定语焉不详，虽然"其他犯罪"这一兜底性规定可以涵盖《刑法》分则第三章第四节破坏金融管理秩序罪，但若严格遵循"罪刑法定"原则，惩治网络金融犯罪的合法性存疑，对于打击网络金融犯罪不利。

此外，金融犯罪具体条款中定罪处罚规定较为笼统，缺乏明确规定。对于前述 12 种较为典型的网络金融犯罪，如《刑法》第 174 条第 1 款擅自设立金融机构罪规定的"情节严重"、第 176 条非法吸收公众存款罪规定的"数额巨大或者有其他严重情节"，第 179 条擅自发行股票、公司、企业债券罪规定的"数额巨大、后果严重或者有其他严重情节"，第 192 条集资诈骗罪、第 196 条第 1 款信用卡诈骗罪、第 198 条保险诈骗罪规定的"数额较大的""数额巨大或者有其他严重情节的""数额特别巨大或者有其他特别严重情节的"，

---

〔1〕　参见李永升、刘建主编：《金融刑法学教程》，法律出版社 2014 年版，第 13 页。

其内涵不够明确，部分罪名虽有立案定罪标准及司法解释，但操作性差，对于准确打击金融犯罪还有困难。

4. 网络金融犯罪立法不够健全，相关金融法律层阶较低，法律法规之间缺乏衔接

目前，我国仅有专门针对网络安全领域的立法，缺乏网络金融犯罪的专门立法。除全国人大常委会制定的《关于维护互联网安全的决定》《关于加强网络信息保护的决定》效力等级较高外，国务院及其部委制定的行政法规及部门规章多属于一般规范性文件，效力等级较低。这种立法格局导致立法机关各自为政，有关网络金融违法犯罪行为规定的较为零散，各类法律、法规之间缺乏协调。例如，2005 年 8 月 28 日通过的《中华人民共和国治安管理处罚法》（2012 年 10 月 26 日修正，以下简称《治安管理处罚法》），"缺少对一般金融违法行为治安处罚规定，无法与《刑法》规定衔接，出现对金融违规违章与金融犯罪行为间处罚的大块真空，易被金融犯罪分子用以规避法律制裁"。[1]

与网络金融犯罪刑事立法的相对稀少不同，网络信息安全相关的法律法规较为丰富，前述国务院及其部委颁布的规范性文件多属此类。这些规范性文件效力等级不高，主要针对计算机系统安全、软件保护、个人数据安全等方面，但这些规定和网络金融行为密切相关。2004 年 8 月 28 日全国人大常委会通过的《中华人民共和国电子签名法》（以下简称《电子签名法》）（先后经 2015 年、2019 年两次修正）是我国首部信息化法律，"被认为是推动我国电子商务发展和确保电子商务安全的重要立法举措"，[2]对于促进网络金融发展具有里程碑式的意义。但该法仅在第 32 条、第 33 条规定"构成犯罪的，依法追究刑事责任"，缺乏刑法相应条文的规定，使之成为具文。我国有关规定网络金融犯罪的刑法条文、单行刑法、附属刑法、国务院及其部委颁布的规范性文件之间缺少衔接，不利于有效惩治网络金融犯罪。

---

〔1〕 许新源："我国金融刑事立法、金融刑事犯罪与公安金融安保工作"，载《公安大学学报》1998 年第 2 期。

〔2〕 高富平、俞迪飞："电子记录等同于纸面证据的解决方案——兼论《电子签名法》的局限性"，载《法学》2004 年第 11 期。

第二章　网络金融犯罪的一般问题

网络金融犯罪的一般问题亦即网络金融犯罪的共性问题，包括网络金融电子数据、电子代理人、网络金融平台等相关法律问题，这些问题是研究网络金融犯罪的基础，主要包括网络金融电子数据中电子货币和用户密码的法律问题，电子代理人的错误和欺诈问题及网络金融平台面临的刑事风险。

第一节　网络金融电子数据问题

在网络金融活动中，以电子数据形式表现出来的交易信息构成交易的基础，一方面提升了电子商务活动交易的效率、降低了交易的成本；另一方面增加了交易的风险，降低了交易的安全。电子数据在内容上表现为文字或符号，在技术上表现为数字 0 和 1 的组合，如果这些数字遭到第三者恶意破坏或修改，就无法与实体书面文件一样显示出修改的痕迹，电子商务的安全会受到极大的威胁。[1]虽然，2004 年 8 月通过的《电子签名法》、2018 年修正的《中华人民共和国刑事诉讼法》（以下简称《刑事诉讼法》）及 2017 年修正的《中华人民共和国民事诉讼法》（以下简称《民事诉讼法》）从法律层面明确了电子数据的法律效力，但实践中仍面临诸多困境，需要深入研究。

一、电子数据概述

电子商务的发展，使传统商事活动交易的载体不再依赖传统的媒介，更多地表现为电子数据的形式。但是，电子数据的概念、分类及特征等基本问题仍

---

〔1〕　参见王晓雁："网上交易'软肋'亟待法律'撑腰'"，载《天津政法报》2008 年 4 月 25 日，第 8 版。

未得以明确，需要厘清。

（一）电子数据的概念

对概念的准确界定是进行理论研究的基础，也是进行学术对话及交流的前提。目前，国内外学术界、法律界对电子数据的理解众说纷纭，理论界与实务界分别从不同的角度来理解电子数据的内涵。

1. 国外法律对电子数据的规定

由于英文表述的差异，国外一般将电子数据表述为电子记录、电子证据、计算机证据、数据证据、数码证据、计算机形成的证据、计算机生成的证据、计算机存储的证据、计算机创制的证据、与计算机有关的证据、源自计算机记录的证据等。[1]例如，美国《统一电子交易法》规定：电子记录是指由电子手段生成、发送、传输、接受或存储的记录。印度《信息技术法》规定：电子记录是指电子形式的数据，包括生成的电子形式的记录或数据，存储、接受、发送的电子形式的图像或者声音。德国《信息和通讯服务示范法》规定的电子数据范围包括电信信息、计算机系统信息、互联网信息。加拿大《统一电子证据法》规定：电子记录是指以任何媒介形式在计算机系统或其他类似设备中或者借助计算机系统或其他类似设备记录或存储的，且能够为某人、某一计算机系统或者其他类似设备读取或感知的数据。它包括关于该数据的如下显示、打印输出或其他输出——除本法第4条第2款所指打印输出以外的显示、打印输出或其他输出。[2]澳大利亚《证据法》规定：电子数据是指关于事实情况的某种陈述或描述，并且该陈述或描述已经通过某些准确性可证明的方式，转录为与其被输入或者将要被输入的计算机相适宜的形式。菲律宾《电子证据规则》所规定的电子数据讯息是指"以电子方式、光学或类似方式产生、发送、接收或存储的信息"。[3]欧盟《欧洲电子商务提案》中的电子数据专指电子网络信息。联合国国际贸易法委员会《电子商务示范法》规定：数据电文是经由电子手段、光学手段或其他类似手段生成、发送、接受或存储的信息，这些手段包括但不限于电子数据交换、电子邮件、电报或传真。

从上述国外法律关于电子数据的规定来看，主要分为广义和狭义两种理

---

[1] 参见何家弘主编：《电子证据法研究》，法律出版社2002年版，第3~4页。

[2] 参见何家弘主编：《电子证据法研究》，法律出版社2002年版，第494页。

[3] 参见蒋平、杨莉莉编著：《电子证据》，清华大学出版社、中国人民公安大学出版社2007年版，第12页。

解。对电子数据持广义理解的主要有美国、印度、德国、菲律宾等国家和联合国国际贸易法委员会，对电子数据持狭义理解的主要有加拿大、澳大利亚和欧盟。上述定义可分为广义的电子数据和狭义的电子数据，前者既包括电报、电传、传真等传统为人们所熟知的信息，还包括电子邮件、电子数据交换、因特网数据、计算机信息、电子网络信息等与计算机相关的非纸质类信息。后者仅指保存在或记录在计算机上（包括计算机网络系统）或其他类似装置上的任何形式的信息。

2. 我国法律对电子数据的规定

在实践中，电子数据发挥着越来越重要的作用，但我国法律对电子数据的规定还不够明确。我国 2018 年修订的《刑事诉讼法》第 50 条及 2017 年修订的《民事诉讼法》第 63 条首次将"电子数据"作为独立的证据类型列出，从基本法的层面赋予了电子数据的法律地位。此前，2015 年最高人民法院《关于适用〈中华人民共和国民事诉讼法〉的解释》第 116 条第 2 款、第 3 款规定："电子数据是指通过电子邮件、电子数据交换、网上聊天记录、博客、微博客、手机短信、电子签名、域名等形成或者存储在电子介质中的信息。存储在电子介质中的录音资料和影像资料，适用电子数据的规定。" 2016 年 9 月，最高人民法院、最高人民检察院、公安部发布的《关于办理刑事案件收集提取和审查判断电子数据若干问题的规定》第 1 条规定："电子数据是案件发生过程中形成的，以数字化形式存储、处理、传输的，能够证明案件事实的数据。电子数据包括但不限于下列信息、电子文件：（一）网页、博客、微博客、朋友圈、贴吧、网盘等网络平台发布的信息；（二）手机短信、电子邮件、即时通信、通讯群组等网络应用服务的通信信息；（三）用户注册信息、身份认证信息、电子交易记录、通信记录、登录日志等信息；（四）文档、图片、音视频、数字证书、计算机程序等电子文件。"该定义从证据适用的角度对电子数据进行界定，列举了电子数据的种类，但并不是严格意义上对电子数据概念的界定，仅具有证据法的意义。

3. 我国学者对电子数据的理解

目前，我国学者对电子数据的理解并未达成一致意见。例如，有的学者认为，电子数据是指在计算机或计算机系统运行过程中产生的以其记录的内容来证明案件事实的电磁记录物。[1]有的学者认为，电子数据是指以通过计算机存储的材料和证据证明案件事实的一种手段，它最大的功能是存储数据，能综合、连续地反映与案件有关的资料数据，是一种介于物证与书证之间的独立证据。[2]也有学者认为，电子数据是以电子形式存在的、能够作为证据使用的一切材料及其派生物。[3]还有学者认为，电子数据是以数字的形式保存在计算机存储器或外部存储介质中、能够证明案件事实情况的数据或信息。[4]

对电子数据的概念进行界定，离不开计算机科技的发展及人们对该事物的认知程度。上述电子数据的定义，分别从广义、狭义、证据适用等角度来阐述电子数据的本质，对于准确理解电子数据具有一定的启发。但是，我国学者多把电子数据等同于电子证据，认为电子数据是用来证明案件事实的一种证据形式，失之于过窄。相对而言，国外相关法律界定电子数据时并不限于证据适用的角度，而是侧重于信息使用的角度，将电子数据作为一种电子信息，拓宽了对概念理解的广度和深度。虽然国内外学者对电子数据认知的角度、范围不同，但对电子数据的载体及其存储形式基本达成共识，认为电子数据的载体不仅包括计算机设备还包括其他记录数据的电子设备，电子数据一般以电讯代码、电磁记录等形式存储在介质中。

结合我国的法律规定，并参考国外对电子数据概念的定义，本书认为，电子数据，是指以数字形式记录于计算机存储器或其他可识别的存储设备内，能够通过运行特定程序表现出一定的内容和效果的数据或信息。

（二）电子数据的分类

对电子数据从不同角度进行分类，有助于从不同侧面加强对电子数据本质的理解和把握。如今，电子数据进入社会生活的各个领域，表现形式多样，应从不同的角度认识电子数据。根据不同的标准，电子数据可做如下分类：

1. 模拟电子数据和数字电子数据

根据电子数据生成信号的不同分为模拟电子数据和数字电子数据。模拟

---

[1] 参见徐静村："电子证据——证据学的一个新领域"，载《重庆邮电大学学报》（社会科学版）2003年第1期。

[2] 参见沈晶："电子证据相关问题研究"，载《黑龙江对外经贸》2006年第4期。

[3] 参见谭志君：《证据犯罪研究》，法律出版社2005年版，第220页。

[4] 参见刘品新：《中国电子证据立法研究》，中国人民大学出版社2005年版，第212页。

电子数据是通过信息中某些特征的具体数量值来记载电子信息的内容，其数据记录有一定的连续性，剪接比较困难，复制时有损耗，第一代手机及固定电话的通话记录就属于模拟电子数据。数字电子数据一般通过信号的离散状态的各种可能组合所赋予各种数值或其他信息的方法来承载电子信息的内容，其数据记录呈现离散状态，容易删改及复制，且不易被发觉，第二代手机的通话记录属于数字电子数据。

2. 静态电子数据和动态电子数据

根据电子数据存储的形态分为静态电子数据和动态电子数据。静态电子数据是指数字化信息处理、存储、输入、输出的数据，包括计算机信息系统中存储的计算机文档、视频文件、移动存储设备中存储的电子数据。动态电子数据是指数字化信息网络中传输的电子数据，包括数字化信息网络中传输的电子邮件和数据电文、下载中的计算机文件、浏览中的网页、网络播放的流式计算机文件如流式音频文件等。[1]静态电了数据一般固定在某种存储介质上，动态电子数据则没有固定在某一电磁介质上，多通过有线或无线通信传输，这是两者最大的区别。

3. 电子设备生成数据、存储数据与混成数据

根据电子数据的生成方式分为电子设备生成数据、存储数据与混成数据。电子设备生成数据是指完全由电子计算机等设备自动生成的证据，是基于计算机设备的内部命令运行的，不掺杂个人意志在其中。例如，在自动取款机（ATM）上的取款记录就属于此类数据。电子设备存储数据是指将信息输入、存储到可识别的电子设备或通过电子计算机等存储设备录制外部的信息而形成的数据。例如，将他人发送的电子邮件存储于硬盘中，将他人的谈话录音都属于存储数据。电子设备混成数据是指由计算机等电子信息化设备处理人工信息后，再根据指令，通过运行一定的程序后而得来的数据。[2]例如，财务人员将收支各项明细输入计算机后，计算机再自动计算收支总额，最后得出当天、当次的收支明细以及账面余额等，即属此类证据。

---

〔1〕　参见皮勇：《刑事诉讼中的电子证据规则研究》，中国人民公安大学出版社 2005 年版，第 9~10 页。

〔2〕　参见何家弘主编：《电子证据法研究》，法律出版社 2002 年版，第 31~39 页。

4. 公用电子数据、商业电子数据、个人电子数据

根据电子数据的用途分为公用电子数据、商业电子数据、个人电子数据。公用电子数据是指可经由计算机或互联网收集、整理、传输和存储并用于公用目的和公益活动的数据。商业电子数据是指可经由计算机或互联网收集、整理、传输和存储并用于商业目的和商业活动的数据。个人电子数据是指存储于计算机设备、网络或其他可识别设备中，涉及个人秘密或用于私人目的的数据。

（三）电子数据的特征

电子数据是计算机信息技术发展到一定阶段的产物，信息时代电子数据的广泛应用改变了人们的生产、生活方式。在大数据时代，电子数据对我们生活带来的显著改变，显示出电子数据的独特特性。

1. 电子数据具有内在的虚拟性。数字化、电子化是电子数据的基本属性，在电子化的环境下，电子数据以电磁记录的形式表现出来，分布在虚拟空间里，按照 0 和 1 的计算机二进制规则进行排列，创造了一个独立于实体空间的虚拟空间。但不管是模拟电子数据还是数字电子数据，均是以某种形式存储的信息，不能用肉眼直接识别，不能被直接感知，需要借助特定的设备或软件才能读取。由于电子数据往往处于虚拟空间中，虚拟性是电子数据的一大特性。

2. 电子数据具有外在的依赖性。一方面，电子数据的存储依赖于计算机或其他可存储设备。电子数据以电子形式存在于芯片、硬盘、光盘等各种电子存储器上，其生成、保存、传输依赖于计算机及其他可存储设备；另一方面，电子数据的识别依赖于计算机或其他可识别设备。作为一种数字化信息，电子数据要通过计算机或其它设备把二进制编码转换为能够被肉眼识别或感知的信息，才能够为人们所识别。因此，电子数据具有鲜明的依赖性。

3. 电子数据具有形式上的可复制性。电子数据在理论上可以接近光速进行传播，瞬间即可达到互联网覆盖的任何位置，同时，电子数据的复制速度快，可以具有高度的精确性。[1]由于电子数据和存储载体可以相互分离，容易复制和传播，经过多次复制都不会影响内容的准确性，给电子数据的使用和传播带来极大的便利。不可否认，基于保密或知识产权保护的考虑，部分

---

[1] 参见杜春鹏：《电子证据取证和鉴定》，中国政法大学出版社 2014 年版，第 52~53 页。

电子数据使用加密手段，导致使用人无法复制，但这并不改变电子数据具有可复制的特性。

4. 电子数据具有内容的脆弱性。电子数据的存储及记录方式决定了电子数据内容的脆弱性，处于开放环境中的电子数据，容易遭到删改和毁损。一方面，电子数据受程序人员或信息输入人员等人为因素的影响，容易遭到删改、剪辑，导致电子数据的内容被篡改或破坏；另一方面，电子数据受外界环境的影响，容易遭受电、光、磁、高温、碰撞等物理干扰，如断电、系统故障都可能导致数据丢失，在某种程度上具有脆弱性。

5. 电子数据具有删除、编辑的可恢复性。随着信息技术的发展，对电子数据的认识也在不断深化，即使存储在磁盘、移动硬盘或其他可存储电子设备内的数据被编辑、误删或破坏，也可以通过一定的技术手段恢复被编辑、删除或破坏的数据，并且恢复后的数据和原来的数据内容一致，不影响电子数据的正常使用，这在某种程度上弥补了电子数据脆弱的特性。

（四）电子数据的表现形式

电子数据作为新型的数据类型，表现形式多样、种类繁多，主要包括现代通讯技术应用、电子计算机技术应用、网络技术应用、电视电影技术应用中产生的电子数据，通常以图片、文字、数字、符号、音频、视频等形式表现出来，代表性的电子数据主要有以下几种形式：

1. 通过电子技术应用产生的图片、音视频文件。这种电子数据是指通过数码相机、摄像机、录音笔等电子录音录像设备产生并存储于相应的存储设备中的电子文件。该类电子数据在转换到计算机上之后，可以方便地进行编辑、修改或删除，且存储空间较小，容易携带。随着电子数码产品的普及，通过数码产品形成的电子数据逐渐增多，是一种较常见的电子数据。

2. 电子邮件、电子公告。电子邮件以 internet 协议为基础，对于 internet 上的任何两个网址之间都可以借助一种邮件系统软件而互换电子信件。[1]电子邮件因其传输快捷、费用低廉，可以传递文字、音视频文件而成为信息传递的重要方式。电子公告即通常所讲的 BBS，其主要功能是进行信息发布，包括电子公告牌、电子论坛、网络聊天室、留言板等多种形式。

3. 手机短信、博客、微博、微信、QQ 号码、电话号码、用户账号及密码

---

〔1〕　参见麦永浩等主编：《计算机取证与司法鉴定》，清华大学出版社 2009 年版，第 76 页。

等。现代通讯技术及网络技术的广泛应用，使得人们进行沟通和交流的方式呈现多元化的趋势，移动电话、手机短信、微信、QQ 等社交工具成为人们传递信息的重要媒介。日常中，每天都有海量规模的数据产生，基于现代通讯及网络技术产生的信息量呈几何级数的增长。此外，在进行网络活动时，通过网络注册账户、设置密码等行为也会产生大量的电子数据。

4. 网上聊天记录。网上聊天是通过互联网进行的一种以文字、语音、视频为主的一种实时信息交流方式，可以一对一进行在线交流，还可以建立信息群多人同时在线交流。目前，网上聊天软件主要有 QQ、微信、陌陌等社交软件，下载这些社交软件之后通过电脑、手机或其他可移动电子设备来运行。用户在使用社交软件时，需提供个人的资料以便注册，在使用过程中，会产生聊天记录，这些信息一般都保存在网络服务器上，形成大量电子数据。

5. 电子货币。电子货币的出现，是信息技术发展到一定阶段的产物，作为一种新型货币形式，其应用范围越来越广泛，并呈现出多种形态，如电子支票、电子现金、电子钱包等。"电子货币实质上是一种数据，但这种数据之所以被称为电子货币，是因为它们经过特定的技术处理，从而使之有别于其他种类的数据。充当货币的数据经过不同的技术处理，就形成了不同的电子货币产品。"[1]随着电子商务的迅猛发展，电子货币在网络金融中发挥的作用也越来越大，其作为一种金融电子数据也逐渐被人们接受和认可。电子货币作为网络金融交易的重要媒介，涉及诸多法律的问题，下文将予以重点研究。

二、电子货币问题

电子货币出现之后，迅速成为电子商务中最主要的电子支付结算工具，但是，我国法学界对电子货币的研究比较薄弱，研究者多从金融学、经济学、货币学、电子商务等角度进行探讨，对电子货币带来的一系列法律问题缺少深入研究，本书拟从法学的角度对电子货币的基础法律问题进行阐述。

（一）电子货币概述

电子货币作为电子商务的核心，其发展的广度和深度直接影响着电子商务的发展，作为一种新型的电子支付工具，它的广泛应用，会带来经济、法律、社会等诸多问题，厘清电子货币的基本概念，是进行研究的基础。

---

[1] 张素华：《网络银行风险监管法律问题研究》，武汉大学出版社 2004 年版，第 133 页。

1. 电子货币的概念

目前，对电子货币的定义争议较多，国内外学者分别从不同的角度进行研究，形成了多种定义，但尚未达成一致的意见。其中，国外对电子货币界定主要有两种：其一，欧洲中央银行1998年8月发布的《电子货币》的报告中，将电子货币定义为："以电子方式存储于技术设备中的货币价值，是一种预付价值的无记名支付工具（bearer instrument），被广泛用于向除电子货币发行人以外的其他人支付，但在交易中并不一定涉及银行账户。"[1]其二，欧洲议会与理事会2002年发布的《电子货币指令》将电子货币定义为："对发行者的债权所代表的货币价值，并满足存储于电子设备中，作为支付方式能够被除了发行者之外的其他地方所接受。"[2]该两种定义是法律上的界定，代表了欧盟国家对电子货币的基本认识，具有一定的参考价值。

我国学者对电子货币也有不同的认识，较为典型有以下几种：（1）第一种认为，电子货币（electronic money、e-money）又被称为网络货币（net money、cyber money）、数字货币（digital money）、电子通货（electronic currency）等，是指以金融电子化为基础、以商用电子化载体和各类交易卡为媒介、以电子计算机技术和通信技术为手段，以电子数据（二进制数据）形式存储在银行的计算机系统或各种电子载体中并通过计算机网络系统以电子信息形式传递实现流通和支付功能的货币形态。[3]（2）第二种认为，电子货币是以网络金融为基础，以电子交易卡为媒介、以计算机技术和通讯技术为手段、以电子数据流形式存储在银行的计算机系统中，并通过计算机网络以信息传递形式实现流通和支付功能的货币。[4]（3）第三种认为，电子货币是"通过电子信息的交换来完成债务清偿的支付工具"。[5]（4）第四种认为，电子货币是指采用电子数据的形式，利用电脑或储值卡进行金融资金转移的一种货币形态。[6]（5）第五种认为，用一定金额的现金或存款从发行者处兑换并获得代表相同金额的数据，通过使用某些电子化方法将该数据直接转移给

---

〔1〕 参见张素华：《网络银行风险监管法律问题研究》，武汉大学出版社2004年版，第129页。

〔2〕 参见张劲松编著：《网络金融》，机械工业出版社2010年版，第29页。

〔3〕 参见杨天翔、薛誉华、刘亮编著：《网络金融》，复旦大学出版社2015年版，第110页。

〔4〕 参见杨青编著：《电子金融学》，复旦大学出版社2009年版，第82页。

〔5〕 张庆麟："电子货币的法律性质初探"，载《武汉大学学报》（社会科学版）2001年第5期。

〔6〕 参见吕廷杰编著：《网络经济与电子商务》，北京邮电大学出版社1999年版，第113页。

支付对象，从而能够清偿债务，该数据本身即为电子货币。[1](6) 第六种认为，电子货币是一种以当事人之间的约定为基础，由消费者占有，存储在一定电子装置之中的，代表一定的货币价值的储值或者预付价值的产品。[2](7) 第七种认为，电子货币是指在继承了传统货币的交易行为自主性、交易条件一致性、交易方式独立性、交易过程持续性等特性的基础上，与传统货币在价值尺度上保持固定的兑换关系，通过事先储存的货币价值，利用网络和电子设备媒介交易的一种便利支付工具。[3]我国上述学者对电子货币的认识之所以不同，一方面是由于电子货币处于发展之中，存在很大的不确定性，很难给出一个各方都能接受的定义；另一方面是由于研究者的视角不同，各执一词，很难达成共识，形成统一的定义。

前文有关电子货币的不同定义，部分地揭示出了电子货币的本质。电子货币首先是一种电子数据，其次是一种支付工具，具有货币的部分功能，但不完全等同于法定货币。结合国内外学者对电子货币的定义，本书赞同这样的观点：电子货币是一种依据当事人之间的约定而使用的，以电子数据为存在形式，以法定货币单位为计算单位并能够兑换成法定货币的电子支付结算工具。[4]

2. 电子货币的基本特征

界定电子货币的特征与界定电子货币的概念一样，存在一定的难度，并且充满了不确定性，与法定货币等其他支付手段相比，电子货币有其独特的属性，主要表现在以下几个方面：

第一，电子货币本质是一种特殊的电子数据。这些电子数据代表相应的法定货币，在一定范围内可以代替法定货币，充当流通、支付的手段。[5]电子货币以法定货币单位为计量单位，以电子脉冲的方式传输和显示资金。[5]电子货币作为观念化的货币形态，由支付账户、密码、金额等基本数据构成，在使用电子货币进行交易时，某种程度上是进行电子数据的交换。

---

〔1〕 参见赵家敏：《电子货币》，广东经济出版社 1999 年版，第 17 页。
〔2〕 参见张素华：《网络银行风险监管法律问题研究》，武汉大学出版社 2004 年版，第 133 页。
〔3〕 参见徐学锋编著：《电子支付与互联网银行》，上海财经大学出版社 2014 年版，第 11 页。
〔4〕 参见张红霞、侯向磊："电子货币的界定及其应用中亟待解决的法律问题"，载《河北法学》2004 年第 7 期。
〔5〕 参见张素华：《网络银行风险监管法律问题研究》，武汉大学出版社 2004 年版，第 132 页。

第二，电子货币的存在和使用依赖于一定的软件和硬件载体，如计算机、IC 卡及其他可识别设备等，流通则依赖于特定的计算机通讯网络和专用的设施。正是由于电子货币的流通和支付表现为电子数据的输出和输入，电子货币的使用和流通离不开特定的电子信息传输网络，计算机通讯网络的普及和电子信息传输网络的完善为电子货币的流通创造了条件。

第三，电子货币并非法定货币，仅是法定货币的部分替代和补充。由于电子货币的使用和流通依赖于发行者、使用者、网络经营者等多方主体的共同参与，是电子商务交易当事人之间约定使用的货币，只在当事人之间具有法律效力，不同于法定货币对整个社会都具有法律效力。"由于电子货币的潜在金融风险，目前还没有哪一个国家将电子货币确定为其法定货币"，[1]电子货币仅仅由于其方便、快捷的支付方式成为法定货币的补充。

第四，电子货币的发行主体多元，不同于法定货币的发行主体单一。众所周知，法定货币的发行权在于国家，是国家主权的体现，一般由中央银行垄断发行，电子货币的发行则不同，金融机构、银行、信用卡公司、IT 企业等机构都可以成为发行电子货币的主体，这是由电子货币赖以存在的前提和基础决定的。电子信息技术和通讯技术的发达，促进电子货币向多样化的形式发展，发行主体也呈多元化趋势，不同于法定货币的发行权仅限于国家。

3. 电子货币的表现形式

由于发行主体的多元，电子货币呈现多种表现形式。一般来讲，电子货币包括广义和狭义两种形式，前者包括信用卡、储蓄卡等传统的电子金融卡，后者仅指以电子形式存在并可用于实际支付的信息集合和处理系统。此外，根据不同的标准，还可以将电子货币划分为不同的类别。

第一，根据电子货币载体的不同，可分为以卡片为基础的电子货币（card-based electronic money）和以软件为基础的电子货币（soft-based electronic money），即"卡基"电子货币和"数基"电子货币。前者以物理卡片为载体，包括智能卡、电话卡、储值卡等预付卡或电子钱包；后者以互联网或软件为基础，基于数字的特殊编排，依赖软件的识别与传递，不需特殊的物理介质，为远距离互联网小额交易提供便利交易的支付工具。[2]

---

〔1〕　王蜀黔：《电子支付法律问题研究》，武汉大学出版社 2005 年版，第 14 页。
〔2〕　参见张劲松编著：《网络金融》，机械工业出版社 2010 年版，第 30~31 页。

第二，根据电子货币用途的不同，可分为"单一用途"的电子货币和"多用途"的电子货币。"单一用途"的电子货币由特定的发行者发行，只能用于购买特定的产品或服务，被单一的商家所接受，电话卡、游戏币、就餐卡是其典型代表。"多用途"的电子货币根据发行者与商家签订协议的范围，可被多家商户接受，用于购买多种产品和服务，可以储存、支取货币，[1]信用卡、借记卡等银行卡是其典型代表。

第三，根据电子货币的使用方式和条件不同，可分为认证（identified）系统电子货币、匿名（anonymous）系统电子货币、在线（on-line）系统电子货币、离线（off-line）系统电子货币。认证系统电子货币的持有者在支付时，需要对其身份进行确认，其个人资料被保存在发行者的数据库中，交易可被追踪和查询；匿名系统电子货币的持有者在使用电子货币时，无需身份认证，交易也不能被追踪；在线系统电子货币的持有者在支付时，需借助网络对电子货币的真实性和金额进行确认，然后才能决定是否接受支付请求；离线系统电子货币的使用者在支付时无需连接上网，部分"离线"电子货币甚至无需验证，该种电子货币在使用时无需发行者或第三方进行确认，可以直接进行户对户、用户对商家的资金转移支付。[2]

第四，根据电子货币所采用的技术不同，可分为账户依存型电子货币与现金型电子货币。账户依存型电子货币是指"以特定账户为载体，只能在不同账户中流动的电子支付结算货币"。[3]现金型电子货币不依赖于账户存在，持有者可以像现金一样自由支付，根据其赖以存在的技术环境的不同，又可以分为IC卡型电子货币和网络现金型电子货币。前者是指以IC卡为载体，无需访问银行账户就可以进行脱线交易的电子货币；后者是指在互联网络发行和流通，具有类似于现金功能的电子货币。[4]

（二）电子货币应用中的法律问题

电子货币在应用中会面临诸多法律问题，例如，电子货币的法律性质，发行主体，使用中存在的经济、金融、法律、社会问题等，明确电子货币的

---

[1] 参见杨青编著：《电子金融学》，复旦大学出版社2009年版，第82页。

[2] 参见张劲松编著：《网络金融》，机械工业出版社2010年版，第31页。

[3] 参见张红霞、侯向磊："电子货币的界定及其应用中亟待解决的法律问题"，载《河北法学》2004年第7期。

[4] 参见张素华：《网络银行风险监管法律问题研究》，武汉大学出版社2004年版，第134页。

法律地位并解决应用中的存在的法律问题，是电子货币正常流通的前提。

1. 电子货币的法律性质

关于电子货币的法律性质，目前学界主要有两种观点，一种观点认为，电子货币具有货币的属性；[1]另一种观点认为，电子货币不是一种新的货币形态，不会代替现有的法定货币，只是基于法定货币而诞生的用于电子支付体系的一种新的支付方式。[2]本书认为，电子货币虽以"货币"冠名，但并不是一种新型货币，仅具有货币的部分属性和职能，是在电子商务发展过程中出现的一种新型支付工具。

首先，电子货币不是新型货币。从货币发展的历程来看，一个物品成为货币要满足耐用、可分、具有恒定的品质三个条件，还要具备价值尺度、流动手段、支付手段、储藏手段等货币的基本职能。电子货币与法定货币相比，仅具有流通、支付的职能，不具有价值尺度和储藏手段的职能。因此，就目前而言，电子货币不能完全代替传统货币作为支付手段，仅以数字化的方式实现法定货币的部分职能，不是一种新型货币。

其次，电子货币不是法定货币。法定货币也称为法偿货币，是指具有法定偿付能力的货币，具有绝对的支付效力，任何非特别约定给付标的的债务人都有权以法偿货币清偿债务，债权人不得拒绝。[3]法定货币是国家法律明确规定的货币，根据《中国人民银行法》第16条的规定，我国的法定货币是人民币，任何单位和个人不得拒收。电子货币作为当事人之间约定使用的货币，是在法定货币之外衍生的货币，不具有法定货币的地位，约定之外的人有权在交易过程中拒绝使用电子货币。

最后，电子货币是一种电子支付工具。尽管对电子货币的概念存有争议，但把电子货币视为一种电子支付工具，则基本是一种共识。电子货币不是真正的货币，在一定程度上是法定货币的替代品，履行法定货币的流通、支付等部分职能，尚不具有法定货币的效力。电子货币作为在电子商务发展过程中诞生的一种补充法定货币使用的"货币"，从某种意义上讲，电子货币是一种模拟货币，是一种新型电子支付结算工具。

---

[1]　参见钟志勇："电子货币若干法律问题研究"，载《河北法学》2007年第9期。

[2]　参见张庆麟："电子货币的法律性质初探"，载《武汉大学学报》（社会科学版）2001年第5期。

[3]　参见李爱君：《电子货币法律问题研究》，知识产权出版社2008年版，第65页。

2. 电子货币的发行主体

电子货币的发行主体不同于法定货币的发行主体，目前，国外对电子货币发行主体的认识，主要存在两种观点，一种观点以欧洲国家为代表，主张电子货币的发行应限定在金融机构的业务中，其发行主体属于金融监管的对象。[1]另一种观点以英美国家为代表，认为不应当严格限制电子货币的发行主体，否则不利于激发民间机构的技术开发和创造精神，应允许民间机构发行电子货币。[2]英美国家之所以对电子货币的发行持开放的态度，原因在于其电子货币的发展落后于欧洲国家，限制电子货币的发行主体不利于电子商务的发展，因而，允许非银行机构，甚至非金融机构发行电子货币，是为了促进竞争和创新，[3]促进电子商务的发展。

迄今为止，我国并没有规范电子货币的专门立法，仅有的规定散见于1999年颁布的《银行卡业务管理办法》和2004年颁布的《电子签名法》，但这两部法律并不涉及电子货币的发行主体问题。电子货币作为电子商务发展过程中的一种创新，在法律没有明文禁止的情况下，根据"法无禁止即自由"的原则，结合国家鼓励金融创新的政策，应当允许金融机构、非银行机构或非金融机构发行电子货币。据此，本书认为，中央银行、商业银行、非银行金融机构及信息产业公司等机构都能够成为我国电子货币发行的主体。

3. 电子货币面临的法律困境

随着电子商务的发展，电子货币的发行主体也会不断增加，而规范电子货币的法律法规几乎处于空白状态。前述，我国目前规范电子货币的法律法规主要是《电子签名法》《银行卡业务管理办法》《电子支付指引（第一号）》《非金融机构支付服务管理办法》（2020年修正）等有关网络支付的部门规章，但这些法律法规并非针对电子货币制定，仅具有规范上的参考意义。法律层面规定的缺失，使电子货币的法律地位难以明确，在使用中面临很大的法律风险。例如，电子货币消费者隐私权保护问题、电子货币交易各方的法律权利和义务、电子合同和电子数据的法律效力等问题，这些问题得不到解决，必将成为阻碍电子货币发展的障碍。以《电子签名法》为例，该法赋

---

[1] 参见张红霞、侯向磊："电子货币的界定及其应用中亟待解决的法律问题"，载《河北法学》2004年第7期。

[2] 参见赵家敏：《电子货币》，广东经济出版社1999年版，第155~156页。

[3] 参见唐应茂：《电子货币与法律》，法律出版社2002年版，第141~142页。

予了电子签章和数据电文与传统纸质文件同等的法律效力，使网上交易的安全性增加，但由于各国对相关问题的法律规定不一致，该法在国际电子商务活动中就达不到应有的目的。[1]

此外，电子货币作为存储于计算机或其他可识别设备中的电子数据，其法律效力也需要明确。我国《电子签名法》第14条虽然规定了数据电文的法律效力，但以电子数据为载体的电子货币和法定货币是否具有同等的效力，还不得而知。从电子货币的发展方向来看，作为电子商务发展的核心，电子货币在电子商务中的应用会越来越广泛，并会呈现出更多的表现形式。为规范电子货币的发展，本书建议，应将有关电子货币的条款纳入《中国人民银行法》中，或在时机成熟时，制定"电子货币法"，规范电子货币的发行、交易、监管、信息披露、法律责任等问题，明确电子货币的法律地位，以促进电子商务的发展。

（三）利用电子货币实施违法犯罪行为的刑事风险

作为一种新型电子支付工具，电子货币是电子商务中最重要的货币支付、结算渠道，但由于电子货币体系不完善，监管缺失，利用电子货币进行违法犯罪的行为也如影随形，容易引起诸多刑事风险。

1. 洗钱行为的风险

电子货币由于自身的虚拟化、数字化等特点，为行为人利用电子货币漏洞进行洗钱活动提供了便利。首先，电子货币匿名性强，容易逃避反洗钱机构的追踪。目前，电子货币的流通没有统一的记录制度，加上电子货币流通的瞬时性和加密技术的使用，使反洗钱机关难以查明电子货币流通环节和不同交易主体之间的关系，增加了反洗钱的难度。其次，电子货币发行主体多元，便于行为人在电子支付体系中实施洗钱活动。电子货币作为一种网络货币，现行法律缺少对电子货币流通的规范，对发行主体也没有统一的要求，发行主体的多元化，容易使洗钱行为人隐蔽自己的真实身份，达到逃避追踪的目的。最后，电子货币可以方便快捷地进行转移，容易逃避监管。电子货币作为一种电子数据，能够通过网络、电话线瞬间进行远距离转移，行为人通过不断转移的流通环节，使犯罪的收益及其来源隐蔽性更强，达到洗钱的目的。

---

〔1〕　参见李爱君：《电子货币法律问题研究》，知识产权出版社2008年版，第174页。

2. 盗窃行为的风险

关于电子货币能否成为盗窃的对象，有两种观点，否定的观点认为，电子货币不是财物，不是盗窃罪的对象。[1]原因在于电子货币不同于有价证券、信用卡、增值税发票，是一种无形物；不同于电力、煤气、天然气，是一种无体物；不同于电信服务，电子货币作为一种记账凭证，本身不具有价值。肯定的观点认为，电子货币属于盗窃对象的范畴。[2]理由是，盗窃对象的内容应随着社会的发展而不断扩展；电子货币与有价证券一样，是一种现代金融工具；刑法和司法解释已经将电力、煤气、天然气、电信服务规定为盗窃罪的对象，电子货币同上述对象一样是无形财产，应该是盗窃罪的对象。

本书赞同后者的观点，认为，电子货币同上述特殊财产一样，具有交换价值和使用价值，能够成为盗窃罪的对象。电子货币是一种无形的有体物，它以电子数据形态存在并存储于计算机或其他可识别设备中，能够被人们所控制，电子货币和法定货币一样流通使用，具有一定的价值，并能够为行为人带来利益，必然会成为违法犯罪行为人追逐的对象。再者，我国刑法和司法解释已将电子货币作为犯罪对象加以肯定。[3]例如，我国《刑法》第196条第3款规定的盗窃信用卡并使用的，按照盗窃罪定罪处罚，已经表明信用卡中的电子数据亦即电子货币是盗窃罪的对象。随着电子货币使用范围的扩大，行为人通过网络侵入他人计算机系统、获取他人网络银行的账户、密码后，通过秘密的方法，非法转移、划拨他人账户内的电子货币至自己或第三人的账户内，是一种利用网络盗窃电子货币的行为。如果盗窃电子货币数额较大，或多次实施盗窃电子货币的行为，涉嫌构成我国《刑法》第264条规定的盗窃罪。

3. 诈骗行为的风险

电子货币作为一种特殊财产，转移方便、快捷，容易成为诈骗罪的犯罪对象。例如，行为人利用网络技术，在互联网上开设虚假网站，提供虚假出售信息、股票彩票预测信息及高额回报的集资信息，得手后往往"网间蒸发"

---

〔1〕 参见李文燕主编：《计算机犯罪研究》，中国方正出版社 2001 年版，第 181 页。

〔2〕 参见赵廷光、皮勇："关于利用计算机实施盗窃罪的几个问题"，载《中国刑事法杂志》2000 年第 1 期。

〔3〕 参见黄泽林：《网络犯罪的刑法适用》，重庆出版社 2005 年版，第 397 页。

"人去网空"；[1]或者，行为人设立假冒的"网上银行"，盗用银行名义，引诱被害人登录虚假网站修改银行密码，使个人信息泄露，导致银行账户内资金被转走。上述行为均是一种利用电子货币的漏洞进行诈骗的行为，行为人采取虚构事实和隐瞒真相的欺骗方法，使他人陷于错误认识而骗取他人的电子货币，数额较大的，构成我国《刑法》第266条规定的诈骗罪。

4. 其他违法犯罪行为的风险

由于电子货币具有货币的部分属性，除可以成为财产犯罪的对象外，还能够成为贿赂犯罪中的"财物"。例如，行为人为谋取不正当利益，将电子货币作为行贿的财物，给予国家工作人员；或者国家工作人员利用职务上的便利，索取他人的电子货币，或者非法接受他人电子货币为他人谋取利益的行为，分别构成行贿罪和受贿罪。

三、用户密码的法律地位问题

在电子商务时代，密码与我们的生活须臾不可分离，我们早已习惯在取款、支付、交易时通过运用事先设置的密码来确认或完成民商事活动，不可避免的是，由用户密码所引发的争议和纠纷也不绝于耳。因此，从理论上研究用户密码在电子商务中的法律地位，是当前的首要问题。

（一）用户密码概述

1. 用户密码的概念

用户密码，也称为私人密码，私人密钥，它是密码技术中与公共密钥相对应的一种密钥，它由本人生成并所有且只有本人知悉，其作用在于辨识文件签署者身份及表示签署者同意电子文件内容并对数据电文进行保密。[2]

2. 用户密码的特点

第一，私有性。从理论上讲，隐私权包括个人数据、个人私事和个人领域三种基本形式，[3]用户密码作为一种个人数据，具有隐私权的属性。依此属性，用户密码只能由生成该密码的主体所拥有，公民对生成的用户密码具有专属权，任何人未经许可，不得使用他人的密码，更不能以非法手段获取、

---

〔1〕 参见刘威："电子货币犯罪解构及防控"，载《中国检察官》2012年第16期。

〔2〕 参见孟勤国、刘生国："私人密码在电子商务中的法律地位和作用"，载《法学研究》2001年第2期。

〔3〕 参见汤啸天："网络空间的个人数据与隐私权保护"，载《政法论坛》2000年第1期。

收集或传播他人的密码，非法利用计算机网络技术获取他人用户密码，涉嫌构成对他人隐私权的侵犯。

第二，唯一性。在交易过程中，账户和密码相结合，能够识别交易者的身份，并保障交易的顺利进行。以支付宝为例，用户在支付宝开设账户后，不管是转账、付款还是购物、充值等行为都需输入本人在支付宝账户设定的密码才能进行。支付宝平台根据转账、付款的交易记录，肯定用户密码的使用，识别交易的主体为本人或其他知晓支付宝账户及密码的人。若密码输入错误，则支付宝平台会阻止交易进行，保障交易的安全。

第三，秘密性。用户密码由本人设置并持有，除非告知他人或密码遭泄密，否则他人难以知晓。在交易过程中，行为人通过在交易账户输入密码确定完成相关交易，但是，不管在交易柜台或其他第三方交易平台，交易的对方如银行的工作人员或平台的工作人员都难以知晓用户密码。用户密码的秘密性还表现在，即使密码丢失，也只能通过密码提示或向指定邮箱发送邮件的方式重新设置密码，原来的密码则非经破译不可再现。

3. 用户密码的功能

在电子商务中，用户密码的使用可以保障交易的安全，并对交易过程进行保密，但用户密码的功能并非仅限于此，用户密码在电子商务活动中还具有如下几种功能：

第一，用户密码具有电子签名的功能。在传统交易过程中，当事人达成交易一般要签订书面合同，并经双方在合同上书面签字或盖章，表明合同成立。但在电子商务中，由于缺少纸质媒介，一切交易行为都通过计算机网络进行，书面签名或盖章被电子签名所取代，用户密码为数字签名的基本方式，即通过加密技术而设定的包括私人密码在内的电子密码等数据电文，对交易者身份及对交易内容予以确认。[1]

第二，用户密码的使用表明行为人进行了交易。在使用用户密码的场合，因用户密码仅由本人生成并持有，能够读出加密信息的只有本人或经授权知悉密码的人，用户密码的使用表明了交易者的身份，因为"你是知道私人密

---

〔1〕 参见孟勤国、刘生国："私人密码在电子商务中的法律地位和作用"，载《法学研究》2001年第2期。

钥的唯一人员，这样你在电子文件中使用私人密钥就如同你在纸上签名一样”〔1〕，用户密码的持有人对于使用密码从事的交易不能进行否认。

第三，用户密码的使用表明交易是在秘密状态下进行的。由于用户密码是由用户本人生成并使用，除非泄密，他人难以知晓，因此，用户密码的使用表明交易是在秘密的状态下进行的，行为人之外的他人都不知交易的具体内容。此外，用户密码是目前网络交易中最重要的安全手段，它的使用也保证了在网络环境中电子商务交易的安全性。

（二）用户密码的效力原则

用户密码的效力原则是指用户密码的持有人在使用密码时所产生的法律效力及应承担的责任，主要包括用户密码使用即为本人行为的原则（本人行为原则）及其例外。

1. 用户密码使用即为本人行为的原则

所谓本人行为原则，是指只要客观上在交易中使用了私人密码，如无免责事由，则视为交易者本人使用私人密码从事了交易行为，本人对此交易应承担相应的责任。〔2〕首先，这是由用户密码的性质决定的。用户密码又称私人密码、私人密钥，由用户本人生成且只有本人知悉，其作用在于对交易过程进行加密并保障交易的安全。本人在使用密码进行交易时，即表明对交易内容的认可，若用户本人的原因导致密码泄密，本人应当承担用户密码使用的责任。其次，这是由用户密码的特点决定的。由于用户密码的私有、唯一和秘密性，对于已经发生的交易“不能抵赖”，若无相反证据证明，使用密码进行交易即表明用户本人进行了交易，用户密码的使用是证明行为人从事相关交易的有效手段。最后，这是由用户密码的功能决定的。数字签名技术解决了电子商务中当事人签名及身份认证问题，用户密码作为数字签名的基本方式，用户在使用时即表明是对交易内容的确认，同时也起到鉴别交易人身份的作用。

2. 用户密码使用即为本人行为原则的例外

原则上，用户密码使用即表明本人的行为，本人应承担由使用密码产生

---

〔1〕　参见［美］David Kosiur：《电子贸易》，陈曙辉等译，清华大学出版社1998年版，第40页。

〔2〕　参见孟勤国、刘生国：“私人密码在电子商务中的法律地位和作用”，载《法学研究》2001年第2期。

的法律责任，但也存在一些例外情况，不适用该原则。第一，用户密码使用涉及的软件密级程度过低。用户密码在设置时要达到足够安全的程度，若安全等级过低，他人可以轻易破解或侵入，则用户密码无秘密性可言。例如，使用"123456789""888888888""123123123"或出生日期、身份证号码的尾号等简单数字作为密码，极易破解，容易给密码安全带来风险，此时适用本人行为原则，对本人不公平。第二，失窃、失密后及时向交易对方挂失。行为人对自己的用户密码有进行妥善保管的义务，在发生密码被盗、丢失或遗忘的情况下，应及时向交易的相对方挂失，在密码挂失之后，他人凭借密码进行交易，此时，不适用本人行为原则。因本人已履行挂失义务，他人凭密码进行交易，是由交易对方的过失导致，由此造成的损失，应由交易对方负责。第三，操作系统受到黑客攻击导致密码泄露。该种情况是指，用户密码的安全程度达到相关标准，也不存在密码丢失或泄密的情况下，系统受到黑客攻击，导致密码泄露。此时，黑客使用非法获取的密码从事交易，因交易双方均无过错，不应使用本人行为原则，对本人所造成的损失应按照公平责任原则由交易双方分担。[1]

（三）使用、非法获取用户密码的法律责任

用户密码作为在交易过程中对交易身份识别及交易内容确认的关键要素，最终促成交易完成。但是，在电子商务活动中，泄露、破译、非法获取用户密码现象非常严重，危害到用户的财产安全。目前，使用、非法获取用户密码主要涉及民事及刑事法律责任。

1. 使用、非法获取用户密码涉及的民事法律责任

根据用户密码使用即为本人行为的原则，除例外情况下，行为人使用密码从事交易，就应当对使用密码的行为承担责任。但是，目前黑客的组织化、社区化、匿名化和国际化已经成为新趋势，行为人通过网络社区、QQ群、微信群及各种即时通讯工具在第一时间互相切磋，破解用户密码并盗取资料，且用户数据买卖销售已成为具有相当规模的固定产业链。[2]行为人通过上述非法手段获取他人用户密码，进行相关交易，给他人造成损失的，应当赔偿

---

〔1〕 参见孟勤国、刘生国："私人密码在电子商务中的法律地位和作用"，载《法学研究》2001年第2期。

〔2〕 参见沈卫利："网站用户密码泄露的法律对策"，载《经济参考报》2012年3月20日，第A08版。

损失。因获取他人密码或非法使用他人密码，侵害他人民事权益的，还要承担相应的侵权责任。

2. 非法获取、冒用用户密码的刑事法律责任

用户密码作为一种电子数据，受到刑法规范的保护。根据《商用密码管理条例》第 23 条第 1 款的规定，泄露商用密码技术秘密、非法攻击商用密码或者利用商用密码从事危害国家安全和利益的活动，情节严重，构成犯罪的，依法追究刑事责任。根据我国《刑法》第 285 条第 2 款的规定，行为人非法获取他人用户密码，涉嫌构成非法获取计算机信息系统数据罪。该罪的犯罪对象是国家事务、国防建设、尖端科学技术领域以外的计算机信息系统及其存储、处理或者运输的数据，此处的数据主要是指个人的银行账户、密码、游戏账户、密码等。[1]此外，根据 2011 年最高人民法院、最高人民检察院《关于办理危害计算机信息系统安全刑事案件应用法律若干问题的解释》第 1 条的规定，行为人非法获取计算机信息系统数据或者非法控制计算机信息系统，获取支付结算、证券交易、期货交易等网络金融服务的身份认证信息十组以上，或获取上述以外的身份认证信息五百组以上的，构成我国《刑法》第 285 条第 2 款规定的非法获取计算机信息系统数据罪。根据上述解释第 11 条的规定，此处的"身份认证信息"，是指用于确认用户在计算机信息系统上操作权限的数据，包括账号、口令、密码、数字证书等。据此，非法获取他人用户密码涉嫌构成非法获取计算机信息系统数据罪。

此外，冒用他人信用卡账户密码，进行网上支付或转账的，是否构成信用卡诈骗罪？根据《刑法》第 196 条的规定，信用卡诈骗罪的行为对象为信用卡，冒用他人信用卡账户密码的行为是否属于"冒用他人信用卡"，是该行为是否构成信用卡诈骗罪的关键。有学者认为，信用卡的核心是存储在信用卡磁条或 IC 卡芯片中的信用卡账户等信息，信用卡卡片本身价值微不足道，其本质是用户的商业信用。用户使用信用卡，不管是通过使用信用卡卡片，还是通过使用信用卡账户密码，都是用户商业信用的使用，在应用环节上都要由相关人员或者设备验证信用信息的真实性、合法性后，才能享有金融机构提供的信用服务。因此，使用非法设置的信用卡账户和使用伪造信用卡本质是相同的，都是利用一定的技术手段，骗取金融机构的信用服务，而只是在

---

〔1〕 参见王作富主编：《刑法分则实务研究》（中），中国方正出版社 2010 年版，第 1201 页。

具体使用的技术手段上有所差别。……冒用他人信用卡账户密码，与冒用他人信用卡也只在使用方法上有区别，其实质是相同的，……基于上述认识，论者建议，应当通过立法解释或者司法解释的方式确认，"使用信用卡账户密码，或者使用由信用卡账户密码合法产生的信用信息的，等同使用信用卡"。[1]

本书认为，上述观点为解决"冒用他人信用卡账户密码"的问题提供了一种思路，但该观点有值得商榷之处。第一，若认为冒用他人信用卡账户密码，与现实地冒用他人信用卡只在使用方法上有区别，实质上相同，则应当认为冒用他人信用卡账户密码的行为，符合《刑法》第196条第1款第3项"冒用他人信用卡"的规定。第二，若认为"冒用他人信用卡账户密码"的行为值得科处刑罚，可以通过学理解释的方法，将上述行为纳入本罪。该观点一方面认为上述行为不符合犯罪构成，另一方面又要求立法解释或司法解释将上述行为解释为犯罪，[2]有自相矛盾之嫌。第三，现行司法解释对此已作出明确规定。2009年12月3日最高人民法院、最高人民检察院公布的《关于办理妨害信用卡管理刑事案件具体应用法律若干问题的解释》（2018修正）第5条第2款第3项规定：窃取、收买、骗取或者以其他非法方式获取他人信用卡信息资料，并通过互联网、通信终端等使用的，属于"冒用他人信用卡"的情形。据此，"冒用他人信用卡账户密码"的行为，应认定为信用卡诈骗罪。

第二节　电子代理人相关法律问题

在传统交易中，交易各方及其代理人是以面对面洽谈的方式进行交易，互联网的出现，促使电子商务在全球范围内兴起，并快速改变了传统交易模式。随着电子商务的迅速发展，以互联网为基础的智能化、自动化的交易系统被越来越多的商家所采用，这些交易系统在网上银行、网上购物、网上保险、网上拍卖等领域得到了广泛的运用，极大地提高了商业交易的效率。这

---

〔1〕　参见皮勇："论网络信用卡诈骗犯罪及其刑事立法"，载《中国刑事法杂志》2003年第1期。

〔2〕　参见张明楷：《诈骗罪与金融诈骗罪研究》，清华大学出版社2006年版，第661页。

种网上自动交易系统被欧美一些国家法律或商会、行业组织在法律上命名为"电子代理人"（electronic agent）。[1]电子代理人以其技术优势，在降低交易成本的同时，提高了交易的效率，但是，电子代理人在给人们带来便利的同时，也面临着诸如电子代理人的法律地位、电子代理人行为的法律效力、电子代理人能否受骗等法律问题，妥善解决上述法律问题，完善相关的法律和制度，才能解决电子代理人使用过程中引发的诸多难题，才能使电子代理人充分发挥优势，进一步促进电子商务的发展。

一、电子代理人概述

1. 电子代理人的概念

电子代理人概念最先起源于美国，根据美国《统一电子交易法》（Uniform Electronic Transaction Act）第 2 条第 6 款的规定，电子代理人是指"在没有人检查的情况下，独立采取某种措施或者对某个电子信息或者履行作出反应的某个计算机程序、电子的或其他的自动手段"。通过引入"电子代理人"这一概念，美国法律正式承认了借助网络自动订立的合同的有效性，使合同的缔结过程可以在无人控制的情况下自动完成。[2]目前，我国法律没有对电子代理人这一概念进行界定，但在实践中已经有了广泛的使用，最为人们熟知的 ATM 机、POS 机是典型的电子代理人，此外，在网上交易过程中，各种网上交易系统也是名副其实的电子代理人。

从美国关于电子代理人的定义可以看出，电子代理人不同于民法上的代理人，是一种执行人意志的智能化交易工具。电子代理人之所以被称为"代理人"，是因为它具有使被代理人的行为得以延伸，并将其行为后果归结于被代理人的类似特点。[3]电子代理人虽然具备民商事法律中"代理人"的某些外部特征，但两者有着根本的区别。（1）从主体资格上来看，电子代理人是一种智能化、自动化的交易系统，表现为一种计算机程序、电子的或其他的自动手段；而民商事法律中的代理人是要具备完全行为能力的自然人或法人。（2）从意思表达能力来看，电子代理人缺少独立的意思表达和思维能力，仅

---

〔1〕　参见张楚：《电子商务法初论》，中国政法大学出版社 2000 年版，第 266 页。

〔2〕　参见郑成思、薛红："国际上电子商务立法状况"，载《科技与法律》2000 年第 3 期。

〔3〕　参见印辉编著：《电子商务合同实务指南》，知识产权出版社 2002 年版，第 113 页。

能按照预先设定的程序作出反应；而民商事法律中的代理人具有独立的意思表达能力。（3）从代理权的来源来看，电子代理人只是执行当事人意思的工具，是电子技术的创造，无授权可言；而民商事法律中的代理人可分为法定代理人、指定代理人和委托代理人，代理行为基于本人的授权而发生，并且不同类型的代理人代理权限不同。（4）从权利行使来看，由于电子代理人是一种自动化交易系统，自动行使"被代理人"给其设定的权利，并不受干预；而民商事法律中的代理人则根据代理形式的不同，行使不同的代理权。[1]（5）从责任的归属来看，电子代理人由于按照既定的程序运行，其后果一般情况下由"被代理人"承担；[2]而民商事法律中的代理则根据代理人权限的不同，或者由代理人承担责任，或者由被代理人承担责任。（6）从能否进行双方代理来看，电子代理人在电子商务中能起到中介的作用，很多电子交易是在智能化系统的运行下完成的，可以进行双方代理；而民商法传统理论认为，双方代理违背了代理制度设置的初衷，被明确禁止。[3]由此可见，电子代理人不同于民商事法律中的代理人，但是，电子代理人又不是一般的应用工具，而是一种人工智能工具，它由一系列的软硬件设施组成、按照预想设定的程序执行当事人的意志。

2. 电子代理人的特点

电子代理人的出现，使人们从繁重、琐碎的商务交易活动中解脱出来，因此有学者将电子代理人称为"人造商人"[4]。正是由于电子代理人部分地体现了支配人的意思，并且行为产生的法律后果归属于被代理人，具有普通民事代理的部分特征，所以才被称为"代理人"，但是，电子代理人毕竟不同于传统的民商事代理，具有自己的特点。

第一，电子代理人是行为人意志和行为的延伸。电子代理人不具有独立的法律人格，不属于法律上的自然人、法人或其他组织，不属于法律上的主体。成为法律上的主体，需具备物质性条件和精神性条件，前者是指社会存

---

[1] 参见郑娟、赵岩林："电子代理人法律问题探析"，载《政法论丛》2004年第1期。

[2] 参见魏士廪编著：《电子合同法理论与实务》，北京邮电大学出版社2001年版，第38~41页。

[3] 参见谢波、雷裕倩："电子代理人法律问题探究"，载张平主编：《网络法律评论》（第7卷），北京大学出版社2006年版，第136页。

[4] 参见张楚："关于电子'代理人'法律问题的分析与思考"，载《人文杂志》2000年第4期。

在，意味着能够自主地做出意思表示，具备独立的权利能力和行为能力，并能为自己的行为承担责任；后者是法律认可，是指被法律所确认。[1]电子代理人作为一种虚拟的"人"，可以在预先设定的程序下完成某些行为，具有代理人的部分属性，但它并不具有自主决定的意思能力，没有法律上规定的权利能力和行为能力，本质上还是一种计算机程序或自动化手段。电子代理人的产生和存在取决于最终支配人的意志，选择权只在最终支配人一方。[2]因此，根据目前法律规定，电子代理人不具有独立的法律人格。

第二，电子代理人是一种智能程序，其行为产生的法律后果归属于被代理人，并由其承担责任。在普通民商事代理中，不同类型的代理人因其代理权限的不同而承担不同的责任，若代理人没有代理权、超越代理权或代理权终止后的行为，只有经过被代理人追认，被代理人才承担责任。未经追认的行为，由行为人承担责任。[3]但是，电子代理人没有独立的财产，不能对外承担因自己行为导致的法律责任。电子代理人作为权利人意志的反映，其行为得到权利人的授权和认可，即使出现故障或差错，行为的后果也要由权利人承担。

第三，电子代理人是电子商务发展过程中出现的一种新型业务处理方式。电子代理人的作用主要是代替人们进行业务处理，电子代理人的出现，部分地代替了人们的业务处理活动，并且产生相应的法律效果。正如有的学者所言，法律规定电子代理、电子代理人的目的有两个：一是确认通过自动化手段为要约、承诺及履行的合法性；二是确定意思表示的归属，这是主要的目的。[4]电子代理人按照既定程序处理业务，使人们摆脱了程式化的工作，这种新型的业务处理方式，给冷冰冰的机器镀上了一层柔和的人性光辉。[5]

3. 电子代理人的法律性质

电子代理人的产生及交易的进行，涉及电子代理人的设计人、电子代理的所有人、电子代理人及交易相对方等各方的法律关系和主体，电子代理人

---

〔1〕　参见史尚宽：《民法总论》，中国政法大学出版社2000年版，第85~87页。

〔2〕　参见林和利："简论电子商务中的电子代理人"，载《南方经济》2003年第9期。

〔3〕　参见史尚宽：《民法总论》，中国政法大学出版社2000年版，第85~87页；张俊浩主编：《民法学原理》，中国政法大学出版社2000年版，第326页。

〔4〕　参见唐义虎："传承与创新：论网络时代合同的成立"，载《中国石油大学学报》（社会科学版）2003年第5期。

〔5〕　参见薛虹："自动交易与电子代理人"，载《IT经理世界》2000年第21期。

相关法律主体引起的法律后果，与电子代理人的法律性质问题息息相关。目前，关于电子代理人的法律性质，主要有以下几种观点：

第一，工具论。该学说认为，电子代理人是使用人的工具，电子代理人的行为等同于使用人的行为，其法律后果也归属于使用人。[1]支持者认为，电子代理人是一种智能化的软件工具，没有独立的法律人格，不能像自然人一样具有综合判断行为后果的能力，只能执行使用人的意思，并且没有独立的自身利益和承担责任的财产，其行为产生的法律后果由使用人负责。[2]工具论者还常常把电子代理人等同于日常生活中的自动售货机，自动售货机按照预先设定的程序出售商品，消费者投入硬币或插入磁卡，自动售货机作出反应，售出商品。在这一过程中，自动售货机并没有表达自己的意志，只不过是执行了商家的意志。与此类似，电子代理人也是按照事先设定的自动应答程序进行工作，电子代理人的意思反映了使用人的意思，它只是执行使用者指令的一款智能化软件工具。

但是，电子代理人与普通的工具有很大的不同，随着电子代理人技术的发展，工具论的观点已经过时。首先，电子代理人作为一种程序和自动化手段，具有某种程度上的人工智能和强大的数据分析能力。电子代理人不像自动售货机那样，仅能识别简单的商品、数量及交易数额，电子代理人在某种程度上具有人的思维和判断能力。一般工具仅是人体部分功能的复制和延伸，而电子代理人则是人的脑和手功能的结合与延伸，[3]电子代理人的处理系统要比自动售货机复杂。其次，电子代理人具有较强的独立性和自动性，主要表现在程序设定完成之后，电子代理人可以根据实际情况进行判断并发出指令。最后，将电子代理人视为工具，与科技发展的实际情况不符。随着科学技术的发展，电子代理人的智能化程度越来越高，电子代理人的数据分析和判断的能力日益增强，将电子代理人视为简单的工具，与现实不符。

第二，法人论。基于工具论的不足，有学者提出将电子代理人认定为新型法人。该学说认为，电子代理人能够依据自己的判断为使用人利益服务，

---

[1]　参见李晓云："'电子代理人'略论"，载《西华师范大学学报》（哲学社会科学版）2006年第3期。

[2]　See Emily M. Weitzenboeck, "Electronic Agents and the Formation of Contracts", *The International Journal of law and information Technology*, Vol. 9, No. 3, 2001, pp. 204-234.

[3]　参见张楚：《电子商务法初论》，中国政法大学出版社2000年版，第264页。

法律后果直接归属于使用人，两者之间是代理与被代理的关系，具有民事主体资格的代理人只能是自然人、法人或其他组织，电子代理人不是自然人，应属于新型法人。[1]因此，可以比照法人及其他非法人组织，赋予电子代理人相应的法律人格。[2]该说主张通过法律的拟制赋予电子代理人法律主体的资格，肯定电子代理人具有独立的权利能力和行为能力，以解决现实的需要。

法人论的主张为电子代理人的使用人提供了保障，但是，电子代理人毕竟只是一种程序的集合，是一种高科技手段。首先，电子代理人没有独立的责任能力。电子代理人虽然有一定的意识并能够自主地处理业务，但它并不具有独立的民事权利能力和民事行为能力。此外，电子代理人没有独立的财产，无法承担责任。其次，电子代理人作为一种程序或系统，没有独立的意志。与电子代理人不同，法人或其他组织除了具有财产外，还是一种人的集合，能够通过人体现出法人或其他组织的意思，这是其获得法律地位的重要前提。电子代理人作为人们设计出来的一种程序，代替人们从事某种活动，是人的行为的延伸，把电子代理人作为独立的法人与实际不符。最后，电子代理人作为人为设计出来的一种程序，它的运行要遵循设计者的思路和运行规则，缺少自我判断的能力。

第三，电子奴隶论。该学说认为，可以将电子代理人视为一类有行为能力却无权利能力的主体，正如罗马法上的奴隶，虽然可以允许其按照自身的意思判断作出某些行为，但因不具有权利能力，法律后果归属于其主人。[3]该观点是基于法人论的不足，对其作出修正而提出来的。电子奴隶论解决了电子代理人不能承担责任的法律问题，但实际上否认了电子代理人是一种独立的主体。根据现代民法理论，自然人从出生之日起就具有权利能力，但要达到一定的年龄之后才具有行为能力，不存在有行为能力却无权利能力的人，将电子代理人视为有行为能力却无权利能力的奴隶，无异于把我们拉回到罗

---

〔1〕 参见李晓云："电子商务中的'电子代理人'问题研究"，载《经济体制改革》2006 年第 1 期。

〔2〕 See E. M. Weitzenboeck, "Electronic Agents and the Formation of Contracts", *International Journal of Law and Information Technology*, Vol. 9, No. 3, 2001.

〔3〕 See Steffen Wettig &. Eberhard Zehendner, "A Legal Analysis of Human and Electronic Agents", *Artificial Intelligence and Law*, Vol. 12, No. 1-2, 2004.

马法。[1]在罗马法中，奴隶并不是法律上的主体，被视为"会说话的工具"，把电子代理人视为罗马法中的奴隶，实际上等同于工具论。

第四，电子人论。由于传统的工具论无视电子代理人的自主意识，法人论不能解决电子代理人承担责任的问题，电子奴隶论实际上是一种工具论，针对上述理论的不足，有学者主张将电子代理人视为既非法人又非工具，但又兼具法人主体性和工具依附性的"电子人"（Electronic Person, or e- Person）。[2]电子人论是一种折中的理论，它将电子代理人分为两类，一类电子代理人具有法人资格，能够以自己的财产承担责任，具有民事权利能力和行为能力；另一类电子代理人不具有法人资格，不能对自身的行为承担责任，仅是使用人的工具。为使电子代理人能够承担法律后果，需要设立一个电子代理人登记注册机构，电子代理人的所有人将注册资金交付注册机构，作为承担民事责任的基础。电子代理人类似于有限责任公司，以自己财产承担法律责任。因此，若电子代理人的使用人将电子代理人登记注册为一个独立的法人，则该电子代理人能够对自己的行为承担法律责任；相反，若电子代理人的使用人没有将电子代理人登记注册为一个独立的法人，则该电子代理人的使用人要为其行为负责。[3]

电子人论以电子代理人是否登记注册为标准将电子代理人分为两类，并据此承担不同的责任。质疑者认为，电子人论作为一种折中的观点，摇摆于法人论和工具论之间，并没有准确界定电子代理人的性质。本书认为，正是这种不确定的认识，或许是目前最合适的选择。电子人论兼顾法人论和工具论的合理之处，同时避免了两者的不足，又促进了电子代理人技术的发展。电子代理人在使用过程中，难免会出现错误、故障或其他情形，若将电子代理人的所有行为引起的法律后果都归因于电子代理人的使用人，无疑会引起电子代理人使用人的担忧，并因此导致使用人减少或停止使用电子代理人，从而会阻碍电子商务的发展。电子人论采用登记注册的方式减少了电子使用

---

〔1〕 参见李晓云："'电子代理人'略论"，载《西华师范大学学报》（哲学社会科学版）2006年第3期。

〔2〕 See Steffen Wettig &. Eberhard Zehendner, "A Legal Analysis of Human and Electronic Agents", *Artificial Intelligence and Law*, Vol. 12. No. 1-2, 2004.

〔3〕 See Steffen Wettig &. Eberhard Zehendner, "A Legal Analysis of Human and Electronic Agents", *Artificial Intelligence and Law*, Vol. 12, No. 1-2, 2004.

人的风险，从某种程度上鼓励了电子代理人的使用。作为交易的相对方，也能够做到心中有数，若电子代理人没有注册登记，其法律后果归属于使用人，若已登记在册，则以电子代理人的实际财产承担有限责任。因此，电子人论虽然没有明确电子代理人的法律性质，但恰恰是这种中庸的认识，契合了电子代理人发展的现实。[1]

综上所述，电子代理人是一种智能交易系统，按照预定的程序处理业务，作为交易工具，它不是民商事法律中交易的主体，没有独立的意思表示。但是，电子代理人在处理业务过程中也会遇到欺诈、错误等法律问题，如何处理这些问题，事关电子商务的发展，需要深入研究。

二、电子代理人中的诈骗问题

随着电子商务的普及和电子代理人的广泛应用，电子代理人在使用过程中涉及的诈骗问题逐渐突出，尤其电子代理人能否成为诈骗的对象，成为理论界和实务界关注的焦点。在网络金融系统中，ATM 机和 POS 机是典型的电子代理人，下文以 ATM 机为例，讨论该种类型的电子代理人能否成为诈骗罪或信用卡诈骗罪的犯罪对象。

1. ATM 机能否成为诈骗罪的受骗者

在 ATM 机普遍使用的今天，利用这类电子代理人非法占有他人财产的案件也在增加，需要讨论的是，ATM 机能否成为诈骗罪的受骗者？这关系到此罪与彼罪、罪重与罪轻等重要问题。

大陆法系国家刑法理论与审判实践普遍认为"机器不能被骗"，只有自然人才能成为诈骗罪的受骗者，有少数学者认为"机器能被骗"。受大陆法系刑法学说的影响，我国多数学者认为，机器是不能被骗的，即机器因为没有意识而不会陷入认识错误，更不会基于认识错误处分财产。该观点以张明楷教授为代表，张教授认为，机器没有思维，不可能陷入错误，无法上当受骗，因而不能成为诈骗罪的对象。[2]具体理由有五点：第一，从"诈骗"一词的

---

〔1〕　参见李晓云："'电子代理人'略论"，载《西华师范大学学报》（哲学社会科学版）2006年第 3 期。

〔2〕　参见张明楷：《诈骗罪与金融诈骗罪研究》，清华大学出版社 2006 年版，第 102 页；张明楷："机器不能成为诈骗罪的受骗者"，载刘宪权主编：《刑法学研究》（第 2 卷），北京大学出版社2006 年版，第 84 页。

基本含义来看，受骗者只能是自然人。第二，若认为诈骗罪的受骗者不限于人，就必然导致诈骗丧失其基本构造，从而使诈骗罪的构成要件丧失定性，不利于实现构成要件的罪刑法定主义的机能。第三，若认为诈骗罪的受骗者不限于人，就必然造成诈骗罪与盗窃罪无法区分的局面。第四，我国刑法规定的诈骗罪的受骗者必须是自然人，是体系解释的结论。第五，将机器排除在诈骗罪的受骗者之外，以盗窃罪论处，不违反罪刑法定原则。[1]

少数学者认为，"机器能够被骗"，ATM 机能够成为诈骗行为所指的犯罪对象。[2]类似的观点还有，认为 ATM 机是人意思的延伸，或者说是发卡行的代理，对自动取款机的不正当使用已经影响到自动取款机所有人的意思活动，对其实施的欺诈行为应受到诈欺罪的规范。持该观点的学者认为，诈骗罪的对象仅限于能够思考的人，是一种传统的观点，但是随着计算机技术的发展，机器在某种程度上也能够按照人的指令作出预期的反应。以 ATM 机为例，通过输入指定的程序，对信用卡进行识别，这种识别类似于在柜台进行操作时对人的识别，只不过人更具有灵活性，因此 ATM 机能够成为诈骗的对象。

本书赞同少数人的观点，认为 ATM 机能够成为诈骗的对象。理由如下：

第一，认为 ATM 机不能被骗的观点，实际上是将 ATM 机混同于一般的机械性机器。在某种程度上讲，ATM 机在经过电脑编程之后，具有一定的智能性，是人类脑力的延伸，实质上成为"机器人"，在多数情况下，这些所谓的机器是作为业务人员代表金融机构处理相关金融业务。[3]

第二，ATM 机按照人设计的程序处理业务，是人的意思的延伸，对 ATM 机的不当使用实际上影响到 ATM 机所有人的意思活动，对 ATM 机的诈骗实际上是对 ATM 机所有人的诈骗。

第三，我国《刑法》第 266 条诈骗罪规定的是"诈骗公私财物"，并没有将诈骗罪的对象限定为人，从体系解释的方法上也得不出我国《刑法》规定的诈骗罪的对象必须是自然人的结论。自然人可以陷入认识错误，机器人同样可以因各种原因陷入错误，从而基于认识错误而处分财产。

第四，将诈骗罪的对象仅限于人，不会导致诈骗罪丧失基本构造，相反，

---

〔1〕 参见张明楷：《诈骗罪与金融诈骗罪研究》，清华大学出版社 2006 年版，第 89~99 页。

〔2〕 参见朱锡平："拾得借记卡冒用取款行为的司法认定——刑法解释位阶视域中信用卡涵义的追问"，载《中国刑事法杂志》2005 年第 6 期。

〔3〕 参见刘宪权："信用卡诈骗罪若干疑难问题研究"，载《政治与法律》2008 年第 10 期。

有利于准确区分此罪与彼罪，实现构成要件的罪刑法定主义机能。机器能否成为诈骗的对象，事关诈骗罪与盗窃罪的界限。诈骗罪表现为利用虚构事实、隐瞒真相等欺骗手段，骗取公私财物的行为，盗窃罪表现为秘密窃取他人财物的行为。两者的重要区别在于，前者是受骗者基于有瑕疵的自由意志而处分财产，后者是违反被害人的意志而转移财产。[1]行为人使用伪造的信用卡在 ATM 机上进行交易时，不是基于违反被害人的意志，而是基于 ATM 机有瑕疵的自由意志，不能以盗窃罪论处。

第五，将 ATM 机作为诈骗的对象，与《刑法》第 287 条相协调。我国《刑法》第 287 条规定："利用计算机实施金融诈骗、盗窃、贪污、挪用公款、窃取国家秘密或者其他犯罪的，依照本法有关规定定罪处罚。"该条规定表明，计算机可以成为金融诈骗、盗窃、贪污、挪用公款等罪的受骗者。

第六，从国外的规定来看，机器能够成为诈骗罪的对象已经为很多国家的刑法所确定。例如，日本《刑法》第 246 条除规定诈欺罪之外，还专门增设第 246 条之二，规定电子计算机诈欺罪："给使用于人的事务处理的电子计算机提供虚伪的情报或者不正当指令、制作与财产权的取得、丧失或者变更相关的不实的电磁记录，或者将与财产权的取得、丧失或者变更相关的虚伪的电磁记录用于人的事务处理，得到了财产上的不法利益，或者使他人得到了财产上不法的利益的人，处十年以下的惩役。"[2]该条款对诈欺罪作了补充性规定，明确机器可以成为诈欺罪的对象。此外，意大利、西班牙、德国、保加利亚、芬兰、瑞士、新西兰、希腊、葡萄牙、马其顿、奥地利、挪威等国刑法典都明确将计算机诈骗罪作为诈骗罪的补充罪名或内涵行为予以规定。[3]

2. ATM 机能否成为信用卡诈骗罪的受骗者

ATM 机可以成为诈骗罪的受骗者，但是，ATM 机能否成为信用卡诈骗罪的受骗者呢？对此问题的回答，关系到此罪与彼罪的问题，即属于信用卡诈骗罪还是属于盗窃罪。计算机网络技术的日趋成熟，使网络经济获得迅速发展，网上支付信用卡顺应了上述发展趋势，成为网络支付的主要形式。随着

---

〔1〕 参见张明楷：《诈骗罪与金融诈骗罪研究》，清华大学出版社 2006 年版，第 103 页。

〔2〕 参见［日］大塚仁：《刑法概说（各论）》，冯军译，中国人民大学出版社 2003 年版，第 262 页。

〔3〕 参见游涛：《普通诈骗罪研究》，中国人民公安大学出版社 2012 年版，第 176 页。

网络金融的发展和信用卡支付业务的开展，利用网络进行信用卡诈骗的犯罪也越来越多。由此带来的问题是，网络信用卡诈骗行为究竟是盗窃罪、诈骗罪还是信用卡诈骗罪？该问题的回答与 ATM 机能否成为信用卡诈骗罪的受骗者息息相关。

目前，关于网络信用卡诈骗的性质有三种观点，第一种观点认为，应当认定为盗窃罪。原因在于网络信用卡诈骗犯罪是通过客户服务终端来实施的，犯罪行为具有一定的隐蔽性，这种行为与偷配或者拾到他人钥匙后入户盗窃没有区别。第二种观点认为，应当认定为诈骗罪。理由在于客户服务端相当于权利人的雇员，通过电子设备非法占有他人财物，与在银行柜员面前行骗没有本质差别。第三种观点认为，不需要区别诈骗和盗窃，把这两类行为都纳入盗窃罪的范围。[1]

本书认为，网络信用卡诈骗虽然具有盗窃罪的某些特点，比如采用秘密获取的方法等，但其本质上仍属于诈骗犯罪的范畴，是一种"冒用他人信用卡"的行为，应认定为信用卡诈骗罪。理由如下：

第一，ATM 机能够成为诈骗罪的受骗者，同样能够成为信用卡诈骗罪的受骗者。信用卡诈骗罪是诈骗罪的特殊类型，成立信用卡诈骗罪要以符合诈骗罪的构成要件为前提，根据《刑法》第 196 条的规定，行为人使用伪造的信用卡，或者使用以虚假的身份证明骗领的信用卡；使用作废的信用卡；冒用他人信用卡或恶意透支，数额较大的，构成信用卡诈骗罪。法律规定的四种行为方式都以"使用"为前提，既可以在柜台、特约商户使用，也可以在ATM 机上使用，根据前述 ATM 机能够成为诈骗罪的受骗者的分析，同样能够得出 ATM 机能够成为信用卡诈骗罪的受骗者的结论。

第二，若将信用卡诈骗罪的对象仅限于人，会导致罪刑失衡，有损刑法的基本原则。持 ATM 机不能成为信用卡诈骗罪的受骗者的观点认为，冒用他人信用卡只能是针对自然人冒用，在 ATM 机上"冒用"，或者在电话银行"冒用"的，不属于冒用他人信用卡，不成立信用卡诈骗罪，只成立盗窃罪或其他相关犯罪。[2]据此观点，行为人在柜台冒用他人信用卡，成立信用卡诈

〔1〕 参见皮勇："论网络信用卡诈骗犯罪及其刑事立法"，载《中国刑事法杂志》2003 年第 1 期。

〔2〕 参见张明楷：《诈骗罪与金融诈骗罪研究》，清华大学出版社 2006 年版，第 661 页。

骗罪，在 ATM 机上冒用他人信用卡，成立盗窃罪。同一种冒用行为，仅仅因为取款方式的不同而认定为不同的罪名，难以从法律上进行解释。此外，根据我国《刑法》第 264 条的规定，盗窃罪的基础刑为三年以下有期徒刑、拘役或者管制，并处或单处罚金；第二档刑期为三年以上十年以下有期徒刑，并处罚金；第三档刑期为十年以上有期或无期徒刑，并处罚金或者没收财产。另据《刑法》第 196 条的规定，信用卡诈骗罪的基础刑为五年以下有期徒刑或者拘役；第二档刑期为五年以上十年以下有期徒刑；第三档刑期为十年以上有期或无期徒刑。同一种"冒用"行为却处以不同的罪名和刑罚，与罪刑法定、罪刑均衡的刑法原则不符。

第三，我国最高司法机关颁布的一些司法文件也表明机器可以成为信用卡诈骗罪的对象。例如，2008 年 4 月 18 日最高人民检察院公布的《关于拾得他人信用卡并在自动柜员机（ATM 机）上使用的行为如何定性问题的批复》中规定：拾得他人信用卡并在自动柜员机（ATM 机）上使用的行为，属于《刑法》第 196 条第 1 款第 3 项规定的"冒用他人信用卡"的情形，构成犯罪的，以信用卡诈骗罪追究刑事责任。2009 年 12 月 3 日最高人民法院、最高人民检察院公布的《关于办理妨害信用卡管理刑事案件具体应用法律若干问题的解释》（2018 修正）第 5 条第 2 款第 3 项规定：窃取、收买、骗取或者以其他非法方式获取他人信用卡信息资料，并通过互联网、通信终端等使用的，属于"冒用他人信用卡"的情形。上述司法文件先后肯定了通过 ATM 机、互联网、通信终端等机器冒用他人信用卡的行为可以构成信用卡诈骗犯罪。[1]

三、电子代理人中的错误问题

在电子商务活动中，交易各方都是以数据电文的形式进行信息交换，尤其是电子代理人的使用，提高了交易的速度和效率。但是，不管是电子代理人还是自然人，都会在交易过程中出现"差错"，自然人之间进行交易的时候，出现错误可以及时进行纠正，并且可以通过传统的民商事法律解决。在交易一方或双方是电子代理人的时候，一旦出错，就很难纠正。因为电子代理人只能按照预先设定好的程序运行，既不会"随机应变"，又不能"通情达

---

〔1〕　参见游涛：《普通诈骗罪研究》，中国人民公安大学出版社 2012 年版，第 177 页。

理"。[1]交易过程中出现的电子错误会产生交易纠纷，并影响交易各方的利益，需要深入研究。

（一）电子错误的概念及分类

1. 电子错误的概念

错误，一般是指表意人所表示出来的意思与其真实的意思不一致，我国有学者认为，电子错误是指在电子合同订立过程中，双方当事人因使用信息系统而产生的错误或变异。[2]还有学者认为，电子错误是指在线交易过程中，交易双方因使用信息处理系统时产生的错误。[3]另有学者认为，电子错误是指由于计算机信息处理系统的原因，数据在传输过程中所产生的错误。[4]上述关于电子错误的定义，除了表述方式，没有太大差别，根据美国1999年《统一计算机信息交易法》第214条（a）款的定义，电子错误是指"如（商家）没有提供检测并纠正或避免错误的合理方法，消费者在使用一个信息处理系统时产生的电子讯息中的错误"。[5]换言之，电子错误是指因计算机信息处理系统不完善而产生的错误。

2. 电子错误的分类

对电子错误进行分类，可以更加准确地把握电子错误的内涵。本书根据不同的分类标准，拟对电子错误分为两类四种：

第一，根据电子错误范围的大小，可以分为广义的电子错误和狭义的电子错误。广义的电子错误包括当事人对网上商家发生误解而向其做出意思表示，也包括计算机信息处理系统产生的错误，即广义电子错误包括内容表示错误和行为表示错误。例如，行为人想购买某网站的A商品，却错误地购买了该网站的B商品，是典型的内容表示错误；行为人购买商品时通过网上支付系统进行付款，但是货款没有到达指定商家的账户却进入他人的账户，是典型的行为表示错误。狭义的电子错误仅指计算机信息处理系统产生的错误，仅指行为表示错误。[6]

---

〔1〕 参见薛虹："电子合同中'错误'的法律后果"，载《人民法院报》2001年4月27日，第3版。

〔2〕 参见张楚主编：《电子商务法》，中国人民大学出版社2011年版，第64页。

〔3〕 参见张继东编著：《电子商务法》，机械工业出版社2011年版，第98页。

〔4〕 参见夏露主编：《电子商务法规》，清华大学出版社2011年版，第122页。

〔5〕 参见秦成德主编：《电子商务法》，科学出版社2007年版，第66~67页。

〔6〕 参见夏露主编：《电子商务法规》，清华大学出版社2011年版，第122页。

第二，根据电子错误的发生与当事人的主观意思有没有关系，可以分为意外事件型电子错误和人为型错误。意外事件型电子错误是指错误的发生与当事人的主观意思及客观行为没有关系，当事人在使用程序设置正当的计算机信息处理系统进行信息传递时，不存在故意设置某一程序以改变原始信息内容的情形，但是由于系统本身的程序设计或运营故障导致使用人出错。该种类型的电子错误包括网络数据通信基础设施的故障导致的数据交流错误，或者交易双方计算机硬件设施的故障和有关软件运行出错，或者导致整个系统或某些软件无法正常使用等。[1] 人为型错误是指人们在使用网络自动信息系统进行信息沟通的情况下，无意地点击计算机键盘的"确认"键或计算机屏幕上的"同意"图标，或打错数字或文字而造成的"错误"。

（二）电子错误的构成要件

根据上述电子错误的定义，结合《中华人民共和国民法典》（以下简称《民法典》）的基本理论，电子错误的构成要件包含以下几个方面：[2]（1）主观方面：合同相对人的意思表示发生了错误。由于系统本身程序的失误，导致合同相对方当事人做出了错误的意思表示，该意思表示不真实，有违当事人的意愿。（2）客观方面：计算机信息处理系统程序设置不完善。产生错误意思表示的原因不在于合同当事人的行为，而在于系统本身的程序设计，是电子信息在传输、存储过程中发生的错误。（3）危害后果：商家没有提供检测手段纠正或避免错误的发生，造成了电子错误的产生。商家提供的程序不包括检测程序的合理方法，也没有纠正或避免错误的合理方法。（4）因果关系：电子错误的产生与使用计算机信息处理系统程序存在直接的因果联系。

（三）电子错误的法律解决规则

在电子商务活动中，若发生电子错误，如何确定其责任归属，事关电子错误责任的承担。对于电子代理人的本人来讲，其有义务核查电子设备、电子通信系统的正常运行，电子错误原则上应由电子代理人的本人来承担，但若电子错误是由相对人造成的，或者属于交易相对人理应知道、已经知道的情况下仍然依错误行事，则由交易相对人自己承担责任。具体而言，由于电子错误不是当事人真实意思表示，原则上应允许当事人撤销，在合同成立前，当事

---

〔1〕　参见高富平：《电子商务法学》，北京大学出版社 2008 年版，第 153～154 页。

〔2〕　参见夏露主编：《电子商务法规》，清华大学出版社 2011 年版，第 122 页。

人可以撤销错误的表示行为，在合同成立或生效后，可以撤销法律行为。[1]又分为双方当事人有约定和双方当事人没有约定两种情形：

1. 在双方当事人有约定的情形下，若当事人双方约定使用某种安全程序检测变异或者错误，一方当事人遵此执行，而另一方当事人未遵守约定。在未遵守约定方如遵守约定就可以检测到错误的情形下，遵守方可以撤销变异或错误的电子信息所产生的效力，不论合同是否已经订立或履行。

2. 在双方当事人没有约定的情形下，又分为两种情形：

第一，若一方当事人采用某种程序检测到自己所发出的信息有变异或错误，应及时通知接收方，接收方应在合理时间内予以确认。如果确认，则变异或错误不产生效力，或者发出方可以撤销变异或错误产生的效力；如果接收方未确认或未在合理时间内确认的，发出方也可以撤销变异或错误产生的效力；如果接收方在合理的时间内否定了有错误存在，应由发出方证明他发出的信息有变异或错误，若发出方不能证明的，则不能撤销所发出信息的效力。

第二，若一方使用某种程序检测到对方所发出的信息有变异或错误，应及时通知发出方，发出方在合理时间内予以确认的，双方均可撤销该变异或错误的效力；发出方未在合理时间内予以确认的，接收方可撤销该变异或错误的效力。[2]

根据我国《民法典》第147条的规定，基于重大误解实施的民事法律行为，行为人有权请求人民法院或者仲裁机构予以撤销。但是，"误解"与"错误"又有不同，"错误"是作出意思表示一方有问题，"误解"则是相对方对作出意思表示的一方理解有问题。在我国法律中，"（重大）误解"不仅包括"误解"，而且包括"错误"，即不仅因错误，而且因（重大）误解订立的合同，当事人一方有权请求法院或仲裁机构变更或者撤销。[3]据此，由于电子错误导致合同或某一条款无效或撤销的，当事人应当返还因此所带来的利益，不能返还的应给予补偿。因电子错误导致当事人一方受到损失的，若错误可以归责于一方的，由责任方赔偿；不可归责于任何一方的，该损失由自己承担。

---

〔1〕 参见时飞：《电子商务法》，对外经济贸易大学出版社2012年版，第178页。
〔2〕 参见张楚主编：《电子商务法》，中国人民大学出版社2011年版，第65页。
〔3〕 参见张继东编著：《电子商务法》，机械工业出版社2011年版，第97~98页。

第三节　网络金融平台相关法律问题

互联网技术与传统金融行业的结合，促进了以电子商务为代表的网络金融蓬勃发展，传统金融正在进入信息化时代。在网络技术的推动下，我国金融领域发生重大变革。以网络第三方支付、P2P 网络借贷、股权众筹、余额宝等为代表的互联网金融创新形式逐渐被接受和认可，并走入寻常百姓家。但是，互联网金融在快速发展的同时，网络金融平台也面临各种风险，利用网络金融平台进行违法犯罪的行为不断增加，危害日趋严重，对网络金融的交易秩序和交易安全产生了不利的影响。研究网络金融平台存在的法律问题及其面临的刑事风险，有助于从源头上遏制此类违法犯罪行为，促进网络金融的健康发展。

一、网络金融平台概述

网络金融平台是互联网金融业务的依托，随着新兴网络业务的开展，网络银行、网络证券、网络保险等网络金融业务都要通过网络金融运营平台进行，网络金融平台将承载更多的功能。但是，网上业务的迅速增长对网络金融运营平台也提出了更高的要求，研究网络金融平台运营中的基本问题，是促进网络金融运营平台健康发展的前提。

（一）网络金融平台的概念

目前，理论界、实务界及官方都没有对网络金融平台进行明确界定，部分原因在于网络金融平台涵盖面广，难以简单概括；部分原因在于网络金融平台是一个开放的概念，伴随网络技术及网络金融的发展而发生变化。在目前生效的规范性文件中，仅有国家工商总局于 2014 年 1 月 26 日颁布的《网络交易管理办法》（现已失效）第 22 条第 2 款[1]对"第三方交易平台"进行定义。但该定义仅适用于网络商品交易活动，并且出于行政监管、职权划分的需要，将网络交易中非常活跃、发展迅猛的服务业排除在外，没有准确

---

[1]　该款规定："第三方交易平台，是指在网络商品交易活动中为交易双方或者多方提供网页空间、虚拟经营场所、交易规则、交易撮合、信息发布等服务，供交易双方或者多方独立开展交易活动的信息网络系统。"

反映第三方平台服务的内在规定性。[1]"网络金融平台"不同于"第三方交易平台",仅是"交易平台"的一种,有其自身的特点,对其界定需要结合前述第三方交易平台的定义进行。

结合前文分析,本书认为,在电子商务中,网络金融平台主要通过互联网信息系统为网络商品或服务等交易活动提供交易设施、交易规则及相关网络服务。参照前述"第三方交易平台"的定义,可以把网络金融平台的概念界定为:在网络商品或服务的交易过程中,通过互联网信息系统为交易双方或多方交易主体提供虚拟经营场所、交易规则、信息发布等相关服务,供交易主体独立开展交易活动的信息网络系统。

(二) 网络金融平台的种类

前述,网络金融平台可分为传统网络金融平台和新兴互联网金融平台,前者是网络金融平台发展的早期阶段,表现为部分金融业务开通网上金融服务,通过网络银行进行交易;后者是网络金融平台发展的高级阶段,涉及互联网金融的创新。具体而言:

1. 传统网络金融平台。20 世纪 90 年代以来,基于网络技术的发展,一种全新的商务模式——电子商务——得以诞生。在电子商务的发展过程中,传统金融发生重大变革,逐渐介入电子商务,网络技术为网络金融的发展提供动力的同时,改变了传统金融行业的发展态势。在电子商务交易过程中,网络在线支付是其中的重点,随着电子支付技术的日趋成熟,以银行卡的网上支付、电子货币、电子钱包、电子现金、电子支票为代表的电子支付工具不断涌现,网络支付系统平台,网上跨行支付系统平台、移动支付平台等网络金融平台的发展为电子商务的交易提供了可能。传统网络金融平台是指利用网络进行银行业务、证券业务、保险业务等金融业务时,交易主体开展交易活动的信息网络系统。

2. 互联网金融平台。互联网金融平台是随着互联网金融的勃兴而诞生的新型网络交易平台,就目前的发展状况而言,我国主要存在第三方支付平台、网络借贷平台、众筹平台等几种互联网金融平台。

(1) 第三方支付平台。在电子商务交易过程中,由于交易双方不是当面

---

〔1〕 参见薛虹:"论电子商务第三方交易平台——权力、责任和问责三重奏",载《上海师范大学学报》(哲学社会科学版) 2014 年第 5 期。

进行，货币的支付与货物的交付并不是同步进行，成为电子商务发展的瓶颈，阻碍了电子商务的正常发展。为解决在网络交易过程中买卖双方信息不对称的问题，阿里巴巴的马云先生在 2005 年瑞士达沃斯世界经济论坛上首先提出第三方支付平台的设想，并首创"支付宝"这一第三方支付平台，此后这一概念被广为接受，并广泛地应用于电子商务中。

第三方支付是互联网金融创新的起源，此后，以"支付宝""余额宝"为代表的各类"宝宝"横空出世，互联网金融创新产品不断涌现，极大地促进了网络金融的发展。第三方支付平台就是在此背景下发展繁荣起来的，其实质是一个提供第三方支付服务的交易平台。在第三方支付平台交易中，其交易流程表现为买方选购商品或服务后，使用第三方支付平台的注册账户进行支付，买方的货款支付给第三方支付平台后，通知卖方发货，在买方收到货物之后，向第三方支付平台确认收货并发出付款授权，平台再将买方账户中的货款转移给卖家的账户，交易完成。

（2）网络借贷平台。根据 2015 年 7 月 14 日中国人民银行等十部门发布的《指导意见》的规定，网络借贷包括个体网络借贷（P2P 网络借贷，peer to peer lending 的英文缩写）和网络小额贷款，前者是指个体和个体之间通过互联网平台实现的直接借贷，后者是指互联网企业通过其控制的小额贷款公司，利用互联网向客户提供的小额贷款。网络借贷平台包括 P2P 网络借贷平台和网络小额贷款平台，两者都是随着互联网的发展与民间借贷的兴起而出现的一种金融脱媒现象。网络借贷的主要作用在于发挥金融中介功能，弥补传统金融的不足，调动民间资本补充小微贷款市场。具体到网络借贷平台而言，P2P 网络借贷平台主要为借贷双方提供信息交互、撮合、资信评估等中介服务，具有中介的性质，为借贷双方的借贷提供信息服务。网络小额贷款平台则是由互联网企业利用互联网向借款人提供贷款的网络服务平台，是发挥网络贷款优势，降低借款人融资成本的一种手段。

（3）众筹平台。众筹来自英文"crowdfunding"，即大众筹资，取"众人拾柴火焰高"之意，指的是一群人基于互联网技术或平台，出于营利或者非营利的目的，小额投资或者资助个人或公司的特定项目。[1]基于投资者投资

---

〔1〕 参见肖凯："论众筹融资的法律属性及其与非法集资的关系"，载《华东政法大学学报》2014 年第 5 期。

回报形式的不同，众筹融资主要分为捐赠型众筹、预售众筹、借贷型众筹和股权型众筹四种类型。[1]上述众筹类型需通过互联网站或其他类似的电子媒介等融资中介机构平台进行，这些中介机构平台即所谓的众筹平台。众筹网站或平台通常的融资模式表现为：项目创建者为项目筹资设定一个目标金额与筹资期限，筹资项目一般采取"All or Nothing"机制，即对筹资期限内完成融资目标的项目收取一定比例费用，而未完成者则分文不取。[2]众筹利用互联网平台，集众人之资，做一个项目，它集中广大公众的资金，以资助个人或中小微企业，解决了中小微企业融资的难题，是互联网金融发展的新趋势。

（三）网络金融平台的现状

从网络金融平台发展的历程进行分析，网络金融平台分为两类，一类为传统网络金融平台，包括网络银行、网络证券、网络保险等网络金融平台；另一类为互联网金融平台，包括网络借贷平台、第三方支付平台、众筹平台等新兴网络金融平台。前者为网络金融平台发展的早期阶段，表现为传统金融业务的网络化，后者是在网络时代互联网与金融的最新结合，表现为互联网金融创新形式。网络金融平台作为金融服务的提供者，为交易提供网络技术、软件及硬件的支持，使网络金融交易成为可能，但网络金融平台本身并不参与交易，只为交易双方提供一个交易的平台。但它又不仅仅是一个交易平台，随着网络金融的发展它逐渐演变为大规模的、复杂的互联网金融交易生态系统。

早期传统的网络金融平台经过多年发展，已逐渐成熟并可以满足网络金融的需要，但是，随着互联网金融的蓬勃发展，互联网金融平台方兴未艾，以网络借贷平台、第三方支付平台、众筹平台等为代表的新兴互联网金融平台层出不穷，不断地改变着人们的生活。2014年，我国网络经济整体营收规模达到8706.2亿元，同比增长47.0%，网络支付用户规模达到3.0亿，环比增长17.0%。[3]但是，网络金融平台作为一个中介性的运营平台，一方面现

---

〔1〕　See Bradford, C. Steven, "Crowdfunding and the Federal Securities Laws", *Columbia Business Law Review*, Vol. 2012, No. 1, 2012, pp. 14-27.

〔2〕　参见黄健青、辛乔利："'众筹'——新型网络融资模式的概念、特点及启示"，载《国际金融》2013年第9期。

〔3〕　参见艾瑞咨询："2015年中国电子支付行业研究报告"，载 http://report. iresearch. cn/report/ 201506/2401. shtml，最后访问日期：2015年11月4日。

行法律法规不够完善，限制甚至阻碍了网络金融平台的正常发展；另一方面网络金融平台在发展过程中，不可避免地夹杂着违法犯罪现象，成为网络金融发展的杂音。完善网络金融平台相关法律法规，并规制其中存在的违法犯罪行为，是促进网络金融发展的基础。

二、互联网金融平台存在的法律问题

传统网络金融平台是网络金融发展的初级阶段，其发展中存在的问题已通过传统民事、经济、行政法律得以解决，涉及的刑事问题也可以通过对传统刑法的解释，对其进行适用。目前，传统网络金融逐渐发展到互联网金融阶段，互联网金融平台在发展过程中存在诸多问题，现行法律法规难以进行有效规范，本部分主要论述互联网金融平台存在的相关法律问题。

（一）互联网金融平台中的法律关系

在互联网金融平台中，最具代表性的是第三方支付平台，因其在网络支付中被广泛使用而为人们熟知，本书以第三方支付平台为例阐述互联网金融平台中存在的法律关系。在第三方支付平台中，主要存在三方主体，即客户、第三方支付平台与商户，相应的，互联网金融平台中存在三组法律关系，即客户与第三方支付平台的关系、商户与第三方支付平台的关系、客户与商户的关系，需要分别阐述。

第三方支付平台三方主体的法律关系如图2-1：

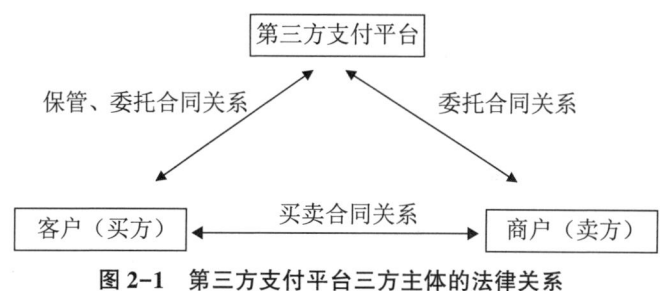

图2-1　第三方支付平台三方主体的法律关系

1. 客户与商户的关系。客户与商户之间也即买方与卖方之间通常表现为普通的买卖关系，属于我国《民法典》第595条[1]规定的买卖合同关系。其

---

〔1〕　该条规定："买卖合同是出卖人转移标的物的所有权于买受人，买受人支付价款的合同。"

中，客户在买卖合同中处于买方地位，商户在买卖合同中处于卖方地位，在三者之间，买卖双方之间的买卖合同关系是客户与第三方支付平台、商户与第三方支付平台之间法律关系的基础。

2. 客户与第三方支付平台的关系。一般来讲，客户与第三方支付平台之间存在保管、委托等两种合同关系。[1]客户交付资金给第三方支付平台，由第三方支付平台代为保管属于我国《民法典》第 888 条[2]规定的保管合同关系，而第三方支付平台接受客户支付指令，将资金支付给商户时，则属于我国《民法典》第 919 条[3]规定的委托合同关系。

3. 第三方支付平台与商户的关系。第三方支付平台在接受客户的委托后，以本人（买方）的名义，将客户预付的资金支付给商户（委托合同中的第三人），属于受托人与第三人之间的关系，为我国《民法典》第 925 条[4]规定的委托合同关系所调整。

（二）我国互联网金融平台法律规范现状及不足

互联网金融平台的法律地位事关互联网金融的健康发展，对目前我国互联网金融平台法律规范现状进行梳理，指出其不足之处，并提出相关完善建议，有助于网络金融的健康发展。

1. 我国互联网金融平台法律规范现状

目前，我国尚没有专门规范网络金融平台的法律法规，对网络金融平台运营的规范散见于部门规章及其他规范性文件之中。

2005 年 10 月，中国人民银行颁布《电子支付指引（第一号）》以规范银行及其客户在电子支付中的活动，但该规章并没有对银行的网络平台作出规定。

2005 年 10 月，中国人民银行颁布《支付清算组织管理办法（征求意见稿）》，该管理办法最终虽未出台，但规定了网络金融平台的准入条件，对规范网络支付产业起到了推动作用。

2010 年 5 月，国家工商总局曾颁布《网络商品交易及有关服务行为管理

---

[1] 参见张春燕："第三方支付平台沉淀资金及利息之法律权属初探——以支付宝为样本"，载《河北法学》2011 年第 3 期。

[2] 该条规定："保管合同是保管人保管寄存人交付的保管物，并返还该物的合同。"

[3] 该条规定："委托合同是委托人和受托人约定，由受托人处理委托人事务的合同。"

[4] 该条规定："受托人以自己的名义，在委托人的授权范围内与第三人订立的合同。"

暂行办法》（现已失效），以规范网上交易行为，该规章对网络商品经营者和网络服务经营者的义务、提供网络交易平台服务的经营者的义务、网络商品交易及有关服务行为监督管理等作了规定，但同样没有对网络金融平台作出界定。

2010年6月和12月，中国人民银行分别颁布《非金融机构支付服务管理办法》（2020年修正）和《非金融机构支付服务管理办法实施细则》（2020年修正），该规章对非金融机构支付服务的申请与许可、监督与管理作出了专门规定，界定了网络支付的概念，并将第三方支付平台界定为非金融机构，规定了业务的准入门槛，至此，网络金融平台正式纳入法律监管的体系。

2012年9月，中国人民银行颁布《支付机构预付卡业务管理办法》，对预付卡的概念及适用范围作了规定。

2013年6月，中国人民银行颁布《支付机构客户备付金存管办法》（现已失效），对网络支付平台的备付金作出规定，该规范性文件是专门为规范客户备付金的管理、使用和监管而制定，对于客户备付金的管理具有里程碑的意义。

2014年1月，国家工商总局颁布《网络交易管理办法》（现已失效）取代《网络商品交易及有关服务行为管理暂行办法》，《网络交易管理办法》除对前述相关规定进行完善外，并对第三方交易平台经营者作了专节规定，同时界定了第三方交易平台的概念，虽然第三方交易平台不等同于互联网金融平台，但两者有诸多共通的特性，对于准确把握互联网金融平台的实质有借鉴意义。

2015年7月，中国人民银行等十部门联合颁布《指导意见》，该指导意见积极鼓励互联网金融平台创新，对互联网支付、网络借贷、股权众筹等互联网金融平台的性质作出了界定，突出其信息中介平台的特性。该指导意见对促进互联网金融健康发展意义重大，属于互联网金融领域的纲领性文件，但该文件同样没对互联网金融平台的具体涵义进行界定。

2016年8月，中国银监会、工业和信息化部、公安部、国家互联网信息办公室制定了《网络借贷信息中介机构业务活动管理暂行办法》，该办法对网络借贷、网络借贷业务、网络借贷信息中介机构的定义进行界定，确定了网贷行业监管总体原则，确立了网贷行业的基本管理体制及各方职责，对网贷行业产生重要影响。

2017 年 6 月，互联网金融风险专项整治工作领导小组办公室发布《关于对互联网平台与各类交易场所合作从事违法违规业务开展清理整顿的通知》，再次明确交易场所不得将权益拆分发行、降低投资者门槛、变相突破 200 人私募上限等政策红线。

2. 我国互联网金融平台法律规范的不足

对前述互联网金融平台的法律规范进行分析，可以发现我国法律法规对网络金融平台的规范刚刚起步，有许多不足，亟须完善，否则会阻碍互联网金融的发展。现阶段，我国规范网络金融平台的法律主要存在以下几个问题：

第一，规范网络金融平台的法律规范位阶较低，不利于保护网络金融平台的健康发展。前述对网络金融平台进行规范的众多文件中，尚没有法律层面的规范，多属于部门规章或政策性文件，法律效力等级不高。对网络金融平台的监管不够明确，缺少法律层面的支持，一定程度上会阻滞网络金融平台的发展，挫伤互联网金融创新的积极性。

第二，现行法律法规缺少对网络金融平台概念的界定，不利于准确把握网络金融平台的本质。前述的规范性文件中，仅有 2014 年 1 月国家工商总局颁布的《网络交易管理办法》（现已失效）第 22 条第 2 款对"第三方交易平台"进行界定，"第三方交易平台"本质上属于"网络金融平台"，是"网络金融平台"的下位概念，两者之间是种属的关系。法律上对网络金融平台概念界定的缺失，导致难以把握其本质和特性，不利于实践中准确认定网络金融平台，不利于网络金融平台的创新及发展。

第三，现行法律法规没有对网络金融平台的性质进行界定，使网络金融平台的监管处于模糊地带，容易滋生违法犯罪现象。在前述对网络金融平台进行规范的法律文件中，仅有 2015 年 7 月中国人民银行等十部门联合颁布的《指导意见》对互联网金融平台的性质进行明确界定，其他规范性文件均未提及网络金融平台的性质。该指导意见第 7 条、第 8 条、第 9 条分别对网络支付平台、网络借贷平台、众筹平台的性质作出规定，明确其属于信息中介机构，要坚持其平台功能，为交易各方提供信息交互、撮合、资信评估等中介服务。《指导意见》仅明确了该三种网络金融平台的性质，并没提及其他网络金融平台，法律监管的缺失，不可避免地会导致违法犯罪行为的滋生。此外，该《指导意见》属于政策性指导文件，对于实践仅具有规范性的指导意义，需上升至法律层面。

3. 完善我国互联网金融平台法律监管的思考

金融资本市场既有的经验告诉我们，任何一个金融创新产品的成长和发展，均离不开孕育其诞生的法律和制度环境。网络金融平台在我国发展迅速，但立法供给不足，导致其发展受阻，针对网络金融平台法律规范的不足，提出相关完善建议，并从规范层面对网络金融平台进行监管，会为互联网金融发展助力，促进其健康发展。

第一，完善网络金融平台相关法律法规，在法律层面界定网络金融平台的定义。目前，我国网络金融业务丰富多彩，涉及各行各业，网络金融平台将承担更多的功能，但网络金融平台相关法律法规滞后，传统经济、金融、民商法律年久失修，不足以应对网络金融的创新。完善网络金融平台相关法律法规，并非要制订专门的网络金融平台法律法规，而是在规范网络金融的法律法规中设立专门的条款，制订规范网络金融平台发展的相关规则，明确网络金融平台的定义。在法律法规中作出上述规定，可以准确认定网络金融平台，把握其本质和特性，促进互联网金融的创新和发展。

第二，注重行业自律，完善互联网金融平台内部制度建设。目前，相关金融监管机构尚没有针对网络金融平台制定专门的准入规则、业务规则、风险控制等相关规定，网络金融平台内部制度建设不够完善，与网络金融平台相关业务的合法性有待确认。除上述加强网络金融平台内部制度建设外，建立互联网金融行业协会，通过行业自律机制协调网络金融平台存在的问题也很重要。互联网金融行业协会可以受理对网络金融平台的投诉，对存在的问题及时处理并定期进行通报，同时，完善网络金融平台相关规章制度建设，加强网络金融平台内部信息共享，实行黑名单制度，防止有劣迹的企业或个人流窜重复作案。[1]此外，将互联网金融平台交易信息纳入征信系统，也可以有效防止图谋不轨之人利用网络金融平台实施违法犯罪行为。

第三，明确网络金融平台监管主体，准确定位网络金融平台的性质，把握其经营和服务的本质。在《指导意见》颁布之前，关于网络金融平台监管主体的规定散见于监管部门制订的规范性文件中，《电子签名法》、《电子支付指引（第一号）》、《网络交易管理办法》（现已失效）、《非金融机构支付服

---

[1] 参见成琳、吕宁斯："中国股权众筹平台的规范化路径——以'大家投'为例"，载《金融法苑》2014 年第 2 期。

务管理办法》（2020 年修正）等规范网络金融方面的法律法规缺乏对网络金融平台性质的界定，由于监管缺乏统一性，平台性质定位不准，容易滋生违法犯罪现象。直到 2015 年 7 月，中国人民银行等十部门联合颁布《指导意见》，该指导意见第 7 条、第 8 条、第 9 条规定，网络支付平台、网络借贷平台、众筹融资平台分别由人民银行、银监会、证监会负责监管，并把上述网络金融平台的性质界定为中介机构平台，提供信息中介服务。但上述《指导意见》属于政策性文件，类似于部门规章的性质，法律效力等级不高，需要上升至法律层面。此外，监管部门仅仅是把上述网络金融平台视作从事中介服务的企业法人，而忽略了其经营理财产品和服务的本质，从而导致缺少金融主管部门参与到对网络金融平台的监管，产生对其经营的金融业务监管的空白。[1]

（三）互联网金融平台存在的具体法律问题

网络金融平台除存在上述法律规范层面的问题外，平台自身还存在沉淀资金的法律性质问题、P2P 网络借贷平台的法律性质问题、交易安全、非法交易、风险控制、消费者权利保护等方面的问题，解决网络金融平台存在的上述问题，规避其中蕴含的法律风险，有利于促进网络金融的健康发展。

1. 网络金融平台沉淀资金的法律问题

通俗地讲，沉淀资金一般是指闲散放置在社会上，未被聚积起来利用的资金。在商业往来中，是指日常的资金流入流出过程中，银行和企业的账户中留有的一定数量、稳定性较强的资金。[2]沉淀资金在法律上又称为"客户备付金"，根据 2013 年 6 月中国人民银行公布的《支付机构客户备付金存管办法》（现已失效）第 2 条第 2 款的规定，是指"支付机构为办理客户委托的支付业务而实际收到的预收待付货币资金"。据艾瑞咨询有关统计数据，2011年前三季度我国电子商务交易规模达人民币 4.9 万亿元，全年有望突破 7 万亿元，日均沉淀资金至少 100 亿元，每日沉淀资金的利息近 10 万元。[3]巨额的沉淀资金刺激着公众的神经，引发极大的社会关注。从法律层面来讲，要保护消费者的合法权益并促进金融系统的安全，但法律规范往往滞后于经济

---

〔1〕 参见李昊："我国众筹融资平台法律问题研究"，载《宁夏社会科学》2014 年第 4 期。

〔2〕 参见杨宏芹、张岑："第三方支付中沉淀资金的归属"，载《经济导刊》2012 年第 1 期。

〔3〕 参见陈会平："第三方支付沉淀资金的法律性质及运用"，载吴弘主编：《金融法律评论》（第 3 卷），中国法制出版社 2012 年版，第 195 页。

的发展。[1]沉淀资金的性质在法律上没有进行定位，会导致法律适用的混乱，并阻碍网络金融平台的正常发展，需要深入研究。[2]

（1）沉淀资金的来源。根据网络支付的交易流程和性质，在交易的过程中，客户需要在注册的第三方支付账户内通过银行账户进行充值，以便支付货款，客户还可以把多余的货款通过第三方支付账户转入银行账户。据此分析，沉淀资金的来源主要有三部分组成：

第一，在途资金。在第三方支付交易模式中，买方将货款转移至第三方支付机构账户，买方收到商品之后，发出支付指令，第三方支付机构再将货款转至卖方账户，交易结束。在这个过程中，由于买卖双方时空不一致，交易双方付款和收款并不是同时进行，一般而言，客户的货款将在第三方支付机构的账户中平均停留7天左右，[3]在买方将支付款转账到第三方支付账户之后至卖方收到款项之前沉淀在第三方支付账户的资金就是"在途资金"，由于交易规模巨大，该部分资金在所有沉淀资金中占有较大的比例。

第二，支付平台吸收的资金。在网上交易过程中，支付平台自身也会吸收一部分资金，该部分资金由两部分组成。其一，预存资金或未提取的资金。一方面，买方通常会预存一定的资金到第三方支付账户，以备将来交易之需；另一方面，在交易失败或者出现纠纷的时候，卖家也会把收到的货款通过第三方支付账户退还至买家。实践中，买卖双方通常不会立即把第三方支付账户中的资金提取出来，而是留存在支付机构的账户中，从而形成沉淀资金。其二，保证金。是指第三方支付企业利用自身的信用向卖方保证买方付款而向买方收到的保证金，一般由买方通过第三方支付账户或银行账户付款至第三方支付机构。[4]相对来讲，该部分沉淀资金所占比例较小。

第三，基于电子消费券而产生的资金。第三方支付破解了电子商务中买卖双方的信用和安全的难题，获得了快速的发展和壮大，并与越来越多的企

---

[1] See Pauline Le More, Christelle Mazza, "Securing the transfer of money in the new technologies context: the case of the French online gaming sector", *B. L. J.*, Vol. 5, 2011, pp. 555-568.

[2] 在众多网络金融平台中，第三方支付平台应用范围最广，也最具有代表性，本节下文若无特殊说明，均以第三方支付平台为研究对象。

[3] 参见邢丘丹、雷婷："第三方支付的崛起对网上银行支付业务发展的启示"，载《宁夏大学学报》（人文社会科学版）2009年第6期。

[4] 参见陈会平："第三方支付沉淀资金的法律性质及运用"，载吴弘主编：《金融法律评论》（第3卷），中国法制出版社2012年版，第195页。

业和购物网站开展合作。为了维持稳定的客户源，在重大节假日，特约商户会给消费者赠送免费的电子优惠券，这类电子优惠券由商户打入消费者开设的网络平台账户中，在消费者购物时折抵现金使用。这种由特约商户打入消费者网络平台账户的资金也可视为沉淀资金。[1]该部分沉淀资金在所有沉淀资金中所占比例最小。

（2）沉淀资金的法律性质。沉淀资金的来源决定着其法律性质，不同的沉淀资金来源其法律性质也可能不同。目前，关于沉淀资金的法律性质，主要有以下几种学说：

第一，存款说。该观点认为，第三方支付平台中沉淀资金的性质和商业银行存款相似，沉淀资金就是客户存放在第三方支付平台的存款。[2]对该观点最大的诘难是，现行法律法规仅规定只有银行等金融机构才有资格吸收存款，若将沉淀资金的性质认定为存款，则第三方支付机构涉嫌违反法律规定吸收公众存款。根据2010年6月中国人民银行颁布的《非金融机构支付服务管理办法》（2020年修正）的规定，第三方支付机构被定性为"非金融机构"，其经营范围一般限定在货款代收代付的中介服务，是独立于银行和交易主体的非金融机构，把沉淀资金认定为存款，与法律规定不符。此外，存款一般是将闲散的资金存入银行，并有获得银行利息的目的，而沉淀资金只是网上交易行为引起的支付后果，不具有类似存款的获利意图，不应认定为存款。

第二，债务说。该观点认为，用户将其用于网上交易的资金存入支付平台，即对该支付平台享有债权请求权，第三方支付平台中沉淀资金属于支付机构的负债，不是吸收进来的存款。[3]该学说的理论基础是"占有即所有"原则，即认为货币是特殊的种类物，货币的价值在于其流通性，其所有权会随着占有的转移而转移。债务说在某种程度上明确了沉淀资金的归属，对保护消费者的合法权益有一定的积极意义。该说的不足之处在于，根据前述《非金融机构支付服务管理办法》（2020年修正）第24条、第26条的规定，

---

〔1〕 参见张春普、李上上："对沉淀资金的性质及其孳息归属的探究——以第三方网上支付为视角"，载《天津商业大学学报》2013年第3期。

〔2〕 参见侯春俊："我国第三方支付平台存在的主要问题及监管策略研究"，载《电子商务》2009年第7期。

〔3〕 参见张春普、李上上："对沉淀资金的性质及其孳息归属的探究——以第三方网上支付为视角"，载《天津商业大学学报》2013年第3期。

支付机构应将沉淀资金存放在商业银行的专用账户中，并禁止以任何形式挪用客户备付金。2013 年 6 月，中国人民银行颁布的《支付机构客户备付金存管办法》（现已失效）是第一部针对客户备付金出台的规范性文件，该办法第 3 条、第 4 条重申了上述规定。据此，沉淀资金的价值并不在于流通，当买方将货款存入第三方支付机构的账户时，其目的并不在于将该笔款项的所有权转移给支付机构，允许其流通，而在于进行网络支付，作为买方取得货物所有权的对价。因此，沉淀资金所有权的流转，不适用"占有即所有"原则。[1]此外，第三方支付机构之所以诞生并获得长足发展，在于通过第三方支付可以保证网络交易的安全性，而不在于其流通性。第三方支付作为网络交易资金流转的中介机构，不具有吸收存款和发放贷款的职能，把沉淀资金认定为支付机构的负债，与上述法律规定不符。

第三，电子货币说。该说认为，第三方支付账户内的沉淀资金，实质上是交易主体以法定流通货币购买的电子货币，是由第三方支付机构发行用来支付购买商品或服务的价款，沉淀资金在性质上可以认定为电子货币。[2]目前，电子货币还没有统一的概念，欧盟《电子货币指引》（2000 年）将其界定为一种货币价值请求权，是存在于电子支付平台上并为交易主体所接受的一种货币表现形式。我国法律尚没有对电子货币的概念进行界定，有学者认为，电子货币是指用一定数额的现金或存款从发行者处兑换并获得代表同等数额的数据，通过电子化的方法将该数据直接转移至支付对象，以此清偿债务。[3]客户在网上进行交易时，将银行账户的资金转移至第三方支付平台，兑换成电子货币，以取得等价的商品或服务，买方在支付时并不需要持有银行发行的法定货币进行交易，通过第三方支付平台兑换的电子现金进行支付，就可以换取对应的商品或服务。在第三方支付平台中，流通的货币兑换成了支付平台发行的电子货币，买方可以自由存入或提取在平台中的沉淀资金，因此，沉淀资金作为一种支付的货款，与现实中的货币交付具有同等的价值。但是，电子货币说遇到的最大法律障碍是货币发行权问题，根据法律规定，中国人

---

〔1〕　参见杨宏芹、张岑："第三方支付中沉淀资金的归属"，载《经济导刊》2012 年第 1 期。

〔2〕　参见沈利军、徐伟："支付宝虚拟账户支付的法律分析及规制"，载《贵州警官职业学院学报》2009 年第 5 期。

〔3〕　参见韩宝明、杜鹏、刘华编著：《电子商务安全与支付》，人民邮电出版社 2001 年版，第 60 页。

民银行是发行货币的唯一主体，任何单位和个人不得擅自发行货币，电子货币说认为沉淀资金是第三方支付平台发行的一种电子货币，违反现行法律规定。

第四，保管、委托合同标的物说。该说认为，在一个完整的网上交易过程中，买方和第三方支付平台之间成立保管、委托两种合同关系，具体而言，买方单笔滞留资金是单个支付者与第三方支付平台保管合同的标的物，沉淀资金则是所有支付者与第三方支付平台保管合同的标的物。[1]在网上交易过程中，买方将货款转移至支付平台，第三方支付平台接受货款时，双方的保管合同成立；此后，买方发出支付指令，第三方支付平台将货款转入卖方账户，双方委托合同成立。在买方将货款转移至第三方支付平台时，平台并没有取得资金的所有权，只是代为保管该笔资金，买方可以自由提取该资金或委托第三方平台转移给他人，属于我国《民法典》第888条的保管合同。

本书赞同保管、委托合同标的物说，该观点与现行法律法规的规定相一致。根据2010年6月发布的《非金融机构支付服务管理办法》（2020年修正）第24条[2]的规定，沉淀资金属于买家支付给卖家的货款，暂存于第三方支付平台，不是平台的自有资金。2013年6月发布的《支付机构客户备付金存管办法》（现已失效）第4条[3]也作出了类似的规定。上述两部门规章明确规定沉淀资金属于网络交易中的买方，不属于第三方支付平台所有，该规定也与我国《民法典》规定的保管合同相一致。此外，第三方支付平台的运营规制也与《民法典》第897条规定的保管义务相符。

（3）沉淀资金孳息的归属。在网络交易过程中，买卖双方付款和收款之间存在时间差，在产生沉淀资金的同时，不可避免地会产生孳息。由于沉淀资金数额巨大，相应的孳息也有很大的规模，其分配和归属备受关注。目前，关于沉淀资金的孳息归属，主要有两种观点：

---

〔1〕 参见中国人民银行海口中心支行课题组："第三方支付沉淀资金问题及监管"，载《南方金融》2007年第9期。

〔2〕 该条规定："支付机构接受的客户备付金不属于支付机构的自有财产。支付机构只能根据客户发起的支付指令转移备付金。禁止支付机构以任何形式挪用客户备付金。"

〔3〕 该条规定："客户备付金只能用于办理客户委托的支付业务和本办法规定的情形。任何单位和个人不得擅自挪用、占用、借用客户备付金，不得擅自以客户备付金为他人提供担保。"

第一种观点认为，沉淀资金的孳息属于第三方网上支付平台所有。[1]一般来讲，将沉淀资金的性质认定为电子货币的学者持该观点，其法律依据是我国《民法典》第 901 条，认为"保管人保管货币的，可以返还相同种类、数量的货币"，并且根据"占有即所有"的规则，沉淀资金由第三方支付机构占有，所有权当然属于第三方支付机构，孳息附属于沉淀资金的一部分，当然也属于第三方支付平台。此外，在操作层面，沉淀资金的整体利息收益虽然很高，但是分散到单笔的交易中，收益则微乎其微，可以忽略不计。若将客户单笔交易的沉淀资金按其在平台内停留的时间长短分配给客户，成本可能会高于收益本身，得不偿失。据此法理，支付宝作为第三方支付平台的典型代表，对沉淀资金及其归属作出了规定，根据《支付宝服务协议》第 5 部分第 12 条[2]的规定，客户在使用支付宝服务期间，支付宝不承担保管或代收或代付的款项的货币贬值风险，并且对沉淀资金的孳息享有所有权。

第二种观点认为，沉淀资金的孳息属于支付者（用户）所有。[3]该观点认为，沉淀资金属于保管合同的标的物，沉淀资金的所有权属于支付者，支付者享有沉淀资金的收益权。因此，沉淀资金产生的收益应归于支付者，第三方支付平台无权享有沉淀资金产生的收益。一般来说，将沉淀资金的性质认定为保管、委托合同标的物的学者持该观点，其法律依据是我国《民法典》第 900 条，认为买方和第三方支付平台之间既然属于保管、委托合同的法律关系，当保管期间届满，保管人应当返还原物及其孳息。在第三方支付中，买方存放在第三方支付平台账户的沉淀资金所产生的利息，属于法定孳息，理应归属于客户所有。

本书赞同第二种观点，认为沉淀资金的孳息属于第三方网上支付者所有。

---

〔1〕　参见唐松松："浅议第三方支付平台沉淀资金及利息的归属"，载《商品与质量》2012 年第 S2 期。

〔2〕　该款规定："您确认并同意，您应自行承担您使用本服务期间由本公司代收或代付的款项在代代代付服务过程中的任何货币贬值、汇率波动及收益损失等风险，您仅在该代收代付款项（不含被冻结、止付或受限制的款项）的金额范围内享有对该等代收代付款项指令支付、提现的权利，您对所有代收代付款项（含被冻结、止付或受限制的款项）产生的任何收益（包括但不限于利息和其他孳息）不享有任何权利。本公司就所有该代收代付款项产生的任何收益（包括但不限利息和其他于孳息）享有所有权。"

〔3〕　参见万志尧："对第三方支付平台的行政监管与刑法审视"，载《华东政法大学学报》2014 年第 5 期。

其实，明确了沉淀资金的法律性质，沉淀资金的孳息归属也迎刃而解，将沉淀资金认定为保管、委托合同的标的物，其孳息自然属于支付者。上述《支付宝服务协议》的规定属于格式条款，回避了本应承担的法律义务，同时也不符合我国《民法典》的规定，应属无效条款。由于沉淀资金孳息归属的争议较大，现行法律法规没有对沉淀资金的孳息归属作出规定，《支付机构客户备付金存管办法》（现已失效）也回避了孳息的归属问题。从应然层面来讲，将沉淀资金直接规定为客户在第三方支付平台的活期存款，由平台向客户支付利息，不失为解决上述问题的一个途径，但目前仅限于法理层面探讨，实践中操作尚面临诸多法律障碍。

2. P2P 网络借贷平台的法律性质问题

作为一种新型的借贷模式，P2P 网络借贷是伴随着互联网技术的兴起而发展起来的，P2P 网络小额贷款从网下发展到网上，逐渐形成 P2P 网络借贷平台。在平台的两端，一方是有资金需求的借款人，一方是有闲置资金渴望增值的投资人（放贷人），P2P 网络贷款平台撮合双方交易，并收取手续费作为平台收入。[1] 近年来，我国 P2P 网络借贷每年以 400% 的速度递增，目前已超过 2000 家。[2] P2P 网络借贷平台在以"井喷"速度发展的同时，P2P 网络借贷平台倒闭、跑路现象频现，蕴含着巨大的法律风险。研究 P2P 网络借贷平台的法律问题，控制其存在的法律风险，有助于 P2P 网络借贷平台的健康发展。

（1）P2P 网络借贷的主要运营模式

自 2005 年英国建立了全球第一家 P2P 网络借贷平台 Zopa 后，各种形式的 P2P 网络平台先后成立。2008 年全球大约有 24 种平台，2010 年 P2P - Banking 网址定义的全球范围内的 P2P 平台已增至 33 种。[3] 目前，我国 P2P 网络借贷平台获得了快速发展，在与外国网络借贷模式接轨的同时逐渐衍生出多种模式。以 P2P 网络借贷平台创设的初衷以及与经济犯罪的关联程度为

〔1〕 参见冯果、蒋莎莎："论我国 P2P 网络贷款平台的异化及其监管"，载《法商研究》2013 年第 5 期。

〔2〕 参见陈军君："央行监管 P2P 将迎转型"，载《中国经济时报》2014 年 1 月 14 日，第 A11 版。

〔3〕 参见张正平、胡夏露："P2P 网络借贷：国际发展与中国实践"，载《北京工商大学学报》（社会科学版）2013 年第 2 期。

标准，可以将 P2P 网络借贷平台从总体上概括为传统的 P2P 模式和创新型模式两种类型。其中，前者包括单纯中介型、复合中介型、非营利公益型三种类型，后者包括债权转让运营模式、第三方担保的运营模式、线下小额贷款公司线上运营模式。[1]上述不同类型的平台运营模式优劣各不相同，适合不同类型的借贷人。总体而言，传统的网络借贷模式坚守借贷中介这一底线，不参与借贷双方的融资活动，不接触当事人的资金，仅提供信息撮合的机会，风险较小。创新型的运营模式则游走在合法与非法的边缘，蕴藏了较大的风险，容易滋生违法犯罪现象。

（2）P2P 网络借贷的交易流程

不管是传统的 P2P 模式，还是创新型模式，P2P 网络借贷的交易流程主要通过贷款人、网贷平台、借款人三方完成。其流程表现为三个步骤，首先，贷款人若要借出资金，需在网络借贷平台申请账户，并在平台账户内充值，该账户内的资金暂时停留在网贷平台账户中。其次，借款人若要借入资金，也需在网络借贷平台申请账户，之后，在网贷平台发布借款信息，若借贷双方达成借款协议，则由 P2P 网络借贷平台将款项划拨给借款人。最后，借款期限届满，借款人将借款归还至网贷平台，由网贷平台归还给贷款人。

P2P 网络借贷的交易流程如图 2-2：

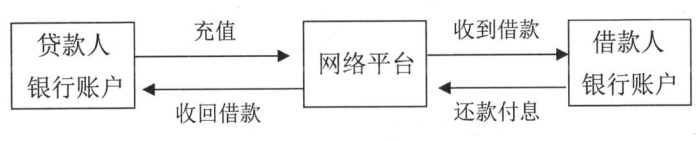

图 2-2　P2P 网络借贷的交易流程

（3）P2P 网络借贷平台的法律性质

目前，关于 P2P 网络借贷平台的性质，是金融机构、中介机构抑或是兼具两者的性质，有不同的争论。"金融机构说"认为，"P2P 网络借贷是随着互联网的普及和民间借贷的兴起而迅速发展起来，将现实中的资金借贷流程通过网络来实现的一种创新金融模式"。[2]该说将 P2P 网络借贷平台视为新

---

〔1〕　参见刘权："P2P 网络借贷犯罪及其刑法治理研究"，载《中国人民公安大学学报》（社会科学版）2014 年第 6 期。

〔2〕　刘权："P2P 网络借贷犯罪及其刑法治理研究"，载《中国人民公安大学学报》（社会科学版）2014 年第 6 期。

型的金融机构，涉及该新型的金融机构的定性、审批及合法性等问题，面临一系列法律障碍。"中介机构说"认为，"网络借贷是指电子商务网络平台作为一个中介平台，为资金提供方和需求方提供信息匹配，实现借贷双方的信息对接，并完成交易的借贷模式"。[1]该说认为 P2P 网络借贷平台是为借贷双方提供信息并收取一定费用的中介机构，不参与借贷双方的交易，无须办理金融机构的审批手续。"复合说"认为，P2P 网络借贷远非"金融机构说"和"中介机构说"那么单一，它实质上兼有互联网中介、小额信贷业务、理财产品业务和创新金融模式等多项功能，尤其在我国民间融资基础立法尚未出台前，P2P 网络借贷平台着实起到了不可低估的"替补作用"。[2]实践中有的网络借贷平台仅提供中介服务，有的平台参与借贷业务，有的平台参与担保业务，该说是根据不同的网络借贷平台业务范围不同而提出来的。

本书赞同"中介机构说"，认为 P2P 网络借贷平台的性质属于中介机构。首先，P2P 网络借贷平台的核心作用是中介，通过一定的交易制度设计为借贷双方提供相应的信息发布、资质判定、撮合等中介服务，不参与到借款行为的担保、质押中，不是借款方式中的一个主体，不进行吸储和放储行为，[3]符合中介机构的本质。其次，P2P 网络借贷平台在规范层面被界定为中介机构。目前，并无针对 P2P 网络借贷平台性质界定的专门法律，根据2015 年 7 月中国人民银行等十部门联合颁布的《指导意见》第 8 条[4]的规定，P2P 网络借贷平台属于中介机构，《指导意见》虽属部门规章及政策性文件，但从规范层面明确了网络借贷平台的性质。最后，将 P2P 网络借贷平台界定为中介机构，可以准确判断 P2P 网络借贷平台行为是否规范，还可以判断平台的相关行为是否涉嫌违法违规，是否涉嫌犯罪。

3. 第三方支付平台中消费者权益保护问题

第三方互联网支付中的消费者是指基于个人或家庭生活需要，接受互联网企业提供的第三方支付等金融服务的自然人。[5]前述，在网络交易中，第

---

〔1〕 刘宇梅："P2P 网络借贷法律问题探讨"，载《法治论坛》2013 年第 1 期。

〔2〕 参见李晓明："P2P 网络借贷的刑法控制"，载《法学》2015 年第 6 期。

〔3〕 参见李雪静："国外 P2P 网络借贷平台的监管及对我国的启示"，载《金融理论与实践》2013 年第 7 期。

〔4〕 该条规定："个体网络借贷要坚持平台功能，为投资方和融资方提供信息交互、撮合、资信评估等中介服务。"

〔5〕 参见周强："论第三方互联网支付中的消费者权益保护"，载《金融法苑》2014 年第 2 期。

三方支付因其方便、快捷的特性而满足了消费者的支付需求，但网络金融的抽象化、虚拟化容易使网络金融消费者处于弱势地位，网络金融消费者从而面临权利被侵害的风险，其中，资金安全、交易安全、信息安全问题是其中的重点。

（1）资金安全问题。网络金融平台中的资金安全问题是消费者最为关心的问题，在网络金融的背景下，平台只有保证消费者的资金安全，才能够获得消费者的信赖。但是，由于网络交易双方并不进行现场交易，不是通过传统的面对面的方式确认双方的合法身份，消费者在信息获取方面处于一定的弱势地位。[1]特别是在网络交易过程中，消费者的银行账户通常和互联网支付机构的账户绑定在一起，如果支付机构账户安全出现风险，往往危及消费者。此外，在第三方支付平台中，消费者的资金被挪用、行为人利用木马病毒或黑客入侵平台资金账户的事情时有发生，严重危及消费者的资金安全。而上述情况一旦发生，消费者很难保留证据，导致维权成本高昂，面临资金损失的风险，同时，由于取证困难，给公安机关的侦破工作也带来了困难。

（2）交易安全问题。在网络交易过程中，交易安全主要涉及交易产品的安全、交易过程的安全和金融系统的安全三个方面。[2]交易产品的安全主要是指消费者通过网络购买金融产品时，一方面，无法准确了解所购买的金融产品存在的风险；另一方面，销售人员也会隐瞒存在的潜在风险，从而影响消费者的决定。交易过程的安全主要是指在支付过程中存在的安全隐患，由于支付方式差异及支付的安全标准不明，存在支付风险。金融系统安全是指由于网络金融系统的脆弱性及易受攻击性，一旦系统出现漏洞或遭受病毒、黑客入侵，消费者容易遭受重大的损失。

（3）信息安全问题。信息和数据对网络金融的重要性不言而喻，特别是在大数据时代，信息和数据的商业价值凸显。在第三方支付中，为了保证交易的安全，消费者需要提供自己真实有效的个人资料，例如上传身份证件、提供银行账户、个人电话及电子邮件等个人信息，如果平台的数据库足够安全，能够保证客户的信息安全，则不存在对消费者权益侵害的问题。但是，

---

〔1〕 参见张蕴萍："信息不对称与金融消费者保护"，载《学习与探索》2013年第1期。

〔2〕 参见姚军、苏战超："互联网金融视角下的消费者权益保护"，载《金融法苑》2014年第2期。

一旦平台数据库中的个人信息发生泄露或扩散，消费者的财产安全将会受到严重损害。此外，在利益的驱动下，第三方支付机构可能会向不良机构兜售个人信息，使得个人身份、银行账户等信息被不当使用，容易侵犯消费者的隐私权。导致上述问题存在的部分原因在于互联网金融机构本身没有在消费者个人信息的传递、保存、使用和销毁等环节建立起保护个人隐私的完整机制，部分原因在于我国立法对个人信息规范使用、收集、披露的缺失，难以追究相关人员的法律责任。[1]

三、互联网金融平台面临的刑事法律风险

前文所述，网络金融平台存在的诸多问题容易导致违法犯罪的行为发生，目前，利用互联网金融平台实施的违法犯罪活动可以分为几类，包括诈骗类犯罪、刑法分则第三章第四节破坏金融管理秩序罪中的相关罪名、涉信用卡犯罪以及非法经营罪中所包含的侵犯金融消费者权益的犯罪行为等。[2]因网络金融平台性质及表现方式不同，行为人利用上述不同网络金融平台可能涉嫌构成不同的罪名，本书拟按照互联网金融平台的分类对平台存在的刑事风险进行分析。

（一）互联网支付平台面临的刑事法律风险

由于互联网支付平台参与主体众多，涉及法律关系复杂，加之平台自身存在的安全漏洞和技术风险，监管部门监管不明等原因，利用互联网支付平台进行违法犯罪的行为日渐增多。目前，主要涉嫌构成以下几种犯罪：

1. 挪用资金罪或职务侵占罪

目前，我国互联网支付平台发展迅速，但缺少必要的监督和约束，虽然《指导意见》将互联网支付平台界定为中介机构，明确了其法律地位，但指导意见并没有明确其经营范围，在缺少监督和约束的情况下，一些互联网支付平台会利用监管的缺位，擅自挪用客户资金。例如，在利用第三方支付平台进行交易的过程中，资金从买方付款至第三方支付平台账户，再由第三方支付平台将资金划拨至卖方，资金要在平台停留一段时间，不可避免地会产生

---

〔1〕 参见邹伟："互联网金融发展过程中消费者权益保护问题"，载《时代金融》2014 年第 26 期。

〔2〕 参见 "'余额宝等互联网金融平台的刑法思考与风险规制'沙龙研讨活动综述"，载《犯罪研究》2014 年第 3 期。

大量沉淀资金，在第三方支付平台实际占有该资金的情况下，平台的工作人员一旦疏于自律，容易发生挪用客户资金甚至非法占有客户资金的情况。[1] 若第三方支付平台工作人员利用职务便利，将上述沉淀资金非法占为己有，数额较大的，涉嫌构成我国《刑法》第271条第1款规定的职务侵占罪；若第三方支付平台工作人员利用职务便利，挪用上述资金归个人使用或者借贷给他人，数额较大、超过三个月未还的，或者虽未超过三个月，但数额较大、进行营利活动的，或者进行非法活动的，涉嫌构成我国《刑法》第272条第1款规定的挪用资金罪。

2. 洗钱罪

第三方支付平台交易频繁，涉及金额巨大，在监管不力的情况下，更容易发生洗钱犯罪。目前，利用第三方支付平台进行洗钱主要包括虚构网络交易和木马洗钱两种情况。[2]第一，通过自买自卖虚构网络交易。由于在第三方支付交易过程中，对买卖双方身份认证要求不高，虚构交易相对容易，往往为洗钱行为人所利用，成为一种较为常见的洗钱犯罪方法。行为人通过在第三方支付平台上注册账户，发布虚假销售信息，通过自拍自买将资金转移至自己名下，或者通过取消交易，将资金从一个账户转移至另一个账户，达到掩饰犯罪所得及其收益的目的。第二，利用网络木马病毒进行洗钱。这种洗钱方式是指行为人通过散播木马病毒，利用远程系统操作他人电脑，盗窃他人账户及交易信息，虚构交易订单，利用被害人账户进行洗钱。例如，行为人利用网络游戏的虚拟账户购买游戏币，再将游戏币兑换成现金，达到洗钱的目的。

3. 信用卡诈骗罪和非法经营罪

在网络交易过程中，行为人通过不正当手段获取用户信息及账户情况后，利用第三方支付平台代扣款的规则盗刷他人信用卡或利用第三方支付平台恶意透支的，涉嫌构成信用卡诈骗罪。此外，利用第三方支付平台进行信用卡套现也很普遍。非法套现者通过虚假购物的形式，将交易资金由信用卡账户汇入第三方虚拟账户，卖方获得买方支付的货款后从银行取现，再返还给买

---

[1] 参见刘宪权：“论互联网金融刑法规制的'两面性'”，载《法学家》2014年第5期。

[2] 参见万志尧：“对第三方支付平台的行政监管与刑法审视”，载《华东政法大学学报》2014年第5期。

方，整个过程并没有真实的货物交易。〔1〕在第三方支付过程中，买方还可以通过取消交易的方式实现套现，买方在取消交易之后，原来支付的资金会返还到买方在第三方支付平台设立的账户，行为人可以将资金从该账户转回本人开设的其他银行账户进行套现。若行为人利用第三方支付平台套现为业，为自己或他人套现，依据 2018 年修订的《关于办理妨害信用卡管理刑事案件具体应用法律若干问题的解释》第 12 条的规定，涉嫌构成非法经营罪。

4. 涉嫌构成盗窃罪和诈骗罪

第三方支付平台的开放特性，容易为犯罪分子所利用而成为盗窃或诈骗他人财产的新工具。一般而言，行为人通过三种方式盗取他人网银信息：第一，行为人利用一些木马病毒侵入第三方支付系统窃取其在买卖双方进行交易时储存的被害人的账号、密码；第二，行为人大肆传播木马病毒，当人们在感染了此木马程序的电脑上进行网上购物的时候，该程序立刻以记录键盘输入字符的方式来获取用户账号和密码；第三，行为人运用计算机技术伪造和仿制真实的银行网站，在用户登录时，记录用户的账号和密码。〔2〕行为人通过上述方式窃取他人的银行账户、密码等信息后，尚无法盗取账户内的资金，还需通过支付平台采取虚假交易、自买自卖等方式将他人银行账户内的资金套现，数额较大的，涉嫌构成我国《刑法》第 264 条规定的盗窃罪。

作为一种具有特殊交易规则的新兴电子支付模式，第三方支付平台也被用来实施诈骗犯罪。以支付宝为例，共分为"欺骗付款"和"超时打款"两种情况。前者是指在卖家发货后，买方尚未收到商品却出于轻信、疏忽而点击确认收货，货款随即会从其支付宝账户划入卖家账户；后者是指卖家发货后，如果买方没有确认收货或提出异议申请系统将自动划款给卖家。〔3〕行为人出于非法占有的目的，利用买方对交易规则的不熟悉，诱导买方提前确认付款或欺骗买方不作为，使第三方支付机构"超时打款"，数额较大的，涉嫌构成我国《刑法》第 266 条规定的诈骗罪。

---

〔1〕 参见黄璟宜："论对第三方支付机构的法律监管"，载《南方论刊》2010 年第 3 期。

〔2〕 参见李星廷："利用第三方支付平台进行经济犯罪问题及其对策初探"，载《北京警察学院学报》2013 年第 4 期。

〔3〕 参见龚培华、陈海燕："第三方支付平台中的犯罪问题与法律对策"，载《上海政法学院学报》（法治论丛）2010 年第 1 期。

（二）网络借贷平台面临的刑事法律风险

网络借贷的兴起促进了民间和中小微企业的融资需求，但也对传统金融机构产生冲击，并在发展过程中出现"异化"，严重损害出资者的利益，面临较大的刑事风险。目前，行为人利用网络借贷平台主要涉嫌构成以下几种犯罪：

1. 非法吸收公众存款罪或集资诈骗罪

在 P2P 网络借贷领域，部分网络平台在开展业务的过程中，存在未经批准擅自开展自融业务、以虚假的借款项目向公众吸收资金，以及归集资金池等情况。根据 2013 年 11 月 25 日中国银监会牵头举行的"九部委处置非法集资部际联席会议"的精神，P2P 平台运营中有三种行为涉嫌构成非法吸收公众存款罪：第一，利用资金池模式吸收资金。第二，不合格借款人导致的非法集资风险。第三，利用庞氏骗局吸收资金。[1]当上述行为符合最高人民法院公布的《非法集资解释》规定的非法性、公开性、利益性、公众性等特征时，涉嫌构成我国《刑法》第176条规定的非法吸收公众存款罪。

此外，P2P 网络借贷平台在运营过程中还可能涉嫌构成集资诈骗犯罪，包括网贷平台运营商自身进行集资诈骗和借款人利用借贷平台进行诈骗两种情况。前者是指网络运营商任意建立平台，在吸收了投资人的资金之后，宣布平台倒闭，携款潜逃；后者是指借款人依靠网贷平台信息不对称的优势，虚构身份或虚构借款用途骗取贷款。当上述行为面向不特定公众，并具有前述司法解释规定的"非法占有的目的"时，涉嫌构成我国《刑法》第192条规定的集资诈骗罪。

2. 擅自设立金融机构罪或擅自发行股票、公司、企业债券罪

P2P 网络借贷在运营过程中，逐渐形成了五种运营模式，包括线上交易模式、平台保证模式、担保公司担保模式、债权转让模式、金融资产证券化。[2]其中，债权转让模式是借贷平台将债权打包成金融理财产品转让给出借人，出借人购买理财产品。由于网贷平台作为第三方中介，不具有设立金融机构的资质，其未经批准擅自开展投资理财业务，违反《非法金融机构和非法

---

〔1〕 参见方也媛："P2P 网络借贷可能涉及的犯罪及其防治"，载《税务与经济》2015 年第 1 期。

〔2〕 参见刘环宇："P2P 网贷的刑法问题与规制路径探析"，载《北京政法职业学院学报》2015 年第 1 期。

金融业务活动取缔办法》（现已失效）第5条〔1〕的规定，涉嫌构成我国《刑法》第174条规定的擅自设立金融机构罪。此外，部分网络借贷平台为了实现资产的自由流动，将理财产品转化为公司股票或公司、企业债券，销售给出借人，实现平台债权的债券化，违反2019年修订的《证券法》第9条〔2〕的规定，涉嫌构成我国《刑法》第179条规定的擅自发行股票、公司、企业债券罪。

3. 洗钱罪

在P2P网络借贷平台中，由于资金流转迅速，加之P2P网络借贷的监管不完善，易引发洗钱等违法犯罪行为。〔3〕利用P2P网络借贷平台进行洗钱涉及运营商洗钱和出资人洗钱两种情况，前者是指网络平台运营商自己利用平台进行洗钱，主要包括运营商设立网络借贷平台的目的就是洗钱或者运营商明知他人利用网络借贷平台进行洗钱而参与两种情形，但若P2P网络借贷平台运营商仅提供中介服务，不存在洗钱的故意，不知道出资人资金的来源，则不构成犯罪；后者是指出资人利用平台进行洗钱，因为P2P网络借贷平台为了防范风险，一般对借款人进行严格审查，对于出资人仅进行基本的信息登记，而不审查其资金的来源。在该情况下，出资人利用平台监管不力的漏洞，使用虚假身份信息将赃款分批分次出借，把一大笔违法所得的收益分解成若干笔小额资金，通过贷出再收回后就变成了合法收益；或者直接在平台注册出资人和借款人双重身份，然后通过自借自贷使赃款合法化。〔4〕在上述两种情形下，平台运营商和出资人涉嫌构成我国《刑法》第191条规定的洗钱罪。

4. 非法经营罪

部分P2P网络借贷平台在运营过程中，会超越信息中介服务的边界，提供金融理财产品或融资担保等服务，突破了P2P网络借贷公司的经营范围，

---

〔1〕 该条第1款规定："未经中国人民银行依法批准，任何单位和个人不得擅自设立金融机构或者擅自从事金融业务活动。"

〔2〕 该条第1款规定："公开发行证券，必须符合法律、行政法规规定的条件，并依法报经国务院证券监督管理机构或者国务院授权的部门注册。未经依法注册，任何单位和个人不得公开发行证券。"

〔3〕 参见茅建中："商业性P2P网络借贷的风险与法律规制"，载《人民司法》2013年第17期。

〔4〕 参见方也嫒："P2P网络借贷可能涉及的犯罪及其防治"，载《税务与经济》2015年第1期。

主要包括两种情况：第一，行为人利用 P2P 网络借贷平台非法买卖证券。这种情况是指，P2P 网络借贷平台利用自有资金购买大额债权或者将已有的大额债权拆分成较多小额债权，或者提供债权交易平台，在 P2P 借贷平台的二级流通市场供投资者竞买。〔1〕该种行为违反 2019 年修订的《证券法》第 35 条，《企业债券管理条例》第 22 条、第 23 条，《关于整治非法证券活动有关问题的通知》及《刑法》第 225 条第 3 项 "未经国家有关主管部门批准非法经营证券、期货、保险业务的" 的规定，涉嫌构成非法经营罪。第二，行为人利用 P2P 网络借贷平台非法从事融资性担保。部分 P2P 网络借贷平台为提高信用指数，突破信息中介性质，为借款人提供担保，但其提供的担保大多未获审批，违反了平台不得提供担保的规定，使借贷双方的交易性质发生改变，实质上间接参与了融资，使平台的风险增大。该种行为属于《刑法》第 225 条第 4 项 "其他严重扰乱市场秩序的非法经营行为"，涉嫌构成非法经营罪。

除上述犯罪外，网络资金的出借人还可能利用 P2P 网络借贷平台把从银行借贷来的款项予以出借以赚取利息差，或者网络运营商违法介入资金运作，在资金严重短缺时，用银行的贷款来弥补亏空，涉嫌构成高利转贷罪。P2P 网络借贷平台在运营中，商家为扩大影响，用虚假广告吸引出借人或借款人，造成严重影响或恶劣后果的，涉嫌构成虚假广告罪。此外，行为人也可能利用 P2P 网络借贷平台实施盗窃、诈骗等犯罪行为，给网络借贷平台带来刑事风险，应引起从业人员和社会的高度重视。〔2〕

（三）股权众筹融资平台面临的刑事法律风险

股权众筹作为解决中小微企业融资难的重要途径，在获得快速发展的同时，由于缺少法律监管，面临重大的刑事法律风险。目前，股权众筹融资平台可能触及三项刑事犯罪，分别为非法吸收公众存款罪，集资诈骗罪，擅自发行股票、公司、企业债券罪。〔3〕

1. 非法吸收公众存款罪

按照其对投资者的回报方式，众筹主要分为捐赠众筹、实物众筹、股权

---

〔1〕　参见万志尧："P2P 借贷的行政监管需求与刑法审视"，载《东方法学》2015 年第 2 期。

〔2〕　参见李晓明："P2P 网络借贷的刑法控制"，载《法学》2015 年第 6 期。

〔3〕　参见何欣奕："股权众筹监管制度的本土化法律思考——以股权众筹平台为中心的观察"，载《法律适用》2015 年第 3 期。

众筹、债权众筹等四种模式。目前，我国主要存在实物众筹和股权众筹两种形式，但不管何种形式的众筹，均有可能涉嫌构成非法吸收公众存款罪。因为我国的众筹具有投资和融资的本质，不同程度上向出资人承诺有回报，但不管是实物回报还是股权回报，回报的收益都与出资的金额成正比，以实物作为回报并不必然影响其分红的性质。[1]结合最高人民法院公布的《非法集资解释》第 1 条关于非法吸收公众存款罪的解释，若众筹平台未获批准擅自吸收资金，符合"非法性"的特征；众筹平台通过媒体、网站、手机短信、微信群向社会公开宣传融资项目，符合"公开性"的特征；众筹平台承诺在一定期限内以实物、股权等方式给付回报，符合"利益性"的特征；众筹平台向社会不特定对象吸收资金，符合"公众性"的特征。行为同时具备上述四个特性，则涉嫌构成我国《刑法》第 176 条规定的非法吸收公众存款罪。

2. 集资诈骗罪

集资诈骗罪与非法吸收公众存款罪的主要区别在于是否具有非法占有的目的，前述实物回报型众筹涉及的项目在发布时通常未生成产品，最后是否能够如约兑现，存在变数。一旦众筹项目发起人以非法占有为目的，虚报项目并发布欺骗性信息，骗取投资人，则涉嫌构成集资诈骗罪。此外，不管是实物型众筹还是股权回报型众筹，平台在运营时，投资人的资金通常先注入平台所设立的账户。即使该资金由银行等第三方金融机构托管，但在第三方账户管理制度不健全并缺少监督的情况下，众筹平台实际控制上述资金，一旦平台具有非法占有的目的，虚构其获得批准从事资金吸收的资格，设置资金池骗取投资人数额较大的资金后卷款跑路，[2]则众筹平台实际控制人涉嫌构成我国《刑法》第 192 条规定的集资诈骗罪。

3. 擅自发行股票、公司、企业债券罪

股权回报型众筹的筹资者通过平台向不特定的公众投资者出售股权，或者向社会特定对象发行、变相发行股票或者公司、企业债券以获得项目所需的资金，若行为未经国家有关主管部门批准，特定发行对象超过 200 人的，涉嫌构成我国《刑法》第 179 条规定的擅自发行股票、公司、企业债券罪。

---

〔1〕 参见邓建鹏："互联网金融时代众筹模式的法律风险分析"，载《江苏行政学院学报》2014年第 3 期。

〔2〕 参见刘杨东、毛煜焕："互联网金融的刑事法律风险分析——以众筹模式为例"，载刘宪权主编：《刑法学研究——互联网金融刑法规制研究》（第 11 卷），上海人民出版社 2014 年版，第 185 页。

例如，在 2012 年 10 月和 2013 年 1 月，美微传媒两度在淘宝"网络私募"公开向不特定对象出售股份。不久，公司创始人被中国证监会北京监督局约谈，2013 年 5 月证监会对此进行通报，称其涉嫌擅自发行股票。[1]就我国目前股权众筹的发展现状而言，大多股权回报型众筹在股票、债券的发行条件、程序、内容等方面未获国家证券管理部门批准且不符合相关法律法规的要求，人数一旦达到法律规定的上限，则涉嫌构成擅自发行股票、公司、企业债券罪。

除上述行为人利用不同的网络金融平台可能实施不同的犯罪外，行为人利用不同的网络金融平台还可能实施侵犯公民个人信息罪。根据我国《刑法》第 253 条之一的规定，违反国家有关规定，向他人出售或者提供公民个人信息，情节严重的；或者将在履行职责或者提供服务过程中获得的公民个人信息，出售或者提供给他人的；窃取或者以其他方法非法获取公民个人信息的，构成侵犯公民个人信息罪。据此规定，网络金融平台机构及其工作人员在获取行为人在上述网络金融平台注册的公民信息，包括姓名、职业、职务、年龄、婚姻状况、学历、职业资格、工作经历、家庭住址、电话号码、信用卡号码、指纹、网上登录账号、密码等能够识别公民个人身份的信息之后，[2]出售或提供给他人，涉嫌构成我国《刑法》第 253 条之一规定的侵犯公民个人信息罪。

---

〔1〕　参见宋奕青："众筹，创新还是非法?"，载《中国经济信息》2013 年第 12 期。
〔2〕　参见顾肖荣等主编：《体系刑法学——刑法分则三》，中国法制出版社 2012 年版，第 121 页。

第三章　网络洗钱犯罪

洗钱罪是我国《刑法》规定的一种严重危害经济安全的犯罪，主要表现为掩饰、隐瞒《刑法》规定的7类上游犯罪的违法所得及其产生的收益。洗钱就是隐匿并转换违法所得，使其成为合法资金的过程。[1]洗钱犯罪影响金融市场的稳定、扰乱金融秩序、损害正常的经济交易、容易滋生腐败、损害社会公平，由于其巨大的社会危害性，"成为困扰世界许多国家的一种复杂的国际性犯罪，已被列入21世纪十大犯罪之首"。[2]以至于欧洲共同体执行委员会的英国副总裁Leon Britton爵士曾称洗钱为"一种能吞食掉全球金融体系的癌症"。[3]网络洗钱由于其自身的特殊性，和传统洗钱方式有较大的不同，研究网络洗钱犯罪的特征及其表现形式，完善相关法律对策，有助于从源头上遏制网络洗钱犯罪，为司法实践提供指导。

第一节　网络洗钱犯罪概述

一、网络洗钱犯罪的概念和特征

（一）网络洗钱犯罪的概念

根据《刑法》的规定，洗钱罪是指明知是毒品犯罪、黑社会性质的组织犯罪、恐怖活动犯罪、走私犯罪、贪污贿赂犯罪、破坏金融管理秩序犯罪、

---

〔1〕　See Fletcher N. Baldwin, Jr. &Robert J. Munro, *Money laundering*, *Assert Forfeiture and International Crimes*, Release 942, Oceana Publications, Inc. 1994. p. 3. 转引自白建军主编：《金融犯罪研究》，法律出版社 2000 年版，第 527 页。

〔2〕　张旭主编：《国际刑法——现状与展望》，清华大学出版社 2005 年版，第 132 页。

〔3〕　参见谢福源："防制国际洗钱犯罪之重要性及其策略"，载《法务通讯》1993 年第 1643 期。转引自蔡清祥："刑事经济犯罪之研究——防制洗钱之探讨"，载《法学家》1996 年第 3 期。

金融诈骗犯罪的所得及其产生的收益，而以各种方法掩饰、隐瞒其来源和性质的行为。随着电子商务和网络技术的发展，传统的洗钱形式也开始发生改变，网络洗钱就是在传统洗钱的基础上结合网络技术发展起来的一种新型洗钱方式。

概念是逻辑思维的一种形式，"对于同一类事物，人们就可以形成几个不同的概念：这些不同概念的内涵，分别反映同一类事物不同方面的特有属性"。[1]不同的学者基于研究视角的不同，对同一事物会进行不同的界定。由于网络洗钱犯罪是一种新型的犯罪形式，虽有学者对此作出探讨，但并未明确界定网络洗钱犯罪的概念，仅结合刑法有关洗钱罪的规定及网络洗钱的形式，对网络洗钱进行界定。例如，有学者认为，网络洗钱是指利用计算机系统、网络和计算机数据隐瞒或掩饰犯罪收益并使之成为表面来源合法的所有犯罪活动和过程的总称。[2]还有学者认为，网络洗钱是指借助网上银行及其他金融机构提供的网络金融服务，以及利用电子付款系统、电子货币等电子支付工具进行洗钱的行为。[3]也有人认为，网络洗钱一般定义为通过网络银行业务和电子商务活动中提供的支付手段，掩饰、隐瞒犯罪所得及其收益来源和性质的犯罪活动。[4]还有人认为，网络洗钱是指通过互联网和电子货币将非法获得的资金转为无法追及的、看起来是合法获得的资金的过程。[5]还有人把网络洗钱定义为"利用信息及网络技术，通过网络银行业务和电子商务活动中提供的支付手段，掩饰、隐瞒犯罪所得及其收益来源和性质的犯罪活动"。[6]

本书认为，第一种定义结合 2001 年欧洲理事会《网络犯罪公约》中"网络犯罪"的定义，较为准确地界定了网络洗钱的含义，但是该定义将"所有

---

〔1〕 金岳霖主编：《形式逻辑》，人民出版社 1979 年版，第 23 页。

〔2〕 参见邵沙平等：《控制洗钱及相关犯罪法律问题研究》，人民法院出版社 2003 年版，第 370 页。

〔3〕 参见付雄："论网络洗钱犯罪及对策"，载《华南理工大学学报》（社会科学版）2010 年第 5 期。

〔4〕 参见黄婧："网络洗钱犯罪"，载《法制博览》2013 年第 2 期。

〔5〕 See Jr Fletcher N. Baldwin, "The Financing of Terror in the Age of the internet: Willful Blindness, Greed or a Political Statement?", *Journal of Money Laundering Control* 127, Vol. 8, No. 2., 2004, p. 139. 转引自施余兵、艾逦珊："新技术在网络洗钱中的应用及中国的应对"，载《北京政法职业学院学报》2012 年第 4 期。

〔6〕 杨天翔、薛誉华、刘亮编著：《网络金融》，复旦大学出版社 2015 年版，第 328 页。

犯罪活动"均作为网络洗钱犯罪的上游犯罪，与我国刑法规定不符，该定义扩大了洗钱罪的上游犯罪的范围，为本书所不取。第二种定义突出了网络洗钱行为的特殊方式，包括借助网上银行、电子付款系统、电子货币等电子支付工具进行洗钱，较为全面地涵盖了网络洗钱的新形式，但是，该定义认为"网络洗钱是……洗钱的行为"。这种定义方式犯了语义重复的毛病，即在定义项中不能含有被定义项中所使用的词语，"网络洗钱是……洗钱"是一种同义反复，该定义并没有准确界定网络洗钱犯罪的本质。第三种定义和第五种定义突出了网络洗钱的特殊性，但没有指明网络洗钱的上游犯罪，同样不适当地扩大了洗钱犯罪的成立范围。第四种定义仅简单提及网络洗钱的特殊方式，但对于洗钱的行为本质特征未做提及，此外，也不适当地扩大了洗钱犯罪的范围，为本书所不取。

对网络洗钱犯罪进行界定，应结合我国现行刑法及网络洗钱的特殊方式来进行，网络洗钱包括多种行为方式，概括起来讲，主要是指利用以计算机和通信技术为基础的网络银行、电子货币等新型支付方式和其他在线媒介进行洗钱的行为。结合前述两种对网络洗钱界定的长处和不足，本书认为，网络洗钱犯罪是指明知是毒品犯罪、黑社会性质的组织犯罪、恐怖活动犯罪、走私犯罪、贪污贿赂犯罪、破坏金融管理秩序犯罪、金融诈骗犯罪的所得及其产生的收益，而借助网上银行及其他金融机构提供的网络金融服务，以及利用电子付款系统、电子货币等电子支付工具等方法掩饰、隐瞒其来源和性质的行为。

（二）网络洗钱犯罪的现状及特征

在经济全球化和网络国际化的背景下，跨国洗钱和网络洗钱日益频繁。[1]网络洗钱犯罪就是在传统洗钱犯罪的基础上发展起来的，随着电子银行、电子货币、网上转账系统等金融服务的普及，利用网络进行洗钱犯罪的现象会更加普遍。研究网络洗钱犯罪的现状及其特征，有助于更好地控制网络洗钱犯罪。

---

〔1〕 See Peter W. Greenwood, Karyn E. Model, C. Peter Rydell, and James Chiesa, "Cyberpayments and Money Laundering: Problems and Promise", MR - 965 - OSTP/FinCEN, 1998, pp. 5 - 6. Lisa A. Barbot, "Money Laundering: An International Challenge", *Tulane Journal of International and Comparative Law*, Spring, 1995, pp. 162-163. 转引自邵沙平等：《控制洗钱及相关犯罪法律问题研究》，人民法院出版社2003年版，第1页。

1. 网络洗钱犯罪现状

自从 20 世纪 90 年代计算机及网络普及以来，电子商务不断运用于商业领域，为洗钱行为开阔了新的空间，极大地便利了洗钱犯罪。网络洗钱犯罪就是在这样的背景下伴随着电子商务和网络技术而发展起来，并引起世界各国的高度关注。

第一，网络洗钱犯罪涉及范围广，网络洗钱活动不同程度地存在于多种行业。网络洗钱是随着互联网技术的勃兴而出现的一种新型洗钱方式，行为人利用互联网支付手段，可以使资金在客户与商家之间，客户与金融机构之间自由转移，方便快捷，这种间接接触的方式不同于传统交易的直接接触方式，使传统的反洗钱审查措施大打折扣，深受洗钱行为人的"喜爱"，网络洗钱被广泛地应用于洗钱活动中。如今，电子商务、互联网金融正成为主流商业模式，几乎所有的传统行业都与互联网发生了关联，传统的销售服务业、保险业、期货、证券等金融行业不可避免地被洗钱行为人用来洗钱。

第二，网络洗钱犯罪危害日趋严重，洗钱规模巨大，并有不断扩大的趋势。鉴于网络交易安全、快捷、匿名的特点，越来越多的洗钱行为人选择网络洗钱的手段，来规避传统的反洗钱措施。由于洗钱犯罪具有隐蔽性强的特征，很少有国家或组织能够统计出准确的洗钱数额，但是，从已经披露的数字中，可以看出洗钱犯罪的严重程度。据中国人民银行的统计数据显示，在 2004 年，我国已成功破获洗钱及其相关案件 50 起，涉案金额 5.7 亿元人民币、4.47 亿美元。[1]另据中国人民银行发布的《中国反洗钱报告（2006年）》显示，2006 年洗钱涉案金额达 3871.3 亿元，较 2005 年的 327.8 亿元，增幅超过 10 倍。有资料显示，全球电子交易业务的近 20%与洗钱犯罪有关，在互联网环境下，可以使非法资金快捷地转移，且不留下任何痕迹，使网络洗钱活动变得更加有恃无恐。[2]洗钱行为在我国不断攀升的趋势，表明我国洗钱案件不断增多，危害日趋严重，行为人利用网络进行洗钱，更是加速了这一趋势。

第三，网络洗钱犯罪分工严密，并借助先进的网络技术实施洗钱行为。目前，网络洗钱犯罪活动已经形成了有组织、有分工的严密体系，在洗钱活

---

[1]　参见康树华："洗钱犯罪现状、原因与防治措施"，载《南都学坛》2006 年第 4 期。

[2]　参见李芳："浅谈网络洗钱犯罪的防范"，载《福建金融》2006 年第 9 期。

动的各个阶段分别由不同的人员进行操作，使网上资金的流转、划拨能够迅速完成，并且使用多种手段使犯罪所得及其收益转化为合法所得。此外，网络洗钱行为人多通过电子货币、第三方支付平台、网络银行、网络保险、网络赌博等方式进行洗钱，行为人通过互联网登录网上银行，实现无纸化交易，迅速快捷，可以24小时无间断交易，不受国境的限制，并可以通过互联网获取跨境金融服务。互联网的普及，使金融服务的效率有了显著的提高，使交易成本得以降低并使业务得以扩展，但同时互联网的容易接近、隐匿性、高速度以及跨国性等特点，容易使网络成为洗钱者的天堂。[1]

2. 网络洗钱犯罪特征

在网络时代，几乎所有传统犯罪都有网络犯罪形式，网络洗钱犯罪作为一种新型洗钱犯罪，它兼具网络犯罪和传统洗钱犯罪的部分特征。网络洗钱犯罪除了具有传统洗钱犯罪一般具有的隐蔽性、专业性、跨国性、复杂性、犯罪后果严重等特征外，还具有自己的特征。

第一，网络洗钱具有很大的虚拟性，同时隐蔽性也较传统洗钱犯罪更强。洗钱行为的主要目的就是掩饰、隐瞒犯罪所得及其收益，因而，洗钱行为必然是一个隐蔽的过程。在洗钱行为与网络结合之后，行为人利用网络支付手段和互联网金融创新工具进行洗钱，不需要通过柜台或面对面即可进行交易。网络的虚拟性特征增强了网上交易的匿名性和隐蔽性，实现了无纸化交易和匿名交易，交易记录仅以电子数据显示，几乎不留下犯罪痕迹，反洗钱机构很难对交易情况进行有效监管，导致洗钱行为更为隐蔽。

第二，网络洗钱行为专业性更强，科技含量更高。由于传统洗钱犯罪的防范与打击手段越来越完善，洗钱行为人开始把目光投向网络，随着电子信息技术的不断发展，金融领域的信息化水平也在不断提高，网上银行、网上支付、电子货币、第三方支付的出现极大地便利了经济交易，带来了金融领域的变革，洗钱行为人把最新的网络技术手段运用到洗钱犯罪中，使洗钱行为具有更强的专业性，并提升了洗钱行为的科技含量，降低了洗钱的成本。洗钱行为人利用网络银行、手机银行、第三方支付等网上支付系统能够快速和隐蔽地完成犯罪所得及其收益的转移，可以想象，在不远的将来，洗钱行

---

〔1〕 Financial Action Task Force Typology Report 2000-2001, 7. 转引自何萍：“洗钱与高科技——洗钱犯罪的新动向：从现实世界到虚拟空间”，载《法学》2003 年第 2 期。

为人将会使用更多的现代电子信息技术和其他高科技手段进行洗钱犯罪活动，从而加快洗钱速度，进而摆脱反洗钱机构的追查。[1]

第三，网络洗钱周转速度更加快捷，国际化趋势更加普遍。由于网络的即时性，突破了传统信息交流的时空限制，通过互联网进行的金融交易可以瞬间完成，使网络洗钱的速度更快，时间周期更短。曾任澳大利亚司法部和海关部长的阿曼曾指出："互联网可以使非法资金瞬间游遍全球。"[2]网络洗钱行为人利用网络技术这种特性，大大缩短了洗钱所用的时间，周转速度更快。此外，互联网跨越国界，使传统的地域概念失去意义，洗钱行为人通过互联网可以在全球范围内进行洗钱，涉及范围更广。网络洗钱行为人利用全球各个国家之间的法律差异，通过金融监管宽松的国家和地区，来规避反洗钱措施，使"黑钱"披上合法的外衣，将洗钱的触角延伸到全世界的各个角落。

二、网络洗钱犯罪的发展趋势

网络时代的到来使金融创新的速度不断加快，网络银行、电子货币、智能卡等新型金融工具在为我们提供方便快捷服务的同时，也不断地为洗钱行为人所利用。未来，网络洗钱犯罪将呈现以下几种发展趋势。

第一，网络洗钱行为将逐渐取代传统洗钱方式，成为洗钱行为的主要方式。社会在发展，科技在不断进步，洗钱犯罪的行为方式也在不断地发生变化，由于传统洗钱多以现金交易为主，持续时间久，风险较大，国家对传统洗钱的监管也越来越严格，网络出现之后，传统洗钱行为与网络结合，极大地便利了洗钱活动。通过网络进行洗钱是洗钱犯罪一种最新的表现形式，它是以传统洗钱为基础发展而来，网络仅是洗钱行为人利用的工具。[3]网络为洗钱行为人提供了一个便利的交易平台，洗钱行为人充分利用网络难以进行监管、不受时空限制的优势，通过网上银行、手机银行、网络保险、网络销售及网络理财等方式进行洗钱，传统的洗钱方式逐渐会被网络洗钱所取代。

第二，网络洗钱方式发展迅速，智能化和科技化水平不断提升。由于网

---

〔1〕 参见王照华："网络洗钱犯罪及其法律规制研究"，载《东岳论丛》2009 年第 5 期。

〔2〕 参见付雄：《网络洗钱现状分析及对策研究》，中国社会科学出版社 2012 年版，第 14 页。

〔3〕 参见段启俊、刘芬："网络洗钱犯罪的立法完善"，载《湖南大学学报》（社会科学版）2006 年第 5 期。

络洗钱的诸多优势，洗钱行为与网络结合之后就被洗钱行为人广泛使用，并与网络金融结合在一起演变为多种网络洗钱形式。同时，电子信息技术也广泛地应用于金融领域，洗钱行为人可以利用网络支付系统快速地进行资金划拨而较少地受到金融监管。此外，智能化和高科技的手段不断地应用于洗钱领域，提高了洗钱的效率，并且更加安全。随着网络技术日新月异的发展，在未来的洗钱活动中，行为人会更多地借助于现代网络技术进行洗钱，洗钱速度会加快，隐蔽性也会更强，智能化和科技化水平不断提升。

第三，利用互联网金融创新工具进行洗钱会越来越普遍。银行卡、网络银行、电子商务、互联网金融等业务的出现，在为社会公众提供便利的时候，也为洗钱行为人所利用。近年来，随着互联网金融的风生水起，支付宝、P2P网络借贷、第三方支付、股权众筹等各种互联网金融创新工具应运而生，互联网金融已经成为传统金融的重要补充。由于互联网金融参与人数众多，资金流动频繁，监管系统还不完善，洗钱行为人纷纷利用互联网金融创新工具进行洗钱。互联网金融相对于传统金融来讲，创新意识较强、流程简单、能容忍一定的风险，具有一定的开放性，深受洗钱行为人追捧。根据现行法律法规，互联网金融洗钱还无法有效监管，此外，客户身份识别制度不够完善，资金流动难以有效监测、风控体系不完善等都易使洗钱行为人选择互联网金融创新工具作为洗钱的手段。

第四，网络洗钱犯罪与有组织犯罪的结合会更为紧密。洗钱犯罪天生与有组织犯罪联系在一起。[1]为更好地掩饰、隐瞒犯罪所得及其收益，有组织犯罪通常要把"黑钱"洗白，"洗钱成为他们所操纵的合法经济与地下非法经济之间的'桥梁'，成为犯罪组织生存和发展的不可或缺的手段"。[2]洗钱犯罪要么本身就是有组织犯罪，要么就是有组织犯罪中的一个环节。作为有组织犯罪的一种，洗钱犯罪一般有严密的分工，并逐渐向组织化、专业化、系统化的方向发展。随着电子商务、电子贸易及互联网金融的发展，洗钱行为人会更多地利用电子货币、网络银行进行洗钱，与有组织犯罪的联系也更为紧密。

---

〔1〕 参见莫洪宪：《有组织犯罪研究》，湖北人民出版社1998年版，第175页。
〔2〕 卢建平主编：《有组织犯罪比较研究》，法律出版社2004年版，第348页。

三、网络洗钱犯罪的表现形式

传统洗钱的表现形式有三种，利用金融机构洗钱、利用非金融机构洗钱以及通过货币走私洗钱。[1]洗钱的过程主要包括三个阶段，分别是处置阶段（placement stage）、离析阶段（layering stage）以及融合阶段（integration stage）。[2]随着电子商务和网络技术的发展，传统洗钱活动与网络结合，网络洗钱成为洗钱行为人的天堂。但不管是传统洗钱还是网络洗钱，洗钱过程的三个阶段没有发生改变，随着高度流动的资本和新支付技术的发展，金融全球化已经显著地增加了洗钱犯罪的工具。[3]网络是洗钱行为的一种新型工具，由于借助网络技术等科技手段，网络洗钱不同于传统洗钱，一般来讲，网络洗钱主要有以下几种表现形式。

1. 利用网上银行洗钱

电子银行是指通过互联网终端、手机、固定电话、ATM 自动取款机、POS 机终端等电子设备，向社会提供与银行业相关的金融服务，具有和传统银行相类似的功能。银行借助固定电话、计算机网络、手机等设备，利用银行的局域网络或专用网络，向用户提供金融服务。全世界第一家网络银行——安全第一网络银行（SFNB）于 1995 年在美国建立并开始运营，从此，揭开了银行业发展的新纪元。[4]此后，电子银行在全球范围内遍地开花。在我国，招商银行于 1996 年率先开通网上金融服务，与国外相比，我国电子银行发展起步较晚，但发展迅速。2015 年 3 月，中国银行业协会发布《2014 年度中国银行业服务改进情况报告》，据该报告显示，2014 年我国银行业网上交

---

〔1〕　See A. Kennedy, "Dead Fish across the Trail: Illustrations of Money Laundering Methods", *Journal of Money Laundering Control*, Vol. 8, No. 4. , 2005, pp. 305-319.

〔2〕　See H. G. Goldberg, R. W. H. Wong, "Restructuring Transactional Data for Link Analysis in the Fin CEN AI System", *Proceedings of 1998 AAAI Fall Symposium on Artificial Intelligence and Link Analysis*, 1998, pp. 38-46.

〔3〕　See C. Nakajima, "Politics: Offshore Centres, Transparency and Integrity: The Case of the UK Territories", in D. Masciandaro ed. , *Global Financial Crime: Terrorism, Money Laundering and Offshore Centres*, Ashgate, 2004, p. 237.

〔4〕　参见陈学文："网上银行洗钱犯罪的金融防范"，载《湖南人文科技学院学报》2005 年第 4 期。

易总额达 1248.93 万亿元，同比增加 17.05%。

由于电子银行不受时间、地点和服务方式的限制，可以提供与传统银行同样的金融服务，并且更加快捷高效。电子银行的匿名、开放、安全等特征，使资金的流动更为隐蔽，网上银行在为普通客户提供服务的同时，也为洗钱行为人所利用，洗钱行为人在网上开设多个账户，然后在各个账户之间频繁的转账，进而逃避监管。以电子交易结算系统为例，网络洗钱行为人主要是通过对公私密钥、数字签名、数字证书的认证来确定交易双方当事人的身份，[1]为洗钱行为人大开方便之门。

2. 利用电子货币洗钱

电子货币（electronic money）并没有统一的概念，一般人认为，它是以电子信息网络为基础，并以各类交易卡和电子化机具为媒介，以通信技术和电子计算机技术为手段，一般以电子数据（二级制数据）形式存储在银行的计算机系统中，并通过计算机网络系统以电子信息形式实现流通和支付功能的货币。本书讨论的电子货币的基本形态如下：用一定金额的现金或存款从发行者处兑换并获得代表相同金额的数据，通过使用某些电子化方法将该数据直接转移给支付对象，从而能够清偿债务，该数据本身即可称作电子货币。[2]电子货币是在电子商务活动中发展出来的一种电子支付手段和工具，是把纸质的货币或支票从发行者处兑换为相同金额的数据，使用电子化的方法以代替纸币进行支付。就目前电子货币的流通现状而言，绝大多数"电子货币"是代替既有货币流通、传递而使用的新方法，并不是一种新形态的货币，[3]是资金电子化的表现形式。电子货币主要包括四种类型：第一种类型：储值和信用卡型，主要是指储蓄卡（deposit card）和信用卡（credit card）；第二种类型：电子支票型（electronic check），是指启动支付过程后，电脑屏幕上出现支票的样式，出票人通过计算机用电子方式作成支票，然后再通过电子签名而出票；第三种类型：智能卡型，主要是指 IC 卡（IC card）；第四种类型：数字现金型，主要指依靠互联网支持在网络上发行、购买、流通、支付的数

---

〔1〕 参见王晓东、赵俊俊："网络洗钱刍议"，载《山东警察学院学报》2006 年第 3 期。

〔2〕 参见赵家敏：《电子货币》，广东经济出版社 1999 年版，第 17 页。

〔3〕 参见赵家敏：《电子货币》，广东经济出版社 1999 年版，第 24 页。

字现金（digital cash）。[1]

电子货币实现了数字化和无纸化交易，资金转移非常快捷，在交易过程中很难确认客户身份，不易留下洗钱痕迹，已成为一种新的网络洗钱方式。电子货币在使用的过程中，通过对数字证书、电子签名、公私密钥的认证而确认账户信息，无需面对银行业务人员进行面对面的交易，只需通过互联网登录银行账户进行简单操作即可完成。这种交易形式在某种形式上可以保护客户的隐私权，同时也为客户的资金安全提供了保障，但也为反洗钱机构查清资金来源设置了障碍，因而，电子货币的匿名、快速、无形等特性为洗钱活动带来了极大的便利。

3. 利用在线网络销售服务洗钱

随着网上银行和电子货币等电子支付手段的发展，网上购物、在线交易等网络销售服务也日益普及。在线网络销售存在巨大的商机，也吸引了洗钱行为人的目光。第一，网络洗钱行为人在互联网上建立一个在线销售网站，以在线网络销售为幌子，通过自买自卖的手段将在线网络销售的合法收入与非法犯罪收入混合在一起，通过合法纳税的方式把通过上述非法方式获得的"黑钱"洗白，或者通过网络购物第二次销售的方式，将"黑钱"洗白。[2]第二，洗钱行为人还可以通过注册网络公司、网上商店等方式进行洗钱。网络洗钱者通过注册合法的企业，进行虚假交易，以电子商务的形式将"黑钱"转换为合法的收入。此外，网络洗钱行为人还可以将犯罪所得及其收益以支付网络公司劳务报酬的名义，实现资金流转，达到洗钱的目的。

4. 利用网络赌博洗钱

网络赌博是传统赌博发展到网络阶段的产物，自从第一家网上赌场——互联网赌博公司在1995年8月18日开始运营以来，标志着网络赌博这种新型赌博方式的诞生。如今，已有超过50个国家的法律赋予网络赌博以合法的地位。[3]由于网络赌博涉及的数额巨大，资金流动快，极易被洗钱者所利用，而且，网上赌场最大的优势在于可以为赌博参与者提供匿名下赌注的服务，

---

[1]　参见刘颖："货币发展形态的法律分析——兼论电子货币对法律制度的影响"，载《中国法学》2002年第1期。

[2]　参见陈小彪、吕哲如："论网络环境下的洗钱犯罪及其防范"，载《贵州警官职业学院学报》2008年第2期。

[3]　参见束剑平："关注利用网络赌博洗钱"，载《人民公安》2005年第5期。

网上赌博参与者还可以使用信用卡支付赌金，从而给洗钱者掩盖真实的身份提供便利。[1]据保守估计，2001 年全球范围内不同的博彩网站数目已多达1400 个，年营业额高达 31 亿美元，2003 年营业额已上升到 64 亿美元。[2]

网络赌博的兴起为洗钱行为人开辟了另一条洗钱渠道。[3]"互联网的无国界特征使得用户可以在全球任一家网络赌场赌博，从而逃避法律管辖和制裁。"[4]目前，利用网络赌博进行洗钱的方式主要有三种：第一，网络洗钱者利用犯罪所得及其收益在合法设立的网站上匿名开设账户进行赌博，把"黑钱"和"白钱"进行混淆，在象征性地赌几次之后，然后要求网站以支票的形式退回账户的资金，"黑钱"经过转换之后，就具有了合法的形式。第二，在赌博网站注册账户，使用犯罪收益购买筹码，在网上进行赌博之后，再将筹码换成支票，这样就达到了洗钱的目的。第三，在赌博网站开设账户，将各种来源不同的资金汇入该账户，作为"黑钱"的临时存放地点，待时机成熟，洗钱者再取消该账户，赌博网站以支票或汇票的方式将账户上的款项退还，从而完成洗钱的过程。[5]

5. 利用网络保险、网络证券及网络理财产品洗钱

在监管机构将银行作为监管重点之后，洗钱行为人开始将洗钱的场所逐步转移至对洗钱监管相对薄弱的其他非银行金融机构，包括但不限于保险公司、证券公司、期货交易所、基金管理公司、期货经纪公司等金融机构。[6]随着网络的发展，保险、证券、期货、理财等业务也实现了网络化，洗钱者的触角也逐渐延伸到这些领域。

第一，利用网络保险洗钱。网络保险是指保险人或中介人"以互联网和电子商务技术为工具，向客户提供有关保险产品和服务的信息，并通过在线

---

〔1〕 参见白建军主编：《金融犯罪研究》，法律出版社 2000 年版，第 536 页。

〔2〕 参见邵沙平等：《控制洗钱及相关犯罪法律问题研究》，人民法院出版社 2003 年版，第 379 页。

〔3〕 参见郭德香："试析电子金融化时代反洗钱措施之变革"，载《中国刑事法杂志》2014 年第 4 期。

〔4〕 Tom Kellermann, "Money Laundering in Cyberspace", *The World Bank Financial Sector Working Paper*, 2010, pp. 3-5.

〔5〕 参见束剑平："关注利用网络赌博洗钱"，载《人民公安》2005 年第 5 期。

〔6〕 参见冯芸、杨冬梅、吴冲锋：《洗钱行为的识别与监管》，上海交通大学出版社 2008 年版，第 36 页。

订立契约，直接向客户销售保险产品或提供各种保险服务的经营行为"。[1]据艾瑞咨询集团估计，2016年我国保险电子商务市场在线保费收入规模将达到590.5亿元，互联网保险销售正在迎来爆发期。[2]与银行等金融机构相比，我国政府对保险业务的监管较少，监管相对宽松，洗钱者开始向保险行业渗透，洗钱行为人在网上在线投保，购买保险产品，支付保费，保单生效之后，编造理由退保，可以快速地完成洗钱行为。

第二，利用网络证券洗钱。网络证券是指"券商通过数据专线将证券交易所的股市行情和信息资料实时发送到网上，投资者将自己的电脑通过网络接入设备连接上网，在线观看股市实时行情、分析个股、查阅上市公司资料和其他信息、接受投资咨询服务、委托下单买卖股票、进行资金转账等"。[3]由于证券领域自身流动性高、交易复杂的特点，已经成为网络洗钱犯罪的重点领域。目前，利用网络证券洗钱的方法主要包括：以低买高或高买低卖接盘方式操纵市场；购买私募基金，再投入股市购买有价证券；转托管方式；"三方共同委托理财"方式；设立空壳公司，进行复杂关联交易；机构投资者利用对倒交易方式输送利益；利用并购中掌握的内幕消息，配合二级市场中的炒作，操纵股票价格；通过证券业内幕交易牟取暴利等。[4]

第三，利用网络理财产品洗钱。由于银行利率偏低及传统理财方式受限，网络理财成为深受人们喜爱的新型理财方式。网络理财产品涉及保险、证券、基金等金融产品，较传统理财产品收益更高，安全性也有保障，并且资金可以在账户之间自由流动，容易为洗钱者利用而成为一种新型的洗钱方式。利用网络理财产品洗钱方便、快捷、手续简单，洗钱者在购买网络理财产品之后，就模糊了资金来源的性质，达到了把"黑钱"洗白的目的。

6. 利用互联网金融创新工具洗钱

近年来，伴随着互联网金融的繁荣发展，利用互联网金融创新工具洗钱也逐渐成为一种新型的犯罪手法。P2P网络借贷、股权众筹、第三方支付等金融创新工具在给我们生活带来便利的时候，也面临被洗钱者利用的风险。

---

〔1〕　齐爱民等：《网络金融法原理与国际规则》，武汉大学出版社2004年版，第237页。

〔2〕　参见艾瑞咨询集团官方网站："2012-2013年中国保险销售电商化研究报告"，载 http://www.iresearch.com.cn/report/1871.html，最后访问日期：2015年9月12日。

〔3〕　杨天翔、薛誉华、刘亮编著：《网络金融》，复旦大学出版社2015年版，第175页。

〔4〕　参见付雄：《网络洗钱现状分析及对策研究》，中国社会科学出版社2012年版，第12~13页。

利用互联网金融创新工具进行洗钱的风险分为基础层次的洗钱风险和延伸层次的风险，前者包括在线资金流转产生的洗钱风险、非面对面交易所产生的洗钱风险、远距离交易便捷性所产生的风险；后者包括互联网金融产品进入门槛低与借贷资金用途不明所引发的洗钱风险、互联网金融产品身份认证措施宽松与非面对面交易所引发的洗钱风险、互联网金融产品存在较大的债权清偿风险，极易被洗钱行为人利用从而引发非法集资、诈骗等洗钱上游犯罪。[1]

在互联网金融活动中，无论是基金销售、证券经纪、保险销售还是 P2P 网络借贷、股权众筹等都涉及资金的流转，为洗钱者提供了机会。目前，利用互联网金融创新工具洗钱的方式主要有：第一，利用互联网支付系统洗钱。互联网支付平台为虚假交易及非法资金流入正常流通领域提供方便，容易被用来隐蔽非法资金的来源和去向，规避银行的监控。网络支付平台仅是支付中介，可以在技术上保持交易安全，但无法保证交易的真实性，洗钱行为人制造虚假交易，使资金在银行和支付平台之间自由流转，从而模糊资金性质，达到洗钱的目的。第二，利用 P2P 网络借贷平台洗钱。P2P 网络借贷平台一方面对借贷双方的身份资料难以有效识别，另一方面对资金的来源和使用审核力度不够，洗钱行为人为达到洗钱的目的，冒充他人身份，注册多个账户，同时注册为贷款人和借款人，通过竞标，将犯罪所得及其收益通过平台实现"合法化"。第三，通过互联网金融创新产品销售洗钱。互联网金融创新产品能够为用户带来较高的收益，并且对购买者身份认证不够严格，洗钱者使用非法所得购买金融产品，既可以获得预期收益，又难以被交易平台发现。

7. 利用其他形式进行网络洗钱

除了前述几种主要的网络洗钱方式之外，利用网络还可以进行多种洗钱方式，例如，利用网络游戏、智能卡、网络"空壳公司"洗钱；利用网上远程金融服务、比特币洗钱；利用网络炒汇、炒金；网络传销；网上制假贩假等。正如反洗钱金融行动特别工作组（The Financial Action Task Force，即 FATF）在一篇报告里所言，"洗钱的潜在危险几乎存在于网上新客户和金融机构发生联系的任何阶段"。可以预见，随着网络技术突飞猛进的发展，利用网络从事业务覆盖的范围会更广泛，新型的网络洗钱手段也会不断涌现，反洗钱监管部门从中发现洗钱的痕迹也会变得越来越难。

---

〔1〕 参见童文俊：" 互联网金融洗钱风险与防范对策研究 "，载《浙江金融》2014 年第 8 期。

第二节　我国反网络洗钱犯罪立法概况及现存问题

鉴于洗钱行为的严重社会危害性，各国立法都不同程度地把洗钱规定为犯罪。"由于历史和现实的原因，特别是改革开放以来，在经济迅猛发展的同时，涉及到中国的洗钱犯罪活动似呈不断增长的趋势。"[1]梳理我国反洗钱立法，指出其不足并加以完善，是打击洗钱犯罪的一项紧急而迫切的任务。

一、我国反洗钱立法概况

我国的反洗钱法律的制定和完善受到国际反洗钱立法和国内法洗钱实践两种因素的影响，[2]离不开其所处的大形势和刑事政策的需要，经历了大致相同的变迁过程，即首先基于打击毒品犯罪的需要而设立涉毒洗钱的罪名，然后在1997年《刑法》专条设立洗钱罪，继而通过若干个刑法修正案扩大洗钱罪的上游犯罪范围和扩充反洗钱罪名体系，直至制定出综合性的《反洗钱法》，最终建立起比较完善的我国反洗钱法律体系。[3]目前，我国已经形成以刑事法律、行政法律法规为主体，部门规章、相关司法解释及其他规范性文件为辅的反洗钱立法体系。

（一）刑事法律

与世界上其他的国家和地区相同，惩治洗钱犯罪的刑事立法离不开其所处的法治环境和所在国家的刑事政策，20多年来，我国洗钱犯罪的刑事立法经历了从无到有的过程，并且处于不断发展完善的过程中。为了打击毒品犯罪，我国刑法最先设立涉毒洗钱的罪名，此后，在1997年《刑法》第191条设专条规定洗钱罪。随着洗钱犯罪的日益国际化及国际社会打击洗钱犯罪合作的不断深入，同时也为了履行我国参加的国际公约设定的义务，结合我国打击洗钱犯罪的实际情况，全国人民代表大会先后在2001年、2006年和2009年分别通过《刑法修正案（三）》、《刑法修正案（六）》和《刑法修正案（七）》修正并完善洗钱罪的构成要件，扩大了我国洗钱罪的上游犯罪

---

〔1〕　康均心、林亚刚："国际反洗钱犯罪与我国的刑事立法"，载《中国法学》1997年第5期。

〔2〕　参见陈捷等：《全球化视野下中国洗钱犯罪对策研究》，中国书籍出版社2013年版，第68页。

〔3〕　参见王新：《反洗钱：概念与规范诠释》，中国法制出版社2012年版，第169~170页。

范围，完善了洗钱犯罪的罪名体系。目前，我国刑法规定的洗钱罪名主要包括三个：（1）特定洗钱罪，即《刑法》第 191 条规定的洗钱罪；（2）普通洗钱罪，即《刑法》第 312 条规定的掩饰、隐瞒犯罪所得、犯罪所得收益罪；（3）广义的洗钱罪，即《刑法》第 349 条规定的窝藏、转移、隐瞒毒品、毒赃罪。我国《刑法》的上述规定覆盖了目前主要的洗钱犯罪行为，基本实现了我国洗钱犯罪立法与国际标准的接轨。

1. 1990 年《关于禁毒的决定》中规定的掩饰、隐瞒毒赃罪

洗钱在毒品交易中起着至关重要的作用，洗钱作为毒品犯罪和有组织犯罪的生命线，也是由毒品犯罪衍生而来。鉴于打击毒品犯罪的需要，同时以加入《联合国禁毒公约》为契机，为履行公约要求各缔约国在国内法中将清洗毒赃行为确立为犯罪的国际义务，我国全国人大常委会在 1990 年 12 月 28 日通过了《关于禁毒的决定》（现已失效），设立涉毒洗钱罪名——"掩饰、隐瞒毒赃性质、来源罪"，将掩饰、隐瞒出售毒品获得财物的非法性质和来源的行为规定为犯罪。这是我国立法第一次将掩饰犯罪所得的洗钱行为规定为犯罪，虽然该规定仅限于掩饰、隐瞒毒赃的洗钱行为，显示了将洗钱行为纳入单行刑法并予以单独定罪的立法趋势。

2. 1997 年《刑法》规定的洗钱罪

进入 20 世纪 90 年代以来，我国的社会生活发生了翻天覆地的变化，1979 年《刑法》难以有效规制新出现的大量违法犯罪现象，尤其在经济领域表现得更为明显，我国刑事法律规范已明显落后于经济社会的发展。为此，在对 1979 年《刑法》进行修订的过程中，基于洗钱犯罪频发的现状，并且上游犯罪已由毒品犯罪扩展至其他类型，为了有效遏制、准确打击洗钱犯罪，我国 1997 年《刑法》首次专条规定洗钱罪。并且除在第 191 条规定洗钱罪之外，还在第 312 条规定"窝藏、转移、收购、销售赃物罪"，第 349 条规定"窝藏、转移、隐瞒毒品、毒赃罪"，以有效打击洗钱犯罪。

3.《刑法修正案》

我国 1997 年《刑法》第 191 条首次明确规定了洗钱罪，但仅包括毒品犯罪、黑社会性质组织犯罪和走私犯罪三类上游犯罪。"9·11"事件以后，为应对恐怖主义的威胁，我国在 2001 年 12 月 29 日通过的《刑法修正案（三）》第 7 条对洗钱罪进行了修改。其一，把"恐怖活动犯罪"增设为洗钱罪的上游犯罪；其二，对洗钱罪的单位犯罪，增设情节严重的法定刑，即

"情节严重的，处五年以上十年以下有期徒刑"。2005 年，我国政府批准加入《联合国反腐败公约》，为了加强我国同国外反腐败的国际合作，同时履行我国加入的《联合国反腐败公约》应承担的义务，实现国际公约文件向国内法律的转化，2006 年 6 月 29 日通过的《刑法修正案（六）》第 16 条对洗钱罪第二次进行修改。增设"贪污贿赂犯罪、破坏金融管理秩序犯罪、金融诈骗犯罪"为洗钱罪的上游犯罪，取消了"犯罪的违法所得"中的"违法"二字，并在原第 2 项"协助将财产转换为现金或者金融票据"的规定中增加了"有价证券"。[1]

在我国《刑法修正案（六）》实施之后，针对实践中出现的新问题，中国人民银行又提出：在实践中，掩饰、隐瞒犯罪所得、犯罪所得收益罪的犯罪主体有些是单位实施的，应扩大该罪的主体犯罪，因此建议增加该罪单位犯罪的规定，以进一步完善我国刑法的反洗钱措施。全国人大常委会采纳了该建议，在 2009 年 2 月 28 日通过的《刑法修正案（七）》对《刑法》第312 条的"掩饰、隐瞒犯罪所得、犯罪所得收益罪"再次做了修正，使该罪的犯罪主体包含了单位犯罪。修改以后，洗钱罪和掩饰、隐瞒犯罪所得、犯罪所得收益罪的犯罪主体均包括自然人和单位。至此，该两罪的犯罪构成要件除上游犯罪范围不同外，其他方面区别不大。

此后，《刑法修正案（八）》《刑法修正案（九）》虽没有对洗钱罪进行修改，但对洗钱罪的七类上游犯罪不断进行修正，目前，该罪的上游犯罪已达 70 多个。[2]

4.《关于加强反恐怖工作有关问题的决定》

2011 年 10 月 29 日，第十一届全国人民代表大会常务委员会第二十三次会议通过《关于加强反恐怖工作有关问题的决定》（现已失效），该决定共 8 个条文，其中第 5 条规定了金融机构和特定非金融机构发现涉恐资产立即冻结的权力，是我国反恐怖融资立法领域的重大突破，达到了反洗钱国际通行标准。

（二）行政立法

自 20 世纪 90 年代以来，我国立法机关就开始关注反洗钱立法，相继制

---

〔1〕　参见高铭暄：《中华人民共和国刑法的孕育诞生和发展完善》，北京大学出版社 2012 年版，第 405 页。

〔2〕　参见何萍：《洗钱与反洗钱动态研究》，法律出版社 2012 年版，第 97 页。

定了《中国人民银行法》《反洗钱法》等行政法规，前者规定了中国人民银行反洗钱的职责，后者则是反洗钱的专门立法，使我国的反洗钱法律体系更趋于完善。与其他国家相比，我国的预防洗钱立法相对于刑事立法起步较晚，但立法进展很快。目前，我国预防洗钱法律框架包含三个层次：第一个层次为以《反洗钱法》为核心的反洗钱法律；第二个层次是行政法规；第三个层次是中国人民银行或者由中国人民银行会同国务院有关部门制定的专门的金融机构反洗钱规章。随着我国经济社会的发展和反洗钱法制的不断健全，具有法律效力的"行业反洗钱指引"也将作为洗钱法律体系的补充。

1.《中国人民银行法》

《中国人民银行法》于 1995 年 3 月 18 日经第八届全国人民代表大会第三次会议通过，并于 2003 年 12 月 27 日经第十届全国人大常委会第六次会议修正。修订后的银行法新增了人民银行反洗钱的职责及检查监督事项，其中，第 4 条第 10 项规定中国人民银行履行"指导、部署金融业反洗钱工作，负责反洗钱的资金监测"的职责，第 32 条第 9 项规定中国人民银行检查监督"执行有关反洗钱规定的行为"。修订后的《中国人民银行法》确定了中国人民银行反洗钱的职责，为人民银行履行反洗钱的职责提供了法律保障。

2.《反洗钱法》

《反洗钱法》于 2006 年 10 月 31 日经第十届全国人大常委会第二十四次会议通过，共 7 章 37 个条文。第一章"总则"共 7 个条文，规定了反洗钱的立法宗旨、适用范围、基本原则及反洗钱的定义；第二章"反洗钱监督管理"共 7 个条文，规定了我国反洗钱监督管理体制、明确了国务院反洗钱行政主管部门和金融监管机构以及其他有关部门、机构的职责；第三章"金融机构反洗钱义务"共 8 个条文，规定了金融机构应当建立反洗钱内部控制制度、客户身份识别制度、客户身份资料和交易记录保存制度、大额交易和可疑交易报告制度；第四章"反洗钱调查"共 4 个条文，规定了反洗钱行政主管部门开展反洗钱调查的条件、主体、程序和期限及临时措施；第五章"反洗钱国际合作"共 3 个条文，规定了反洗钱国际合作的基本原则及反洗钱信息交换和司法协助的途径和方法；第六章"法律责任"共 4 个条文，规定了各类违法主体应承担的法律责任以及构成犯罪的应当承担刑事责任；第七章"附则"共 4 个条文，规定了金融机构的含义，有关应履行反洗钱义务的特定非金融机构的适用办法，对涉嫌恐怖活动资金的监控等。[1]

《反洗钱法》的通过，明确了反洗钱行政主管机关，初步建立了反洗钱的组织体系，提升了我国反洗钱法律效力的等级，使我国反洗钱立法建设达到了一个新的高度，并使我国反洗钱法律体系更加完善，并将有力促进我国国内反洗钱工作的进一步发展，有力促进我国反洗钱工作的国际合作。[2]《反洗钱法》是我国预防洗钱法制建设中重要的里程碑，标志着我国正式建立了预防、监控洗钱活动的基本法律制度。具体而言，其具有以下几个方面的意义：一是有利于形成完整的反洗钱体系，及时发现和监控洗钱活动，追查并没收犯罪所得，遏制洗钱犯罪及其上游犯罪，维护经济安全和社会稳定；二是有利于消除洗钱行为给金融机构带来的潜在金融风险和法律风险，维护金融安全；三是有利于发现和切断资助犯罪行为的资金来源和渠道，防范新的犯罪行为；四是有利于保护上游犯罪受害人的财产权，维护法律尊严和社会正义；五是有利于参与反洗钱国际合作，维护中国良好的国际形象。

3.《中华人民共和国禁毒法》（以下简称《禁毒法》）

2007 年 12 月 29 日，第十届全国人大常委会第三十一次会议通过《禁毒法》，共 7 章 71 个条文。其中，第 29 条规定："反洗钱行政主管部门应当依法加强对可疑毒品犯罪资金的监测。反洗钱行政主管部门和其他依法负有反洗钱监督管理职责的部门、机构发现涉嫌毒品犯罪的资金流动情况，应当及时向侦查机关报告，并配合侦查机关做好侦查、调查工作。"《禁毒法》的通过，进一步完善了反洗钱的法律体系。

（三）部门规章

在《反洗钱法》通过之前，除《关于禁毒的决定》（现已失效）对洗钱行为予以制裁外，并没有关于反洗钱的法律，但是，国务院、中国人民银行先后制定相关行政法规及部门规章规范反洗钱行为。其中，中国人民银行先后颁布了《金融机构反洗钱规定》（2006）、《人民币大额和可疑支付交易报告管理办法》（现已失效）、《金融机构大额和可疑外汇资金交易报告管理办法》（现已失效）（简称"一规两办法"），初步建立了反洗钱的法律体系。《反洗钱法》通过之后，对上述规章进行了修订与完善，并制定了新的反洗钱

---

〔1〕 参见苏宁主编：《中国反洗钱报告（2006）》，中国金融出版社 2007 年版，第 13 页。

〔2〕 参见林安民：《我国反洗钱立法演变研究》，厦门大学出版社 2010 年版，第 153 页。

规章。

1. 《金融机构反洗钱规定》

2006 年 11 月 14 日，中国人民银行发布《金融机构反洗钱规定》，废止了 2003 年 1 月 3 日中国人民银行发布的《金融机构反洗钱规定》，新的《金融机构反洗钱规定》共 27 个条文，对该规章的适用范围、中国人民银行的反洗钱监管职责、反洗钱调查、违反该规章的法律责任作出了明确的规定。

2. 《金融机构大额交易和可疑交易报告管理办法》

2006 年 11 月 14 日，中国人民银行发布《金融机构大额交易和可疑交易报告管理办法》（2018 年修订），废止了 2003 年 1 月 3 日中国人民银行发布的《人民币大额和可疑支付交易报告管理办法》《金融机构大额和可疑外汇资金交易报告管理办法》。《金融机构大额交易和可疑交易报告管理办法》（2018 修订）共 30 个条文，该办法在统一反洗钱本外币大额和可疑交易报告管理制度，明确规定证券公司、保险公司等非银行金融机构的交易报告义务的基础上，对银行、证券、保险等行业报告大额交易和可疑交易的具体标准、大额交易和可疑交易报告的报告时间、方式和路径进行了规定。[1]

3. 《金融机构报告涉嫌恐怖融资的可疑交易管理办法》

2007 年 6 月 11 日，中国人民银行发布《金融机构报告涉嫌恐怖融资的可疑交易管理办法》（现已失效），该办法共 14 条，对恐怖融资的概念、反恐融资义务主体、反恐融资的具体措施、涉嫌恐怖融资的可疑交易报告标准作出了详细的规定，并且明确了两类可疑交易标准。

4. 《金融机构客户身份识别和客户身份资料及交易记录保存管理办法》

2007 年 6 月 21 日，中国人民银行、中国银行业监督管理委员会、中国证券监督管理委员会、中国保险监督管理委员会联合颁布《金融机构客户身份识别和客户身份资料及交易记录保存管理办法》，该办法共 5 章 35 个条文，对金融机构履行反洗钱义务时在客户身份识别和客户身份资料及交易记录保存方面作出了详细的规定。

---

[1] 参见陈捷等：《全球化视野下中国洗钱犯罪对策研究》，中国书籍出版社 2013 年版，第 97 页。

（四）相关司法解释

1. 《关于审理骗购外汇、非法买卖外汇刑事案件具体应用法律若干问题的解释》

为解决外汇犯罪适用中存在的法律问题，在总结实践经验的基础上，1998年8月28日，最高人民法院发布《关于审理骗购外汇、非法买卖外汇刑事案件具体应用法律若干问题的解释》，该解释共8个条文，主要针对骗购外汇、非法买卖外汇犯罪具体应用法律的解释。其中，第1条规定了以洗钱罪处理的情形，属于重申性的规定，兹不赘述。

2. 《关于审理洗钱等刑事案件具体应用法律若干问题的解释》

为解决洗钱罪适用中存在的法律问题，在总结司法实践，借鉴国际经验的基础上，2009年11月4日，最高人民法院发布《关于审理洗钱等刑事案件具体应用法律若干问题的解释》（以下简称《洗钱解释》），该解释共5个条文。其中，第1条是关于洗钱罪"明知"的司法认定；第2条是关于《刑法》第191条第1款第5项"其他方法"进行洗钱的解释；第3条是关于刑法第191条、第312条、第349条三个条文之间的关系和处罚原则；第4条是关于上游犯罪未经刑事判决确认的洗钱犯罪案件的处理；第5条是关于刑法第120条之一规定的相关概念的理解。该解释的出台，是履行国际公约义务的需要，为司法机关准确打击洗钱犯罪提供了实体和程序的法律依据，强化了刑法条文的可操作性。

（五）其他规范性文件

除上述颁行的反洗钱法律、法规、规章及司法解释外，《反洗钱法》通过之后，相关部门还单独或联合颁发了一些规范性文件（截至2020年12月底），以规制洗钱行为。

1. 2007年5月21日，中国人民银行发布《中国人民银行反洗钱调查实施细则（试行）》。

2. 2007年6月4日，中国人民银行发布《反洗钱现场检查管理办法（试行）》（已废止）。

3. 2007年7月27日，中国人民银行发布《反洗钱非现场监管办法（试行）》（已废止）。

4. 2008年4月21日，中国证券业协会发布《中国证券业协会会员反洗钱工作指引》（已废止）。

5. 2008 年 5 月 19 日，中国期货业协会发布《中国期货业协会会员单位反洗钱工作指引》。

6. 2008 年 8 月 5 日，国务院发布《中华人民共和国外汇管理条例》。

7. 2009 年 5 月 4 日，国务院发布《彩票管理条例》。

8. 2009 年 9 月 16 日，中国人民银行发布《支付清算组织反洗钱和反恐怖融资指引》（已废止）。

9. 2010 年 5 月 7 日，最高人民检察院、公安部联合发布《关于公安机关管辖的刑事案件立案追诉标准的规定（二）》。

10. 2010 年 6 月 14 日，中国人民银行发布《非金融机构支付服务管理办法》（2020 年修正）。

11. 2010 年 8 月 10 日，中国保监会发布《关于加强保险业反洗钱工作的通知》。

12. 2010 年 9 月 1 日，中国证监会发布《证券期货业反洗钱工作实施办法》。

13. 2011 年 9 月 13 日，中国保监会发布《保险业反洗钱工作管理办法》。

14. 2012 年 3 月 5 日，中国人民银行发布《支付机构反洗钱和反恐怖融资管理办法》。

15. 2013 年 12 月 3 日，中国人民银行、工业和信息化部、中国银行业监督管理委员会、中国证券监督管理委员会、中国保险监督管理委员会联合发布《关于防范比特币风险的通知》。

16. 2014 年 4 月 28 日，中国证券业协会发布《证券公司反洗钱工作指引》。

17. 2014 年 7 月 6 日，国务院发布《关于加强禁毒工作的意见》。

18. 2014 年 11 月 15 日，中国人民银行发布《金融机构反洗钱监督管理办法（试行）》（已失效）。

19. 2015 年 7 月 14 日，中国人民银行、工业和信息化部、公安部、财政部、国家工商总局、国务院法制办、中国银监会、中国证监会、中国保监会、国家互联网信息办联合印发《指导意见》。

20. 2015 年 7 月 22 日，中国保监会发布《互联网保险业务监管暂行办法》（已失效）。

21. 2017 年 8 月 29 日，国务院办公厅发布《关于完善反洗钱、反恐怖融资、反逃税监管体制机制的意见》。

22. 2017 年 9 月 26 日，中国人民银行发布《关于加强贵金属交易场所反洗钱和反恐怖融资工作的通知》。

23. 2017 年 11 月 17 日，中国人民银行、民政部发布《社会组织反洗钱和反恐怖融资管理办法》。

24. 2018 年 7 月 13 日，中国人民银行办公厅发布《关于加强特定非金融机构反洗钱监管工作的通知》。

25. 2018 年 7 月 26 日，中国人民银行办公厅发布《关于进一步加强反洗钱和反恐怖融资工作的通知》。

26. 2018 年 9 月 29 日，中国人民银行反洗钱局发布《法人金融机构洗钱和恐怖融资风险管理指引（试行）》。

27. 2018 年 9 月 29 日，中国人民银行、中国银行保险监督管理委员会、中国证券监督管理委员会发布《互联网金融从业机构反洗钱和反恐怖融资管理办法（试行）》。

28. 2019 年 1 月 29 日，中国银行保险监督管理委员会发布《银行业金融机构反洗钱和反恐怖融资管理办法》。

29. 2019 年 12 月 30 日，中国银保监会办公厅发布《关于进一步做好银行业保险业反洗钱和反恐怖融资工作的通知》。

二、我国反网络洗钱犯罪立法存在的问题

目前，我国基本上建立起以《反洗钱法》为中心，多层次、全面地预防和打击洗钱犯罪的法律体系，反洗钱相关法律、行政法规、部门规章及政策文件的制定对于预防和惩治洗钱行为起到了保障作用。但是，我国反洗钱法律尚不够完善，还存在一些问题，主要包括：

第一，我国刑法未能全面履行相关国际公约规定的反洗钱义务。为打击跨国洗钱犯罪，联合国及区域组织相继制定反洗钱的国际公约及区域性公约，从国际层面遏制"黑钱"的流动。目前，反洗钱国际公约主要包括 1988 年的《联合国禁止非法贩运麻醉药品和精神药物公约》（简称《联合国禁毒公约》）、1998 年的《关于防止犯罪分子利用银行系统从事洗钱活动的原则声明》（简称《巴塞尔原则声明》）、1990 年的《金融行动特别工作组四十项建议》（简称《FATF 四十项建议》，1996 年、2003 年又有新的发展）、1999 年

的《制止向恐怖主义提供资助的国际公约》、2000 年的《联合国打击跨国有组织犯罪公约》（简称《巴勒莫公约》）、2003 年的《联合国反腐败公约》（简称《反腐败公约》）；区域性公约主要有欧洲理事 1990 年制定的《欧洲理事会关于清洗、追查、扣押和没收犯罪收益的公约》、美洲国家组织 1992 年制定的《美洲反洗钱示范法》、1999 年又通过新的《美洲反洗钱示范法》、欧洲理事会 2001 年制定《关于网络犯罪的公约》等。

上述国际公约通过之后，我国政府先后签署《联合国禁毒公约》《制止向恐怖主义提供资助的国际公约》《巴勒莫公约》《反腐败公约》，经全国人大常委会批准，2007 年我国成为 FATF 正式成员国。受上述国际公约和区域性公约的影响，我国反洗钱立法为履行国际义务，借鉴相关国际立法，经历了一个从起步到完善的过程。我国作为上述国际公约的签署国，经批准生效以后，理应全面履行国际公约所规定的国际义务，并根据我国的立法和司法现状，对相关法律进行修改，使国际公约规定的义务在国内立法上得以反映，使之转化为国内法律。1997 年《刑法》通过之后，先后进行了十次修改，其中，《刑法修正案（三）》和《刑法修正案（六）》对洗钱罪进行了两次修改，是我国履行相关国际公约义务的体现。此外，我国制定的有关反洗钱的行政法规及部门规章，也深受上述国际公约的影响。但是，在履行国际公约方面也存在不足，例如，在洗钱罪上游犯罪的范围、犯罪主体、主观要件、案件管辖等方面，我国刑法的规定略显保守，没有全面体现国际公约的规定。

第二，反洗钱立法仍侧重于传统洗钱的预防和控制，对网络洗钱立法规定缺失。受传统刑法理论的影响，我国目前在网络犯罪方面的立法或法律措施没有取得较大的进展，在网络洗钱犯罪方面，基本上付之阙如。但是，在电子商务交易额不断攀升、互联网金融飞速发展、网上交易日益频繁的今天，网络洗钱成为我国必须面临的问题。网络洗钱所具有的国际性和技术性，要求国际社会在打击此类犯罪时共同努力，加强国际合作。[1] 同时，原子社会的刑法理念也要随着信息社会的到来进行更新，加强对网络洗钱相关法律问题的研究，并进一步完善网络洗钱立法，特别是完善电子商务和网络金融交易方面的法律法规。前述央行发布的规范性文件对于我国预防网络洗钱具有

---

〔1〕 参见邵沙平等：《控制洗钱及相关犯罪法律问题研究》，人民法院出版社 2003 年版，第 383 页。

积极的作用，对于实现网络金融监管及电子商务的发展都具有重要意义，但是，我国尚未制定纯粹的网络洗钱法律规范，不利于有效控制网络洗钱。

第三，洗钱罪客体归属不准确，有碍准确打击洗钱犯罪。

大陆刑法学界的通说认为，"犯罪客体，是指我国刑法所保护的、为犯罪行为所侵害或威胁的社会关系"。[1]但近年来，更多的学者开始主张犯罪客体实质上就是刑法的法益，即犯罪客体的内容应当是刑法所保护的利益（法益），而不宜表述为社会关系。[2]我国刑法分则的体系是以侵犯客体的种类来对犯罪进行的划分，同类客体在一定程度上揭示了具体犯罪的保护客体的内容。在立法体例上，我国《刑法》第191条的洗钱罪归类在第三章"破坏社会主义市场经济秩序罪"中的第四节"破坏金融管理秩序罪"当中。从立法思路上分析，我们不难得出金融管理秩序是洗钱罪侵犯客体的结论。但是，由于洗钱罪具有缺少可直接识别的受害者的特征，在刑法学术界，洗钱罪的客体争议较大，有多种观点和主张，主要包括两大类学说：一类是简单客体说，另一类是复杂客体说。比较有代表性的主要有以下观点：

第一种观点认为，洗钱罪侵害的客体是金融管理秩序。根据我国法律、行政法规规定，对于洗钱分子违法所得的一切财物，应当予以追缴或者责令退赔。洗钱行为却反其道而行之，通过或者利用金融业务活动，掩饰、隐瞒其违法所得的性质和来源，变违法为合法，不仅严重破坏了金融管理秩序，而且帮助犯罪分子逃避法律制裁。[3]

第二种观点认为，洗钱罪侵害的客体是司法机关的正常活动。设立洗钱罪主要是为了打击上游犯罪，从我国《刑法》规定的洗钱罪来看，洗钱行为都是以隐瞒、掩饰上游犯罪所得及其收益为目的，没有这种特定目的就不构成洗钱罪，因而立法目的是打击上游犯罪保护正常的司法秩序。近年来，也有学者从洗钱罪符合妨害司法罪的本质特征、以金融管理秩序作为洗钱罪的主要客体不具周延性、国外刑法一般不将洗钱罪归类于金融犯罪等三个方面进行分析后，主张洗钱罪应归属于妨害司法罪。[4]

第三种观点认为，洗钱罪的客体是复杂客体，主要包括金融管理秩序和

---

〔1〕　马克昌主编：《犯罪通论》，武汉大学出版社1999年版，第113页。

〔2〕　参见张明楷：《法益初论》，中国政法大学出版社2003年版，第2~5页。

〔3〕　参见苏惠渔主编：《刑法学》，中国政法大学出版社1999年版，第528页。

〔4〕　参见卢勤忠："我国洗钱罪立法完善之思考"，载《华东政法学院学报》2004年第2期。

社会管理秩序说，司法机关的正常活动、公共安全秩序及金融管理秩序说以及金融管理秩序为主，司法机关的正常活动为次说等，持复杂客体观点无论具体分歧如何，共同点都认为洗钱行为危害金融管理秩序，除此之外还同时侵害何种社会利益则存在分歧。

第四种观点认为，洗钱罪侵犯的客体是多重客体及可变客体，根据违法所得及其收益的来源和洗钱行为的具体方式而具有多重性和可变性。详言之，因为洗钱行为大多数是通过银行或其他金融机构进行的，所以洗钱罪侵犯的客体多数是国家的金融管理秩序。但是，如果洗钱行为并非通过金融机构进行而是通过其他渠道进行的话，这种客体就被别的客体所取代了。例如，社会治安管理秩序（毒品犯罪、黑社会性质的犯罪）、外贸管制秩序（走私犯罪）等。这种观点承认通过金融机构洗钱会危害金融管理秩序，但同时认为洗钱活动并不一定通过金融机构进行，因此，具体侵害的客体就是多重和可变的。

综合上述各种观点，本书认为，我国之所以在《刑法》中增设洗钱罪，并将其放在"破坏金融管理秩序罪"一节中，一个主要的原因就是当前金融机构依然是洗钱犯罪分子最主要的渠道。通过金融机构洗钱在很大程度上会破坏金融体系的纯洁性，影响金融机构在公众中的形象和声誉，削弱公众对金融机构的信任，另外，洗钱行为往往涉及数额巨大，很容易导致金融秩序产生混乱甚至引发金融危机。立法者设立洗钱罪的目的，一方面是迎合国际反洗钱斗争的需要，但更为重要的目的是保护国家正在建立并日趋完善的金融管理秩序。因此，洗钱犯罪直接侵犯了国家的金融管理秩序。除此之外，洗钱罪的客体还应包括我国正常的司法秩序。理由是洗钱罪的本质是掩饰、隐瞒犯罪所得来源和性质，使其成为合法收入，掩盖、清除犯罪线索和证据，这就给司法机关对上游犯罪的指控、犯罪所得的追缴设置了障碍，使犯罪分子得以逃避法律处罚，从而严重妨碍了司法机关的正常活动。因此，洗钱罪的客体是双重客体，即金融管理秩序和司法秩序。[1]

由于洗钱罪有七类上游犯罪，涵盖多种行为方式，涉及的社会关系复杂，关于洗钱罪客体的争论较多，比较有代表性的观点有：其一，认为洗钱罪侵

---

[1] 参见周娟："两岸洗钱犯罪比较研究"，华东政法大学 2013 年博士学位论文。

犯的客体是简单客体，主要是国家的金融管理秩序。[1]其二，认为洗钱罪侵犯的客体是复杂客体，即国家的金融管理秩序和司法机关的正常活动，主要客体是国家的金融管理秩序。[2]其三，认为洗钱罪的客体具有多重性和可变性。其四，认为洗钱罪侵犯的客体是复杂客体，既侵犯金融管理秩序，也侵犯司法机关的正常活动。[3]

本书认为，第一种观点将金融管理秩序作为洗钱罪的客体，无视洗钱可以通过非金融机构进行的现状，失之过窄。第二种观点认为洗钱罪还侵犯了司法机关的正常活动，有其可取之处，但认为侵犯的主要客体是国家的金融管理秩序，为本书所不取。第三种观点将上游犯罪的客体作为洗钱罪的客体，混淆了两者的界限，此外，认为犯罪客体具有多重性和可变性的特点也与我国的犯罪构成理论不符。第四种观点与第二种观点类似，但把金融管理秩序和司法机关的正常活动并列作为洗钱罪的客体，仍需商榷。据此，本书认为，将洗钱罪纳入金融管理秩序罪中不妥，需重新进行界定，下文将予详述。

第四，洗钱罪主观要件过于严格，客观要件过于狭窄。根据《刑法》第191条的规定，本罪的罪过形式必须是故意，即洗钱行为人必须"明知"是上述七类犯罪的违法所得及其收益，而故意隐瞒、掩饰其来源和性质，才能构成洗钱犯罪，但是，对于如何确定为"明知"，标准模糊，难以认定。洗钱罪对"明知"的规定，使认定洗钱罪的证据标准过高，增加了办案的难度，这也是司法实践中判例较少的原因。虽然，2009年11月最高人民法院《洗钱解释》第1条对"明知"作出了解释，但并没有从根本上解决实践中的问题。

而且，根据传统刑法理论，犯罪目的仅存在于直接故意之中，间接故意与过失不可能存在犯罪目的。可见，主观明知是成立洗钱罪的一个前提条件，且洗钱罪的主观方面只能是直接故意。在刑法理论及实务界，对于如何理解"明知"的对象内容和程度要求存在一定的分歧：

其一，明知的内容。

在理解明知的内容时，存在"一切犯罪所得及收益"、"概括的七类上游犯罪所得及收益"以及"具体的七类上游犯罪所得及收益"等不同观点。

---

〔1〕　参见吕岩峰："洗钱罪初论"，载《法制与社会发展》1998年第1期。
〔2〕　参见莫洪宪、叶小琴："洗钱罪的若干问题"，载《江苏公安专科学校学报》2001年第5期。
〔3〕　参见李希慧："论洗钱罪的几个问题"，载《法商研究》1998年第2期。

有论者将明知的内容理解为"一切犯罪所得及收益",即对"明知"的内容不做限定,只要行为人认识到资金来源是犯罪所得就构成洗钱罪的"明知",包括法定的七类上游犯罪与上游犯罪以外的其他所有犯罪,并不要求必须确实知道资金来源于何种犯罪。另有论者认为洗钱罪的"明知"必须要明确认识到是法定七类上游犯罪中的某一种具体犯罪的违法所得及其产生的收益。目前,大多数学者支持的是"概括的七类上游犯罪所得及其收益"观点,行为人对属于法定七类犯罪的所得及其收益具有概括性认识即可构成洗钱罪的认识。即行为人只要认识到资金来源是法定的七种上游犯罪即可。

本书认为,"概括性认识"的观点符合我国刑法的一般理论以及刑事立法对洗钱罪的规定,符合立法的意图。①行为人在法定七类上游犯罪的范围内将某一类犯罪所得误认为是另一类犯罪所得而加以清洗,掩盖其真实的资金来源和性质,由于两者在法律性质上并无二致,不影响犯罪既遂的成立,不属于犯罪对象的认识错误理论。但是,如果行为人将本属于七类上游犯罪所得及其收益误认为是非七类犯罪所得及其收益而予以掩饰和隐瞒的,由于存在构成要件的认识错误,因而不构成洗钱罪。②《刑法》第191条对洗钱罪罪状的规定中,对"明知"的对象做了清楚表述,不应将明知的内容扩展理解为"一切犯罪所得及其收益"。如果行为人对自己清洗非法所得的行为明确,但对非法所得的来源并不明确,仅仅是知道是犯罪所得而不知道是哪几种洗钱罪的上游犯罪所得,这样并不能成立洗钱罪的"明知",则其将有可能构成掩饰、隐瞒犯罪所得、犯罪所得收益罪,不构成洗钱罪。

这种学理解释也在最高司法机关制定的司法解释中得到了采纳。2009年最高人民法院出台了《关于审理洗钱等刑事案件具体应用法律若干问题的解释》(以下简称《洗钱解释》)。关于"明知"的对象内容,《洗钱解释》的基本意见是:行为人对七类上游犯罪的违法所得及其收益具有概括性认识即告充足,而不要求特定到某一具体的上游犯罪所得及其收益。即《洗钱解释》认为不用对某一类上游犯罪做到具体的"明知",但需要在特定的上游犯罪内做到概括的"明知"。

其二,明知的程度。

关于如何认定明知,涉及明知的程度问题,在我国刑法理论界,存在"确定说""可能说""知道或应当知道说"几种观点:一是确定说,认为"明知"就是行为人明确地知道是刑法规定的特定犯罪的所得及其产生的收益,是一种确定性的认识。[1]二是可能说，只要是有认识或者知道经手的财产或者利益是犯罪所得的可能性即可，而不要求明确、确切地知道是犯罪所得及收益。[2]三是知道或应当知道说，"明知"是指知道或者应当知道行为对象是他人从事特定犯罪的违法所得及其产生的收益而予以洗钱，并进一步指出，"知道"是确切，明白知道之意，"应当知道"则是指有充足的理由和根据怀疑是犯罪所得。[3]

本书同意第三种观点，"明知"不等于"确知"，只要证明行为人在当时确实知道或者结合主客观因素判断足可推定行为人可能知道对于所经手的财产是法定七类上游犯罪的违法所得及其收益的，都可以成立明知。

2009 年《洗钱解释》第 1 条也解决了"明知"的客观推定问题，其基本意见为：明知不意味着确实知道，确定性认识和可能性认识均应纳入明知范畴。这是我国司法实践中长期坚持的一贯立场，相关公约文件对基于客观实际情况的推定也提出了明确要求。

而且，《洗钱解释》强调的是可以通过一定的客观证据来推定行为人主观上的"明知"，《洗钱解释》对于明知的具体认定采取了"概括加列举"的方式，除了对认定原则作出一般性的规定之外，还结合实践中的工作经验，列举了六种可被"推定明知"的具体情形，便于司法操作，对于司法机关正确把握行为人主观认识指明了方向。对于列举的六种"推定明知"的情况，采取举证责任倒置的规则对行为人的主观过错进行判断，即除非行为人有足够的证据证明其确实不知道外，否则就可以认定行为人主观上对于非法资金来源具有"明知"性。

本书认为，长期以来我国刑法学界对洗钱罪规定的"明知"理解不一，洗钱罪目的犯的立法模式造成司法证明困难，是我国洗钱罪设立至今只有寥寥数起以该罪名定罪的主要原因之一。而且，我国刑法为洗钱罪硬生生缀上"为掩饰、隐瞒其来源和性质"的特定目的更是遭受到了各方学者的批评质疑。如陈兴良教授就认为把洗钱罪说成目的犯值得商榷，因为洗钱罪的行为

---

〔1〕　参见陈明华："洗钱罪的认定及处罚"，载《法律科学》（西北政法学院学报）1997 年第 6 期。

〔2〕　参见钊作俊："洗钱犯罪研究"，载《法律科学》（西北政法学院学报）1997 年第 5 期。

〔3〕　参见曹子丹、侯国云主编：《中华人民共和国刑法精解》，中国政法大学出版社 1997 年版，第 174 页。

本身就是掩饰、隐瞒其来源和性质，不能同时把这一内容又当作主观的超过要素——目的犯的目的。[1]

第五，在客观要件方面，存在以下问题：

其一，上游犯罪认定存在困难。洗钱罪规定了毒品犯罪、黑社会性质组织犯罪等七类上游犯罪。上游犯罪主要是针对洗钱犯罪这一派生犯罪、下游犯罪而言的，洗钱犯罪所"清洗"的非法收益的直接或间接来源为上游犯罪。我国洗钱罪的上游犯罪经历了《刑法修正案（三）》和《刑法修正案（六）》的两次扩充。目前，根据《刑法》第191条的规定，洗钱罪的上游犯罪范围包括七类严重的犯罪，分别是毒品犯罪、黑社会性质的组织犯罪、恐怖活动犯罪、走私犯罪、贪污贿赂犯罪、破坏金融管理秩序犯罪、金融诈骗犯罪。显然这些都是刑法分则中的类罪名，每一种犯罪之下又包括若干具体的罪名。可见，我国立法者对洗钱罪上游犯罪范围的界定是采取列举法将某些特定犯罪规定为上游犯罪。

但是，一方面，这些犯罪大多难以认定，司法实践中容易引起误解，要认定洗钱罪，首先要确定是上述七类犯罪，加大了司法机关认定的难度；另一方面，上述《巴勒莫公约》、《反腐败公约》及《FATF四十项建议》对洗钱犯罪的上游犯罪的最低范围作出了规定，但我国《刑法》第191条洗钱罪经过两次扩充之后，仍没有涵盖《巴勒莫公约》所规定的妨害司法罪、最高刑为有期徒刑四年以上的一般犯罪，也没有包括《反腐败公约》所规定的滥用职权罪等，与《FATF四十项建议》中所规定的20类严重犯罪或至少包括法定最低刑为六个月以上监禁的犯罪的范围差距也较大。[2]此外，洗钱罪的客观方面范围过窄，未能涵盖联合国相关国际公约有关洗钱的行为方式。例如，《联合国禁毒公约》规定清洗毒赃的基本犯罪构成中应当包括七种行为方式，即"隐瞒、掩饰、转换、转让、获取、持有、使用"毒赃行为，修正犯罪构成包括八种行为方式，即"参与、合伙、共谋、进行未遂以及帮助、教唆、便利和参谋"进行毒品犯罪的行为。而我国《刑法》关于洗钱罪的客观要件仅设置为隐瞒、掩饰、转换和转移四种方式，[3]我国作为《联合国禁毒

[1] 参见陈兴良：《判例刑法学（下册）》，中国人民大学出版社2009年版，第142页。
[2] 参见林安民：《我国反洗钱立法演变研究》，厦门大学出版社2010年版，第162页。
[3] 参见付雄：《网络洗钱现状分析及对策研究》，中国社会科学出版社2012年版，第114页。

公约》的签署国，刑法上洗钱罪客观方面的规定较窄，距离国际公约的规定尚有差距，没有完全履行公约所规定的义务。

其二，"违法所得及其产生收益"的范围狭窄。所谓违法所得，是指通过犯罪活动所获得的金钱和财物，包括动产和不动产；所谓违法所得产生的收益，是指将违法所得用于储蓄、投资及经营活动所获得的利息、股息、利润等财产利益。首先，就理论而言，由于洗钱罪的对象是特定犯罪的违法所得及其产生的收益，因此构成原生犯罪的具体罪必须以能够产生非法所得为前提。在我国《刑法》规定的这七类具体七十多个严重犯罪中，大部分犯罪能直接产生犯罪收益，如所有的走私犯罪，大部分毒品犯罪、贪污罪、受贿罪以及证券、期货犯罪等。但也有一些犯罪不能直接产生收益，如组织、领导、参加恐怖组织罪，资助恐怖活动罪，行贿罪，单位行贿罪，介绍贿赂罪，强迫他人吸毒罪，容留他人吸毒罪，引诱、教唆、欺骗他人吸毒罪，包庇毒品犯罪分子罪。但是，根据联合国的《反腐败公约》和《巴勒莫公约》的规定，"犯罪所得"系指通过实施犯罪而直接或间接产生或者获得的任何财产。从理论上说，所有犯罪都有可能间接地获得财产，因此以上犯罪都是洗钱犯罪的上游犯罪与国际社会的立法宗旨是符合的。其次，从各国立法来看，对违法所得及其产生的收益一般应理解为包括财产的任何形式。我国《刑法》规定的洗钱罪对象包括各种财产性利益，主要是毒品犯罪的销售金额、走私犯罪的货物、物品的销售金额、黑社会性质组织犯罪非法获取的现金与金融票据、恐怖主义活动犯罪获取的非法所得等以及利用上述现金、票据所获得的生产上或者商业上的收益。

其三，行为方式存在不足，指对网络洗钱规制不足。洗钱罪的客观方面表现为行为人实施了掩饰、隐瞒犯罪的违法所得及其收益的性质和来源的行为。洗钱行为是洗钱罪成立必须具备的客观要件，我国《刑法》关于洗钱罪的行为方式规定有五种：

①提供资金账户的。这是犯罪所得赃款在金融领域内的第一个流通环节，是指行为人将自己在金融机构拥有的合法账户提供给他人，或者是替上游犯罪的行为人在金融机构开立新的账户，便于其在金融领域内转移非法资金。

②协助将财产转换为现金、金融票据、有价证券的。这是指行为人协助上游犯罪行为人将犯罪所得财产或物品变卖，通过交易转换为现金或者支票、汇票、本票等，使赃物变成可以流通的支付工具，以掩饰犯罪所得非法财产

的来源和性质。

③通过转账或其他结算方式协助转移资金的。这是指行为人将赃款等非法资金混入合法资金中存入银行，通过转账或者其他结算方式让非法资金以合法的形式进入流通领域，进而模糊其非法性。通常行为人会利用这笔资金来开设公司企业，让非法收入带来更多的利益。

④协助将资金汇往境外的。这是指行为人为逃避金融监管和司法机关的侦查，采用多种方式将非法所得通过金融机构汇往境外，实践中有假借向境外公司购买货物或技术，而将犯罪收益汇往境外，或者通过自己在境内的账户，协助罪犯将犯罪不法所得汇往境外，主要是汇往一些银行保密制度严格的国家或地区。

⑤以其他方法掩饰、隐瞒犯罪所得及其收益的来源和性质的。此条实际上是一个兜底条款。因为我国《刑法》第191条规定的前四种犯罪行为主要都是通过金融机构实施的洗钱行为，随着科技进步与经济发展，洗钱行为人通过非金融机构等其他渠道，利用其他手段进行的洗钱犯罪日益增多，用必要的模糊词语来应对社会情况的变动是值得提倡的立法模式。

对于此类行为方式的认定需要立法上有一个概括规定来应对。为此，2009年11月最高人民法院《洗钱解释》对"其他方法"采取列举的方式，新增了六种洗钱行为方式，有利于人们识别洗钱的方法和手段，为洗钱罪的司法实践操作提供切实可行的依据。从以上规定来看，前四种行为方式可以一个"提供"加三个"协助"来概括，均属于帮助型犯罪，且侧重于规定赃钱转换的具体表现。至于第五种行为方式，属于"兜底"的立法条款。从立法目的上看，正是因为立法者考虑到现实生活中洗钱的行为举不胜举，最后只能用以其他方法掩饰、隐瞒犯罪所得及其收益的性质和来源作为弥补，以适应打击将来可能出现的新型洗钱行为方式的客观需要。但同时，对第5项"兜底条款"的理解也不能超越该条文的前后逻辑关系，它是对前面四种"列举式"行为方式的补充，应该与前面四项所列举的方式具有"相当性"，也应理解为"协助"实施掩饰、隐瞒的行为。

第六，主体范围狭窄，没有涵盖本犯。

根据我国《刑法》第191条规定，洗钱罪的主体是一般主体，即自然人和单位（法人）均可以构成洗钱罪的犯罪主体，这与《巴勒莫公约》、《反腐败公约》以及《FATF四十项建议》中关于法人也须承担洗钱罪的刑事责任的要求是保持一致的。司法实践中，构成洗钱罪主体的单位主要是银行、证券、保险等金融机构以及公司、企业等。

关于洗钱罪的主体是否包括实施上游犯罪的行为人本人（又称为"本犯"）的问题在刑法理论上争议颇大。洗钱罪与上游犯罪的关系密不可分，没有上游犯罪，洗钱罪也就无法产生。由于两者关系的天然依附性，司法实践中经常会出现上游犯罪的主体在其犯罪得逞后，为掩饰、隐瞒其犯罪所得及其非法收益而自己积极主动地将犯罪得来的"黑钱"进行清洗使其合法化。那么洗钱罪的主体能否包括"本犯"呢，目前还没有国际公约在文字表述上明确规定上游犯罪人对于自己实施的洗钱行为可以成立洗钱罪，各国的立法规定也不尽相同。但是考察国外关于洗钱罪的构成要件，可以看出两大法系在是否将"本犯"纳入洗钱罪主体这一问题上，已经在立法上出现了相互融合的趋势。

从《刑法》第191条对洗钱罪规定的实然层面分析，列举的四种洗钱的客观行为方式都出现"提供""协助"等帮助型的术语，第5项兜底条款的规定也应理解为"协助"实施其他隐瞒、掩饰的行为，由此表明"本犯"不可以构成洗钱罪。而且第191条主观要件中"明知"要素显然应是针对"本犯"以外的其他人，只有他人才对上游犯罪的违法所得及其收益会有是否明知的问题。

还有一个问题需要说明，洗钱罪的犯罪主体虽然限定为"本犯"以外的自然人或单位，并不表明"本犯"以外协助实施洗钱行为的任何自然人或单位都构成洗钱罪的主体。若洗钱行为人与上游犯罪人同谋犯罪后实施的洗钱行为，应以上游犯罪的共犯论处。只有洗钱行为人与上游犯罪行为人事先没有预谋，是在上游犯罪完成后帮助"本犯"实施洗钱行为的，才能构成洗钱罪的主体。

第七，法定刑规定存在不足。

关于洗钱罪的刑事处罚，依据我国《刑法》第191条和《刑法修正案（三）》第7条的规定，对洗钱罪处以没收实施上游犯罪的违法所得及其产生的收益，处五年以下有期徒刑或者拘役，并处或者单处洗钱数额5%以上20%以下罚金；情节严重的，处五年以上十年以下有期徒刑，并处洗钱数额5%以上20%以下罚金。可见，《刑法》对洗钱罪的处罚方法包括：判处自由刑、罚金和没收。单位犯洗钱罪的，《刑法》采取的是双罚制。

根据联合国发布的一系列国际性法律文件，再到《FATF 四十项建议》，均要求各缔约国应依照本国法律的基本原则，通过立法将洗钱行为确定为犯罪，但并没有对各缔约国设置洗钱罪的法定刑轻重提出具体要求。由于各国的法律文化、传统以及各国立法者对洗钱犯罪的危害程度的认识都不一致，可以看出，国际性的法律文件在刑事处罚方面采取了灵活的立场。因此，洗钱罪的法定刑设置，应该由各国根据本国同洗钱犯罪做斗争的实际需要并考虑罪刑均衡的原则而自行确定。

我国刑法对洗钱罪主刑规定的最高期限为十年，罚金刑最高是洗钱数额的 5%~20%。1997 年《刑法》还对洗钱罪规定了"一般情节"和"情节严重"两个量刑幅度，但何谓"情节严重"还有待于司法机关在适当的时间作出相应的司法解释以指导司法实践。本书认为，与洗钱罪对社会产生的巨大社会危害相比，《刑法》对洗钱罪的刑事处罚力度较弱，难以威慑日益猖獗的洗钱犯罪，导致打击力度不够。而且罚金刑数额偏小，虽然规定的罚金数额为洗钱数额的 5%~20%，这个数额与那些动辄成百万上千万甚至金额更大的洗钱犯罪数额相比，判罚的力度显然达不到在经济上严厉打击的实际效果。

从传统意义上来说，我国《刑法》对洗钱罪的刑事处罚力度比西方一些主张"轻刑化"的国家都要轻。例如，美国和英国对于洗钱犯罪的最高刑分别是 20 年监禁刑和 14 年监禁刑。就罚金数额而言，相对于美国动辄几百万甚至上亿美元的罚金，大陆的罚金数额较小。特别是对于资产规模巨大的金融机构而言，目前的罚金数额只不过是"九牛一毛"。因此，对洗钱罪的量刑偏轻和罚金比例偏低的刑事处罚达不到震慑和遏制洗钱犯罪的效果，不利于对洗钱犯罪分子的打击。

第三节　我国反网络洗钱犯罪立法的完善

对于我国反网络洗钱犯罪立法中存在的诸多问题，应当吸收和借鉴国际公约及其他国家的先进立法经验，根据我国的司法实践，取长补短，以完善我国反洗钱刑事立法。本书结合我国反网络洗钱犯罪立法存在的问题，从洗钱罪犯罪构成的角度，对我国反洗钱的刑事立法提出以下几点完善的建议。

一、完善传统反洗钱犯罪的刑事立法

1. 合理规制洗钱犯罪的上游犯罪

第一，扩大其处罚范围，将原生本犯纳入洗钱罪主体。目前，我国洗钱罪的上游犯罪经过两次扩充之后，共包含七类犯罪，但和国际公约的规定尚有差距，不利于开展反洗钱的国际合作，难以满足我国打击洗钱犯罪的现实需要。尽管我国刑法界学者对于扩大洗钱罪的上游犯罪范围基本持赞同的意见，但对于如何扩大，并没有取得一致意见。有观点认为，"最佳的方式是将危害国家安全犯罪、危害公共安全犯罪、破坏社会主义市场经济秩序犯罪、妨害社会管理秩序犯罪、危害国防利益犯罪、贪污贿赂犯罪、渎职犯罪以及其他严重犯罪"纳入洗钱罪上游犯罪的范围。[1]还有观点认为，应将洗钱罪的上游犯罪扩大至"所有能够产生经济收益的犯罪"。[2]另有观点认为，应根据《FATF 四十项建议》所限定的法定最低刑来认定洗钱罪的上游犯罪，即将"法定最低刑为六个月以上有期徒刑的犯罪"纳入洗钱罪的上游犯罪。[3]

如前所述，尽管我国对洗钱罪上游犯罪范围的刑事立法呈现逐步扩张的过程，但其范围仍然限于少数严重犯罪，无形中限缩了洗钱罪的适用概率。与国际公约的要求相比还存在较大差距，而且从司法实践中看，也导致一些严重的财产性犯罪的洗钱行为无法以洗钱罪追究刑事责任，因此，基于履行国际公约规定的义务以及惩治洗钱罪的实际需要，有必要对洗钱罪的上游犯罪的范围进一步扩宽。目前，刑法学术界对洗钱罪上游犯罪的范围是否应当扩大这一问题已基本达成共识，大部分学者对此持肯定态度。但是应当将洗钱罪的上游犯罪的范围扩大到何种程度，在学术界还存在着一定争议，存在"激进扩充还是有限扩充"两种观点。激进扩充论者认为，"应将洗钱罪上游犯罪范围扩充至所有可能产生犯罪收益的犯罪"，"为适应打击洗钱罪和有利于反洗钱国际合作的需要，我国洗钱罪上游犯罪应扩大为所有严重犯罪"。有限扩充论者认为，扩大洗钱罪上游犯罪的范围应参照《反腐败公约》所规定的"最低标准"为限。也有人认为"应在七类犯罪外，至少还应囊括偷逃税、

---

[1]　参见徐汉明、贾济东、赵慧：《中国反洗钱立法研究》，法律出版社 2005 年版，第 199 页。

[2]　参见付雄：《网络洗钱现状分析及对策研究》，中国社会科学出版社 2012 年版，第 118 页。

[3]　参见林安民：《我国反洗钱立法演变研究》，厦门大学出版社 2010 年版，第 167 页。

诈骗、绑架、赌博等犯罪在内的严重犯罪"。有限扩充论者主张审慎处之，盲目地将上游犯罪的范围扩大到所有犯罪，与我国立法的实际情况还不相适应，应当在合理的范围内给予扩大。

因此，本书认为，借鉴国外立法经验，结合我国国情，不宜扩大到过于宽泛的范围，而应合理扩大。我国刑事立法关于扩大洗钱罪上游犯罪的范围应从有利于国际司法合作、侦查犯罪成效以及凸显刑事政策上重点打击洗钱犯罪的角度出发，既要体现国际公约的立法实质，兑现我国履行国际义务的承诺，又要考虑到我国的法律传统、刑法理论以及罪名体系，进行合理扩大。本书赞同以下观点："我国洗钱犯罪的上游犯罪应扩大为那些能够产生巨额犯罪收益的特定严重犯罪，针对这些特定犯罪收益的洗钱行为，不仅会对金融管理秩序造成侵害，还会妨害司法机关打击犯罪的活动。"[1]本书认为，立法机关若能以侵害法益的大小、犯罪所得金额的高低、该犯罪类型为洗钱者利用的可能性，作为现阶段调整我国洗钱罪上游犯罪的标准，应具有更高程度的参考价值。

本书认为，上述第一种观点将洗钱罪的上游犯罪扩大至除侵犯公民人身权利、民主权利罪，侵犯财产罪及军人违反职责罪之外的所有犯罪，扩展的范围过大，并且有些犯罪没有违法所得及收益，作为洗钱罪的上游犯罪并不适宜。第三种观点参照《FATF四十项建议》，事实上几乎将所有犯罪都作为洗钱罪的上游犯罪，该观点除了具有前述第一种观点的不足之外，也没有考虑我国具体的立法及司法实践，洗钱罪上游犯罪的范围应当扩张，但还不至于扩张至一切犯罪，应当根据我国的具体情况循序渐进地进行。本书原则上赞同第二种观点，将洗钱罪的上游犯罪扩大至"所有能够产生经济收益的犯罪"，是履行我国签署的国际公约义务的要求，也符合国际反洗钱立法的发展趋势，并且可以增强国家之间反洗钱的国际司法合作。但是，对于"所有能够产生经济收益的犯罪"的范围应当明确，不能笼统规定，此外，还应当结合国际公约的规定，从法定最低刑上进行限定来认定洗钱罪的上游犯罪。

是否将原生本犯纳入洗钱罪的主体，一直存有争议。大陆法系的刑法理论认为，对原生犯罪的本犯所实行的处置与窝藏赃物的行为，属于"不可罚的事后行为"。洗钱罪的上游犯罪掩饰、隐瞒自己的犯罪所得及其收益，是实施上游犯罪的必然结果，"正如盗窃以后销赃一样，因此，犯罪分子的前一行

---

〔1〕 赵金成：《洗钱犯罪研究》，中国人民公安大学出版社2006年版，第120页。

为与其洗钱行为之间存在着吸收关系，对此只能按他所实施的前种犯罪行为定罪处罚，而不能定洗钱罪"。[1]但是，"不可罚的事后行为"理论并不适用于洗钱罪。日本著名刑法学者大谷实教授把"不可罚的事后行为"称为"共罚的事后行为"，是指由于是完成犯罪之后，在与该犯罪相随而继续存在的违法状态中通常所包含的行为，所以是被该犯罪的构成要件所评价完毕的行为。其成立条件有两点：其一，通常被事前的状态犯所包含的行为；其二，不存在新的侵害法益的情况。[2]根据该理论，如果某行为侵害新的法益，并不能为事前的状态犯所包括，就不属于"不可罚的事后行为"。在洗钱罪中，其构成要件要素不能为上游犯罪的构成要件所包括，"上游犯罪的主体在洗钱行为中又造成了新的法益侵害，因而不属于'不可罚的事后行为'，而应以洗钱罪论罪"。[3]据此，本书认为，我国《刑法》应将原生犯罪的本犯纳入洗钱罪的主体，在《刑法》条文中明文规定实施上游犯罪的人可以构成洗钱罪。

第二，优化上游犯罪的规制模式。

就上游犯罪范围的立法方式而言，国际上基本有两种：一种是采取列举方式加概括方式。例如，德国即采取门槛立法的方式将所有重罪及特定轻罪列为上游犯罪。另一种是采取列举方式。例如，日本即采取附件列表方式将两百余项的罪名列为上游犯罪，我国便是采取列举式界定上游犯罪的范围。我国有学者认为，应该采取概括方式为妥，因为其界定清楚，具有较强的可操作性。[4]但是，仅仅采取概括方式规范上游犯罪的问题是，无论从洗钱金额或是法定刑的角度切入，均可能会忽略某些与洗钱罪之间具有关联性而应界定为上游犯罪的行为，会使得符合洗钱罪本质的行为类型出现规范上的漏洞。

本书认为，相比较而言，应该同时采取列举加概括的方式，以扩大上游犯罪的范围。这种方式的周延性较好，范围规定得比较广，可操作性强，对打击与预防洗钱活动较为有利，也比较符合国际公约的要求和打击洗钱犯罪的需要，还可以满足以下三方面的目的：

---

〔1〕　参见鲜铁可编著：《金融犯罪定罪量刑案例评析》，中国民主法制出版社2003年版，第158页。

〔2〕　参见［日］大谷实：《刑法总论》，黎宏译，法律出版社2003年版，第359~360页。

〔3〕　马克昌："完善我国关于洗钱罪的刑事立法——以《联合国反腐败公约》为依据"，载《国家检察官学院学报》2007年第6期。

〔4〕　参见刘宪权、吴允锋："论我国洗钱罪的刑事立法的完善"，载《政治与法律》2005年第6期。

其一，可以有效抑制犯罪的增长。洗钱罪是对上游犯罪违法所得的财产进行清洗，为非法的资金披上合法的外衣，使财产可自由地支配利用，通过洗钱之后的财产可能经由犯罪人再次投入犯罪，以钱滚钱的方式进而造成犯罪规模的渐增。因此上游犯罪的范围扩大，足以威慑犯罪的增长。

其二，可以有效配合国际社会洗钱犯罪的立法趋势与加强国际合作。从国际公约和各国惩治洗钱犯罪的刑事立法内容来看，趋势是逐渐扩大上游犯罪的范围。再加上洗钱罪是国际犯罪，为加强国家之间的司法合作，共同有效打击洗钱犯罪，上游犯罪的范围应该尽量扩大。

其三，可以满足现实需要。对于未来可能出现的犯罪，立法需要具有前瞻性，采用列举加概括的方式可以防止为了防堵法律漏洞而频繁修改法律的情形。

2. 根据法益调整类别归属

调整现有洗钱罪的归属类别，将其纳入"妨害司法罪"。由于对洗钱罪的客体争议较多，很多学者认为现行刑法把洗钱罪归属于"破坏金融管理秩序罪"一章不妥，但对于如何调整洗钱罪的归属，还存在不同的意见。有观点认为，"洗钱罪既侵害了司法机关的正常活动又侵害了经济管理秩序，其中侵害司法机关的正常活动是主要的，应将洗钱犯罪置于妨害司法罪之中"。[1]还有观点认为，"从犯罪客体的特殊性出发，洗钱犯罪应单设一章"。[2]另有观点认为，"关于洗钱罪名的归类和在刑法分则中的体系定位，一般只具有立法技术和学理方面的意义，并不会影响我国打击洗钱活动的司法实践效果，因此我们完全可以不必过分拘泥于这方面的争论"。[3]

犯罪客体是我国刑法所保护的、为犯罪行为所侵害的社会关系。[4]对洗钱罪犯罪客体的准确认定，有助于认识该罪的本质特征。本书认为，上述第二种观点作为洗钱罪的发展趋势，或许有其道理，但在目前对洗钱罪没有进行分类的情况下，单设一章，则过于超前。此外，在洗钱罪尚未单独成节的情况下，将洗钱犯罪单设一章，也很不适宜。第三种观点事实上赞同目前洗钱罪的归属，但没有认清洗钱罪的本质特征，为本书所不取。本书原则上赞同第一种观点，认为洗钱罪侵犯的主要客体为司法机关的正常活动，次要客

〔1〕 赵金成：《洗钱犯罪研究》，中国人民公安大学出版社2006年版，第99页。

〔2〕 徐汉明、贾济东、赵慧：《中国反洗钱立法研究》，法律出版社2005年版，第244页。

〔3〕 王新：《反洗钱：概念与规范诠释》，中国法制出版社2012年版，第198页。

〔4〕 参见高铭暄、马克昌主编：《刑法学》，北京大学出版社、高等教育出版社2011年版，第52页。

体为金融管理秩序，应将洗钱罪置于妨害司法罪中。首先，洗钱罪符合妨害司法罪的本质特征。洗钱罪的本质特征是掩饰、隐瞒特定犯罪所得来源和性质，使其成为合法收入，为司法机关指控犯罪、追缴犯罪所得设置障碍，以逃避法律处罚，从而严重妨碍了司法机关的正常活动。[1]洗钱罪与追诉上游犯罪密切相关，它完全符合妨害司法罪的特征。洗钱不仅是一种逃避犯罪惩处的妨害司法犯罪，更是一种有关赃物处置的妨害司法犯罪。[2]其次，将金融管理秩序作为洗钱罪的主要客体，过于狭隘。不可否认，不少洗钱行为通过金融机构实施，侵犯了金融管理秩序，但也不排除通过非金融渠道进行。如通过汽车交易、不动产交易、法律服务、会计服务、公证服务、奖券、赛马和赌博等，这些都可能成为洗钱的渠道。[3]最后，参考外国刑事立法例，大多也不将洗钱罪归属于金融犯罪。国外立法多将洗钱罪归属于经济犯罪、财产犯罪、事后处置赃物罪或毒品犯罪等其他特定犯罪，我国应参考国外刑事立法，调整洗钱罪在分则中体系的位置，将洗钱罪从目前刑法分则第三章第四节"破坏金融管理秩序罪"中调整到第六章第二节的"妨害司法罪"中。

3. 扩大洗钱罪的主观方面

本书对完善洗钱罪的主观方面提出如下建议：

其一，故意罪过的完善。

关于故意的内容是否要求明知以及是否要求特定目的，从我国签署的有关国际公约来看，虽然《联合国禁毒公约》、《巴勒莫公约》和《反腐败公约》在立法用语上也都是把"目的"作为洗钱罪构成的主观要素之一，但三大公约都只是将其规定在"转换"和"转让"的洗钱方式中，并表述为："明知财产为犯罪所得，为隐瞒或掩饰犯罪所得财产的非法来源，或为协助任何参与实施上游犯罪者逃避其行为的法律后果而转换或转让财产。"而对于"隐瞒""掩饰"等其他五种洗钱方式，三大公约只规定"明知"作为洗钱罪的主观构成要素，并没有表述为"为……而……"，也即没有设置犯罪目的。而且根据《反腐败公约》规定，由于洗钱行为方式的差异，行为人主观方面也不尽相同，仍然存在间接故意成立的空间。从司法实践的角度来评价洗钱

---

[1]　参见张惠芳："浅议洗钱罪"，载单长宗等主编：《新刑法研究与适用》，人民法院出版社2000年版，第386页。

[2]　参见卢勤忠："我国洗钱罪立法完善之思考"，载《华东政法学院学报》2004年第2期。

[3]　参见白建军主编：《金融犯罪研究》，法律出版社2000年版，第535～536页。

罪目的犯的设置，其弊端也是极为明显的。按照现行规定，司法机关既要证明行为人明知是特定上游犯罪所得，又要证明其主观上具有掩饰、隐瞒其来源和性质的目的，这种双重证明难度极大，也造成目前只有极少数洗钱行为人能被司法机关以洗钱罪来定罪的现状。有学者认为："金融犯罪目的犯模式严重阻碍了对金融犯罪的追诉、审判工作的顺利进行，反而成为犯罪人逃避刑罚的辩词，造成了金融刑事法网的疏漏，从而主张有必要取消目的犯的限制。"〔1〕

本书赞同此观点，由于犯罪目的具有复杂、抽象、主观的特征，在刑事诉讼中证明的标准极难以把握，虽然最高人民法院颁布的《洗钱解释》对于"明知推定"采取了列举具体情况的方式，但这不能从根本上解决司法机关认定洗钱罪目的犯的难点和困境。

本书认为，洗钱罪目的犯的设置，使得这种以行为人的内心态度来限制处罚范围既会造成认定的困难，并且在实体法上也不当地缩小了成立犯罪的范围。洗钱行为的目的就在于通过一定的行为将赃钱变成合法的财物。行为人之所以实施洗钱行为肯定对于洗钱对象的非法性是有具体认识的，也具有将该非法财物合法化的目的。"为掩饰、隐瞒其来源和性质"实质上是对洗钱客观行为方式的限制，而不应视为是犯罪目的的描述，需要在刑事诉讼中加以证明。因此，有必要取消目的对洗钱罪构成的限制。借鉴我国台湾地区"洗钱防制法"的规定，洗钱罪的主观要件包括直接故意和间接故意，把间接故意纳入主观明知的故意中。从逻辑上说，洗钱罪的主观方面可以包含间接故意。例如，行为人明知财产可能来自法定的七类上游犯罪的违法所得及其收益，但为了追求其他目的，诸如金融机构工作人员为了多吸纳存款或赚取手续费等，对财产进行了转账，而对行为可能产生的掩饰、隐瞒的结果采取放任的态度，致使该行为侵犯了刑法设立洗钱罪所保护的相关法益，那么其主观上的间接故意应该被认定为洗钱罪。

在立法技术层面，本书认为应把"明知"理解为"知道或应当知道"。关于洗钱罪"明知"的范围，学术界有以下几种观点：第一种观点是确定知道说。认为"明知"就是行为人明白地、确切地知道是上游犯罪的违法所得

---

〔1〕 参见刘守芬、申柳华："金融犯罪刑事抗制之思考"，载张智辉、刘远主编：《金融犯罪与金融刑法新论》，山东大学出版社 2006 年版，第 113 页。

及其产生的收益。[1]第二种观点是可能知道说。认为《刑法》中的"明知"不要求确知，即不要求行为人确定地、确切地、确实地知道是犯罪所得及其收益，只要有这种认识的可能性则足可以成立"明知"。[2]第三种观点是确定或可能知道说。认为"明知"不限于确切地知道，而是应当包括两种情形：一是行为人确切地知道是上游犯罪的违法所得及其产生的收益；二是行为人虽然不是确切地知道，但是知道可能是上游犯罪的违法所得及其产生的收益。[3]第四种观点是知道或应当知道说。认为"明知"是知道或应当知道是上游犯罪的违法所得及其产生的收益而予以洗钱。这里的"知道"是指确定、明白知道之意；"应当知道"是指有充足的理由和根据怀疑是犯罪所得。[4]

本书认为，我国《刑法》对洗钱罪主观方面要具备"明知"要素，以及必须具"掩饰、隐瞒其来源和性质的意图"的规定，存在着一定的弊病，不仅极大地增加了司法实践中的认定难度，也不利于实现对洗钱犯罪的有效打击和加强反洗钱国际司法合作，应当被立法所抛弃。

本书认为，"明知不意味着确实知道，确定性认识和可能性认识均应纳入明知范畴"。[5]上述第一种观点范围过于狭窄，对公诉机关提出了较高的证明标准，不利于准确惩治洗钱犯罪。第二种观点扩大了认定明知的范围，但该标准缺乏确定性，标准模糊。第三种观点事实上是一种折中的观点，是前两种观点的综合，但也具有前述观点的不足。本书赞同第四种观点，认为洗钱罪中的"明知"是知道或应当知道，这里的"知道"包括明确地知道和确切地知道他人的财产是违法所得及其收益。"应当知道"是根据行为人的年龄、知识、智力、生理状况、生活经验、生理状况、常识，行为的时间、地点、特殊的交易方式等来分析、判断和评价行为人对事实是否知道。[6]"应当知

〔1〕 参见陈明华："洗钱罪的认定及处罚"，载《法律科学》（西北政法学院学报）1997年第6期。
〔2〕 参见钊作俊："洗钱犯罪研究"，载《法律科学》（西北政法学院学报）1997年第5期。
〔3〕 参见李希慧："论洗钱罪的几个问题"，载《法商研究》（中南政法学院学报）1998年第2期。
〔4〕 参见鲜铁可：《金融犯罪的定罪与量刑》，人民法院出版社1999年版，第404页。
〔5〕 刘为波："《关于审理洗钱等刑事案件具体应用法律若干问题的解释》的理解与适用"，载《人民司法》2009年第23期。
〔6〕 参见张少林、刘源："刑法中的'明知'、'应知'与'怀疑'探析"，载《政治与法律》2009年第3期。

道"是推定的知道,其知道的内容也应当和明知的认识内容一致。[1]2009年11月最高人民法院发布《洗钱解释》,该解释第1条第1款规定:明知"应当结合被告人的认知能力,接触他人犯罪所得及其收益的情况,犯罪所得及其收益的种类、数额,犯罪所得及其收益的转换、转移方式以及被告人的供述等主、客观因素进行认定"。该款概括地规定了认定"明知"的一般原则,并在第2款列举了认定明知的七种具体情形[2]。该解释虽然没有明确"明知"为"知道或应当知道",但无论从该条的原则规定还是具体规定,均可以表明"明知"的含义为"知道或应当知道"。

将"明知"解释为"知道或应当知道",可以解决实践中的诸多问题。第一,降低了公诉机关的举证责任,以严厉打击洗钱犯罪。司法实践中,要认定"明知"的心理状态是件困难的事情,如果无法对"明知"进行举证,就不能认定洗钱犯罪,会导致放纵犯罪分子。将"明知"解释为"知道或应当知道",可以减轻司法机关的证明标准,达到惩治洗钱犯罪的目的。第二,将"明知"解释为"知道或应当知道",可以放宽洗钱罪主观方面的要求。关于本罪的罪过形式,有两种观点:一种观点认为,本罪是目的犯,"行为人是'为掩饰、隐瞒其来源和性质'而实施洗钱行为的,即行为人主观上具有'掩饰、隐瞒犯罪所得的来源和性质'的目的,条文中用了'为……行为'这一范式也正表明该行为是有目的的行为",《刑法》第191条的规定排除了间接故意构成本罪的可能,因而只能由直接故意构成。[3]另一种观点认为,洗钱罪的罪过形式包括直接故意和间接故意,也就是说"为掩饰、隐瞒其来源和性质"的表述不是关于犯罪目的的规定。[4]本书赞同第二种观点,认为

---

〔1〕 参见皮勇、黄琰:"论刑法中的'应当知道'——兼论刑法边界的扩张",载《法学评论》2012年第1期。

〔2〕 该解释第1条第2款规定:"具有下列情形之一的,可以认定被告人明知系犯罪所得及其收益,但有证据证明确实不知道的除外:(一)知道他人从事犯罪活动,协助转换或者转移财物的;(二)没有正当理由,通过非法途径协助转换或者转移财物的;(三)没有正当理由,以明显低于市场的价格收购财物的;(四)没有正当理由,协助转换或者转移财物,收取明显高于市场的'手续费'的;(五)没有正当理由,协助他人将巨额现金散存于多个银行账户或者在不同银行账户之间频繁划转的;(六)协助近亲属或者其他关系密切的人转换或者转移与其职业或者财产状况明显不符的财物的;(七)其他可以认定行为人明知的情形。"

〔3〕 参见钊作俊:"洗钱犯罪研究",载《法律科学》(西北政法学院学报)1997年第5期。

〔4〕 参见周道鸾、张军主编:《刑法罪名精释:对最高人民法院关于罪名司法解释的理解和适用》,人民法院出版社1998年版,第310页。

洗钱罪可以由间接故意构成。洗钱罪的行为本身就是掩饰、隐瞒上游犯罪的来源和性质，不能同时把这一内容再作主观的超过要素——目的犯的目的。"为掩饰、隐瞒其来源和性质"实际上是对刑法所列举的五种洗钱行为方式所加的限制，因而不同于刑法理论上的目的犯。[1]"为掩饰、隐瞒其来源和性质"不同于集资诈骗罪中的"以非法占有为目的"，也不同于销售侵权复制品罪中的"以营利为目的"以及绑架罪中的"以勒索财物为目的"，后者才是目的犯中的目的，是主观的超过要素。因此，洗钱罪中的"为掩饰、隐瞒其来源和性质"其实是在进一步归纳洗钱罪的五种行为方式，而不是关于犯罪目的的描述。[2]因此，洗钱罪不限于直接故意，也可以由间接故意构成。第三，可以与相关国际公约接轨，扩大打击国际洗钱犯罪的范围。《联合国禁毒公约》《巴勒莫公约》《反腐败公约》等国际公约要求"明知、故意和目的"，但是1990年欧盟理事会《反洗钱公约》规定，各缔约国在行为人"应当知道"财产是犯罪收益的情形时，应将洗钱行为确定为刑事犯罪。将"明知"解释为"知道或应当知道"，可以加强与国外司法机关交流，开展引渡等国际司法合作。

其二，关于过失的讨论。

关于洗钱罪是否应包括过失的问题，联合国三大公约中没有予以强制要求和明确规定，而且《FATF四十项建议》中，对此问题也采取了灵活立场，可见多数国际公约未要求缔约国将过失洗钱的类型予以犯罪化。各国（地区）根据自身打击洗钱犯罪的实际需要决定是否需要设置过失洗钱罪。国际上绝大多数的国家（地区）都是将洗钱罪规定为故意犯罪，只有少数如德国、瑞典等欧洲国家采取过失洗钱罪的立法例。我国台湾地区也有学者主张洗钱罪主观要件应可不仅限于故意，而可扩大至对洗钱行为人的重大过失。

考察欧洲反洗钱规定关于过失洗钱罪的发展历程，有助于理解和认识我国是否需要引入过失洗钱行为并将其犯罪化。1990年欧盟理事会制定的《反洗钱公约》将行为人的主观要素规定为"应当推测出"，这就表明将"过失"这一要素纳入洗钱罪的主观要件中。在欧洲长期反洗钱的实践中，欧洲理事会发现："若对洗钱行为人的主观要素提出较高水准的明知要求，则不利于打

---

〔1〕　参见陈兴良："协助他人掩饰毒品犯罪所得行为之定性研究——以汪照洗钱案为例的分析"，载《北方法学》2009年第4期。

〔2〕　参见何萍：《洗钱与反洗钱动态研究》，法律出版社2012年版，第109页。

击洗钱行为，故在2005年的《欧洲理事会反洗钱和恐怖融资公约》中将过失洗钱行为犯罪化，进一步扩充了洗钱犯罪的主观心态，选择性地要求各缔约国可以采取其认为是必要的立法和其他措施，在行为人'怀疑'或者'应当知道'财产是犯罪收益之情形时，将洗钱行为确定为刑事犯罪。"[1]为了在国内法中贯彻欧洲理事会制定的反洗钱要求，德国在其刑法典中增设了"轻率洗钱罪"，瑞士则在洗钱罪的主观要素里增加了"应当知道"的术语。

随着金融业的发展，金融电子化使得洗钱也越来越方便，金融机构成为洗钱行为最主要的载体。洗钱犯罪分子利用金融机构和特定非金融机构工作人员进行洗钱犯罪活动的现象越来越普遍。鉴于金融机构负有对客户尽职调查和可疑信息报告的法定义务，对于承担了法定反洗钱职责和义务的金融机构工作人员对洗钱行为应当具备更高的预见能力。所以，有必要对金融机构、特定非金融机构及其工作人员在"应知"财产是上游犯罪的所得及其收益的情况下，出于过失的心态实施了洗钱行为，应当以洗钱罪予以惩处，促使其增强反洗钱意识，严格履行反洗钱的职责。

因此，考虑目前我国反洗钱的严峻形势和现实中存在大量在过失状态下违规操作、违反注意义务等协助洗钱行为没有得到有效遏制的情况，为了有效遏制这种现象的产生，加强金融机构反洗钱的监督力度，切实落实对金融机构及其工作人员的职责要求，本书认为有必要扩大洗钱罪的打击范围，设置过失洗钱罪以严密刑事法网。对于金融机构和特定非金融机构及其工作人员由于过失导致洗钱犯罪的发生，并达到一定严重情节或造成一定严重后果的，应当追究刑事责任，是我国洗钱犯罪刑事立法未来修订的方向。

从我国现行刑法规定来看，洗钱罪只能由故意构成，过失不构成洗钱罪，但从国外立法来看，德国、荷兰和瑞士等国都有关于过失洗钱罪的规定。本书认为，洗钱罪是否包括过失犯罪，要根据一国打击洗钱犯罪的实际情况而定。尽管设置过失的洗钱犯罪可以降低举证难度，加大打击力度，并且分则中规定了"明知"的犯罪也不一定都是故意犯罪，也可能是过失犯罪，但处罚过失的洗钱犯罪会导致刑法体系的失衡、加大金融机构的注意义务、提高交易成本、极大地扩张洗钱罪的刑罚处罚范围、挤压有限的司法资源，因此，我国目前还不宜规定过失的洗钱犯罪。

---

[1] 王新："德国反洗钱刑事立法述评与启示"，载《河南财经政法大学学报》2012年第1期。

4. 增设洗钱罪的实行行为方式

增设洗钱罪"获取、占有和使用"等行为方式。我国《刑法》第 191 条列举了五种具体的洗钱行为方式，此后，最高人民法院《洗钱解释》第 2 条[1]对《刑法》第 191 条第 1 条第 5 项作出解释。该解释对司法实践中发生较多的一些洗钱方式进行概括，便利了司法操作，但并没有扩展《刑法》第 191 条规定的"掩饰""隐瞒""转换""转移"等行为方式。就目前我国的立法和司法解释对洗钱罪客观行为方式的规定来看，洗钱罪列举的五种行为方式，前四种行为方式可概括为"一个提供加三个协助"，第五种是兜底条款，逻辑上应该与前四种行为具有相当性，同样应理解为"协助"的行为。其核心内容是掩饰和隐瞒，在一定程度上满足了"转换、转让、隐瞒、掩饰"四种强制性规定的方式，但是与国际公约的要求相比，我国洗钱罪的行为方式设置偏少，对于"获取、持有、使用非法收益"这三种行为方式并未将其作为洗钱罪的行为而加以认定。

《联合国禁毒公约》《巴勒莫公约》《反腐败公约》等国际公约均采用列举洗钱方式的立法技术，将洗钱的行为方式列为七种：转换（conversion）、转让（transfer）、隐瞒（concealment）、掩饰（disguise）、获取（acquisition）、占有（possession）及使用（use），其中前四种洗钱方式属于强制性规定，后三种属于选择性规定，缔约国可以"在不违背其宪法原则及其法律制度基本概念的前提下"，将它们规定为国内法的犯罪。[2]我国《刑法》第 191 条洗钱罪规定的"掩饰""隐瞒""转换""转移"等洗钱方式，在一定程度上满足了上述公约规定的"转换""转让"[3]"掩饰""隐瞒"的强制性规定，却没有包含"获取""占有""使用"等行为方式。在我国立法机关已经批准加入

---

〔1〕 该解释第 2 条规定："具有下列情形之一的，可以认定为刑法第一百九十一条第一款第（五）项规定的'以其他方法掩饰、隐瞒犯罪所得及其收益的来源和性质'：（一）通过典当、租赁、买卖、投资等方式，协助转移、转换犯罪所得及其收益的；（二）通过与商场、饭店、娱乐场所等现金密集型场所的经营收入相混合的方式，协助转移、转换犯罪所得及其收益的；（三）通过虚构交易、虚设债权债务、虚假担保、虚报收入等方式，协助将犯罪所得及其收益转换为"合法"财物的；（四）通过买卖彩票、奖券等方式，协助转换犯罪所得及其收益的；（五）通过赌博方式，协助将犯罪所得及其收益转换为赌博收益的；（六）协助将犯罪所得及其收益携带、运输或者邮寄出入境的；（七）通过前述规定以外的方式协助转移、转换犯罪所得及其收益的。"

〔2〕 参见王新：《反洗钱：概念与规范诠释》，中国法制出版社 2012 年版，第 207 页。

〔3〕 "转让"的范围大，包含"转移"。

上述国际公约并且没有对此项规定提出保留的情况下，将"获取"、"占有"和"使用"的行为纳入我国《刑法》予以犯罪化就成为一项义务性规范，是我国应当履行的一项国际性义务。[1]将"获取"、"占有"和"使用"纳入洗钱罪的行为方式，可以将洗钱行为的处置、离析及融合三个阶段均予以犯罪化，降低举证难度，以利于严密刑事法网，更好地封堵与惩处洗钱犯罪行为。

一个完整的洗钱行为包括放置、多层化和融合三个阶段，一般来说，第一和第二阶段的行为属于传统意义上的洗钱犯罪范畴，即掩盖犯罪所得，使非法所得合法化；第三阶段是将经过清洗干净的"黑钱"进行合法的"再投资"，即利用合法化的非法所得，不是严格意义上的洗钱犯罪。目前，我国对洗钱罪规定的客观方面只涵盖了洗钱行为的前两个阶段，并未将洗钱行为的第三阶段囊括其中，但是第三阶段将犯罪所得进行再投资利用的行为本质上也是一种洗钱行为。国际上及各国的立法中大多规定了洗钱行为的七种基本方式，而我国对洗钱罪行为方式的规定仅侧重于赃款的"转换"，这显然不利于洗钱犯罪的国际合作。由此可见，与国际条约的要求相比，我国洗钱罪行为方式的规定存在刚性过强而柔性不足的问题。再加上，《刑法》对于洗钱行为对象的表现形式未做具体区分，只是原则性地规定了"违法所得及其产生的收益"，而国际上则做出了具体区分。对于"转换"或"转让"的行为，其行为对象是财产，对于"隐瞒"或"掩饰"的行为，其行为对象不仅仅包括非法资金的来源和性质，还包括非法资金的各种权利形式。

因此，本书建议应对洗钱罪的行为方式种类和对象在立法上做进一步的扩充，结合司法实践，在增加洗钱行为方式方面提出以下具体建议：第一，参照国际公约要求，将"在得到财产时，明知其为犯罪所得而仍获取、占有或者使用"的行为纳入到洗钱罪的客观行为方式中。将"获取、占有、使用非法收益"的行为认定为洗钱罪，有助于发现洗钱行为的"黑钱"的来源，遏制上游犯罪，从而彻底地打击洗钱犯罪。第二，除在行为方式中规定"转移"方式外，增加"转让"这一方式。在洗钱罪的客观行为方式中增加"明知财产为特定犯罪所得及其收益，为协助任何参与实施上游犯罪者逃避其行为的法律后果而转换或转让财产的"的规定，使得非法资金在被清洗之后无论是否改变其所有权的性质，都能构成洗钱罪。第三，应对《刑法》第191

---

[1] 参见阮方民：《洗钱罪比较研究》，中国人民公安大学出版社2002年版，第257页。

条第 1 款第 5 项概括性洗钱行为的"掩饰""隐瞒"行为对象做出适当调整，修改为"以其他方法掩饰、隐瞒犯罪所得及其收益的来源、性质、所在地、处置、转移所有权或相关的权利"，使得行为方式所规范的内容更加严密。

此外，对掩饰、隐瞒犯罪所得及其收益的行为进行支持的行为，是否构成洗钱罪？对此，应该分情况处理。支持作为一种广义的帮助行为，可分为物质上的支持和精神上的支持。本书认为，物质上的支持行为便利了洗钱行为人掩饰、隐瞒犯罪所得及其收益，也是一种协助行为，可以作为洗钱犯罪处理。但是，精神上的支持行为更多的属于一种鼓励、怂恿的性质，符合教唆犯的认定条件可以作为教唆犯罪处理。

5. 增加"本犯"作为洗钱罪的犯罪主体

如上文所述，关于实施上游犯罪的行为人本人，即"本犯"能否构成洗钱罪的主体问题，由于我国《刑法》没有明文规定，又无相关司法解释，理论界对此争议较大。毋庸置疑，对刑法条文的理解必须结合《刑法》规定本身进行。根据《刑法》第 191 条规定洗钱客观行为方式中"提供、协助"等帮助型的词语以及主观方面"明知"的要件，说明洗钱罪的主体排除了"本犯"，只能由处于第三方的自然人或单位实施。关于此问题，国际公约的规定比较统一，一般认为上游犯罪主体应该构成洗钱罪的主体，但各缔约国可以结合本国实际自行决定。在 FATF 评估报告中，对我国洗钱罪的主体不包括上游犯罪行为人提出了尖锐批评，认为"我国忽略了洗钱犯罪的特殊性，并指出这是严重削弱中国反洗钱实践效果的原因之一"。[1]

本书认为，将洗钱罪的主体扩展为上游犯罪行为人本人是国际公约的立法价值取向，依据《联合国反腐败公约》第 23 条第 2 款第 5 项将洗钱罪"不适用于实施上游犯罪的人"作为一种例外规定，而将"本犯"作为洗钱罪的主体则是其基本要求。结合 FATF 对我国反洗钱评估报告中提出的批评，本书建议立法者应当积极接纳先进刑法理论，将"本犯"纳入洗钱罪的主体。

第一，随着刑法理论的研究发展，在洗钱罪上继续沿用赃物犯罪"不可罚的事后行为"理论已遭到了学界很多学者的抨击。因为"不可罚的事后行为"原则的精神，是基于后行为仅对前行为原所破坏法益的再一次侵害，而

---

〔1〕　参见王新："国际视野中的我国反洗钱罪名体系研究"，载《中外法学》2009 年第 3 期。

未扩大前行为所造成损害的范围，并未引起新的法益侵害，刑法便将后行为合并在前行为中一并处罚。所以"不可罚的事后行为"的适用前提，是限于对"同一法益"的再次侵害。洗钱罪不同于一般的赃物犯罪，洗钱行为不同于一般的赃物犯罪所采取的藏匿犯罪所得，其主要通过金融机构转移、处置违法所得及其收益，有可能造成金融秩序混乱，甚至诱发金融危机，危及本国及其他国家稳定的金融秩序与经济安全。洗钱罪的社会危害性远远大于赃物犯罪，其侵犯的是复杂客体，除了和传统赃物犯罪一样侵害了司法机关的正常活动之外，又侵犯了国家正常的金融管理秩序。因此，洗钱罪所引起的这种新的法益侵害结果并不是法定七类上游犯罪所能包含的，因而必须对洗钱罪的刑事立法进行调整，对主体范围做出扩张。如果上游犯罪人对其犯罪的违法所得及其收益实施了清洗行为，就应该认定其构成洗钱罪，这样才能更为全面、有效地惩治洗钱犯罪。

第二，将"本犯"排除在洗钱罪主体之外违背了设立洗钱罪的立法宗旨。在对犯罪所得清洗的过程中，往往是上游犯罪行为人与洗钱者相互勾结，共同实施洗钱犯罪，洗钱者采取的手段大都是"协助"行为，其"协助"的对象通常是因实施犯罪而取得不法收益的上游犯罪行为人。一般来说，上游犯罪行为人在实施洗钱行为中起核心作用，是共同犯罪中的主犯，依据目前的规定，只能追究"协助"犯即洗钱者的清洗犯罪收益的责任，而不能追究主犯即上游犯罪分子自身的责任，这显然违背了刑法罪刑相适应的原则，没有做到罪责相当，而且还会刺激和鼓励上游犯罪行为人自己直接实施洗钱行为。可以说，将上游犯罪行为人排除在洗钱罪主体之外导致洗钱罪不能充分发挥其打击洗钱犯罪的规制机能，与刑法设立洗钱罪的立法宗旨相悖。国际公约将洗钱罪从赃物罪中分离出来，从上游犯罪中独立出来的原因也正是认为洗钱罪不应当被看作上游犯罪的事后帮助行为，而应该是一个完全具有独立意义的犯罪，上游犯罪人又实施洗钱行为的，应当数罪并罚。因此，为了有效打击日益猖獗的洗钱犯罪以及实现对上游犯罪的有效惩治，将上游犯罪的"本犯"作为洗钱罪的主体是完全符合洗钱罪的立法宗旨的。

从世界各国洗钱罪主体的立法现状来看，将上游犯罪行为人纳入洗钱罪的主体是立法发展的一大趋势。例如，大陆法系的代表国家德国，原先将洗钱罪的犯罪对象限定在"其他人"违法所得的财物，1998年修订《刑法》

时，删除了犯罪对象的限定词"其他人"，将"本犯"包括在洗钱罪的主体之内。鉴于国际社会共同打击洗钱犯罪的现实需要，应当将上游犯罪行为人纳入洗钱罪的主体范围，我国目前的刑事立法显然不利于国际协调与合作。据此，本书认为，我国洗钱罪的刑事立法也应该顺应国际社会打击洗钱犯罪的发展趋势，进一步拓展和完善洗钱罪主体的规定，由于当前立法中的"提供""协助"等用语，客观上将上游犯罪的行为人排除在犯罪主体之外，因此，完善洗钱罪主体最简便的做法便是通过刑法修正案将洗钱罪中的"提供""协助"等用语取消，或在原文基础上予以改进，可以修改为："自行使用或提供资金账户的""自行或协助将财产转换为现金、金融票据、有价证券的""通过转账或其他结算方式自行或协助资金转移的""自行或协助将资金汇往境外的"，以满足国际公约的要求与打击洗钱犯罪的共同需要。

6. 加重洗钱罪的刑事责任

我国《刑法》虽然对洗钱罪规定了"一般情节"和"情节严重"两档法定刑，但是相对于洗钱罪所具有的严重社会危害性以及所带来的巨额洗钱收益而言，我国对洗钱罪的刑事处罚明显过于轻缓，一方面对洗钱犯罪分子不足以产生足够的威慑力，另一方面还会严重影响侦查机关查处的积极性。为遏制洗钱犯罪行为的大面积蔓延，达到威慑和惩治洗钱犯罪的目的，借鉴国际立法的相关规定，本书建议，应当适当从重设置洗钱罪的量刑幅度，加大洗钱罪的处罚力度，给洗钱犯罪分子以沉重打击。

一是提高洗钱罪的法定刑。随着洗钱犯罪手段日益复杂化，其对国家正常的金融管理秩序的破坏也日益增大，建议洗钱罪的法定刑也提升一个档次，即增设"情节特别严重或数额特别巨大的，处十年以上有期徒刑或无期徒刑"的量刑档次。应当注意的是，对洗钱罪的处罚要相应比上游犯罪的处罚低一个量刑档次。例如，我国澳门地区刑法规定：洗钱罚则不得超过产生该不法所得的前犯罪活动。对于金融机构工作人员违背特定的职业义务，知法犯法，从事洗钱犯罪活动的，应当适用高一档的法定刑或者作为加重处罚的身份情节。此外，为避免司法机关在量刑上出现刑罚尺度的不统一，有必要对"情节严重""情节特别严重"分别做出具有实践操作性的界定，有利于在司法实践中更准确地按照洗钱罪的量刑幅度处罚。

二是加大对单位洗钱犯罪的惩治力度，特别是应当提高对单位直接负责的主管人员和其他责任人员的法定刑的上限。明确设定对单位罚金刑的数额或比例，增加对法人的财产刑、资格刑，特别是对于像"空壳公司"这种有名无实的单位，则增加适用"资格刑"，没收其财产并取消其继续营业的资格。

三是相应增加罚金刑的数额。鉴于目前规定罚金数额为洗钱数额的5%至20%的标准较低，难以对洗钱数额巨大的犯罪分子和资产规模巨大的金融机构产生威慑力，因此，建议参照走私罪的标准，大幅增加罚金数额，对洗钱罪的罚金比例处以"洗钱犯罪数额1倍以上5倍以下的罚金"。

7. 确立"构成管辖权"

应确立"构成管辖权"，弥补"普遍管辖权"的不足。网络的无国界决定了网络洗钱犯罪往往涉及多个国家，经常会出现多个国家对同一网络洗钱案件都有管辖权，导致管辖权冲突的情况。针对跨国犯罪及国际犯罪，我国《刑法》第9条规定了普遍管辖权，但由于立法技术的原因，《刑法》第9条对普遍管辖权规定的不够明确，《联合国禁毒公约》第4条规定的"罪犯惯常居所国管辖权"、"代理管辖权"与"普遍管辖权"等特殊的管辖权在我国刑法中并未予以体现，《刑法》第9条没有完全回应《联合国禁毒公约》的授权性规定，限制了刑事审判管辖权的行使。此外，我国刑法没有吸纳国际最新立法的发展，确立域外管辖权——"构成管辖权"。所谓构成管辖权，是指对原生罪发生在一国境外，而将该原生罪的非法收益在该国境内进行清洗的，无论对该原生罪是否享有刑事管辖权，对在本国境内发生的洗钱行为均享有刑事管辖权。[1]由于我国《刑法》没有规定构成管辖权，造成如果没有对洗钱罪的上游犯罪具有管辖权，就不能对发生在我国境内的洗钱行为行使刑事审判管辖的后果，难以对洗钱行为追究刑事责任。可行的办法是，在我国刑法中确立"构成管辖权"，如此，则不论上游犯罪是在哪个国家实施，只要该上游犯罪在该国与我国都是构成犯罪并且依照刑法的规定应受到刑罚处罚，就可以适用我国刑法对发生在我国领域内的清洗该上游犯罪非法收益的行为以洗钱罪论处，从而弥补我国《刑法》第9条的不足。[2]

8. 明确规定洗钱罪的不作为形式

我国刑法理论认为犯罪分为作为和不作为两种形式，作为是行为人通过积极的身体动作来实施被刑法所禁止的行为，不作为是指行为人负有实施某种

---

〔1〕 参见阮方民：《洗钱犯罪的惩治与预防》，中国检察出版社1998年版，第56页。

〔2〕 参见阮方民：《洗钱罪比较研究》，中国人民公安大学出版社2002年版，第275页。

行为的特定法律义务，能够履行而不履行的危害行为。成立不作为犯罪需要三个条件：其一，行为人负有实施某种作为的特定法律义务；其二，行为人有能力履行特定法律义务；其三，行为人没有履行作为的特定法律义务。[1]根据《刑法》第 191 条第 1 款的规定，洗钱罪共有五种行为方式，其中，该款的前四项行为方式只能由作为形式构成，第 5 项规定的其他方法能否包括不作为的洗钱形式呢？最高人民法院《洗钱解释》第 2 条对《刑法》第 191 条第 1 款第 5 项做出解释，规定了六种实践中常见的洗钱情形，该六种情形也只能以作为的形式实施。该条第 7 项作为兜底条款规定："通过前述规定以外的方式协助转移、转换犯罪所得及其收益的。"从理论上讲，存在不作为的帮助，协助行为作为一种帮助行为，理应可以由不作为构成。

从国外的规定来看，各国法律规定略有不同。多数国家的反洗钱立法仅仅针对故意掩盖犯罪的非法所得并将其投入合法流通之中的行为规定刑事责任；也有的国家反洗钱立法同时规定了不作为行为也构成洗钱罪。如有些国家，尤其是对洗钱行为进行控制较早的发达国家，规定了银行等金融机构及其从业人员的可疑交易报告、检举的义务，比如美国、法国、瑞士、英国等国家。法国规定超过 5 万法郎的业务数额，银行就有义务识别、弄清客户身份；英国则规定哪怕可疑的交易只有 1 英镑也要报告。根据这些国家的规定，金融职员的有关当事人必须履行此法定义务，否则将承担相应的刑事责任，也有的国家采取的是非刑罚处罚措施。[2]在我国，中国人民银行 2016 年发布的《金融机构大额交易和可疑交易报告管理办法》（2018 年修正）规定金融机构有报告大额交易、可疑交易及涉嫌恐怖融资可疑交易的义务，但上述办法仅属于部门规章，尚未上升到法律的层面，而不作为犯罪成立的条件之一是要有"特定法律义务"，上述办法不能作为不作为犯罪的义务来源。但是，2006 年通过、2007 年实行的《反洗钱法》第 13 条[3]规定反洗钱行政主管部门和其他依法负有反洗钱监督管理职责的部门、机构依法负有报告涉嫌洗钱犯罪的义务，该法第三章还专章规定金融机构反洗钱义务，从法律层面上确定了相关金融机构及其工作人员的报告义务。如果上述机构及其工作人员没

---

〔1〕 参见高铭暄、马克昌主编：《刑法学》，北京大学出版社、高等教育出版社 2011 年版，第 66 页。

〔2〕 参见王作富主编：《刑法分则实务研究》（上），中国方正出版社 2010 年版，第 491 页。

〔3〕 该条规定："反洗钱行政主管部门和其他依法负有反洗钱监督管理职责的部门、机构发现涉嫌洗钱犯罪的交易活动，应当及时向侦查机关报告。"

有履行法律规定的义务，例如，银行等金融机构由于监管难度大，知道有洗钱行为发生，应该监管而不监管，或者发现涉嫌洗钱犯罪的交易行为而不向侦查机关报告，对发现的洗钱行为视而不见，不积极履行法律规定的职责，就涉嫌构成不作为的洗钱犯罪。

二、加强新型反网络洗钱犯罪立法

随着网络金融及电子商务的飞速发展，特别是互联网金融的兴起，利用网络进行洗钱已成为洗钱犯罪的新手法，但是相关的反网络洗钱法律建设严重滞后，使网络洗钱行为人有机可乘。研究网络洗钱发展的新形式，完善反网络洗钱立法，可以严厉打击各种新型网络洗钱犯罪，并保持刑法鲜明的时代感。对于洗钱犯罪，除前述完善传统洗钱犯罪立法之外，还应加强反网络洗钱犯罪立法，明确网络洗钱犯罪的主体。

1. 银行等金融机构可以成为网络洗钱犯罪主体。根据我国《刑法》第191条第2款的规定，单位可以成为洗钱罪的主体，司法实践中，银行等金融机构或非银行金融机构容易成为洗钱犯罪的参与者。目前，金融机构尤其是银行系统已经成为洗钱活动的主要渠道，随着网络的发展，网络银行也如雨后春笋般涌现。"由于网上银行系统快捷、可靠，尤其是客户身份可隐秘运作的特点，洗钱犯罪活动在网络上大行其道。"[1]金融机构利用自身的便利条件，开通网络银行，默许、支持、放任或从事洗钱行为，涉嫌构成洗钱犯罪。

2. 非银行金融机构或非金融机构可以成为网络洗钱犯罪的主体。根据《刑法》第191条的规定，实施洗钱行为既可由银行等金融机构实施，也可由非银行金融机构实施，还可以由非金融机构实施，但最终都要通过金融途径完成。一般来讲，洗钱会通过银行内洗钱和银行外洗钱进行，特别是在网络洗钱中，会涉及更多的非银行金融机构或非金融机构，包括证券、期货、保险、电信、资讯等行业。在网络环境下，证券、期货、保险的买卖都以电子货币的形式进行，加快了资金流转的速度，许多网络交易需要通过计算机软件、硬件与电信网络进行连接，特别是电信服务行业，其提供的网络金融服务类似于银行提供的传统金融服务，与银行提供的金融服务处于同等的地位。

---

〔1〕 段启俊、刘芬："网络洗钱犯罪的立法完善"，载《湖南大学学报》（社会科学版）2006年第5期。

而且，非银行金融机构及非金融机构的洗钱行为还要通过银行等金融机构的终端来实施，两者可以成为洗钱犯罪的主体。

3. 网络服务提供者能否成为网络洗钱犯罪的主体，不可一概而论。网络洗钱作为一种新型的洗钱手段，离不开网络洗钱经营者和网络服务提供者等网络管理者。网络服务提供者（俗称 ISP，即 Internet Service Provider），具体指为用户提供互联网物理接入服务、为用户定制基于互联网的信息发布平台以及提供基于物理层面上技术支持的服务商。在多数情况下，网络服务提供者可能并不涉及犯罪和刑事责任的问题，但是，如果网络服务提供者"明知"行为人利用网络进行洗钱，并对之提供服务或进行协助，掩饰和隐瞒犯罪来源及其性质，使洗钱犯罪得以顺利完成的话，应追究网络服务提供者的刑事责任。

4. 网络金融服务提供者可以成为网络洗钱犯罪主体。网络内容服务提供者（俗称 ICP，即 Internet Content Provider），是指利用 ISP 线路，通过设立的网站提供信息服务，其内容包括允许用户在其域名范围内进行信息发布和信息查询。伴随着网络经济的发展，互联网对金融服务业的影响也越来越大，特别是互联网金融的风生水起，网络金融进入寻常百姓家。如今，网上购物、消费已成为日常的行为，淘金币[1]、比特币[2]、京豆[3]、Q 币[4]甚至可以在某种程度上代替货币使用，在给我们带来便利的同时，也蕴含着洗钱的风险。一般而言，利用这些虚拟货币进行洗钱数量大，而案值很小，网络金融服务提供者可能无法"明知"行为人在进行洗钱，公诉机关举证困难，无法追究网络金融服务提供者的刑事责任。但是，通过网络销售基金、期货，进行网络证券、网络保险、P2P 网络借贷业务、支付宝转账、微信红包等网络

---

[1]　淘金币是淘宝网的虚拟积分。在淘金币平台上，买家能够兑换、竞拍到全网品牌折扣商品；也可以兑换、抽奖得到免费的商品或者现金红包，并可以进行线上线下商家的积分兑入。

[2]　比特币是一种用户自治，全球通用的加密"电子货币"，它的本质是一串二进制代码，由一串二进制密钥来支配，其核心思想是去中心化。比特币可以兑换为多数国家的货币，可以购买虚拟商品及现实中的商品，其数量被永久限制在 2100 万个。参见梁捷："比特币的命运"，载《新民周刊》2013 年第 48 期。

[3]　京豆是京东用户在京东网站购物、评价、晒单等相关活动情况给予的奖励，仅可在京东网站使用，可直接用于支付京东网站订单（投资性金银、收藏品和部分虚拟产品等不支持京豆支付的产品除外），在消费时 100 京豆可抵 1 元现金使用，京豆支付不得超过每笔订单结算金额的 50%。

[4]　Q 币是由腾讯推出的一种虚拟货币，可以用来支付 QQ 的 QQ 行号码、QQ 会员服务等服务，通常它的兑价是 1Q 币＝1 人民币，用腾讯拍拍网交易一般都是 9 折。

银行业务时，涉及金额一般较大，经营机构通过第三方支付平台的转入转出，将他人上游犯罪的收益进行漂白时，网络金融服务提供者默许、纵容、帮助甚至鼓励相关经营机构利用上述金融活动为他人提供洗钱服务，则行为人构成洗钱罪无疑，网络金融服务提供者构成洗钱罪的帮助犯。

第四章　新型网络支付诈骗犯罪

网络金融的兴起给人们带来了方便和快捷，但由于法律保障不足，缺乏相关安全保护，使得该领域成为犯罪的高发区，其中，网络诈骗犯罪尤为突出。新型网络支付诈骗犯罪就是随着网络技术的发展、电子商务的兴起、网络银行的普及而产生的新型犯罪。在网络支付领域，网络信用卡诈骗犯罪危害严重，第三方支付法律保障不足，违法犯罪行为频发，有碍网络金融的健康发展。网络金融欺诈犯罪是在现代信息技术高度发展的背景下产生的一种新型犯罪形态。计算机在银行金融业务活动中的广泛使用拉开了金融电子化的序幕。其结果是不仅极大地推动了金融活动的自动化和便捷化，促进了金融领域的重大变革，还使得传统的刑事法律面临着巨大的挑战。据统计，目前在美国，计算机网络犯罪所造成的损失每年高达 100 多亿美元，平均每起计算机网络犯罪造成的损失为 45 万美元，而在我国仅 1994 年因计算机网络犯罪所造成的损失就高达 3 亿元人民币，至 2000 年损失接近 200 亿元人民币，而金融行业中计算机网络犯罪案件占全国发案率的 61%。进入 21 世纪以来，互联网技术的发展更是突飞猛进，网络在某种程度上改变了人们的生活方式，基于此背景下的网络金融诈骗行为更是层出不穷，网络金融欺诈犯罪以 20% 以上的年增长率成为网络犯罪中最重要的一种犯罪类型。鉴于金融领域内的网络犯罪问题已经严重威胁着世界各国的经济发展和社会稳定，构建一个完备的法律体系来防范和打击此类犯罪行为已经成为时代的需要。目前，我国刑法在规制上述行为时面临诸多困境，刑法学界对网络信用卡诈骗及第三方支付的法律性质认识也存在分歧，需要深入研究。

第一节　新型网络支付诈骗犯罪概述

一、新型网络支付诈骗犯罪概述

（一）网络金融欺诈犯罪的概念

随着网络技术的日益成熟，互联网渗透到各行各业，网络经济获得了迅猛的发展，促进了电子商务及网络银行的普及，支付方式随之发生改变，传统的支付方式逐渐被网络支付所取代。网络支付在给金融活动带来便利的同时，也存在一些安全隐患，网络钓鱼、网络赌博、网络洗钱、网络诈骗等违法犯罪活动层出不穷，网络支付诈骗犯罪就是在此背景下产生出来的一种新型犯罪。

顾名思义，新型网络支付诈骗犯罪，是指以非法占有为目的，利用网络平台，以第三方网络支付工具为手段，诈骗公私财物，数额较大的行为。从严格意义上来讲，网络支付诈骗犯罪是犯罪学意义上的称谓，不是刑法学意义上的称谓。虽然，网络支付诈骗犯罪不属于刑法上的分类，但并没有脱离传统刑法的分类方法，根据其所使用犯罪方法的不同，分别属于诈骗罪或金融诈骗罪，仍属于传统刑法规制的范畴。

与传统的金融手段相比，网络金融交易模式不仅模糊了国家的边界限定，让其业务随着互联网延伸至世界的每一个角落，还颠覆了基于自然疆界和纸质合约基础之上的传统金融交易模式，对原有的管理监督体制和法律保护体系提出挑战。从世界各国的法律规定看，多数国家尚对这个新鲜的事物缺乏相应的法律跟进，更缺乏前瞻性的、与之配套的法律法规。因此，对网络环境下的金融欺诈犯罪进行研究，不仅是为了和传统的金融欺诈犯罪进行区别，也是传统的刑事立法和司法面对网络技术和计算机技术带来的挑战所做出的相应的调整和必要的回应。作为法律的"第二道保护屏障"，刑事法律不仅是最严厉的惩罚措施，还能在客观上起到引导民众价值观念的作用。

网络金融欺诈犯罪是行为人为了谋取一定的非法利益，在金融活动过程中利用其掌握的计算机网络技术或工具，采用欺诈的方式实施的严重侵犯他人利益并危害国家金融管理秩序的、依法应当受到刑罚处罚的行为。网络金融欺诈犯罪实际上是金融欺诈犯罪和网络犯罪的结合体，是行为人利用网络技术或者环境实施的金融欺诈行为，所以其本质特征仍然是一类特殊的金融犯罪。网络技术在金融领域内的广泛使用，不仅丰富了金融活动的空间和类型，还催生了网络金融欺诈犯罪现象。这些欺诈犯罪不同于传统的侵财犯罪，对传统的刑法理论构成极大的挑战，必须通过研究其特征，才能够及时更新我国的侵财犯罪理论和完善相关刑事立法。

（二）网络金融欺诈犯罪的本质分析

随着近年来网络金融技术和活动的蓬勃开展，人们逐渐开始重视网络金融欺诈犯罪研究，但人们对网络金融欺诈犯罪的生成机理的研究却明显缺乏，或者说至少和网络金融欺诈犯罪在实际生活中的现实状况是不成比例的。

从本质上讲，网络金融欺诈犯罪可以分为作为社会正常状态的网络金融欺诈犯罪和作为社会反常状态的网络金融欺诈犯罪。前者是作为市场经济和网络环境下的特殊附着物而存在的，即网络金融欺诈行为实际上是隐藏于正常的网络金融活动中的一种正常行为。这是网络金融欺诈犯罪的最本质特征，也是市场经济的必然反映。正如法国社会学家涂尔干（又译迪尔凯姆）在论述犯罪产生的原因时认为的，犯罪并不是先验存在的现象，而是一个社会本身所固有的现象之一。任何社会都存在特定的犯罪现象，不存在没有犯罪的社会，完全消灭犯罪的社会是不可能存在的。因为"社会组织的基本条件合乎逻辑地包含着犯罪"。我们据此也可以说，网络金融欺诈犯罪并不单纯是由某个人的人性缺陷或某个特定社会制度而产生的，它是网络技术的必然结果之一，也可以说是现代科学技术的副作用。因此，网络金融欺诈犯罪源于市场经济和网络技术本身。当一个社会的结构和组成处于相对稳定状态的时候，社会的各种犯罪状况处于相对的平衡，网络金融欺诈犯罪也处于相对的稳定状态。这时，作为社会机体正常的一种附着物的网络金融欺诈犯罪现象，就像整个社会细胞体正常的排泄和生长。我们应当做的就是规范这种行为，避免其任意的排泄污染社会的其他部分；但是，当一个社会稳定的结构遭到变故，特别是当社会处于急剧转型期的时候，社会处于一种失范状态，社会结构和功能出现紊乱状态。作为社会晴雨表的犯罪现象则随之出现急剧波动，并呈现与以往不同的新的特征。因此，社会的不正常或者疾病导致了犯罪现象的不正常或者反常。我国目前正处于社会经济和政治的转轨时期，网络金融欺诈犯罪就显现出比以往更活跃的特征，称为反常状态的网络金融欺诈犯罪。

将网络金融欺诈犯罪分为社会正常状态的网络金融欺诈犯罪和社会反常状态的网络金融欺诈犯罪的本意在于分清不同金融欺诈行为的本质特征，而不是对其听之任之、任其发展。我国目前仍处于社会的转型时期，这一时期在金融领域的网络犯罪行为是犯罪人个人的畸形需要与社会公共利益对立的集中表现。由于社会主义经济改革中的金融业务处于不断地发展和壮大阶段，新旧金融体制处于交换阶段，犯罪分子就利用这一时期的种种弊端来进行犯罪活动。尤其是网络技术在金融领域内的广泛采用，给金融业带来繁荣的机遇，各种金融工具的不断创新，金融衍生工具的交易量急剧上升。但由于这一时期的金融行为的主体自我意志和创新能力在不断提高，各种思想和意识均处于不断磨合阶段，造成网络金融欺诈犯罪日益猖獗，给社会财富造成极大损失。可以预见的是，尽管针对网络金融欺诈犯罪的法律、法规在不断完善中，但网络金融欺诈犯罪现象仍然会在较长时间内存在。这是由于自网络金融商品自诞生之日起，金融商品本身的特质决定它必定和欺诈行为如影随形。我们可以从法律层面对此类行为进行有效地约束和规范，使其在市场经济的法则内存在而不蔓延至社会生活的其他方面。

二、新型网络支付诈骗犯罪的特征

与传统诈骗犯罪相比，新型网络支付诈骗犯罪要通过计算机、因特网、第三方支付软件等工具进行，其行为方式有不同于传统诈骗犯罪的独特性，具体表现为：

1. 犯罪方法简单。由于网络的无国界特性，突破了传统犯罪的地域限制，行为人只要拥有一根网线、一台电脑，就有可能实行网络支付诈骗犯罪。同时，由于网络支付诈骗犯罪多通过网络购物、网络拍卖等方式进行诈骗，作案时间短，轻点鼠标即可完成犯罪，这种在虚拟化空间进行的犯罪行为，跨越地理区间的限制，容易使被害人受骗。

2. 犯罪手段多样。网络独有的开放性使其应用的领域越来越广泛，并逐渐渗透到我们日常的工作和生活，造成网络用户组成成分的多样化，使得网络支付诈骗的手段也具有多样化的特点。例如，行为人设置"钓鱼网站"、传播虚假中奖信息、利用 P2P 平台募集资金等名义进行网络支付诈骗犯罪。此外，随着网络软件的升级和网络技术的进步，犯罪工具也会呈现多样化。

3. 犯罪过程隐蔽。为了逃避刑罚处罚，任何犯罪都有一定的隐蔽性，但是网络诈骗犯罪的隐蔽性更强，突破了传统犯罪时间空间的束缚，可以不受限制地实施诈骗犯罪。由于行为人与受害人一般不直接接触，避免了体貌特征的暴露，更容易逃避制裁。另一方面，从犯罪技术上讲，计算机网络技术的复杂性，导致犯罪人可以通过在网络中不断重复登录的手段来隐藏自己。同时，由于网上注册制度不完善，尚没有完全实现实名制登记，行为人广泛使用匿名服务器，犯罪人通过匿名服务器来掩盖自己的身份，犯罪人所在地和犯罪人的身份确定难度都非常大。[1]传统的虚拟网络环境中的金融欺诈犯罪的对象不同于以往"看得见摸得着"的实体的犯罪对象，而是外在的表现为一系列电磁信息，并以此来表征着内在的经济价值。作为财产的载体在网络环境中发挥经济价值作用的电磁信息，是看不见摸不着的东西，人们很难从直观上去分析其性质。此外，虚拟的犯罪对象在法律上的地位存在争议。因为随着网络技术的发展和社会文化的变化，虚拟的财产在不断增加，必须对其进行有效的筛选才能在法律上确定其地位。

4. 犯罪主体的专业化水平高。要实施网络支付诈骗犯罪，除了要熟悉网络之外，还要懂得网上金融业务。随着电子商务的发展，网络支付已经成为网上购物的重要支付方式，但是，开通网上支付有复杂的程序，需要到银行柜台提供身份证、银行卡、手机号码等信息，开通之后，通过相关支付网站才能使用。实施网络支付诈骗犯罪的行为人深谙网络技术，利用其掌握的专业知识，通过网络支付手段实施诈骗犯罪。利用网络来实施的金融诈骗犯罪的实质是运用高科技和相关金融管理的专业知识而进行的一种智能型犯罪。犯罪分子不仅智商高且精通有关的金融业务和法律知识，也就是所谓的"白领犯罪"。随着信息技术的发展，电子计算机网络在金融交易中广泛运用，传统的金融业务处理方式基本退出历史舞台，取而代之的是电子化的资金转账系统、数据清算系统、自动柜员系统及银行数据交换中心和数据备份中心等现代化的调拨、转账、清算、支付手段。新的金融交易手段的运用不仅改变了金融活动，还为犯罪分子规避法律和迅速实施犯罪行为提供了便利条件。犯罪分子利用自己的智力和所掌握的技术作案，而且利用法律保障的缺失规避法律的惩罚。

5. 犯罪主体不确定。在网络环境中，无论是犯罪分子还是其中潜在的犯

---

〔1〕　参见孙铁成：《计算机与法律》，法律出版社1998年版，第58页。

罪分子，都变得很不确定。人们也无法对网络金融诈骗犯罪分子进行提前预防，因为你对犯罪主体的情况一无所知，犯罪学的犯罪预防理论在此也起不到多大的作用；你也无法事后对网络金融欺诈行为进行有效侦查，因为网络环境下的金融交易活动非常快捷，可能就是几秒钟的时间，而且不留痕迹，传统的刑事侦查学的相关知识起不了多大的作用。犯罪主体的不确定性增大了犯罪侦破的难度，也无法事前有效预防，人们唯一能做的就是加大公民的防范意识和加强网络金融交易的监督管理以及提高网络技术水平。

三、新型网络支付诈骗犯罪的表现形式

网络支付诈骗犯罪表现出多种形式，比较典型的有网络信用卡诈骗、第三方支付诈骗。随着网络技术的发展，还会出现其他新型网络支付手段，相应的新型网络支付诈骗犯罪也会涌现。

1. 网络信用卡诈骗。电子商务的发展，促进了信用卡业务的繁荣，为满足资金支付快捷、迅速、实时的需求，出现了无卡支付的新方式，并成为电子商务中重要的网上支付形式。但是，随着信用卡的普及，利用信用卡进行诈骗犯罪的活动也日益增多，并出现了网络信用卡诈骗犯罪的新形式，它是传统信用卡诈骗犯罪发展的新阶段，是随着网络银行业务的兴起而产生的一种新型信用卡诈骗犯罪形式。

2. 第三方支付诈骗。电子商务与网络金融的蓬勃发展，大大促进了经济的快速发展，传统经济正向数字经济转型，支付的方式也随之发生转变，第三方支付正是在电子商务规模持续扩大的背景下悄然兴起的新型网络支付方式。但是，随着网上支付交易规模的持续扩大，各种安全隐患随之而来，利用第三方支付进行违法犯罪的现象也日益增多。其中，第三方支付诈骗犯罪就是在网络支付环境下出现的一种既不同于传统诈骗犯罪，又不同于其他网络犯罪的新型犯罪。

3. 其他新型支付诈骗。网络经济的繁荣，有力地推进了电子商务的发展，现金支付、银行汇兑及支票转账结算的方式已经不能适应商品交易的需求。随着网络支付技术的不断成熟，新的电子支付工具不断出现，传统的支付方式逐渐为电子支付工具所取代。除了前述网络信用卡支付、第三方支付外，电子货币、电子钱包、电子支票、电子现金、虚拟货币、虚拟信用卡等新型支付方式纷纷涌现，这些支付方式在为我们带来便利的同时，不可避免地夹

杂着违法犯罪行为,利用这些支付工具进行诈骗的行为也会越来越多。

4. 移动支付诈骗。随着手机使用频率越来越高,消费者的支付方式也在悄然发生着改变。扫码支付、微信支付、闪付、团购 APP 甚至叫车软件中的支付功能,无论是餐饮、超市,还是影院、使用交通工具,无一不是移动支付。移动支付具有随身携带的移动性、不受时间地点限制的即时性以及个性化的消费与服务等特点,对于广大消费者有着无比巨大的吸引力。移动支付自然而然地成为一种潮流。

由于移动支付直接涉及用户财产,各种移动支付的方式和工具给用户带来便利与快捷的同时也让不法分子有机可乘,信息诈骗方式层出不穷,对人们生活产生严重影响的同时,造成了非常大的经济损失。移动支付已被诸多不法分子瞄准,他们通过虚假 WIFI、二维码藏木马、盗版客户端、短讯木马链接等方式进行诈骗。但在移动互联网高速发展的今天,诈骗方式远远不止这些,诈骗分子已经发展成为团伙作案,形成了组织严密的黑色产业链,采取企业化分工细作,充分利用互联网的先进工具来从事更加精准化的诈骗行为,让信息诈骗方式不断更新,诈骗分子利用技术手段,设计各种场景,研析人性弱点,彼此之间不接触。正是因为这样的特点,信息诈骗隐藏性非常高,打击信息诈骗刻不容缓。

第二节　网络信用卡诈骗犯罪

网络信用卡促进了电子商务的发展,给人们带来了支付便利,也为网络诈骗犯罪提供了一个高效的作案平台。网络信用卡诈骗犯罪作为一种新型网络犯罪,呈现出不同于传统信用卡诈骗犯罪的特点,并表现出诸如破解信用卡密码后伪造并使用信用卡、伪造并冒用他人信用卡、与信用卡特约商户勾结冒用他人信用卡等多种犯罪形式,在法律适用中也存在诸多问题,深入研究网络信用卡诈骗犯罪及其在刑法适用中存在的问题,有助于从根源上遏制这种新型犯罪。

一、网络信用卡诈骗概况

网络信用卡诈骗作为一种新型诈骗犯罪,与传统诈骗罪不同,在进行深入研究之前,有必要了解网络信用卡诈骗的概况,弄清其概念、现状及特点。

（一）网络信用卡诈骗的概念

对网络信用卡诈骗犯罪进行界定，需了解信用卡、网络信用卡的含义。传统的信用卡具有存取现金、转账借贷、商品消费、投资理财等功能。与传统的信用卡相比，网络信用卡不仅具有以上功能，而且使用起来更加方便快捷。开通网上银行后，信用卡用户只需输入信用卡的账号和密码以及由信用卡账号和密码产生的信息（如附属信用卡的口令卡密码、短信验证码等），在成功通过网上银行计算机系统对用户的身份审核认定就可以进行转账借贷、网上购物、投资理财等行为。从动态上讲，网络信用卡又称电子信用卡，是信用卡用户在网上银行输入用户的账号和密码及两者产生的信用卡信息，经网上银行认定其身份后就可以采取转账借贷、网上购物、投资理财等行为的电子支付方式。从静态上讲，网络信用卡是在网络上使用的信用卡账号、密码或者由信用卡账号、密码产生的信用卡信息。传统信用卡一般用塑料制成，是一种实体卡片，正面印有发卡银行名称、持卡人姓名、账号等内容，反面有磁条、签名条等信息。网络信用卡与传统信用卡最大的区别就是：传统的信用卡是实体的，而网络信用卡是无形的、只能在网络上使用的"卡"。

根据 2004 年 12 月 29 日全国人大常委会《关于〈中华人民共和国刑法〉有关信用卡规定的解释》的规定，刑法规定的"信用卡"，是指由商业银行或其他金融机构发行的具有消费支付、信用贷款、转账结算、存取现金等全部或部分功能的电子支付卡。网络信用卡是随着电子商务的发展，在传统信用卡的基础上衍生出的一种新型支付工具，除了具有传统信用卡的支付、转账等功能外，还具有独特的优势："用户进行网上交易时无需出示卡，只需在网上正确填写信用卡账号和密码就可完成交易；可网上支付信用卡业务的内部处理无需人的直接干预，交易方和中间服务方只要确认处理结果的正确性即可；可网上支付信用卡几乎可以用于现在的一切网络经济活动，而且使用起来非常快捷、方便。"[1]通常而言，网络信用卡以传统信用卡为依托，在银行柜台开通网上支付功能后就可以在网上进行转账、消费、投资等行为。网络信用卡就是信用卡用户在进行转账借贷、网上购物、投资理财等行为时，在网上银行输入信用卡账号、密码及信用卡信息，经确认后的一种支付方式。基于此，本书赞同这样的观点，网络信用卡诈骗犯罪是指，通过计算机系统，

---

[1] 李睿："网络信用卡犯罪若干法律问题的新解读"，载《政治与法律》2009 年第 4 期。

利用可网上支付信用卡的功能、特性，出于诈骗意图为自己或第三人获取经济利益，故意实施诈骗活动而导致他人财产损失的行为。[1]

（二）网络信用卡诈骗的现状

目前，网络信用卡已经被广泛接受并被普遍使用，但由于电子商务在安全控制上的不足，网络信用卡也被用来从事诈骗犯罪活动。一般而言，电子商务领域的信用卡业务主要有两种，一种是本地或异地的信用卡消费或者存取现金业务，另一种是电子商务交易中的网上支付业务。[2]网络信用卡诈骗行为主要通过后一种方式进行，行为人通过破解他人信用卡密码、窃取他人信用卡信息、网上使用信用卡后拒付、冒用他人信用卡进行网上消费等方式进行诈骗。在电子商务背景下，行为人还可以通过侵入商业银行、信用卡机构的数据库或通过"钓鱼网站"等方式非法获取他人信用卡信息，然后利用这些信息进行诈骗。近年来，网络信用卡诈骗犯罪日益猖獗，造成的财产损失数额巨大，案件越来越复杂，犯罪手段越来越多样化，社会危害性极大。

然而，网络信用卡这个新鲜事物亦是把双刃剑，在给网银用户带来巨大便利的同时，也存在着安全隐患（包括技术风险、安全运行风险、银行管理风险等）。在获取暴利的动机支配下，一些不法分子利用网上银行的漏洞，实施各种形式的网络信用卡诈骗行为。俗话说，有利益的地方就会产生犯罪。在利益的驱动下，不法分子一旦获得持卡人的账户等相关信用卡资料，就进入网上银行将持卡人账户内的电子资金全部转账或者消费。对于不法分子来说，其只需简单地操作计算机程序就可以获得数额巨大的财产。据统计，每年的信用卡犯罪金额在 1 亿元左右。又因网络信用卡诈骗行为具有隐秘性极强、侦查难度极大、安全性强的特点，该行为成为很多犯罪分子获取暴利的首要选择。目前的网上信用卡诈骗行为已经具备集团化、跨国境、造成财产损失数额巨大、产业化、手段多样化的特点，社会危害性极大。

（三）网络信用卡诈骗的特点

网络信用卡诈骗行为要通过网络银行、计算机系统进行，该种犯罪除了兼具网络犯罪和诈骗犯罪的一般特点之外，还有自己的特点。

第一，虚拟性强。在网上交易时，网络信用卡用户只需提供账户、支付

---

〔1〕　参见皮勇："论网络信用卡诈骗犯罪及其刑事立法"，载《中国刑事法杂志》2003 年第 1 期。

〔2〕　参见皮勇：《电子商务领域犯罪研究》，武汉大学出版社 2002 年版，第 108 页。

密码、手机动态口令、验证码等资料就可以进行网络支付活动，正是由于这种虚拟性和网上支付的便捷性，行为人只要获取信用卡相关信息，就可以进行网络支付诈骗行为。此外，在实施网络信用卡诈骗时，行为人的真实身份也难以查明，与普通的信用卡诈骗犯罪相比，该种诈骗行为具有极大的虚拟性。

第二，涉及范围广。由于网络犯罪跨越国界，行为人可以利用网络信用卡在全球范围内进行网上交易，也可以进行跨国网络信用卡诈骗，行为人在获取有效的信用卡信息后，可以通过互联网在全球范围内实施网络信用卡诈骗行为。

第三，技术含量高。实施网络信用卡诈骗行为一般要通过电脑和网络来进行，需要掌握基本的计算机技术。为非法获取信用卡信息，行为人还要学会设置钓鱼网站、制作非法软件、植入病毒、破解信用卡密码及动态口令等。此外，非法侵入金融机构计算机系统、破解网上银行密钥也需要很高的技术含量，实施网络信用卡诈骗的行为人只有具有丰富的计算机知识及娴熟的计算机操作技能才可实施犯罪。

二、网络信用卡诈骗犯罪的表现形式

网络信用卡诈骗犯罪有多种表现形式，如破解信用卡密码，伪造信用卡并使用；窃取他人信用卡信息，伪造信用卡并使用；金融机构内部人员利用职务便利，制作与他人信用卡账户信息相同的信用卡并使用；窃取他人网上支付信用卡账户、密码，进行网上消费；虚增网上支付信用卡账户密码，并使用其进行网上消费；特邀商户与盗窃他人网上支付账户密码者勾结，使用他人网上支付账户资金等。[1]比较典型的有以下几种形式：

1. 冒用他人信用卡信息。这种行为主要表现为在非法获取他人信用卡账号、银行密码、PIN码及其他银行卡信息后在网络上使用，该种网络信用卡诈骗行为较为常见。这种行为方式的关键在于获取他人的信用卡信息，获取他人信用卡信息的手段主要有：偷窥、窃取或破解他人的信用卡账户、密码；在ATM机或POS机上安装读卡机、摄像头窃取他人信用卡信息；通过软件在网页中植入病毒获取他人信用卡信息；利用"钓鱼网站"套取他人账号密码；冒

---

〔1〕 参见皮勇：《电子商务领域犯罪研究》，武汉大学出版社2002年版，第109~112页。

充银行工作人员骗取他人信用卡信息；侵入计算机系统窃取信用卡信息等。[1]行为人通过各种非法手段获取他人信用卡信息以后，就等于获取了动用信用卡资金的钥匙，可以在网络上以信用卡真实持卡人的名义进行冒用。由于冒用他人信用卡信息无需出示信用卡就可以进行，行为人用非法获得的信用卡账号及密码，就可以进行网络信用卡诈骗行为，从而骗取信用卡真实用户的资金。

2. 使用伪造的信用卡信息。这种行为是指行为人通过网络在计算机系统中虚设信用卡账户、密码及其他信用卡信息，然后利用这些虚假的信息进行网上转账、消费等行为，进行信用卡诈骗活动。由于信用卡在使用过程中通过特殊的加密算法来确认其有效和真实，网络黑客利用网络银行的数据库漏洞和银行的管理漏洞，非法侵入银行的信用卡信息系统，破解信用卡密钥，就可以设置虚假的信用卡账户、密码及其他信息。这些虚假的信息被信用卡信息系统误认为真实的用户信息，行为人在利用这些信息进行网上消费时，不会被识破，行为人可以通过这种方式进行网络信用卡诈骗活动，非法获取他人的财产。

3. 使用信用卡后拒付。在传统信用卡业务中，行为人使用信用卡通常要以"持卡"的方式进行，在 POS 机上完成"刷卡"行为之后，只要在付款单上进行签字确认就认为已经付款，很难出现拒付的情况。但是，网络信用卡的使用不需要实际占有信用卡，也不需要在 POS 机上进行"刷卡"，只需在支付的时候输入正确的信用卡账号、银行密码、手机验证码等信息就可以付款。在这种情况下，商户无法获得信用卡用户的亲笔签名，而是用密码的形式以电子签名代替亲笔签名，作为对交易内容的确认。但是，网上交易和发卡行向商户付款之间存在时间差，如果持卡人发现信用卡被盗刷，可以立即通知银行止付。因此，如果持卡人使用信用卡进行网上交易后，以并非本人交易为由向发卡行提出拒付请求，就可以非法占有交易的商品，商家将会蒙受财产损失。[2]

4. 网络钓鱼。这种行为是指行为人制作或虚设与政府机关、金融机构或

---

〔1〕 参见肖中华、高尚："信用卡网络诈骗行为分析"，载《南昌大学学报》（人文社会科学版）2013 年第 3 期。

〔2〕 参见肖中华、高尚："信用卡网络诈骗行为分析"，载《南昌大学学报》（人文社会科学版）2013 年第 3 期。

知名企业相类似的网站或电子邮箱，诱骗他人登录该网站或发送电子邮件，从而泄露个人的银行卡账户和密码，行为人在获取他人的信用卡信息后，利用网络信用卡支付的上述特性，进行信用卡诈骗活动。

三、我国网络信用卡诈骗犯罪立法问题及其解决

信用卡诈骗是网络金融背景下第三方网络支付模式经常涉及的犯罪，行为人只要通过一张信用卡、一个支付宝账号、互相串通的买卖双方就可以将信用卡内可透支的钱款成功套现。通过网络支付平台进行信用卡套现，虽然在使用网络支付平台的服务条款中被禁止，但实际上难以查处，而现行法律也没有明文规定通过信用卡透支进行网上支付具有违法性。在支付宝中，当行为人出于真实交易目的而使用无任何充值、使用限额的信用卡，与支付宝之间设定了资金充值联系，而又串通了虚假的交易相对方时，则信用卡内的钱款可以通过支付宝的途径透支套现。事实上，由于各大银行对信用卡透支取现均限制占透支额度的比例，在司法实践中，恶意透支型信用卡诈骗行为人往往是通过与具有信用卡套现功能的"POS"机特约商户进行串通的方式实施犯罪。又如，行为人利用黑客软件，侵入他人计算机、利用网络支付的机会，破获他人曾经在网上交易的信用卡和密码后，在客户不知情的情况下，直接用于网上转账或消费，这是一种网络无卡信用卡诈骗模式，属于利用互联网"冒充他人信用卡"或恶意透支的行为，构成信用卡诈骗罪。[1]

目前，我国并没有专门针对网络信用卡诈骗犯罪的刑事立法，可适用网络信用卡诈骗犯罪的规定主要集中在 1997 年《刑法》分则第三章第四节破坏金融管理秩序罪和第六章第一节扰乱公共秩序罪中，即我国《刑法》第 196 条、第 285 条、第 286 条和第 287 条。此外，最高人民法院、最高人民检察院先后于 2009 年 12 月、2011 年 3 月联合颁布《关于办理妨害信用卡管理刑事案件具体应用法律若干问题的解释》（2018 年修正）和《关于办理诈骗刑事案件具体应用法律若干问题的解释》，解决了信用卡诈骗犯罪适用中的部分法律问题，但是，随着电子商务的发展，信用卡诈骗犯罪出现了新的犯罪形式，给法律适用也带来了新的问题。

---

〔1〕 参见上海市浦东新区人民检察院课题组："网络金融犯罪的治理"，载张凌、陈辐宽、严励主编：《犯罪防控与法治中国建设——中国犯罪学学会年会论文集（2015 年）》，第 360~361 页。

（一）使用信用卡后拒付的入罪问题

根据我国《刑法》第 196 条的规定，信用卡诈骗罪有四种[1]行为方式，其中，前三项为使用型信用卡诈骗，第四项为恶意透支型信用卡诈骗。但是，前三项的行为方式为使用伪造、骗领、作废的信用卡或冒用他人信用卡，只有第四项是持卡人使用自己真实有效的信用卡实施犯罪，与使用信用卡后拒付一样，是真实有效的信用卡。但使用信用卡后拒付的行为不属于上述四种行为方式，不能认定为信用卡诈骗罪，在法律没有明文规定的情况下，只能以普通诈骗罪定罪处罚。本书认为，使用信用卡后拒付的行为和恶意透支的行为类似，属于恶意利用信用卡支付制度，都以真实有效的信用卡为犯罪手段，同属于信用卡诈骗行为，将类似的行为纳入不同的罪名，有损刑法的统一和威严。

但是，是否需要完善刑事立法，把使用信用卡后拒付的行为纳入信用卡诈骗罪，则有不同的观点。一种观点认为，网络信用卡诈骗的行为本质上是符合信用卡诈骗罪的，应认定为信用卡诈骗罪。[2]还有观点认为，现行立法无法涵盖网络信用卡行为的所有形式，应该通过完善信用卡诈骗罪的刑事立法来弥补立法的缺陷，在我国《刑法》第 196 条第 1 款增加一项"（五）使用信用卡后拒付的"。[3]本书赞同第二种观点。

（二）信用卡诈骗行为"持卡"方式问题

根据《刑法》第 196 条的规定，信用卡诈骗罪的行为对象为信用卡，行为人要通过"持卡"的方式才能完成用信用卡诈骗犯罪，但是，在网络信用卡诈骗中，行为人通过前述的方式非法获取他人信用卡信息，虚设信用卡账户并进行消费或转账，并不需要持有信用卡。虽然，2009 年 12 月最高人民检察院和最高人民法院发布的《关于办理妨害信用卡管理刑事案件具体应用法律若干问题的解释》（2018 年修正）第 5 条第 2 款第 3 项[4]将在互联网上使用他人网络信用卡的行为解释为"冒用他人信用卡"的行为，使其作为信用

---

[1] 《刑法》第 196 条第 1 款第 1 项至第 4 项分别为：（1）使用伪造的信用卡，或者使用以虚假的身份证明骗领的信用卡的；（2）使用作废的信用卡的；（3）冒用他人信用卡的；（4）恶意透支的。

[2] 参见赵永林主编：《信用卡安全机制与法律问题研究》，法律出版社 2011 年版，第 213~215 页。

[3] 参见皮勇："论网络信用卡诈骗犯罪及其刑事立法"，载《中国刑事法杂志》2003 年第 1 期。

[4] 该项规定："窃取、收买、骗取或者以其他非法方式获取他人信用卡信息资料，并通过互联网、通讯终端等使用的。"

卡诈骗罪的一种表现形式，使部分网络信用卡诈骗行为能够为刑法所调整，部分解决了信用卡诈骗犯罪法律适用的难题，但是，该司法解释存在不明确之处，导致适用法律的困惑。

第一，窃取信用卡信息资料的问题。司法解释规定的窃取信用卡信息资料，是否包含通过盗窃信用卡获得的信息资料，司法解释没有明确规定。一般情况下，信用卡信息资料是指银行账号、个人密码等内容。行为人盗窃他人信用卡，若该卡记载有信用卡密码，则一并获取了信用卡资料。在这种情况下，若行为人通过 POS 机或 ATM 机进行转账或消费，根据《刑法》第 196 条第 3 款的规定，盗窃信用卡并使用，构成盗窃罪。若行为人通过互联网进行转账或消费，根据该司法解释第 5 条的规定，则属于"冒用他人信用卡"，构成信用卡诈骗罪。同一种行为，由于法律与司法解释规定的不同，导致认定为不同的罪名，由此说明，司法解释的规定与刑法条文有冲突。"面对一些所谓不明确的规定时，可以通过明确的规定来阐释不明确的规定。"[1]在刑法条文已经很明确的情况下，前述最高人民检察院和最高人民法院的司法解释却作出与此不同的规定，违背了体系解释的原则。正如奥古斯丁所言，"对一个本书某一部分的诠释如果为同一本书的其他部分所证实的话，它就是可以接受的；如不能，则应舍弃"。[2]按照该规则，司法解释与刑法条文规定相抵触，应予以舍弃，由此，该条司法解释并没有完全解决网络信用卡诈骗犯罪的问题，应寻求其他解决途径。

第二，信用卡信息资料的范围。现行法律及司法解释并没有界定"信用卡信息资料"的具体含义，有学者认为，信用卡信息是指信用卡所有人（持有人）在申请信用卡时按发卡金融机构要求填写的信息资料、包括姓名、生日、居住地址、家庭情况及证件号码等，以及金融机构制作信用卡的信息资料和其所管理持卡人的账户资料。[3]另据中央人民银行 2000 年 11 月发布的《银行卡磁条信息格式和使用规范》的规定，信用卡信息主要包括主账号、发卡机构标识号码、个人账户标识、校验位、个人标识代码等。一般而言，信

〔1〕 张明楷："注重体系解释 实现刑法正义"，载《法律适用》2005 年第 2 期。

〔2〕 奥古斯丁在《论基督教义》中所述，转引自［意］艾柯等：《诠释与过度诠释》，王宇根译，生活·读书·新知三联书店 1997 年版，第 78 页。

〔3〕 参见彭凤莲、郦毓贝：《破坏金融管理秩序罪认定与疑难问题解析》，中国人民公安大学出版社 2009 年版，第 149 页。

用卡信息资料包括发卡行名称、银行账号、持卡人签名、个人密码及信用卡磁条信息等内容。本书认为，司法解释中所指的"信用卡信息资料"范围不应过于宽泛，并不是任何使用信用卡信息的行为都能够成立信用卡诈骗罪，应该对"信用卡信息资料"的含义做限制解释，仅指能够用于消费、支付、结算的信用卡的账号、密码、标识符信息，应限定为与财产利益相关的信息。[1]因此，与财产利益不相关的信用卡信息，比如居住地址、出生年月、家庭情况等不属于此处的"信用卡信息资料"，行为人窃取、收买获非法提供他人这些信用卡信息资料的，应该以窃取、收买获非法提供信用卡信息罪处罚。

据此，本书认为，信用卡诈骗罪不应局限于"持卡"方式，现行法律由于无法涵盖网络无卡信用卡诈骗行为，为堵塞刑法上的漏洞，应在我国《刑法》第196条增设一款"以网络无卡方式进行信用卡诈骗的，依照前款规定处罚"。[2]

（三）盗窃信用卡并使用问题

我国《刑法》第196条第3款规定，盗窃信用卡并使用的，以盗窃罪定罪处罚。关于该款的规定，刑法学界存有争论，有肯定和否定两种不同的观点。肯定说的观点认为，《刑法》第196条第3款的规定属于法律拟制的性质，是法律拟制的盗窃罪，不是普通的盗窃罪。[3]否定说的观点认为，盗窃他人信用卡并使用的，不应构成盗窃罪，应以信用卡诈骗罪定罪处罚。[4]本书赞同否定说，认为盗窃信用卡并使用的，应构成信用卡诈骗罪。

第一，盗窃信用卡并使用，实际上是由盗窃信用卡和冒用他人信用卡两个行为组成，由于信用卡本身没有多大价值，仅仅盗窃信用卡而没有使用，没有造成财产损失，刑法上不予以评价。事实上，盗窃信用卡是为冒用信用卡做准备，是后者的预备行为，后者吸收前者，当行为符合"冒用他人信用卡"的定罪条件时，应以信用卡诈骗罪定罪处罚。

---

〔1〕 肖中华、高尚："信用卡网络诈骗行为分析"，载《南昌大学学报》（人文社会科学版）2013年第3期。

〔2〕 参见吴之成、王珂："论网络无卡方式信用卡诈骗及其刑法规制"，载《企业家天地》（理论版）2011年第8期。

〔3〕 参见张明楷：《诈骗罪与金融诈骗罪研究》，清华大学出版社2006年版，第695页。

〔4〕 参见皮勇、麦勇浩："论电子商务环境下的信用卡诈骗罪"，载《法学家》2002年第3期。

第二，以盗窃罪定罪处罚不符合罪刑相适应原则。首先，信用卡诈骗罪侵犯了国家的信用卡管理秩序和他人的财产所有权，盗窃罪仅侵犯了他人的财产权，以盗窃罪定罪无法涵盖法益被侵害的整体情况。其次，在两罪最高刑一致的情况下，信用卡诈骗罪的法定刑起点要高于盗窃罪，相应的附加刑也高于盗窃罪。在同等数额的情况下，行为人盗窃他人信用卡并使用以盗窃罪处罚要比冒用他人信用卡以信用卡诈骗罪处罚获得的刑罚轻，造成刑罚不均衡的现象，违背罪刑相适应原则，而以信用卡诈骗罪定罪可以避免上述情况。最后，刑法将拾得信用卡并使用的认定为冒用他人信用卡，属于信用卡诈骗，前述，盗窃他人信用卡并使用的，也应当属于冒用他人信用卡，以盗窃罪定罪与"拾得信用卡并使用"的立法逻辑不一致。

第三，把"盗窃信用卡并使用"的，认定为信用卡诈骗罪，可与前述司法解释相协调。如前文所述，我国《刑法》第 196 条第 3 款与前述司法解释第 5 条第 2 款存在抵牾之处，在行为人盗窃含有密码的他人信用卡并在互联网上使用时，定罪存有争议，恰当的做法是修改《刑法》或司法解释的规定，使法律之间保持内在的协调。从法律位阶的角度分析，法律的效力要高于司法解释，但并不表明法律规定是正确的。本书认为，行为人窃取他人含有密码的信用卡，通过互联网进行使用的，应认定为信用卡诈骗罪。如此，就会保持法律之间的协调和统一，维持法律的严肃性。

据此，本书认为，盗窃信用卡并使用的，其实质仍是信用卡诈骗，不宜定盗窃罪，建议删除我国《刑法》第 196 条第 3 款的规定。[1]

（四）网络信用卡诈骗犯罪的既遂问题

信用卡诈骗罪作为数额犯，行为人必须骗取了他人数额较大的财物才构成犯罪，但是，犯罪既遂是以行为人控制了财物还是以被害人失去了财物为标准，尚有争议。失控说认为，应当以被害人失去对财物的控制为标准；控制说认为，应当以行为人实际控制财物为标准。一般情况下，在传统信用卡犯罪中，行为人控制财物和被害人失去财物是同时的，不管采用何种犯罪既遂标准都不影响准确定罪处罚。但是在电子商务环境下，行为人控制财物和被害人失去财物并不总是同时发生，以何种标准认定既遂，影响到本罪的成立。

---

〔1〕 参见皮勇："论网络信用卡诈骗犯罪及其刑事立法"，载《中国刑事法杂志》2003 年第 1 期。

本书认为，网络信用卡诈骗犯罪的既遂应以行为人实际控制财物为标准。失控说把一些本来是未遂的情形当作犯罪既遂处理，不当地扩大了既遂犯罪的范围。[1]根据行为人利用网络进行信用卡诈骗方法的不同，应分情况处理：第一，行为人在获取他人信用卡资料后，利用网络转移他人信用卡上的资金时，由于网络系统拒绝而没能转账成功的，此种情况下，被害人没有丧失对财产的控制，行为人也没有取得财产的控制，应认定为未遂。第二，行为人将他人账户中的资金转入自己的账户，如果没有使用或进行其他处置的，应当以未遂论处。这种情况下行为人尚未实际控制资金，虽然财产脱离了被害人的控制，但仍在金融机构的控制内，被害人可以通过金融机构冻结资金。若行为人把资金转入自己的账户之后，进行了提取或转账等进一步的处置行为，应认为行为人实际控制了资金，构成犯罪既遂。第三，行为人利用获取的信用卡资料，通过互联网进行购物、消费，使资金实际转入商家的账户的，即使行为人尚未取得商品或服务，也应认定为犯罪既遂。[2]

第三节　第三方支付诈骗犯罪

作为一种新兴的支付方式，第三方支付逐渐成为电子商务的一种潮流，并将成为我国网上交易的主要支付手段，但支付宝、财付通、微信支付、易宝支付、网易宝、汇付天下等新兴第三方快捷支付缺少法律监管和约束，其法律性质未予以明确，交易中面临诸多刑事风险，需深入研究。

一、第三方支付诈骗概述

（一）第三方支付的概念

第三方支付的概念最早由马云先生在 2005 年瑞士达沃斯世界经济论坛上提出，此后，第三方支付这一提法获得广泛认可。随着电子商务的不断发展，第三方支付也得以迅速壮大，并不断提供业务创新服务。为规范第三方支付业务的服务行为，防范支付风险，促进网络金融健康发展，2010 年 6 月 14

---

〔1〕　参见赵廷光、皮勇："关于利用计算机实施盗窃罪的几个问题"，载《中国刑事法杂志》2000 年第 1 期。

〔2〕　参见皮勇、麦勇浩："论电子商务环境下的信用卡诈骗罪"，载《法学家》2002 年第 3 期。

日，中国人民银行通过了《非金融机构支付服务管理办法》（2020 修正），该办法第 2 条把第三方支付界定为非金融机构支付。据此，理论界纷纷对第三方支付进行研究，如有学者把第三方支付界定为："依据《非金融机构支付服务管理办法》规定取得'支付业务许可证'，并提供支付服务的非金融法人企业。"[1]也有学者认为，第三方支付是指独立于电子商务商户和银行，为商户和消费者（在交易过程中，消费者可能是其他商户）提供支付服务的机构。通常是具备一定实力和信誉保证的独立机构，采用与各大银行签约的方式，基于网络提供网上和网下支付渠道，完成从用户到商户的在线货币支付、资金清算、查询统计等系列过程的一种支付交易方式。[2]还有学者认为，第三方支付是指那些具备一定经济实力和信誉保障的独立法人机构，通过与各大银行签约的方式，为用户提供和银行支付结算系统接口的交易支持平台的网络支付模式。[3]此外，还有研究人员从第三方支付的主体、内容和客体等不同角度来理解其含义。

本书认为，上述概念的界定或多或少地反映了第三方支付的本质。第一种概念借助《非金融机构支付服务管理办法》（2020 年修正）规定，过于抽象；第二种概念则与之相反，过于庞杂，不够简洁，亦为本书所不取；第三种概念指出第三方支付是一种交易平台，有其可取之处，但也存在不够简练的问题。至于从第三方支付的主体、内容和客体等角度来理解其含义，有助于更好地把握第三方支付的范畴，但并不是给第三方支付下定义。第三方支付作为一种支付手段，独立于交易双方和金融机构，其实质是一种中介平台。从这个意义上讲，第三方支付是指独立于电子商务客户、消费者、金融机构，为消费者和商户提供支付服务的机构。

（二）第三方支付的特点

第一，第三方支付具有独立性。如前所述，第三方支付独立于买方和卖方，也独立于金融机构，并不参与双方的交易，仅仅为交易双方提供支付、结算的服务。第三方支付所具有的独立性特点，使其能够获取交易双方的信

---

〔1〕 曹红辉、李汉等：《中国第三方支付行业发展蓝皮书（2011）》，中国金融出版社 2012 年版，第 14 页。

〔2〕 参见杨天翔、薛誉华、刘亮编著：《网络金融》，复旦大学出版社 2015 年版，第 83 页。

〔3〕 参见帅青红、夏军飞编著：《网上支付与电子银行》，东北财经大学出版社 2009 年版，第 180 页。

任，能够中立无偏见地参与双方的交易，客观公正地维护交易双方的合法权益，获得交易双方的信赖。

第二，第三方支付具有中介性。第三方支付仅仅是一个交易支付平台，为买卖双方提供货款支付的服务，买卖双方并不直接发生资金交易，而是通过第三方支付机构进行。第三方支付利用其中介性，建立物流、资金流的平台，能够增强消费者和商家的信赖，减少两者之间信息的不对称，增强交易双方的信心，促进电子商务的发展。

第三，第三方支付安全快捷、简单高效。资质良好的第三方支付机构与银行等金融机构具有稳定的合作关系，可以在一个支付界面完成整合，无需在不同的银行之间开设不同的银行账户，从而实现资金的流动与银行的对接，使得交易更加方便快捷。此外，只要在第三方支付机构注册账户，并与自己的银行卡进行关联，通过网络登录第三方支付机构，轻点鼠标，即可完成支付，第三方支付便捷高效的特性也是其获得快速发展的原因。

第四，第三方支付信誉良好、功能齐全。由于第三方支付的门槛较高，能够取得第三方支付资质的服务商本身就代表了良好的信誉，可以获得买卖双方的信任，解决电子商务交易中的信用问题，推动网络金融的发展。此外，第三方支付还可以根据商家或消费者的需求，为其提供交易查询、退款和止付等增值服务，为客户量身定制个性化的支付结算服务，关注普通客户需求，充分保障了交易各方的利益。

（三）第三方网络支付诈骗犯罪的特征

网络金融的繁荣助推着第三方网络支付的发展，从刑事层面来讲，涉第三方网络支付诈骗犯罪主要具有以下特征：[1]犯罪的故意性，即故意犯罪占绝大多数；非法获利性，这是最主要特征；犯罪行为的高智商性，即利用第三方网络支付手段犯罪需要掌握较高的网络技术知识；犯罪无现场性，罪证极易被掩盖和销毁；犯罪的低成本、低风险性，犯罪人实施犯罪的成本较低且不易被追究；以及犯罪的难防控性，并且随着犯罪技术的不断更新进化，防控犯罪的难度会进一步加大。

---

〔1〕　参见上海市浦东新区人民检察院课题组："网络金融犯罪的治理"，载张凌、陈辐宽、严励主编：《犯罪防控与法治中国建设——中国犯罪学学会年会论文集（2015 年）》，第 361 页。

二、第三方支付诈骗监管现状及问题

目前，我国已颁布相关法律法规及政策性文件以规范第三方支付的健康发展，但尚不够健全，由于第三方支付发展迅猛，在缺乏有效的行政监管和法律约束的情况下，会给相关利益主体带来安全隐患。此外，立法的滞后，会导致第三方支付发展受到限制，并逐渐暴露出诸多问题，值得深入研究。

（一）第三方支付的法律规范现状

我国对第三方支付监管的法律体系包括法律、法规、部门规章及其他规范性文件，对相关法律规范进行梳理，发现第三方支付存在的问题，完善相关法律法规，有利于第三方支付的健康发展。

1. 法律法规

我国立法对电子商务、第三方支付领域的法律监管起步较晚，明显滞后于网络金融的发展，《中国人民银行法》《商业银行法》《票据法》《反洗钱法》等法律虽有对交易支付的规定，但针对性不强，第三方支付仅能参照上述法律进行监管，不能满足新时期电子商务的发展。直到2004年8月，我国规范电子商务活动的首部法律《电子签名法》获得通过，该法确定了电子签名的法律效力，明确了电子签名的规则，消除了电子商务发展的法律障碍，维护了电子交易中各方的合法权益，保障了电子交易安全，为电子商务和电子政务的发展创造了有利的法律环境，[1]被认为是"我国第一部真正意义上的信息化法律"，是电子商务领域的基本法，是推动我国电子商务发展和确保电子商务安全的重要立法举措。[2]《电子签名法》明确了电子签名的定义，承认电子签名与传统手写签名和签章相同的法律效力，行为人一旦签名，就表明了电子签名者的身份并认可电子文件的内容。作为我国关于电子商务领域的最早立法，《电子签名法》为网上交易及其支付提供了法律依据，成为第三方支付最基础的法律，扫清了第三方支付面临的法律障碍，推动了第三方支付发展。

---

〔1〕 参见杨坚争：《中华人民共和国电子签名法释义》，立信会计出版社2004年版，第15页。

〔2〕 参见高富平、俞迪飞："电子记录等同于纸面证据的解决方案——兼论《电子签名法》的局限性"，载《法学》2004年第11期。

2. 部门规章

目前，第三方支付法律层面的规范较少，部门规章层面的规范较多，部分原因在于制定法律更加耗时费力，制定部门规章相对容易。《电子签名法》通过之后，中国人民银行、商务部等部门又先后通过若干部门规章以规范第三方支付的发展。

第一，《电子支付指引（第一号）》。2005年10月26日，中国人民银行发布《电子支付指引（第一号）》以规范银行及其客户在电子支付中的活动，维护双方的合法权益。该指引以规范电子支付和强化电子支付的安全为主要内容，涉及电子支付各方权利义务、责任、安全保障、信息披露以及差错处理等多个关键环节。[1]《电子支付指引（第一号）》对于规范和指导电子支付的发展提供了依据，有助于推动电子银行业务的快速发展，但是，该指引是针对规范银行的电子支付而制定的部门规章，第三方支付并不属于该指引的调整范围，仅对第三方支付具有参考性的价值。

第二，《非金融机构支付服务管理办法》（2020年修正）。2010年6月14日，中国人民银行发布《非金融机构支付服务管理办法》（中国人民银行令〔2010〕第2号），该办法第1条开宗明义指出制定本办法是"为促进支付服务市场健康发展，规范非金融机构支付服务行为"，正式赋予第三方支付业务存在的合法性。第三方支付刚刚兴起之时，缺少监管，隐藏着巨大的金融风险，由于缺少对其准确定位，一直摇摆在合法与非法之间，直到2010年《非金融机构支付服务管理办法》颁布，对支付宝等第三方支付机构进行定位，明确了其合法性。该办法在阐明立法宗旨之后，明确了非金融机构从事第三方支付的条件、程序和准入要求，并对申请人、申请方式、许可证申请的条件作出了规定，符合条件的非金融机构可按照规定取得"支付业务许可证"，成为合法的支付机构。该办法从法律效力等级来看，仅属于部门规章，效力等级不高，但不可否认，该办法对于促进第三方支付及相关行业的发展将起到积极的影响。

第三，《非金融机构支付服务管理办法实施细则》（2020年修正）。为配合《非金融机构支付服务管理办法》的实施，2010年12月1日，中国人民银行发布《非金融机构支付服务管理办法实施细则》，该细则对《非金融机构支

---

[1] 参见刘春年："《电子支付指引》若干问题研究"，载《现代情报》2006年第3期。

付服务管理办法》的部分规则作了重申，对第三方支付企业的资质作了详细规定，规定了第三方支付机构管理人员的学历和技术水平。此外，该细则还对各条款作出细化的规定，对不明确的地方作出解释，明晰了前述办法的模糊规定，消除了第三方支付发展的最后障碍。该细则结合前述办法共同降低了第三方支付的安全风险，确保了第三方支付行业的健康发展。

第四，其他部门规章。除了前述部门规章之外，国务院相关部委又陆续颁布一些部门规章，以规范第三方支付健康发展。如表4-1：

表4-1 我国第三方支付行业相关部门规章一览
（截至 2020 年 12 月）

	颁布时间	颁布部门	具体名称	所属领域
1	2005 年 10 月	中国人民银行	《电子支付指引（第一号）》	网上支付
2	2007 年 3 月	商务部	《关于网上交易的指导意见（暂行）》	网上交易
3	2007 年 12 月	商务部	《关于促进电子商务规范发展的意见》	电子商务
4	2009 年 4 月	商务部	《电子商务模式规范》	电子商务
5	2009 年 4 月	商务部	《网络购物服务规范》	电子商务
6	2009 年 4 月	商务部	《关于加快流通领域电子商务发展的意见》	电子商务
7	2010 年 6 月	中国人民银行	《非金融机构支付服务管理办法》（2020 年修订）	网上支付
8	2011 年 5 月	中国人民银行、监察部、财政部、商务部、税务总局、工商总局、预防腐败局	《关于规范商业预付卡管理的意见》	网上支付
9	2011 年 6 月	中国人民银行	《非金融机构支付服务业务系统检测认证管理规定》	网上支付

	颁布时间	颁布部门	具体名称	所属领域
10	2012 年 3 月	中国人民银行	《支付机构反洗钱和反恐怖融资管理办法》	网上支付
11	2012 年 9 月	中国人民银行	《支付机构预付卡业务管理办法》	网上支付
12	2013 年 2 月	国家外汇管理局	《支付机构跨境电子商务外汇支付业务试点指导意见》（已废止）	电子商务
13	2013 年 6 月	中国人民银行	《支付机构客户备付金存管办法》（已废止）	网上支付
14	2013 年 7 月	中国人民银行	《银行卡收单业务管理办法》	网上交易
15	2014 年 1 月	国家工商总局	《网络交易管理办法》（已废止）	网上交易
16	2014 年 3 月	中国人民银行	《关于手机支付业务发展的指导意见》（征求意见稿）	手机支付
17	2015 年 12 月	中国人民银行	《非银行支付机构网络支付业务管理办法》	网上支付
18	2016 年 4 月	中国人民银行、中央宣传部、中央维稳办等部门	《非银行支付机构风险专项整治工作实施方案》	网上支付
19	2017 年 12 月	中国人民银行办公厅	《关于调整支付机构客户备付金集中交存比例的通知》	网上支付
20	2018 年 6 月	中国人民银行办公厅	《关于支付机构客户备付金全部集中交存有关事宜的通知》	网上支付
21	2018 年 6 月	中国人民银行	《关于非银行支付机构开展大额交易报告工作有关要求的通知》	网上支付
22	2018 年 12 月	中国人民银行	《非银行支付机构大额交易报告要素及释义》	网上支付
23	2019 年 4 月	国家外汇管理局	《支付机构外汇业务管理办法》	网上支付

3. 其他规范性文件

除前述规范第三方支付的法律法规、部门规章以外，国务院办公厅、中国电子商务协会、中国支付清算协会等行业自律组织也颁发了一系列政策性文件，以规范第三方支付的发展。如表4-2：

表4-2　我国第三方支付行业其他规范性文件一览

（截至 2020 年 12 月）

	颁布时间	颁布部门	具体名称	所属领域
1	2005 年 1 月	国务院办公厅	《关于加快电子商务发展的若干意见》	电子商务
2	2005 年 4 月	中国电子商务协会	《网上交易平台服务自律规范》	网上交易
3	2005 年 6 月	中国人民银行	《支付清算组织管理办法（征求意见稿）》	网上支付
4	2006 年 1 月	中国银监会	《电子银行业务管理办法》	电子银行
5	2009 年 4 月	中国人民银行	《对从事支付清算业务的非金融机构进行登记的公告》（现已失效）	网上支付
6	2012 年 9 月	中国人民银行	《关于进一步加强预付卡业务管理的通知》	网上支付
7	2014 年 3 月	中国人民银行	《支付机构互联网支付业务管理办法（征求意见稿）》	网上支付
8	2015 年 7 月	中国人民银行	《非银行支付机构网络支付业务管理办法（征求意见稿）》	网上支付
9	2016 年 4 月	中国支付清算协会	《非银行支付机构自律管理评价实施办法（试行）》	网上支付
10	2020 年 9 月	中国支付清算协会	《非银行支付机构预付卡业务风险防范指引》	网上支付

（二）刑法视野下第三方支付存在的问题

随着互联网金融的蓬勃发展，第三方支付渗透到生活中多个领域，交易规模不断扩大，逐渐颠覆传统的支付方式，不可避免的是，第三方支付在快速发展过程中会带来一些问题，作为第三方支付的"三宗罪"——信用卡套现、洗钱及沉淀资金——是其典型代表，[1]逐渐暴露出金融隐患。此外，由于我国规范电子商务相关法律法规落后于电子商务的发展，且效力等级不高，使第三方支付面临一定的法律风险。研究第三方支付在发展中存在的问题及其面临的法律风险，有助于维护第三方支付相关交易主体的合法权益并促进其健康发展。

1. 信用卡套现问题。信用卡套现是指信用卡持卡人违反与发卡银行的约定，避开银行柜台取款或 ATM 自助终端提现的方式，将信用卡中的透支额度通过 POS 终端机或第三方网上支付平台等其他方式，全部或部分地转换成现金，而不向发卡银行支付利息的行为。[2]在通常情况下，信用卡套现表现为信用卡使用者利用刷卡等方式，恶意规避银行正规提现手续，将消费金额转变为现金的行为。[3]但是，利用第三方支付进行信用卡套现改变了这一方式，通常表现为行为人利用信用卡对本人注册的第三方支付账户进行充值，再申请提现，或者两个行为人之间通过虚假交易，一方作为买方，通过信用卡支付货款，另一方作为卖方，在对方确认"收货"之后，获得货款，然后通过银行立即提现。从技术上来讲，第三方支付平台可以保证交易的安全，但是无法保证交易的真实，通过第三方支付平台进行信用卡套现的行为人，正是利用这个漏洞，以虚假交易为基础，通过信用卡进行网上支付，在资金进入第三方支付平台后，然后取消交易，在通过第三方支付平台的账户退款时，将资金转移到银行卡中，从而达到在银行套现的目的。[4]信用卡一般由银行设置一定的额度供用户进行使用，其目的是鼓励消费并非取现，行为人利用第三方支付进行信用卡套现，以交易为名，可以不受额度的限制，轻易套现，这种套现行为违背了发卡行发放信用卡的目的，会导致银行坏账，引发金融风险，第三方支付机构虽采取措施以监控信用卡套现行为，但难以从根本上予以杜绝，若放任套现行为的发生，不仅会导致银行利益受损，还会危及整

---

〔1〕 参见张春燕："第三方支付平台沉淀资金及利息之法律权属初探——以支付宝为样本"，载《河北法学》2011 年第 3 期。

〔2〕 参见卫磊："信用卡套现行为的罪名认定及其处理"，载《政治与法律》2009 年第 7 期。

〔3〕 参见袁道强："信用卡套现成本的博弈分析及其监管探讨"，载《金融理论与实践》2008 年第 12 期。

〔4〕 2012 年以后，通过第三方支付平台进行信用卡套现的服务被禁止，但在目前监管体系不健全的情况下，尚难以完全禁止。

体金融秩序。

2. 洗钱问题。第三方支付为交易双方提供了一个可以信赖的交易平台，且第三方支付受到的监管较少，为行为人利用第三方支付进行洗钱制造了空间。在第三方支付中，行为人注册多个账户，虚构交易，将资金在不同的账户之间进行转移，在网上既充当买方，又充当卖方，制造虚假交易，将违法所得及其收益转移至第三方支付平台，再从支付平台把资金转移至收款人账户，从而把上述非法财产转换为合法财产。第三方支付把原来一个独立的资金交易过程分割为两个独立的资金交易过程，使金融监管机构无法识别资金的来源和资金的去向，难以掌控资金的流动过程，为洗钱行为人提供了便捷的洗钱渠道。行为人只要在第三方支付机构设立账户，就可以实现资金的隐蔽转移，使"黑钱"得以漂白。此外，第三方支付平台也开始提供跨境支付业务，为跨境资金的异常流动提供便利，[1]为境内外洗钱行为人提供了便利的洗钱工具，在这种情况下，行为人很容易通过第三方支付工具将非法资金跨境流入经济领域，为洗钱行为提供了便利。

3. 沉淀资金问题。在第三方支付领域，根据其交易的流程和性质，客户在购物时，需在第三方支付企业注册并绑定自己的银行账户，通过银行账户向第三方支付注册账户充值，以便支付货款。但是，在网上买卖交易过程中，客户支付货款和商家收到货款并不是同时进行的，一般先由买方将货款付至第三方支付企业账户，并暂存第三方支付企业账户，此后，等待卖家发货，然而卖家发货之后还不能马上收到买家的付款，只有等到买家确认收到货物之后发出支付口令时，第三方支付企业才会把货款转移至卖方账户。在买家确认收到货物之后，没有发出支付口令的情况下，第三方支付系统也会在规定的期间内自动把先期支付的货款转移至卖方账户。在这一支付模式中，注册客户的资金将在第三方支付平台企业的网上银行账户中平均停留 7 天左右，[2]此时，就会产生大量沉淀资金。在第三方支付规模不断扩大的情况下，聚集的沉淀资金日益庞大，蕴含的安全隐患也进一步增加。沉淀资金除了容易被挪用、占用、借用或为他人提供担保，可能涉嫌违法犯罪外，资金存放在第

---

〔1〕 参见吴朝平："第三方在线支付业务的洗钱风险及反洗钱监管研究"，载《南方金融》2012年第10期。

〔2〕 参见邢丘丹、雷婷："第三方支付的崛起对网上银行支付业务发展的启示"，载《宁夏大学学报》（人文社会科学版）2009 年第 6 期。

三方支付平台上，也容易为"黑客"所攻击，危及财产安全，并对金融系统的稳定造成威胁。

4. 用户信息安全问题。用户信息是指第三方支付用户在从事第三方支付活动时所注册的个人资料及从事网络活动的相关信息。其中，个人资料具有某种程度的唯一性，结合起来能够识别特定的行为人，这种信息包括姓名、性别、年龄、民族、籍贯、身高、体重、文化程度、身份证号码、银行账号、移动电话、电子邮件、通讯地址、邮政编码等个人基本信息。从事网络活动的相关信息包括行为人浏览网站的记录、网上购物记录、支付记录及其他使用网络的相关记录等。由于这些信息可以被人利用从而具有商业价值，行为人为了获取经济利益，通过窃取、搜集、购买等方式获得用户信息，从而进行违法犯罪活动。第三方支付平台拥有海量注册用户的个人资料，具有信息优势，一旦信息泄露，极有可能给注册用户造成财产损失。

三、第三方支付诈骗犯罪的行为分析及解决途径

第三方支付平台作为电子商务发展过程中不可或缺的一部分，不断进行创新并拓展相关业务领域，对促进网络金融的发展发挥了巨大作用。但由于第三方支付平台参与主体众多，涉及法律关系复杂，加之现行法律规则的欠缺，监管不足，容易滋生违法犯罪现象，不法分子利用第三方支付平台实施犯罪的情况也与日俱增。目前，第三方支付平台主要涉及洗钱罪，非法经营罪，挪用资金罪或职务侵占罪，侵犯公民个人信息罪以及盗窃、诈骗等犯罪。本节主要分析利用第三方支付实施诈骗犯罪的行为，涉嫌其他犯罪行为的分析将在第五章进行论述。

（一）行为类型分析

1. 利用交易对方对交易规则不熟悉进行诈骗

第三方支付平台作为一种新型的支付方式，具有特殊的交易规则。行为人利用第三方支付平台的交易规则，利用商品的交易流程，诱骗买方提前确认付款或诱骗第三方"超时付款"，从而实施诈骗犯罪。以支付宝为例，利用交易对方对交易规则不熟悉进行诈骗共分"欺骗付款"和"超时打款"两种情况：其一，"欺骗付款"。该种情况是指在卖方点击发货后，买方因不懂交易规则，在未收到商品时却出于轻信或疏忽等原因而点击确认收货，导致钱款会从其支付宝账户转入卖方账户。其二，"超时打款"。该种情况是指卖方

点击发货的一段时间后（平邮一般为 30 天、快递为 10 天、虚拟物品为 3 天），若买方没有确认收货或提出异议申请，系统将自动将支付宝账户内的款项划拨给卖方账户。卖家出于非法占有的目的，利用买方对购买流程不熟而诱导买方提前确认付款或欺骗买方不作为使第三方机构"超时打款"，构成诈骗。[1]

根据刑法的基本原理，诈骗罪（既遂）的基本构造为：行为人实施欺骗行为——对方（受骗者）产生（或继续维持）错误认识——对方基于错误认识处分财产——行为人或第三者取得财产——被害人遭受财产损失。[2] 在利用第三方支付平台进行交易的过程中，行为人虚构事实或隐瞒真相，使交易对方产生认识错误，在没有收到货物的时候诱骗交易对方"欺骗付款"或"超时打款"，行为人取得财产，买方遭受财产损失。这一系列行为完全符合诈骗罪的基本构造，若诈骗他人财产达到数额较大标准，涉嫌构成我国《刑法》第 266 条规定的诈骗罪。

2. 利用网络钓鱼进行诈骗

网络钓鱼是一种较为常见的网络诈骗方式，20 世纪 90 年代中期起源于美国。按照美国司法部的定义，"网络钓鱼"是指制造或使用与知名合法企业、金融机构或政府机关的电子邮件和网站相似的电子邮件和网站，诱骗网络用户透漏他们的银行和金融账户信息或其他个人信息，如用户名和密码。[3] 近年来，网络钓鱼已成为网络病毒之后较为严重的安全隐患，不断威胁到公民的信息和财产的安全。行为人为获取受害人的银行账户、密码等个人信息，假冒银行等金融机构的网站，诱骗受害人点击，骗取上述信息后，实现其窃取或骗取资金的目的。

随着第三方支付业务的兴起，利用网络钓鱼进行诈骗的方式也日益增多，较常见的诈骗方式主要有以下几种：（1）发送欺诈性电子邮件，以虚假信息引诱收件人登录虚假网站，提供用户名、密码、身份证号、银行卡号、手机

---

[1] 参见龚培华、陈海燕："第三方支付平台中的犯罪问题与法律对策"，载《上海政法学院学报》（法治论丛）2010 年第 1 期。

[2] 参见张明楷：《刑法学》（下），法律出版社 2016 年版，第 1000 页。

[3] See Robert Louis B. Stevenson, "Plugging The 'Phing' Hole: Legislation Versus Technology", *Duke Law & Technology Review*, 2005 (5). 转引自陈玲："'网络钓鱼'与刑法规制"，载《政治与法律》2008 年第 8 期。

号码等个人信息，然后利用这些信息窃取收件人资金；（2）假冒知名银行、证券机构的网站或发送虚假链接，骗取用户的账号和密码，实施盗窃行为；（3）通过植入木马病毒或利用黑客技术窃取用户的身份信息，登录用户的银行账户，窃取财产；（4）利用虚假的购物网站进行诈骗。在上述行为方式中，前三种行为是通过设置钓鱼网站窃取被害人的银行账户和密码，在被害人不知情的情况下转移被害人银行账户的资金，实际上是一种盗窃行为。仅有第四种行为涉嫌网络诈骗。以淘宝网为例，行为人在网站上发布商品销售信息，买方在询问时，向其发送虚假的网络链接，买方登录网站，并用支付宝进行付款，行为人在收到买方的付款之后就销声匿迹。由于作为第三方支付机构的支付宝存在支付监管的漏洞，无权对用户的账户实施冻结或划拨，行为人通过此种方式进行诈骗屡禁不止。

3. 信用卡诈骗

信用卡犯罪是网络金融犯罪中重要的组成部分，在实践中，以第三方支付为工具进行信用卡套现是信用卡犯罪的新手法。目前，以套现为目的的信用卡诈骗行为主要有两种：其一是行为人在交易过程中，串通虚假交易相对方，出于套现目的使用信用卡，利用第三方支付交易平台存在的漏洞进行套现。以支付宝为例，当行为人并非出于真实交易目的而使用无任何充值、使用限额的信用卡，与支付宝之间设定了资金充值联系，而又串通了虚假的交易相对方时，则信用卡内的钱款可以通过支付宝的途径透支套现。[1]其二是利用第三方支付的POS机进行套现。利用POS机进行套现主要表现为两种形式：第一，非法套现者通过虚假购物的方式，将交易资金由信用卡账户汇入第三方虚拟账户，卖方获得买方支付的货款后从银行提现，再返还给买方，整个过程没有真实的货物交易。[2]第二，买方还可以利用第三方支付虚拟的POS机功能通过取消交易的方式实现套现。买方取消要进行的交易，其在第三方支付平台开立的虚拟账户余额会相应增加，并可以将资金从虚拟账户转回其他的银行账户进行套现。[3]

---

〔1〕 参见龚培华、陈海燕："第三方支付平台中的犯罪问题与法律对策"，载《上海政法学院学报》（法治论丛）2010年第1期。

〔2〕 参见黄璟宜："论对第三方支付机构的法律监管"，载《南方论刊》2010年第3期。

〔3〕 参见李星廷："利用第三方支付平台进行经济犯罪问题及其对策初探"，载《北京警察学院学报》2013年第4期。

在上述行为中，若行为人利用第三方支付平台或 POS 机恶意透支，数额较大的，涉嫌构成我国《刑法》第 196 条规定的信用卡诈骗罪；若行为人利用第三方支付平台或 POS 机以套现为业的，依据 2009 年最高人民检察院和最高人民法院颁布的《关于办理妨害信用卡管理刑事案件具体应用法律若干问题的解释》（2018 修正）第 12 条的规定，行为人使用上述方式为他人套现，情节严重的，涉嫌构成我国《刑法》第 225 条规定的非法经营罪。

（二）行为要素分析

关于与第三方支付紧密相关的犯罪类型，目前学界关注最多的还是洗钱、逃税等犯罪，其理由很容易理解：第三方支付是电子商务的主要支付方式，而工商、税务等行政机关对电子商务的监督管理尚处于探索阶段，其监管水平远远跟不上电子商务的发展。这种情况下，一些人利用网络虚拟空间交易的监管真空，通过开设网店并进行没有真实交易的自买自卖行为隐匿资金真实来源，或者以不进行工商、税务登记或不开具发票的形式逃避税务征收。相比之下，人们对与第三方支付紧密相关的诈骗犯罪的了解尚处于初级阶段，大都只是通过第三方支付平台的统计或各种媒体公布的具体个案注意到与之相关的一些信息。在进行相关研究时，学者们关注的往往是网络诈骗犯罪这一整体，且多从犯罪学或犯罪预防的角度展开分析，鲜有学者从客观构成要件的角度对利用第三方支付方式实施的诈骗犯罪进行专门研究。经对相关犯罪手法进行剖析，笔者发现，利用第三方支付实施的诈骗犯罪在客观方面与传统诈骗犯罪客观方面有着明显区别：传统诈骗犯罪中，直接导致被害人遭受财产损失的行为大都可以为"自愿交付"所概括，但在利用第三方支付方式实施的诈骗犯罪中，这一通说要件受到了挑战。

1. 交付与处分的区别

尽管各国刑法对诈骗犯罪的表述不尽相同，也鲜有刑法条文详细表述诈骗犯罪客观构成要件中的全部构成要素，但关于诈骗行为的客观表现，大陆法系国家与我国的刑法理论和司法实践大多认为，构成诈骗犯罪（既遂）的客观方面需要齐备以下五个要素：欺骗行为、被骗者陷入错误认识、被骗者处分（交付）财产、遭受财产损失、行为人或第三人获得财产利益。其中，处分（交付）行为是其中最核心的要素。尽管如此，处分（交付）行为是否为认定诈骗犯罪所必需仍在一定范围内存有争议。不必要说认为，交付（处分）行为并非是诈骗罪的独立要件，特别是在骗取利益的场合，它只不过是为确认"利益转移"起因果联系的作用。[1]必要说认为，交付（处分）行为是诈骗罪成立必不可少的要件。理由可以概括为两点[2]：第一，交付（处分）行为是表明被害人的错误与行为人取得财产两者之间有因果关系的重要环节，缺少这一环节，即使被欺诈者陷入了错误，并且行为人也取得了财产，那也表明两者之间没有因果关系，不可能构成诈骗罪。第二，是否存在处分（交付）行为是区分诈骗罪与盗窃罪的关键所在。盗窃案件中也可能掺杂有行为人的欺诈行为，此时确定行为性质的关键是看有无被害人交付（处分）财物的行为。在日本，必要说是理论上的通说，也是法院判例所持的基本立场。笔者认为，不必要说有自相矛盾之嫌：一方面否定处分（交付）行为对于认定诈骗犯罪的必要性，另一方面又认可其在利益诈骗罪中有着"确认'利益转移'因果联系的作用"。按此推论，没有因果关系就不能确认利益转移，而没有利益转移又何来诈骗犯罪？因此，承认处分（交付）行为对于"确认'利益转移'因果关系的作用"实际上就是承认了该行为在认定利益诈骗罪中的实质性作用，这样还是走向了必要说。我国刑法理论上的通说认为，被骗者交付（处分）财物是诈骗罪完成的必备条件。[3]笔者完全认同通说观点以及上述两点理由。同时笔者注意到，前述学者在进行研究分析时，不加区分地使用了处分与交付二词。那么，是不是对于诈骗犯罪客观构成要件而言，两种用语不存在任何区别，任何情况下都可以混用呢？笔者认为并非如此。事实上，在电子支付方式尤其是第三方支付方式产生后，一些与之紧密相关的诈骗犯罪表现出完全不同于传统诈骗犯罪的客观手法，而这些足以对支付与处分的混用状态产生影响。

　　"交付"本身是一个民法概念。在民法史上，交付的含义经历了一个发展变化的过程。早期的交付通常是指所有权人以转移占有的方式改变有体物所有权的行为。如根据罗马法，交付是万民法中取得所有权最通常、最主要的方法，构成交付需满足四要件：（1）让与人须为物件的所有人并有让与的能力；（2）双方须有转移所有权的意思；（3）须有物件的授受，即让与人需将

---

　　〔1〕　参见［日］内田文昭：《刑法各论》，青林书院 1984 年日文版，第 309 页。转引自刘明祥："论诈骗罪中的交付财产行为"，载《法学评论》2001 年第 2 期。

　　〔2〕　参见［日］法曹同人法学研究室编：《详说刑法（各论）》，法曹同人 1990 年日文版，第 258 页。转引自刘明祥："论诈骗罪中的交付财产行为"，载《法学评论》2001 年第 2 期。

　　〔3〕　参见高铭暄、马克昌主编：《刑法学》（下编），中国法制出版社 1999 年版，第 906 页。

物件的占有移交给受让人。(4) 标的物须为有体物，无体物不能占有。

我国民法关于交付的含义与传统大陆法系最主要的区别：一是认定交付不再要求交付主体是财产所有权人，即只要存在转移占有的行为或事实存在即可构成交付，而不问转移人是否是所有权人或者是否有相应的行为能力；二是构成交付不再需要交付主体具有向他人转移占有的意思，即我国民法上的交付仅仅强调转移占有的行为或事实，而不问转移者是否具有向确定对象转移财物的主观意思；三是构成交付不再要求是所有权的转移，即只要物的占有从一个主体转移到另一个主体即构成交付，而不问该占有是否是基于改变所有权的占有。

相比之下，处分的含义要比交付丰富许多。与交付一样，"处分"一词也是源于民法，因此，专业的法律辞典也多是从民法角度概括其内涵。有的法律辞典认为，处分是指对物进行物理性质的改造、毁损或转让其权利。根据不同方式，可分为事实上的处分与法律上的处分：事实上的处分，指对物进行变形改造或毁损等物理上的事实行为，如拆除房屋、毁损书籍等。事实上的处分将导致物权之绝对消灭，没有新的物权设立；法律上的处分，指经移转、限制或消灭而使物权发生变动的法律行为。例如，将物出质、设定地上权、出卖物之所有、抛弃物等。法律上的处分，导致物权的相对消灭，将有新的物权设立。其他法律辞典关于处分及相关用语的定义与前述内容基本相同，如根据《中华法学大辞典》，处分权是指所有人在法律许可的范围内实施旨在改变财产的经济用途及其状态的可能性。民法中将处分分为事实上的处分和法律上的处分，前者指所有人对财产作实体上的变动，后者指所有人根据自己的意志，通过法律行为变更、限制或消灭自己的权利，如转让、赠与、设定抵押等。通说认为，"处分权通常由所有人行使，在特殊情况下亦可由非财产所有人行使，如法院依强制执行程序拍卖债务人的动产和不动产；承运人依法处理逾期并经催告无人认领的财产等"[1]。

从以上定义不难看出，法律上的处分通常具有以下几个特点：第一，与任何主体的转移占有都可以构成交付不同，民法上的处分对处分主体是有要求的，即通常是所有权人，法律规定的特殊情况例外；第二，处分是建立在处分权人主观意志基础之上的行为，易言之，通常情况下，民法不承认无意

---

[1] 曾庆敏主编：《法学大辞典》，上海辞书出版社 1998 年版，第 343 页。

识的处分；第三，处分是一种法律行为，因此，除了满足以上条件外，构成处分还需要满足其他法律行为所要求的条件，如处分主体是否具有处分能力等。需要指出的是，在上述处分的通常含义之外，一些实务部门或刑法学者还根据自己的理解或研究需要，归纳出刑法意义上的处分含义，如日本法务实践认为，只要被骗人将财产置于行为人事实上可以自由支配的状态就可以理解为财产处分。

2. 是交付而不是处分

实践中，会有人提出，除非被骗主体属于辨认控制能力尚不健全的未成年人或者正常民事主体因醉酒、被麻醉陷于幻觉等特殊情形，否则交付或处分自己财产的人不可能不知道行为后果，因此转移占有的后果已经发生但交付主体没有认识到这一后果以及不知道转移给了谁的情况是不存在的，故而对两个概念进行区分的意义不大。的确，在传统的货币、票据等支付方式下，具有正常民事行为能力的交付或处分主体当然知道"钱"或者"票据"等财产被其处置的后果。但是，电子支付方式下，财物首先不再是可以通过感官刺激所直接认识到的"钱"或者"票据"，而是一个个普通的数字或者符号。同时，与传统诈骗中"手对手"的交付不同，电子支付流程中增加了若干被害人不能直接控制的中间环节。通过对利用第三方支付方式实施的诈骗犯罪的主要手法进行深入剖析，笔者发现，与传统诈骗犯罪明显不同，第三方支付方式下诈骗犯罪的被害人都是在不知道自己行为的后果且不具有向对方支付款项意识的情况下，通过自己的行为将资金转至行为人账户，进而遭受财产损失。

新型网络钓鱼模式是在 2010 年年初才出现的一种更具隐蔽性、欺骗性的网络诈骗手法。诈骗过程中，谎称销售优惠商品的骗子首先欺骗买家点击商品图片（实际上是一个执行程序，一种俗称"吸血鬼"或"吸血僵尸"的病毒，但被伪装成商品图片或者相关信息，病毒的运行会改变资金转移流程，使买家的网上银行账户直接与骗子设定的网上银行账户联通），当买家按照正常付款流程，从网上银行账户向自己的第三方支付账户转移款项时，相应资金就进入行为人设定的银行账户。如某诈骗案件中，被害人李某通过浏览淘宝网选定了心仪的商品，因为网站所示产品细节不够清晰，李某随即通过淘宝旺旺联系卖家，但对方表示因为当前客户过多，可通过 QQ 向其他客服人员咨询更多问题，李某照办。通过 QQ 联系到的"客服"十分热情，表示现在

购买产品还有礼品赠送，并发来名为"礼品清单"的压缩包（实际上是病毒），李某接收后随即进行查看，然后继续交易。但多次尝试使用支付宝进行支付都显示支付失败，反复四次之后，李某以为网络出现问题准备放弃这次交易时才发现，之前的几次支付均已生成，四笔购物款已从网银账户转出，但并未进入自己的支付宝账户，而是被直接汇至骗子设定的账户。[1]

从以上典型案例介绍中我们发现，无论是传统的网络钓鱼模式，还是新型的木马型诈骗，他们都有一些共同的特点：一是被害人都是直接因为行为人的欺骗而实施了购物行为和付款操作；二是整个过程中被害人的所有行为都是在意识清醒、意思自治的情况下发生，没有受到任何精神制约或有形力控制；三是造成财产损失的直接原因都是源于被害人的操作，即财物是由被害人自己"交出"的而不是他人"拿走"的；四是被害人实施导致财产转移的行为时都没有进行支付的意识，却发生了财产转移的效果。前三个特点与传统诈骗犯罪完全一致，在涉案数额足够大的情况下，根据这三个特点已足以认定行为的诈骗犯罪性质，而不是其他犯罪，更不可能是无罪。唯一不同的是第四个特点。传统诈骗犯罪中的被害人对于自己行为将导致的后果都有着清楚的认识，而前述两类诈骗案件中则完全不同。传统网络钓鱼模式下，被害人的目的在于将钱款从自己的第三方支付账户转至第三方支付平台，以预付购买商品的款项。根据第三方支付规则，在没有确认收到货物的情况下，这种转移仅有委托第三方代管款项的法律效力，而不是支付购物款。易言之，被害人的主观目的是托管而不是向卖方支付货款，却发生了转移至行为人名下的后果。新型网络钓鱼模式下，由于被骗钱款还没有转移至第三方，按正常付款流程，不可能从事支付行为，被害人当然也不可能存在处分意识。

综上分析，笔者认为，由于主观上的转让意识是构成处分行为的通说要件，而在电子支付方式的影响下，出现了被骗人无转移财产意识却转移财产占有的现象，这使得处分一词不再适合概括此类行为。"交付"一词不仅可以评价传统诈骗犯罪的客观表现，也完全适用于当前诈骗犯罪新形势，因此在概括诈骗犯罪中被害人让渡财产的行为时应当使用"交付"一词而不是"处分"。

---

〔1〕 冀欣："第二波网银诈骗袭来 网购木马日袭万人月吸 500W"，载 http://money. so-hu.com/20110530/n308844214.shtml，最后访问日期：2019 年 11 月 30 日。

3. 是"不受胁迫地交付"而不是"自愿交付"

根据前述分析我们知道，交付行为是区别盗窃罪与诈骗罪的关键因素。但交付行为并不是诈骗犯罪的"专利"，敲诈勒索、抢劫等犯罪中也可能存在被害人交付财物的行为。因此，仅有交付行为并不足以认定行为的诈骗性质，也不足以将其与同样具有交付行为的其他犯罪相区别。为此，各国刑法理论普遍将诈骗犯罪的交付行为限定为"自愿处分"或"自愿交付"。我国学者也特别强调"自愿交付"在认定诈骗罪以及区分诈骗罪与其他犯罪中的作用。如有学者认为，"诈骗犯罪最突出的特点，就是行为人设法使被害人在认识上产生错觉，以致'自愿地'将自己所有或持有的财物交付给行为人。区分盗窃罪与诈骗罪的关键，就是看被害人是否因受骗而自愿地将财物交付给行为人。只要不是被害人因受蒙蔽而自愿交付财物给行为人，就不构成诈骗罪，而只能构成盗窃罪"。[1]

利用第三方支付方式实施的诈骗犯罪中，被害人都是在不知道自己行为将产生的结果的情况下，实施了将财物交付给骗子的行为。笔者认为，对于这样一种情形，说被害人"自愿交付"了财产是不合适的。理由在于：这种情况下被害人的主观心态与通说中"自愿交付"的内容——将自己所有或持有的财物交付给行为人——完全不同，事实上，行为人主观上是明确排斥这一结果的。此外，还有一点值得注意：传统支付方式下，如果行为人所提供的交易信息完全真实，被害人是愿意实施相关交易的。而在利用第三方支付方式实施的诈骗中，即便行为人提供的交易信息完全真实，被害人通常也是不愿意将资金交给行为人的，因为它违背了正常的电子商务交易流程：不是先收货后付款而是先付款后收货，而这将直接导致被害人的财产权利得不到保障。总之，对于前述利用第三方支付方式实施的诈骗犯罪中被害人交付财产的行为，在理论上不能用通说的"自愿交付"来评价，在实践中也不能为被害人所接受。

但显然，无论是传统诈骗还是第三方支付方式下的诈骗，被害人交付财产的行为都不是被迫实施的，否则就超出了"诈骗"一词所能评价的范畴。既不是自愿交付，也不是被迫实施，是不是在两者之外还有第三种可能？当然不是。自愿与被迫是完全相对、互相排斥的一对范畴，因此，从被害人角

---

[1] 高铭暄主编：《新编中国刑法学》，中国人民大学出版社1998年版，第784页。

度而言，一种行为要么是自愿实施，要么是被迫为之，除此之外不存在第三种可能。笔者认为，造成前述问题的原因主要在于通说关于"自愿交付"一词含义的界定过于具体，进而从理论上不能涵盖前述案例中的情形，在实践中也不能为前述案例中的被害人所接受。通说将自愿交付的内容限定为"'自愿地'将自己所有或持有的财物交付给行为人"，但案例充分说明，即便没有受到任何胁迫，被害人也可能在完全没有将财物交付给行为人的意思甚至主观上明确排斥这一结果的情况下，通过自己的行为将财物"送给"行为人。

笔者认为，解决前述问题的方案可以有两种，一是重新界定"自愿交付"的含义；二是不再强调行为的"自愿"性，而侧重从客观层面评价被害人交付财产的行为。

随着我国互联网络的迅速普及和网民数量的快速增长，网上银行已经得到越来越多网民的认可，并逐渐显现出其方便、快捷的独特优势。但由于金融机构、网站和网民的安全意识并没有随着技术的发展而迅速跟进，涉及网络金融犯罪时常发生，并且案值不断上升，影响范围亦愈发扩大。基于其违法性与危害性，对第三方网络支付中出现的各类犯罪行为，应充分运用现有刑法规范予以规制。同时，鉴于第三方网络支付中的诈骗犯罪一般是传统诈骗犯罪基于网络支付平台这种新兴电子支付模式而在互联网中的特殊表现形式，是行为人将该平台及计算机网络作为犯罪工具实施的网络支付诈骗犯罪，也应积极参照现行网络支付规则。从传统刑事规范与现行网络支付规则的兼用角度出发，区分第三方网络支付中滋生的犯罪与传统犯罪之间的差异性，在准确解读法律关系的基础上确认犯罪构成，适用具有互联网络特点的相关证据规则，以实现依法惩治网络金融犯罪的目的与效果。[1]

---

〔1〕 参见上海市浦东新区人民检察院课题组："网络金融犯罪的治理"，载张凌、陈辐宽、严励主编：《犯罪防控与法治中国建设——中国犯罪学学会年会论文集（2015年）》，第361页。

第五章 互联网金融创新的刑法规制

互联网金融是互联网时代的新金融活动，对我国经济社会的现代化发挥重要的推动作用，同时，也面临互联网金融违法犯罪、法律和监管方面的风险。第三方支付、P2P 网络借贷、众筹等互联网金融创新形式交易成本低，风险分散，不受地域、时空限制，发展迅速。目前，我国互联网金融市场规模庞大，部分互联网金融创新行为游走在法律红线的边缘，极易诱发违法犯罪行为。我国应为互联网金融的健康发展提供有力的法律保障，对互联网金融的监管规范应首先考虑运用民商法、行政法等法律，只有在其难以有效发挥保障作用时，才需要刑法介入。

第一节　互联网金融创新行为概述

互联网金融的异军突起，一方面彰显了互联网企业对金融业务的积极涉足，另一方面也意味着传统金融行业的日益互联网化。作为一种新的金融和商业形式，互联网金融极大地促进了金融乃至实体产业资金的融通效率，同时也带来了一系列法律风险和社会不稳定因素。互联网金融作为一种新的金融模式，互联网金融创新发生的背景及表现形式，其存在的利弊及现行法律法规保障情况，有待研究。其中，互联网金融带来的法律风险，特别是刑法意义上的法律风险，是法律研究者需要关注的重点。

一、我国互联网金融的发展现状

2013 年被称为我国互联网金融元年，之后，互联网金融作为一种金融创新模式，在短时间内迅猛发展，甚至有人认为，未来 30 年将是互联网金融时代。互联网金融异军突起，不断改变着我们的生活，给我们带来便利。互联网金融作为互联网与传统金融结合的产物，是对传统金融的创新与发展。

（一）互联网金融的内涵概述

在研究互联网金融及其法律风险之前，首先要厘清"互联网金融"这一概念的内涵和外延，亦即要明确"互联网金融是什么"。中国人民银行在其《2013 年第二季度中国货币政策执行报告》中把"互联网金融"界定为："作为传统金融业与互联网结合的新兴领域，互联网金融具有透明度高、参与广泛、中间成本低、支付便捷、信用数据更为丰富和信息处理效率更高等优势。""第三方支付、网络借贷、众筹融资以及其他网络金融服务平台等互联网金融业迅速崛起。"[1]综合当前学术界和理论界关于互联网金融研究的众多成果，本书认为，以互联网为服务平台的一切资金融通行为都属于互联网金融的范畴，包括但不限于互联网支付、网上资金筹集以及线上理财等金融行为。若以资金融通的不同环节（资金的筹集、融通额支付结算）为标准，互联网金融可以相应地分为筹集类、融通类和第三方支付类互联网金融服务平台。（见表5-1）

表 5-1 互联网金融业态模式

类型	内容	行业特点	案例
筹集类	P2P 网贷	个人投资者通过互联网贷款平台进行贷款	人人贷
	众筹	创意类项目的发起者通过在线平台向投资者筹集资金	大家投
	电商网贷	电商企业利用平台数据完成小额贷款需求的信用审核并放贷	阿里小贷
融通类	银行业互联网化	利用互联网平台发展银行理财业务	招商银行
	证券业互联网化	利用互联网平台发展证券业务	国泰君安
	基金业互联网化	利用互联网平台发展基金业务	天弘基金
	保险业互联网化	利用互联网平台发展保险业务	众安在线
第三方支付支付类	第三方支付	独立于商户和银行的在线支付和结算平台	支付宝

---

[1] 参见中国人民银行货币政策分析小组："中国货币政策执行报告：2013 年第二季度"，载《金融时报》2013 年 8 月 2 日，第 5 版。

类型	内容	行业特点	案例
其他	虚拟货币	通过计算机技术生产的非实体货币	比特币

数据来源：《2014年中国互联网金融行业深度研究报告》

另一方面，在互联网金融的呼声日益高涨之际，也有学者提出了具有启发性的反对观点，认为"互联网金融"的提法并不科学。例如，中国人民大学经济学院戴险峰教授认为，"对一种组织形式或商业流程来说，产生一个与实体相对应的虚拟的互联网概念是可能的……但对某一特定商业功能，比如金融的资源配置和风险管理功能，互联网本身很难有什么创新"。[1]其依据的理由是，互联网对于金融和商业领域产生的冲击往往局限于渠道，包括支付和销售的便捷化等，而那些因渠道被冲击的企业也都是经营着已经商品化的无差异产品的企业，金融行业资源配置和风险管理的本质模式并未受到互联网的冲击。

反对者的观点有其合理性的一面，但在一定程度上略显偏颇。本书认为，一方面，"渠道创新"与金融资源配置、风险管理的改变和创新并不矛盾，除非把金融的功能拔高到资金融通这样过于宏大的高度来看。互联网对于金融商业功能的影响比表面上更为显著，极大地改变了金融资源的配置和风险管理，也正是在这个层面上，互联网金融滋生了一系列新型的法律风险。换言之，互联网金融带来的法律风险已经超越了渠道创新中的那些简单问题。另一方面，互联网与金融行业的另一个交叉点是作为互联网商业模式本质的"网络效应"，[2]即一个网络的效用与其规模的平方成正比，这种"网络效应"对金融资源和金融风险的渗透也超过了渠道创新本身。因此，互联网金融是金融和互联网的结合，但绝不是"在互联网上进行金融活动"。

---

　[1]　戴险峰："'互联网金融'提法并不科学"，载《中国经济信息》2014年第5期。
　[2]　对网络效应现象的理论研究起源于20世纪70年代一些经济学家对电信网络的研究，是指ICT产品、软件、电话等产品所表现出的一种需求方规模经济现象，即使用一种产品的人数越多，该产品的价值越大，从而吸引了更多人购买和使用它。参见朱彤："网络效应经济理论：文献回顾与评论"，载《教学与研究》2003年第12期。

（二）互联网金融的优势

工信部电信研究院鲁春丛所长认为，互联网金融具有便捷优势、扁平优势、规模优势、普惠优势、聚合优势，并出现众筹融资、供应链金融、P2P网贷、金融网销、第三方支付、虚拟货币等金融业态，大势所趋下，银行、保险、基金、证券等机构纷纷试水互联网金融。当前，互联网金融除具有前述优势外，还具有以下几个优势。[1]

第一，透明度高。金融行业的一个显著特征在于信息不对称，事实上很大一部分金融机构和金融从业者依靠金融精英化、神秘化的特征，维持乃至扩大金融领域的信息不对称从而追求自身利益的最大化。互联网金融可以大大改观这一局面，由于其信息的可获得性和透明性，信息不对称问题将在一定程度上得以解决。

第二，参与广泛。互联网金融由于其技术手段的高度普及化和便捷化，促使很多原本无法获得金融资源的投资者得以参与到金融业务中来，这不仅大大促进了"普惠金融"的推进，同时也增加了沉淀资金的流动性，从而提高了资金利用的效率。

第三，中间成本低，支付便捷。互联网金融几乎无须网点、柜台，对人力资源的依赖也较低，从而可以大大削减金融业务的中间成本。此外，通过互联网设备，金融消费者和投资者可以便捷地在不同的终端上完成资金支付行为，未来的支付手段甚至将从计算机、手机等扩展到手表、指纹、刷脸等，这些对于金融行业来说都具有极大的颠覆性。

第四，信用数据丰富、数据处理效率高。金融行业得以稳健运行的关键在于对数据的整理和运用。目前，不同的互联网金融企业得以将坏账率和运营风险保持在极低的水平，很大程度上正是依赖于其信用数据优势，某种程度上来说，这也是互联网金融企业面对传统金融机构最大的优势所在。

因此，互联网金融的推进，对整个金融行业是重大的创新与进步。商业模式的转变、交易成本的减少和风险调控方式的变革，即便并未改变金融交易融通资本的本质功能，但是其为金融行业带来的冲击力是毋庸置疑的，很大程度上推动了传统金融行业的自我升级与调整。

---

〔1〕 参见上海交通大学金融检察法治法治创新研究基地课题组："互联网金融创新中的刑法问题研究"，载陈旭主编：《金融检察年刊（2014）：金融检察与金融创新》，法律出版社2015年版。

（三）我国互联网金融行业的创新与发展

互联网金融在发展过程中出现了一系列关键技术，逐渐被发掘出类金融的商业价值，从而导致互联网出现了金融属性。当前，我国互联网金融行业在P2P网络借贷、众筹融资、基金销售、第三方支付结算平台等领域不断进行金融创新，在这些领域取得了较大的发展。[1]

第一，基于互联网平台的网络借贷——P2P网贷。P2P网贷实际上是我国民间借贷的一个扩展，其雏形可以追溯到最早的个人互助借贷模式——"标会"，即亲戚、朋友之间通过"会"这一平台开展小额借贷活动以解决资金短缺问题。小微企业融资难，归根结底是因为受国家监管机构的严格风险指标控制、金融机构缺乏风险定价的价格杠杆、银行风险审核成本、效率等阻碍，使得银行无法应对小微企业、个体工商户的融资需求，但是对于P2P网贷来讲，却是一个等待挖掘和开拓的广阔市场。

随着互联网技术的发展和普及，P2P小额借贷逐渐由单一的"线下"模式转变为"线下"与"线上"并行，P2P网络平台也应运而生，并成为P2P网络贷款的主要形式。[2]目前，主要有四种典型的P2P业务模式：（1）纯线下模式。依赖于上万名销售代表推广业务，进行线下债权转让，如宜信先放款给需要借款的用户，再把获得的债权进行拆分，组合打包成固定收益的标准理财产品出售给投资者。（2）纯线上模式。即传统的P2P网贷业务模式，典型的有国内第一家P2P网贷平台——拍拍贷。（3）线上线下混合模式。即P2P平台不参与借贷交易，但不同的平台有不同的担保形式，如红岭创投要求借款金额较大的借款人引入担保人。（4）创新线上线下混合模式。如陆金所的P2P借贷业务线下审核借款人，线上主要负责聚集投资者。

在交易的过程中，出借人如果要借出资金，首先要申请网络借贷账户。注册之后，出借人要对其在平台注册的账户进行充值，充值资金直接汇给网贷平台，网贷平台在出借人注册的账户内虚列其充值的资金金额。另一端的借款人要借入资金，也首先需要申请注册网络借贷账户。注册之后，发布借款申请，如果借款人和出借人达成借款合同，则借款由网贷平台划给借款人。

---

〔1〕　参见上海交通大学金融检察法治创新研究基地课题组："互联网金融创新中的刑法问题研究"，载陈旭主编：《金融检察年刊（2014）：金融检察与金融创新》，法律出版社2015年版。

〔2〕　参见钱金叶、杨飞："中国P2P网络借贷的发展现状及前景"，载《金融论坛》2012年第1期。

借款合同届满时由借款人将资金还给网贷平台，并由网贷平台将资金归还出借人。[1]

第二，众筹网络融资。众筹最初是艰难奋斗的艺术家们为创作筹集资金的一个手段，如今已演变为初创企业和个人为自己的项目争取资金的一个渠道。广义上而言，P2P业务也被看作众筹的一种，即债权众筹，而狭义上的众筹则通常指商品众筹和股权众筹。众筹的一般运作流程大致如下：（1）创业企业或项目的发起人，向众筹平台提交项目策划或商业计划书，并设定拟筹资金额、可渡的股权比例及筹款的截止日期；（2）众筹平台对筹资人提交的项目策划或商业计划书进行审核，审核的范围具体包括但不限于真实性、完整性、可执行性以及投资价值；（3）众筹平台审核通过后，在网络上发布相应的项目信息和融资信息；（4）对该创业企业或项目感兴趣的个人或团队，可以在目标期限内承诺或实际支付一定数量的资金；（5）目标期限截止，筹资成功的，出资人与筹资人签订相关协议；筹资不成功的，资金退回各出资人。

商品众筹方面，作为我国众筹平台的代表，"点名时间"主要是以奖励和预购买方式，即以实物或其他非实物方式作为回报的筹资模式。在这个模式中，项目发起人进行实名认证后，将个人资料和项目通过"点名时间"网络平台进行提交。在项目描述中，设定目标金融、时间、给予投资者的回报等要素。平台对发起人个人资料和项目情况进行审核，审核通过后该项目将开始筹资。项目必须在发起人预设的时间内获得超过目标金额的数目才算成功，否则将退回投资者的款项。当项目达到预设金额后，平台将收取最终筹集资金的10%作为手续费。"点名时间"发布的项目回报实际上是一个产品或者作品，即以奖励和预购买的产品作为回报的"众筹模式"。[2]

股权众筹方面，我国的运营模式主要包括凭证式、会籍式和天使式三大类。凭证式众筹主要是指在互联网通过出售凭证和股权捆绑的形式来募资，出资人付出资金取得相关凭证，该凭证又直接与创业企业或项目的股权挂钩，但投资者不成为股东。会籍式众筹主要是指在互联网上通过熟人介绍，出资

---

[1] 参见徐伟新："谈P2P网络借贷模式与非法集资犯罪"，载《电子商务》2013年第2期。
[2] 参见冯世杰："'众筹'网络融资平台运营模式的法律分析——以'点名时间'为例"，载《金融法苑》2013年第2期。

人付出资金,直接成为被投资企业的股东。天使式众筹更接近天使投资或 VC 的模式,出资人通过互联网寻找投资企业或项目,付出资金后直接或间接成为该公司的股东,同时出资人往往有明确的财物回报要求,目前我国大多数股权众筹平台属于这种模式。

第三,线上第三方支付——独立的第三方支付结算平台。支付是资金融通链中的重要环节,从货币支付到票据支付,支付的手段日益便捷,随着金融交易的进一步复杂化,人们对于便捷支付的需求越来越大,电子支付因此产生。根据支付指令的发起方式,电子支付涵盖了互联网支付、固定电话支付、移动电话支付和数字电视支付等多种手段,其中互联网支付就是商户和商户之间、用户和商户之间通过互联网实现的在线货币支付和资金结算的过程。

2010 年《非金融机构支付服务管理办法》(2020 年修正)的颁布,标志着第三方支付机构成为我国金融支付体系的组成部分。根据该管理办法第 2 条的规定,第三方支付机构支付服务包括:网络支付;预付卡的发行与受理;银行卡收单;中国人民银行确定的其他支付服务。(见表 5-2)

表 5-2 第三方支付的服务范围

业务名称	服务范围
网络支付	依托公共网络或专用网络在收付款人之间转移货币资金的行为,包括货币汇兑、互联网支付、移动电话支付、固定电话支付、数字电视支付等
预付卡的发行与受理	以营利为目的发行的,在发行机构之外购买商品或服务的预付介质,包括采取磁条、芯片等技术以卡片、密码等形式发行的预付卡
银行卡收单	通过 POS 机终端等为银行卡特约商户代收货币资金的行为
其他支付服务	中国人民银行规定的其他支付服务

来源:《2013 年第三方支付行业分析报告》

自 2011 年 5 月开始,中国人民银行开始对第三方支付企业进行牌照管理,目前获得央行牌照正式进入第三方支付市场的机构已达两百多家。根据其市场和功能定位,这两百多家第三方支付平台主要分属用户粘性平台和开放平台两类,前者依托互联网型支付企业以在线支付为主,主要包括支付宝、财付通和盛付通等。2008 年至 2010 年间，第三方支付规模翻了 4 倍，2010 年中国第三方网上支付规模为 10 105 亿元，比 2009 年增长了 100.1%，2011 年全国第三方互联网支付规模达到 2.2 万亿元，2012 年为 3.8 万亿元，2013 年则达到了 5.3 万亿元。[1]另据《2020 年中国第三方支付行业研究报告》显示，从我国第三方移动支付市场的发展历程来看，根据不同时期的主要增长点不同大致可以分为三个阶段。第一个阶段是 2013-2017 年的线上场景驱动阶段，电商、互金、转账的先后爆发持续推动了移动支付的快速增长。第二个阶段是 2017-2019 年的线下场景驱动阶段，2017 年开始线下扫码支付规模全面爆发增长，线下场景的支付增速远高于线上场景支付的增速，引领移动支付经历了由线上驱动阶段到线下驱动阶段的转变。第三个阶段是从 2019 年开始的产业支付驱动阶段，以 C 端驱动的线上线下支付因 C 端流量见顶都进入了平稳增长期，而产业支付伴随产业互联网的快速崛起正逐渐成为我国移动支付新的增长点。

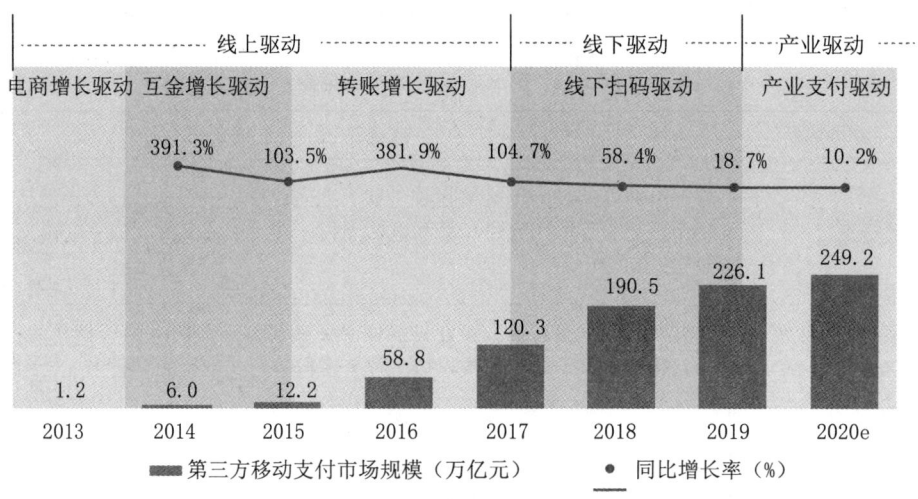

图 5-1　2013-2020 年中国第三方移动支付交易规模

数据来源：《2020 年中国第三方支付行业研究报告》

在当前互联网支付产业链中，银行和第三方支付平台间主要是合作关系，这是由不同机构在各自领域内的资源和优势决定的。对银行来说，大中型企

---

[1]　数据来源：《2013 年第三方支付行业分析报告》。

业是其重点客户，而对第三方支付平台而言，中小企业和个人客户是银行无暇顾及的"蓝海"，也正是第三方平台最容易发挥优势的地方。第三方支付企业是传统银行在支付领域中的有效补充，第三方支付减轻了银行处理大量交易的负担，同时，沉淀在第三方账户上的备付资金构成了银行客观的存款。

二、互联网金融创新的表现形式

互联网进入我国 20 多年来，获得了快速的发展，已经成为信息产业创新的集聚平台、发展信息经济的基本载体、提升国家综合实力的战略基石、加快信息化与全球化进程的关键要素。互联网具有基础性、通用性、融合性和全球性特征，基于互联网的技术创新、业务创新、应用创新空前活跃，新业态和新模式洪波涌起，互联网正以强劲有力之势，对各行各业带来深刻而长久的冲击和影响。在此背景下，发展互联网金融，繁荣信息经济，对于我国经济提质增效、转型升级具有重要而长远的意义。

（一）互联网金融创新发生的背景

互联网金融是互联网与传统金融二者融合创新，发展到一定阶段的产物，是一种新型经济形态，互联网金融对于促进我国经济增长，转换经济增长模式具有长远而深刻的影响。我国互联网金融自诞生以来获得蓬勃发展，归因于以下几个条件。

第一，互联网的普及是金融创新的前提条件。近年来，我国网民数量不断上升，根据 2020 年 4 月 28 日中国互联网络信息中心（CNNIC）发布的《第 45 次中国互联网络发展状况调查统计报告》，截至 2020 年 3 月底，我国网民数量达到 9.04 亿，互联网普及率为 64.5%，手机网民规模达到 8.97 亿。互联网的普及极大地改变了人们的生产和生活方式，重塑了传统行业的发展模式，在"互联网+"时代，互联网与传统产业结合，催生了一大批新兴产业，互联网金融顺势而生。

第二，传统金融体制的缺陷是互联网金融发展的内在动因。互联网金融源于英美，却在我国发展壮大。在传统金融体制下，金融资源分配不平等、中小微企业融资困难、尚未形成市场化利率，居民具有旺盛的投资需求，却没有适当的理财渠道，传统金融体系的不足，催生了互联网金融发展的空间。随着互联网金融的出现，与传统的银行业务形成自由竞争，市场的公平性和有效性在金融领域得到有效发挥，资金在透明、公开的环境下得到配置，市场效率得以充分实现，金融市场供需各方驱动互联网金融进一步发展。

第三，互联网金融创新有益于小微企业融资是其蓬勃发展的外在条件。互联网金融创新行为有益于小微企业的发展，无论从社会、投资者、筹资者、银行等角度，互联网金融创新行为都大有裨益。社会需要对中小企业贷款，银行需要形成实质竞争，可以为投资者带来良好的收益，筹资人可以获得亟需的资金。此外，政府鼓励创新，推动经济转型，互联网金融有其历史发生的必然性。

此外，互联网金融在我国的快速发展还要归结于需求环境、产业环境、消费环境、电商环境及监管环境等因素。前述互联网金融具有的优势也大幅提升了金融服务的效率，改善了传统金融生态环境，也是互联网在我国快速崛起的外部环境。

（二）我国互联网金融创新的主要表现形式

目前，我国互联网金融创新大致有四种模式，包括第三方支付、余额宝、P2P 网贷、众筹等。

1. 第三方支付。"第三方支付"的概念最早由阿里巴巴集团马云于 2005 年 1 月在瑞士达沃斯世界经济论坛上提出来，其后被广泛传播和使用。一般认为，第三方支付是指一些非银行机构依靠通信、计算机和信息安全技术，与各大银行签约，在用户和银行支付结算系统间建立连接的电子支付方式。[1]我国当前第三方支付平台可分为两类：一种是独立网关支付模式，如易宝支付模式，这种模式提供各个银行间的直通网关服务，使交易更加便利；另一种是附有担保的支付模式，如阿里巴巴开发的淘宝网担保的支付宝模式，这种模式主要充当信用中介，消费者首先将资金划入平台账户，在收到货物后通知平台，商家方能获得消费者的资金。自 2011 年 5 月，中国人民银行首次向银联、快钱、支付宝、财付通、易宝支付、汇付天下等 27 家第三方支付机构发出"非金融机构支付业务许可证"以来，迄今已有八批 269 家企业获得第三方支付牌照，总体交易规模达到 17.9 万亿元，业务涉及手机支付、网络支付、银行卡收单、预付卡发行与受理等多种类型。[2]第三方支付作为一

---

〔1〕 参见黄震、邓建鹏编著：《互联网金融法律与风险控制》，机械工业出版社 2014 年版，第 65 页。

〔2〕 参见朗俊义："论互联网金融视野下第三方支付的刑事风险与防控对策——以银行卡犯罪为视角"，载《公安学刊》（浙江警察学院学报）2014 年第 6 期。

种个性化、网络化和电子化的支付方式，具有便民、快捷、及时的服务优势，有逐渐取代传统支付方式的趋势。

2. 余额宝。余额宝是 2013 年 6 月 13 日由阿里巴巴集团支付宝上线的存款业务，它是由支付宝和天弘基金合作成立，全名为天弘增利宝货币基金，是由第三方支付平台支付宝打造的一项余额增值服务。其收益主要来自基金的收益，支付宝用户把账户资金转入余额宝内，就等于购买了天弘基金，基金公司在第二个工作日对转入余额宝的资金进行份额确认，对已确认的份额开始计算收益。余额宝用户不仅可以获得远高于银行活期存款利息的收益，而且支持随时支付、转账、缴费等功能。作为第三方支付公司推出的增值服务，余额宝用户可以把支付宝里的余额转入余额宝，被确认后即视为购买了特定基金产品，并可以从中获得相对较高的收益，同时，用于购买基金产品的余额宝内的资金还能随时用于消费支付和转出。余额宝推出之后，受到用户的热烈追捧，至 2014 年 3 月 29 日，余额宝超过 5477 亿元，投资人数超过 8100 万人，超过股民人数，天弘基金进入世界十大基金行列。[1]余额宝因其操作简单、购买金额没有限制、收益高、安全性好的特点而深受人们喜爱。

3. P2P 网贷，又称 P2P 网络借贷、人人贷，译自英文 "peer to peer lending"。根据《2013 年中国 P2P 借贷服务行业白皮书》定义，P2P 借贷指的是个体和个体之间通过网络（一般是专门的网站）实现的直接借贷。即由 P2P 网贷平台作为中介平台，借款人在平台发放借款标，投资者进行竞标向借款人放贷的行为。[2]其原始创意是为借贷双方直接建立联系，依靠互联网技术线上审贷，以节约小额借款的借贷成本。在一个典型的 P2P 网络借贷平台上，借款方展示借款项目、提交借款需求量，平台运营方以一个或若干个调查评估系统审核借款方资信并发布借款信息，出资方投资到第三方托管账户，平台运营方点击放款，同时生产有效的电子借贷合同，然后款项从托管账户进入借款人账户。借款到期后，借款方将款项连本带利直接还给出资方。在这个过程中，网贷平台只做信息审核和发布工作，并不经手借款。2007 年，我

---

〔1〕 参见吴景丽："互联网金融的基本模式及法律思考（上）"，载《人民法院报》2014 年 3 月 26 日，第 7 版。

〔2〕 参见罗明雄、唐颖、刘勇：《互联网金融》，中国财政经济出版社 2013 年版，第 100 页。

国第一家 P2P 网络借贷平台拍拍贷在上海成立，此后，P2P 平台迅速成长。由于 P2P 网贷交易快捷，手续简单，主要面向借款额度低、大银行不愿惠及的用户，弥补了传统金融机构服务的空缺，满足了广大中小微企业的融资需求。它的运营模式表现为提供本金甚至本息担保，具有门槛低、收益高和准活期的特点。

4. 众筹。该词译自英文"Crowdfunding"一词，字面含义是大众筹资或群众募资，指的是一群人基于互联网技术或平台，出于营利或者非营利的目的，小额投资或者资助个人或公司的特定项目。[1]根据众筹的筹集目的和回报方式，众筹主要分为捐赠型众筹、预售型众筹、借贷型众筹和股权型众筹四种类型。[2]由于前两种类型众筹不属于严格意义上的互联网金融，就我国互联网金融创新而言，主要是借贷型众筹和股权众筹。众筹作为一种融资方式，项目的发起人通过利用互联网和 SNS（社会性网络服务）传播的特性，发动众人的力量，集中大家的资金、能力和渠道，为小企业、艺术家或个人进行某项活动或某个项目或创办企业提供必要的资金援助。知名的众筹平台主要有点名时间、追梦网、天使汇、大家投等。一般而言，众筹的构成包括三方：发起人，即有创造能力但缺乏资金的人；投资者，即对筹资者的故事和回报感兴趣的，有能力提供现金支持的人；平台，连接发起人和支持者的互联网终端。众筹以互联网平台对接了个人投资者或非金融机构，实质上依然是一种融资方式。众筹作为一种新型融资方式，主要包括筹资方、平台运营方和投资者三方构成，具有门槛低、大众化、多样性、利用互联网平台的特点。

（三）互联网金融创新行为的利弊分析

互联网金融改变了投资者消费、支付、理财及贷款的理念，在给我们带来便利的同时，也隐藏着巨大的风险。如何鼓励互联网金融创新的一面，避免其风险的一面，是学界密切关注的问题。

第一，互联网金融创新有利于中小微企业融资，促进企业发展。作为一种金融创新，互联网金融成为小微企业新的融资方式，是传统金融的有益补

---

〔1〕 参见肖凯："论众筹融资的法律属性及其与非法集资的关系"，载《华东政法大学学报》2014 年第 5 期。

〔2〕 See Bradford, C. Steven, "Crowdfunding and the Federal Securities Laws", *Columbia Business Law Review*, Vol. 2012, No. 1, 2012, pp. 14-27.

充。小微企业融资困难是我国民营企业长期存在的难题，银行等金融机构为自身利益考量，更愿意把资金贷给信誉良好的大中型企业。在我国，小微企业与大中型企业一样，都是国民经济的重要组成部分。但由于小微企业缺乏可抵押资产，信誉度低，相对于大中型企业，融资更为困难。P2P 网贷、众筹等互联网金融的出现，为小微企业带来了福音。P2P 网贷运用金融市场的"长尾效应"，集中金融市场上的微薄力量，满足中小微企业的融资需求。中小企业关系到90%的就业，关系到整个社会的稳定与和谐发展，恰恰得不到现行金融体制和机制对其发展的支持。这种矛盾表明，传统的金融结构模式亟待改革。第三方支付作为新金融，有利于突破银行业的垄断地位，[1]应该作为小微企业的融资之道。但是，在目前互联网金融监管乏力、乱象丛生的背景下，也为互联网金融的野蛮生长提供了空间。

第二，互联网金融创新行为可能导致投资人无法收回出资，损害投资人利益。从总体上看，互联网金融还处在无门槛、无标准、无监管的"三无"状态。[2]这主要由于互联网金融符合民商法"意思自治"的一般规则，在"二次违法性"原理的制约下，刑法等公法较少介入。同时，互联网金融涉及面广，业务种类繁多，难以进行统一监管。由于监管制度的缺失，很多互联网金融创新形式出现了"异化"现象，很多集资平台突破"信息中介"这一固有的经营模式，擅自开展金融业务，利用互联网平台以资金池的形式进行集资活动，严重损害了出资人的利益。不少网络集资平台由于盲目发展、管理不善等原因，纷纷出现倒闭、携款潜逃现象，导致无法支付出资人的本金和收益。[3]随着互联网金融的"光速"发展，一些不规范的网络金融行为呈现高发态势，不断触碰刑法红线，互联网金融犯罪应运而生。

第三，互联网金融创新行为涉嫌构成犯罪，面临巨大的刑事风险。目前，众筹、P2P 网贷、第三方支付平台、余额宝等互联网金融服务大多未经国家有关主管部门批准，若擅自开展证券、期货、保险、资金支付等金融业务，

---

〔1〕　See Pauline Le More, Christelle Mazza, "Securing the transfer of money in the new technologies context: the case of the French online gaming sector", B. L. J., Vol. 5, 2011, pp. 555-568.

〔2〕　参见张晓朴："互联网金融监管十二原则"，载《第一财经日报》2014 年 1 月 20 日，第 B6 版。

〔3〕　参见刘宪权、金华捷："P2P 网络集资行为刑法规制评析"，载《华东政法大学学报》2014 年第 5 期。

涉嫌构成《刑法》第 174 条擅自设立金融机构罪；若这些行为属于"严重扰乱市场经济秩序的非法经营行为"，或符合最高人民法院《非法集资解释》第 7 条的规定，则涉嫌构成《刑法》第 225 条非法经营罪；若众筹、P2P 网贷等网络集资机构未经批准，通过互联网平台向社会公开宣传，向社会不特定公众吸收资金，承诺还本付息，符合《非法集资解释》第 1 条至第 3 条、最高人民法院、最高人民检察院、公安部《非法集资意见》第 2 条至第 4 条规定的，涉嫌构成《刑法》第 176 条非法吸收公众存款罪；若行为符合《非法集资解释》第 4 条、第 5 条及《非法集资意见》相关条款的规定，则涉嫌构成《刑法》第 192 条集资诈骗罪；若行为符合《非法集资解释》第 6 条的规定，则涉嫌构成《刑法》第 179 条擅自发行股票、公司、企业债券罪。[1]

此外，由于互联网金融活动中资金流动较快，匿名性较强，若互联网金融经营机构利用互联网金融平台为他人掩饰、隐瞒犯罪所得及其收益，则涉嫌构成《刑法》第 191 条洗钱罪或《刑法》第 312 条掩饰、隐瞒犯罪所得、犯罪所得收益罪；众筹、P2P 网贷、第三方支付平台在运作过程中，往往会形成大量在途资金，这些沉淀资金若被互联网金融机构工作人员挪用，则涉嫌构成《刑法》第 271 条职务侵占罪或《刑法》第 272 条挪用资金罪；若行为人假借互联网金融平台实施诈骗或盗窃行为，则涉嫌构成《刑法》第 266 条诈骗罪或第 264 条盗窃罪。

三、互联网金融创新中存在的问题

（一）关于互联网金融创新的争议

对发展互联网金融的基本立场，直接影响对待互联网金融相关活动的态度。目前，对于互联网金融的发展，存在肯定、否定和折中三种观点：（1）肯定的观点。肯定者认为，互联网金融是一种创新行为，是传统金融体系的有益补充，有助于实现普惠金融和金融民主，应持正面鼓励态度。[2] 互联网金融创新创造了便利的金融交易环境，便于企业融资，极大地节省了时间成本及中间交易成本，为社会资本寻得较好的投资渠道，满足了社会所需，有利于社

---

〔1〕 参见吴文嫔、张启飞："论互联网金融创新刑法规制的路径选择——以非法集资类犯罪为视角"，载《中国检察官》2015 年第 11 期。

〔2〕 参见谢平、邹传伟："互联网金融模式研究"，载《金融研究》2012 年第 12 期。

会发展，因此，主张对互联网金融创新给予鼓励、包容，并在法律上确立其合法地位。（2）否定的观点。否定者认为，互联网金融是在打法律与政策的"擦边球"，其中某些行为涉嫌违法犯罪。[1]互联网金融发展存在巨大的金融诈骗风险，可能严重扰乱正常的金融管理秩序，对以银行为核心的金融秩序构成重大挑战，导致其无法完成对中小企业的融资，甚至引起全社会炒作金融泡沫的巨大风险，严重损害相关投资人的利益。此外，互联网金融涉及面广，业务种类繁多，难以进行统一监管，目前已经出现无序发展态势，金融创新出现异化，有些活动对社会和公众造成严重损失，具有严重的社会危害性和刑事违法性，应依法追究刑事责任。这种观点否定互联网金融的创新性，主张对触碰刑法"红线"的行为予以严惩，以维护法律的权威，保护金融机构的垄断地位。（3）折中的观点。折中者认为，互联网金融发展具有两面性，一方面承认互联网金融是重大的金融创新，另一方面认为互联网金融面临巨大的刑事风险。[2]互联网金融发展中既有对社会有利的创新行为，也有对社会有害的行为，对前者应予以引导、保护，对后者应依法遏制，同时，对互联网金融的法律规制应以民商、行政法律为主，刑事法律应当是"最后一道防线"，对互联网金融犯罪的规制应该尽可能少，并保持在必要的限度内。

　　本书认为，上述肯定说、否定说都过于偏颇，折中说能客观对待互联网金融发展中的问题，但也存在不足，主要是没有提出甄别互联网金融创新和相关违法犯罪的标准和对策。

　　肯定论者完全支持互联网金融发展，忽视和回避前述问题和风险。互联网金融发展给我国经济社会注入新的活力，同时也带来了严重的违法犯罪问题。据相关调查数据，在金融服务行业中，有38%的受访者经历过互联网犯罪。[3]此外，互联网金融具有集众效应，可能放大其危害后果，造成严重的社会问题。监管部门对其长期态度不明确，也说明互联网金融发展中并非有百利而无一害。

---

〔1〕　参见刘宪权、金华捷："P2P网络集资行为刑法规制评析"，载《华东政法大学学报》2014年第5期。

〔2〕　参见刘宪权、金华捷："论互联网金融的行政监管与刑法规制"，载《法学》2014年第6期。

〔3〕　参见袁蓉君："全球互联网犯罪日益威胁金融业"，载《金融时报》2012年5月9日，第8版。

否定论者完全否定互联网金融发展，走向了另一个极端。作为一种新型金融活动，互联网金融为中小微企业融资开辟了新渠道，提供了便利的融资方式，促进了这些企业的发展。同时，有助于缓解日益严重的就业危机，其价值不容否定。小微企业融资困难是我国民营企业发展长期面临的问题，由于缺乏可抵押资产、信誉度低等原因，银行等金融机构更愿意把资金贷给信誉良好的大中型企业，小微企业融资困难、发展艰难，而中小企业吸纳了我国 90% 以上的就业，其生存发展关系到我国社会稳定与和谐发展。P2P 网络借贷、股权众筹等互联网金融的出现，为小微企业融资带来了"福音"，P2P网络借贷能集中金融市场上的微小力量，满足中小微企业的融资需求。此外，互联网金融的发展，推动了新经济环境下传统金融的破冰改革，如第三方网络支付的发展有利于改变银行业的垄断地位。[1]正是由于互联网金融对国家经济社会发展的积极作用，其得到了国家的支持和鼓励，包括《指导意见》在内的一系列政策文件明确给予肯定，并非如否定者所说那样有百害而无一利。

折中说能够辩证地对待互联网金融发展的利弊，提出去弊存利，其观点客观、中肯，但是欠缺甄别互联网金融活动的标准和区别对待的对策。当前我国互联网金融发展中情况复杂，国家对其总体上予以支持，不等于承认和保障所有与互联网金融相关的活动，保护对经济社会发展有利的行为、打击有害的行为，才能保障实质上的金融创新。要实现以上目标，首先必须确立甄别互联网金融活动的标准，其次还需要确立区别对待互联网金融活动的对策。上述标准和对策都应反映到民事、行政和刑事立法中去，尤其是作为"最后的保障法"的刑法应体现以上政策，以避免传统金融体制环境下设置的金融犯罪被不当地适用，阻碍互联网金融创新和我国经济社会的发展。

互联网金融是互联网时代的新金融活动，对我国经济社会的现代化能起到重要的推动作用，但是，相关违法犯罪也与之同行，我国应当保护真正的互联网金融创新，严防相关违法犯罪行为，为互联网金融的健康发展提供有力的法律保障，合理的刑法保障是其中重要的组成部分。

（二）我国互联网金融创新中存在的问题

互联网金融能更好地促进中小微企业发展和扩大就业，满足中小微企业和

---

〔1〕 See Pauline Le More, Christelle Mazza, "Securing the transfer of money in the new technologies context: the case of the French online gaming sector", B. L. J. , Vol. 5, 2011, pp. 555-568.

个人的投融资需求，拓展普惠金融的广度和深度，但是，"互联网金融本质仍属于金融，没有改变金融风险隐蔽性、传染性、广泛性和突发性的特点"。[1]加之，国家对互联网金融发展的监管迟迟未到位，相关法律滞后，规范体系的空缺助长其"野蛮"扩展，产生了诸多问题，积累了一定的金融风险。

第一，互联网金融违法犯罪问题突出。近年来，互联网金融大放异彩，以余额宝、第三方支付、P2P网络借贷、股权众筹为代表的金融创新层出不穷，截至2014年3月29日，余额宝超过5477亿元，投资人数超过8100万人，超过股民人数，天弘基金进入世界十大基金行列。[2]2015年6月全国正常运营的P2P网贷平台已达2028家，但是，问题平台也达786家。[3]由于缺乏有效的监管，互联网金融发展出现异化，乱象纷呈，很多集资平台突破"信息中介"的经营模式，擅自开展金融业务，利用互联网平台以"资金池"的形式进行非法集资活动，还有不少网络集资平台由于盲目发展、管理不善等原因，出现倒闭、管理者携款潜逃等现象，造成出资人损失严重。[4]以上互联网金融活动涉嫌非法集资类违法犯罪，涉及面广，社会公众参与度高，影响社会稳定。

第二，互联网金融相关立法滞后，现有规定的法律层级低，互联网金融发展遭遇法律风险。互联网金融是近年来发展起来的新型金融活动，相关立法滞后严重，目前实践中通常适用传统的法律或相关司法文件，如《民法典》《证券法》《关于审理民间借贷案件适用法律若干问题的规定》等，缺乏针对互联网金融发展的专门规定，即使是规范我国电子商务活动的《电子签名法》也有较大局限性。[5]《指导意见》是第一个指导互联网金融健康发展的纲领性文件，但其内容多属于政策和原则，缺少具体的管理举措，且效力属于部

---

〔1〕　中国人民银行等十部门：《关于促进互联网金融健康发展的指导意见》（银发〔2015〕221号）第2条。

〔2〕　参见吴景丽："互联网金融的基本模式及法律思考（上）"，载《人民法院报》2014年3月26日，第7版。

〔3〕　参见网贷之家："P2P贷款余额半年翻番55家平台获风投"，载http:// www. wangdaizhijia. com/news/ baogao/ 20680. html，最后访问时间：2015年7月8日。

〔4〕　参见刘宪权、金华捷："P2P网络集资行为刑法规制评析"，载《华东政法大学学报》2014年第5期。

〔5〕　参见高富平、俞迪飞："电子记录等同于纸面证据的解决方案——兼论《电子签名法》的局限性"，载《法学》2004年第11期。

门规章，法律层级低。在刑事法领域，我国刑法没有直接规定针对互联网金融犯罪的法律条款，对于涉嫌犯罪的互联网金融活动，只能按照传统金融犯罪即破坏金融管理秩序罪和金融诈骗罪定罪处罚。由于现行《刑法》规定的金融犯罪是在传统金融体制背景下制定的，在国家支持互联网金融发展的新环境下，某些条款已落后，以"过时"的法条及罪名处理股权众筹、P2P 网络借贷、第三方支付等活动，无法实现保护投资者的公共政策目标，没有为民间金融的合法化预留空间，给社会公共利益造成巨大损害。[1]由于前述立法缺失、滞后和不完善，目前对互联网金融的监管处于执法依据不足、适法困难的状态。

第三，监管部门对发展互联网金融的态度长期不定、不明，互联网金融发展存在监管风险。对于互联网金融的发展，起初各方立场不一致，以"四大"银行为代表的传统金融力量力主"严加监管"，而一些主张"自由市场"的经济学家则认为，将互联网金融纳入传统金融监管框架会扼杀新生经济力量。[2]以上政策纷争导致相关监管迟迟未能跟进，初期的互联网金融处于"无门槛、无标准、无监管"状态，暴露出诸多安全问题。目前理论界对互联网金融的监管达成一致意见，即，互联网金融本质是金融，在进行创新的同时同样要遵循金融规律，"左手创新、右手监管"正成为下一阶段互联网金融规范发展的主旋律。[3]2013 年 8 月国务院发布的《关于促进信息消费扩大内需的若干意见》明确提出"推动互联网金融创新，规范互联网金融服务"，"促进互联网金融健康发展"在 2014 年、2015 年连续两年写进政府工作报告。2015 年 7 月国务院发布《关于积极推进"互联网+"行动的指导意见》，要求"促进互联网金融健康发展，全面提升互联网金融服务能力和普惠水平""积极拓展互联网金融服务创新的深度和广度"，2015 年前述《指导意见》明确提出了"鼓励创新、防范风险、趋利避害、健康发展"的总体要求以及鼓励创新、支持互联网金融稳步发展的政策措施。不过，以上政策措施如何落实到具体监管活动中，如何避开一再发生的"一管就死、一放就乱"的"怪圈"仍有待实践检验。

---

〔1〕 参见彭冰："非法集资活动的刑法规制"，载《清华法学》2009 年第 3 期。

〔2〕 参见毛玲玲："发展中的互联网金融法律监管"，载《华东政法大学学报》2014 年第 5 期。

〔3〕 参见王璐："把握互联网金融创新与监管的平衡"，载《金融时报》2015 年 1 月 5 日，第 7 版。

　　针对互联网金融发展中存在的诸多问题，在立法层面尚未有效解决的情况下，执法机关依旧走在立法的前面，对涉及互联网金融的案件采取了"强有力"的执法方式，引起了新的法律问题。2015 年 9 月 9 日，深圳融金所 P2P 平台被福田区公安机关调查，18 名高管被带走，其中 8 名被刑事拘留；12 月 3 日，e 租宝被深圳公安机关调查，40 余人被警方带走。在上述事件中，公安机关主动出击，从事后走向事前，表明执法机关对 P2P 监管态度发生了转变。公安机关在上述执法过程中，严格依据传统立法环境下制定的刑事、行政和民事法律，忽视互联网时代经济和社会的新发展，可能扼杀互联网金融创新，具体表现在：（1）在法律思维上，不考虑民事、行政、刑事法律之间的关系，在相关法律关系尚存在疑问时，直接以刑法手段处理互联网金融相关的社会问题。民法、行政法和刑法调整的社会关系不同，适用的领域也不同，在互联网金融发展中呈现出来的一些法律问题，多属于民事、行政法律问题。当前，在相关民事法律关系不清晰、相关行政监管缺失时，以民事、行政法律手段处理案件纠纷困难，而公安机关积极介入案件，接到报案即开展侦查，超越通常应当考虑的民事和行政监管环节，实际上是"闭眼式"的执法；（2）公安机关执法底线不明，有任意执法的嫌疑。目前，公安机关对互联网金融违法犯罪行为执法的依据主要是前述《指导意见》，但是，公安机关刑事执法的依据只能是刑法、刑事诉讼法及相关司法解释，《指导意见》作为规范互联网金融发展的行政文件，不宜作为刑事执法的依据；（3）公安机关执法模式陈旧，容易损害企业的合法利益。在上述案件中，公安机关多采用先抓人、后查封账户、再停业整顿的执法模式，但是，这种执法模式对企业的正常经营造成了极大的影响，损害了企业的合法利益，也会损害投资者的利益。

　　在前述《指导意见》出台后，国内关于互联网金融的讨论逐渐降温，但相关问题并没有得到好的解决，在"互联网+"的社会发展趋势中，如何对待互联网金融的发展，如何处理互联网金融相关活动，仍然需要深入研究。

第二节　互联网金融创新行为的刑事风险

　　互联网金融创新行为面临的刑事风险是指互联网金融创新行为的参与者在从事互联网金融活动中所面临的刑事法律风险。有学者认为，互联网金融

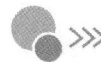
面临的刑事风险有两类：一是经营正当互联网金融业务的刑事风险，如涉嫌构成非法经营罪，擅自设立金融机构罪，非法吸收公众存款罪，集资诈骗罪，擅自发行股票、公司、企业债券罪；二是利用互联网金融实施违法犯罪行为的刑事风险，如涉嫌构成洗钱罪，挪用资金罪或职务侵占罪，诈骗罪，盗窃罪等。[1]还有学者认为，互联网金融领域可能产生的犯罪行为包括三类：一是互联网金融平台提供者实施的犯罪行为，比如洗钱、非法集资、非法吸收公众存款等；二是互联网金融业普通参与者实施的犯罪，比如诈骗、侵犯商业秘密等；三是以互联网为对象实施的扰乱金融秩序犯罪。[2]还有学者将互联网金融犯罪分为三类，一是互联网金融作为犯罪主体的犯罪；二是互联网金融作为犯罪对象的犯罪；三是互联网金融作为犯罪工具的犯罪。[3]上述学者根据不同的标准对互联网金融面临的刑事风险进行归类，有其合理之处，但是区分标准过于模糊，不够准确。本书以互联网金融创新的模式为标准，将互联网金融创新行为面临的刑事风险分为三类，一是第三方支付面临的刑事风险，二是P2P网贷面临的刑事风险，三是股权众筹面临的刑事风险。

一、第三方支付面临的刑事风险

第三方支付业务及风险控制多由计算机系统完成，其操作系统的安全性会影响第三方支付的运营安全，由于第三方支付涉及买方、卖方、支付平台、银行等各方主体，在电子信息系统的技术性和安全性存在缺陷、平台运营商、银行及监管部门监管不足的情况下，第三方支付容易为不法分子利用实施违法犯罪活动，从而衍生出刑事风险。在现行刑法的框架下，第三方网络支付作为依托互联网、计算机信息系统发展及金融支付模式改革而出现的电子支付中介，在司法实践中，他人利用第三方支付机构实施的违法犯罪主要包括以下几种：

（一）洗钱罪

第三方支付平台由于存在交易匿名性、隐蔽性的特点，很容易滋生洗钱犯罪。在第三方网络支付机构申请账户时，无论买方与卖方，均自行登记姓名、证件号码、联系电话和地址、经营范围等基本信息。支付机构难以逐一

---

〔1〕 参见刘宪权："论互联网金融刑法规制的'两面性'"，载《法学家》2014年第5期。

〔2〕 参见姜涛："互联网金融所涉犯罪的刑事政策分析"，载《华东政法大学学报》2014年第5期。

〔3〕 参见郭华：《互联网金融犯罪概说》，法律出版社2015年版，第77页。

核查信息的真实性，也没有进行核查的内在动力和外在动力。对于卖方登记的经营范围在未来是否发生变更，支付机构也无从查证。这种情况的普遍存在使第三方网络支付机构的客户身份识别工作难以展开，甚至出现卖方在第三方网络支付平台取得经营资质后，更改经营内容，从事网上赌博、贩毒等违法犯罪活动。客户通过第三方网络支付平台进行交易时，资金来源既可以是通过银行账户转入，也可以是用现金购买不记名充值卡对虚拟账户充值，然后利用网上划转将资金由支付中介的账户最终划入目标账户。这样一来，原本在银行掌握的交易过程被割裂为两个看起来毫无联系的交易。从这个意义上来讲，第三方网络支付企业利用其在银行开立的账户屏蔽了银行对资金流向的识别，干扰了交易的可追溯性，使得监管部门很难确认交易的真实背景，任何人只要在第三方网络支付企业注册了虚拟账户就可以便捷隐蔽地实现账户间的资金转移。非法资金可以借此披上合法的外衣，自由出入金融系统和各类正常的经济活动。因此，鉴于第三方网络支付的自由化、便捷性以及不可控制性，它往往成为洗钱犯罪的平台。例如，全球知名的在线货币转账公司之一"自由储备银行"居然成为"黑社会定点洗钱银行"，该银行设立7年以来，已经在全世界为至少100万用户处理了5500万笔非法转账交易，成为全球网上犯罪分子分配、储藏和漂白非法所得的主要手段之一。[1]如前所述，行为人在网上交易时，利用第三方支付资金快速流动及隐蔽性强的特点，可以轻易地实施洗钱行为，涉嫌构成洗钱犯罪。在第三方支付交易过程中，由于监管机构对银行卡、网银产品监管不足及第三方支付机构本身的客户身份识别机制不完善，行为人很容易通过支付平台进行匿名交易，逃避金融监管。行为人只要将他人上游犯罪所得的赃款转入第三方支付机构的网络平台，再通过该平台转出相应资金，那么赃款的来源和性质便能得以漂白。[2]如果第三方支付平台或行为人利用这种方式将他人毒品犯罪、黑社会性质的组织犯罪、贪污贿赂犯罪、恐怖活动犯罪、走私犯罪、破坏金融管理秩序犯罪、金融诈骗犯罪的违法所得及其收益通过第三方支付平台转换，为他人提供洗钱服务，则涉嫌构成我国《刑法》第191条规定的洗钱罪。

---

〔1〕　参见上海市浦东新区人民检察院课题组："网络金融犯罪的治理"，载张凌、陈辐宽、严励主编：《犯罪防控与法治中国建设——中国犯罪学学会年会论文集（2015年）》，第360页。

〔2〕　参见刘宪权："互联网金融面临的刑事风险"，载《解放日报》2014年5月7日，第5版。

第三方支付平台极容易成为洗钱的工具，为此，第三方支付平台应设置预警系统，将资金转账方式存在异常的用户进行警报并屏蔽；设置资金转账额度与次数，避免大额资金的往来；采取有效措施识别客户身份，主动监测并报告可疑交易，妥善保存客户资料和交易记录。同时按照《指导意见》以及《支付机构反洗钱和反恐怖融资管理办法》的规定，第三方支付平台有义务按照有关规定，建立健全有关协助查询、冻结的规章制度，协助公安机关和司法机关依法、及时查询、冻结涉案财产，配合公安机关和司法机关做好取证和执法工作。

（二）非法经营罪

第三方支付从事的资金支付、结算业务作为一种金融活动，具有金融行为的性质，属于非金融机构参与金融业务。根据我国《刑法》第 225 条第 3 项的规定，"未经国家有关主管部门批准非法经营证券、期货、保险业务的，或者非法从事资金支付结算业务的"，情节严重的即可构成非法经营罪。所谓"资金支付结算业务"是指"通过银行账户的资金转移实现收付的行为"。[1] 据此，若第三方支付机构未经国家有关主管部门批准擅自开展资金支付结算业务，即可构成本罪。或许有人认为，第三方支付机构等非金融机构所开展的是第三方支付、信息咨询等业务而非金融行为，进而认定第三方支付机构等非金融机构所实施的行为并不构成非法经营罪。[2] 本书认为，第三方支付机构与银行等金融机构进行业务合作，开展金融业务，两者的行为应进行整体评价，视为金融活动的一部分，若第三方支付机构未经批准擅自开展资金支付结算业务，符合非法经营罪的立案标准的，应以该罪追究相关人员刑事责任。

此外，根据《关于办理妨害信用卡管理刑事案件具体应用法律若干问题的解释》（2018 修正）第 12 条第 1 款[3] 的规定，若行为人利用第三方支付平台以套现为业，或为他人进行信用卡套现，情节严重的，涉嫌构成非法经营罪。

（三）挪用资金罪或职务侵占罪

目前，第三方支付机构发展迅速，但整个行业仍缺乏必要的监督与约束，虽然其法律地位获得了认可，并大致形成中国人民银行支付结算司监管和中

---

〔1〕 黄太云："《刑法修正案（七）》解读"，载《人民检察》2009 年第 6 期。

〔2〕 参见刘宪权、金华捷："论互联网金融的行政监管与刑法规制"，载《法学》2014 年第 6 期。

〔3〕 该款规定："违反国家规定，使用销售点终端机具（POS 机）等方法，以虚构交易、虚开价格、现金退货等方式向信用卡持卡人直接支付现金，情节严重的……以非法经营罪定罪处罚。"

国支付清算协会进行行业自律的格局，但仍存在监管失之于宽、失之于松的问题，尤其是针对第三方支付衍生的各种金融业务，远没有形成完备的准则和有效的监管。[1]前述，第三方支付平台存在大量的沉淀资金，在此情况下，该资金事实上受到第三方支付机构的控制，平台工作人员若疏于自律或监守自盗，利用职务上的便利，挪用平台沉淀资金或将资金非法据为己有，则涉嫌构成我国《刑法》第 272 条第 1 款规定的挪用资金罪或第 271 条第 1 款规定的职务侵占罪。

或许有人认为，根据《非金融机构支付服务管理办法》（2020 年修正）第 24 条[2]的规定，沉淀资金不属于第三方支付机构自有财产，但我国《刑法》第 271 条、第 272 条规定的职务侵占罪和挪用资金罪要求"将本单位的财物非法占位己有"或"挪用本单位资金归个人使用或者借贷给他人"，根据罪刑法定原则，第三方支付机构工作人员挪用或侵占上述沉淀资金的行为不构成犯罪。本书认为，《非金融机构支付服务管理办法》（2020 年修正）的规定并不影响上述两罪的认定。首先，根据《支付机构客户备付金存管办法》（现已失效）第 3 条第 1 款的规定，"支付机构接收的客户备付金必须全额缴存至支付机构在备付金银行开立的备付金专用存款账户"。据此，上述沉淀资金事实上存在于第三方支付机构在银行开设的备付金专用存款账户中。其次，根据我国《刑法》第 91 条第 2 款的规定，"在国家机关、国有公司、企业、集体企业和人民团体管理、使用或运输中的私人财产，以公共财产论"。根据上述规定，沉淀资金一旦进入第三方支付平台在银行开立的专用存款账户，则应在刑法上视为第三方支付平台的财产。[3]最后，根据《支付机构客户备付金存管办法》（现已失效）第 4 条第 2 款规定，"任何单位和个人不得擅自挪用、占用、借用客户备付金，不得擅自以客户备付金为他人提供担保"。据此，第三方支付机构相关工作人员将沉淀资金挪用归个人使用或借贷给他人或非法占为己有，应视为挪用或非法占有本单位的资金，涉嫌构成挪用资金

---

〔1〕　参见李文韬："加强互联网金融监管初探"，载《时代金融》2014 年第 5 期。

〔2〕　该条规定："支付机构接受的客户备付金不属于支付机构的自有财产。支付机构只能根据客户发起的支付指令转移备付金。……"

〔3〕　参见万志尧："互联网金融背景下第三方支付平台涉罪风险分析——以支付宝为例"，载刘宪权主编：《刑法学研究——互联网金融刑法规制研究》（第 11 卷），上海人民出版社 2014 年版，第 36 页。

罪或职务侵占罪。

（四）侵犯公民个人信息罪

根据 2015 年 8 月 29 日全国人大常委会通过的《刑法修正案（九）》第 17 条的规定，违反国家有关规定，向他人出售或者提供公民个人信息，情节严重的；或者将在履行职责或者提供服务过程中获得的公民个人信息，出售或者提供给他人的；窃取或者以其他方法非法获取公民个人信息的，构成侵犯公民个人信息罪。由于开展第三方支付业务需在平台注册个人信息，包括公民个人身份信息、通讯信息、账户信息等，行为人一旦注册之后，第三方支付机构及其工作人员会自动获取公民个人信息。这些信息不仅包括大量客户基本资料，还蕴含了大量的商业价值，在利益的驱动下，第三方机构及其工作人员利用职务之便获取他人信息后，出售或向他人提供公民个人信息，涉嫌构成侵犯公民个人信息罪。

（五）盗窃、诈骗等其他违法犯罪

盗窃和诈骗等传统侵财犯罪在网络金融时代也在发生日新月异的变化，在第三方支付领域，行为人以支付平台为媒介，实施盗窃、诈骗等行为，侵财案件时有发生。例如，行为人利用非法获取的他人的账户、密码，侵入他人第三方支付账户，将他人账户内的资金非法划拨至自己或第三人的账户内，或者直接利用他人的账户进行消费，涉嫌构成盗窃罪。另外，第三方支付机构的工作人员在获得他人的个人信息后，冒充他人进行网上交易；或者行为人利用第三方支付平台特殊的交易规则，诱骗他人提前确认付款；或者行为人设置钓鱼网站，诱骗受害人登录并输入银行账户、密码，骗取受害人财物，涉嫌构成诈骗罪。第三方支付作为一种快捷支付方式，在给我们带来便利的同时，也带来了支付的风险。在目前第三方支付产品设计不够合理及风险控制机制不够完善的情况下，更加放大了这种风险，一些产品设计不合理或风控水平较差的第三方支付等快捷支付更有可能面临资金被盗或被骗的情况。[1]

此外，与第三方支付机构相关的犯罪还有很多，比如，利用虚拟货币在第三方支付平台上进行赌博、收受贿赂、利用开设网店逃税等违法犯罪行为也时有发生。除了对第三方支付平台加强行政监管以外，刑法学者也应该加

---

〔1〕 参见刘宪权："论互联网金融刑法规制的'两面性'"，载《法学家》2014 年第 5 期。

强对第三方支付领域的研究，以规制其存在的各种刑事风险。

二、P2P 网贷面临的刑事风险

P2P 网贷为中小微企业融资开辟了新的集资通道，拓宽了普通投资者的投资渠道，一定程度上缓解了中小微企业的融资难题，丰富了我国金融市场的组成结构，行业发展迅速。截至 2014 年年底，我国个体网络借贷平台数量为 1575 家，历史累计成交量超过 3829 亿人民币。[1]但是，繁荣的背后隐藏着巨大的刑事风险。据报道，自 2013 年至 2014 上半年，已经有 120 余家 P2P 网络集资平台因发生"竞相挤兑"或者涉嫌诈骗犯罪而相继退出市场。[2]由于相关法律和监管的缺失，一些违法分子以非法占有为目的设立 P2P 网贷平台，利用平台发布虚假借贷信息快速敛财，随后跑路，众多投资者血本无归。2013 年以来，P2P 网贷公司破产、跑路事件频发，使 P2P 网贷的发展蒙上阴影。P2P 网络借贷、众筹融资等在线融资模式本质上乃是民间借贷的网络类型，该种民间借贷在现行法律框架内，面临着巨大的刑事风险。

（一）非法吸收公众存款罪

从性质而言，网络金融的融资模式主要分为两大类：一类是有着正常融资需求的融资安排，融资者由于从正规的融资渠道无法获得资金支持，或者觉得正规融资渠道的成本太高，才采用了网络融资的渠道；另一类融资活动则并无融资需求，融资者不过试图利用网络融资活动骗取他人财物，这种情况构成集资诈骗无疑。问题在于，有着正常融资需求的融资是否构成非法吸收公众存款罪呢？网络金融之融资模式的本质是通过互联网向众人筹集小额资金为某个项目或企业融资，有"密集筹资""大众集资"之称，始终无法回避"向不特定的对象"筹资及公开宣传的方式。这就可能涉及非法吸收公众存款罪。

在 2013 年 11 月 25 日由银监会牵头的九部委处置非法集资部际联席会议上，中国人民银行确立了三类行为属于"以开展 P2P 网贷业务为名实施非法集资行为"。第一，理财——资金池模式，即一些 P2P 网络借贷平台通过将借款需求设计成理财产品出售给放贷人，或者以先归集资金、再寻找借款对象

---

〔1〕　参见网贷之家："2014 年中国网贷行业年报"，载 http://bbs. wangdaizhijia. com/forum. php? mod＝viewthread&tid＝273727&highlight＝2014%C4%EA%D6%D0%B9%FA%CD%F8%B4%FB%D0%D0%D2%B5%C4%EA%B1%A8，最后访问日期：2015 年 12 月 14 日。

〔2〕　参见闫瑾："P2P 网贷平台陷短命怪圈"，载《北京商报》2014 年 7 月 7 日，第 B1 版。

等方式，使放贷人资金进入平台的中间账户，产生资金池。此类模式下，平台涉嫌非法吸收公众存款。第二，不合格借款人导致的非法集资风险，这个不合格借款人主要指虚假项目或虚假借款人。一些 P2P 网络借贷平台经营者未尽到借款人身份真实性核查义务，未能及时发现甚至默许借款人在平台上以多个虚假借款人的名义发布大量虚假借款信息（又称借款标），向不特定多数人募集资金，用于投资房地产、股票、债券、期货等市场，有的直接将非法募集的资金高利贷出赚取利差，这些借款人的行为涉嫌非法吸收公众存款。第三，庞氏骗局。个别 P2P 网络借贷平台经营者，发布虚假的高利借款标的募集资金，并采用在前期借新贷还旧贷的庞氏骗局模式，短期内募集大量资金后用于自己生产经营，有的经营者甚至卷款潜逃，此类模式涉嫌非法吸收公众存款和集资诈骗。[1]

通常情况下，P2P 网络集资平台非法吸收公众资金主要有以下四种手段：其一，将借款人的借款需求设计成理财产品出售给出资人；其二，先归集资金，再寻找借款对象；其三，采用期限错配的方式，将长标拆成短标实行滚动融资，通过"发新偿旧"满足到期兑付；其四，开展自融业务，将吸收的资金用于自身的生产经营。[2]根据 2010 年 12 月最高人民法院颁布的《非法集资解释》第 1 条的规定，认定为我国《刑法》第 176 条规定的"非法吸收公众存款或者变相吸收公众存款"的条件为：（1）未经有关部门依法批准或者借用合法经营的形式吸收资金，即非法性特征；（2）通过媒体、推介会、传单、手机短信等途径向社会公开宣传，即"公开性"特征；（3）承诺在一定期限内以货币、实物、股权等方式还本付息或者给付回报，即"利诱性"特征；（4）向社会公众即社会不特定对象吸收资金，即"社会性"特征。P2P 网络集资平台通过上述行为方式开展业务活动涉嫌构成非法吸收公众存款罪。其一，P2P 网络集资平台在未经相关部门依法批准的情况下便擅自开展集资活动，符合该罪的"非法性"特征。其二，从宣传方式上看，P2P 网络集资平台以互联网为媒介，向社会公众公开宣传相关集资业务，符合该罪的"公开性"特征。其三，出资人的出资收益并不与借款人的经营状况相关

---

〔1〕 参见周静："央行首次划定 P2P 网贷红线 或促民间网络投融资入正轨"，载《通信信息报》2013 年 12 月 4 日，第 B2 版。

〔2〕 参见刘宪权、金华捷："P2P 网络集资行为刑法规制评析"，载《华东政法大学学报》2014 年第 5 期。

联，而完全是由 P2P 网络集资平台依据事先承诺的收益，向出资人还本付息，符合该罪的"利诱性"特征。其四，P2P 网络集资平台往往是针对社会不特定公众吸收资金，符合该罪的"社会性"特征。[1]

网络犯罪的特点就在于犯罪对象的不特定性，正如于志刚教授所言，"从加害者与受害者的关系看，现实社会中的传统犯罪主要是'一对一'的侵害方式，网络空间中的传统犯罪则多表现为'一对多'的侵害方式，侵害对象具有不特定性的特点，其侵害后果具有很强的叠加性"。依据我国《刑法》第176 条及上述司法解释的规定，P2P 网络借贷、众筹融资等如果不是向单位内部集资，则必然构成非法吸收公众存款罪，因为众筹融资不仅向社会公开，而且属于向不特定对象吸纳资金。网络金融是以互联网络为平台或工具实施的融资，其融资的对象往往具有不特定性。同时，它也承诺在一定期限内以货币、实物、股权等方式还本付息或者给付回报。例如，在周某非法吸收公众存款案中，自 2011 年来，犯罪嫌疑人周某利用中宝投资公司及其在互联网上建立的"中宝投资"网站，以开展 P2P 网络借贷为名，以高息为诱饵，对外发布含有虚假借款人和虚假借款用途（90% 以上的贷款项目属于虚构）等内容的贷款信息，向全国各地公众大量吸收资金。根据网站数据初步统计，周某向全国 30 余个省市 1600 余名投资人进行集资，目前尚有 1100 余名投资人约 3 亿余元人民币本金没有得到归还，[2] 周某的上述行为涉嫌构成非法吸收公众存款罪。

（二）集资诈骗罪

网络金融融资模式也可能涉嫌构成集资诈骗罪。根据我国《刑法》第192 条的规定，集资诈骗罪是指以非法占有为目的，使用诈骗方法非法集资、数额较大的行为。如果行为人以非法占有为目的，在运用网络金融模式筹集资金后携款逃跑，涉嫌构成集资诈骗罪。以 P2P 网络借贷为例，个别 P2P 网络借贷平台发布虚假的、包庇借款标的的募集资金，采取"借新还旧"的庞氏骗局模式，短期募集大量资金，利用 P2P 网络借贷平台集资后直接卷款潜

---

〔1〕 参见刘宪权、金华捷："P2P 网络集资行为刑法规制评析"，载《华东政法大学学报》2014 年第 5 期。

〔2〕 参见上海市浦东新区人民检察院课题组："网络金融犯罪的治理"，载张凌、陈辐宽、严励主编：《犯罪防控与法治中国建设——中国犯罪学学会年会论文集（2015 年）》，中国检察出版社 2015 年版。

逃，表明行为人具有"非法占有的目的"，涉嫌构成集资诈骗罪。在司法实践中，P2P网贷平台为招揽人气发放的高收益、超短期限的秒标，通过网站虚构一笔借款，由投资者竞标并打款，网站在满标后很快连本带息还款。这种方式将虚增交易量和虚降坏账风险，误导投资人，并且在短期内吸收大量资金，却不进行冻结，存在金融诈骗风险。由于秒标的标的不产生实际价值，容易被用来堆砌"拆东墙补西墙""空手套白狼"的"庞氏骗局"。[1]该种行为"假借P2P网贷名义非法集资，即套用互联网金融创新概念，设立所谓P2P网络借贷平台，以高利为诱饵，采取虚构借款人及资金用途、发布虚假招标信息等手段吸收公众资金，然后突然关闭网站或携款潜逃"，[2]属于公安部经济犯罪侦查局新公布的六类新型非法集资行为之一，涉嫌构成我国《刑法》第192条规定的集资诈骗罪。

（三）非法经营罪

网络金融的融资模式也可能涉嫌构成非法经营罪。我国《刑法》第225条关于非法经营罪的规定由于其疏漏性条款的存在，自施行以来，有不断扩大适用的趋势。对于网络金融下的在线融资模式而言，如何理解非法经营罪有关"其他严重扰乱市场秩序的非法经营行为"的条款规定尤为重要。从其"口袋罪"的定性分析，目前网络融资平台的存在及运作缺乏上层法律法规的保障，一旦其自身出现"严重扰乱市场秩序的"经营行为，很有可能被纳入非法经营的范畴。若P2P网贷平台擅自开展融资性担保业务，行为符合我国《刑法》第225条第4项规定的"其他严重扰乱市场秩序的非法经营行为"，涉嫌构成非法经营罪。P2P网贷平台为降低投资风险，满足投资人资金安全性的要求，会提供资金担保业务，该种情况属于融资性担保。根据《融资性担保公司管理暂行办法》第8条第3款的规定，"任何单位和个人未经监管部门批准不得经营融资性担保业务"，部分P2P网贷平台未经监管部门批准，擅自开展融资担保业务，对投资人承诺保障本金及利息，是一种风险极大的非法经营模式。在此情况下，一旦借款人无力还款，P2P网贷平台就要承担还款的责任。部分P2P借贷平台自身提供担保并从事担保业务，并未获得经营

---

〔1〕 参见张守营："互联网金融易出'庞氏骗局'需警惕"，载《中国经济导报》2014年2月11日，第B5版。

〔2〕 参见张年亮、林笛："非法集资呈现六类典型手法"，载《人民公安报》2014年4月22日，第4版。

许可证，这种经营模式违反相关法律法规，其已属于非法经营担保业务。平台提供担保使交易性质发生了本质改变，本金担保的 P2P 借贷模式实质已是间接融资，P2P 借贷平台成为风险中介。〔1〕根据 2015 年 7 月中国人民银行等十部门发布的《指导意见》的规定，P2P 借贷平台的性质为信息中介，不得提供增信行为，更无权经营金融业务，若 P2P 借贷平台实质性地参与了资金的运作，未经批准擅自经营金融业务，触犯我国《刑法》第 225 条第 4 款的规定，涉嫌构成非法经营罪。

（四）洗钱罪

目前，从 P2P 网贷的运营情况来看，涉嫌构成洗钱罪的情况有三种：第一，出借人涉及洗钱。该种情况是指行为人通过 P2P 网贷平台出借的资金属于洗钱罪上游犯罪及其产生的收益，该收益通过 P2P 网贷平台转入转出，达到把"黑钱"漂白的目的。第二，运营商涉及洗钱。若运营商明知他人通过 P2P 网贷平台进行洗钱，或者明知出借人的资金来源于洗钱罪上游犯罪的收益，或者运营商设立 P2P 网贷平台的目的就是为了洗钱，则运营商涉嫌构成洗钱罪。第三，他人通过 P2P 网贷平台进行洗钱。在 P2P 网贷平台运营过程中，对借款人的资质审查较为严格，而对出借人的审查较为宽松，因此有人可能利用 P2P 网贷平台的漏洞进行洗钱。〔2〕

此外，若 P2P 网贷平台为扩大业务，未经批准擅自开展集资中介、理财中介等只有金融机构才能开展的金融业务，实际上属于变相设立金融机构，违反我国《商业银行法》第 81 条及《刑法》第 174 条，涉嫌构成擅自设立金融机构罪；在 P2P 网贷平台运营中，若出借人将从银行低息借来的资金投入网贷平台以赚取利息，或运营商在资金短缺时，从银行获取贷款以填补空缺，这种情况违反《贷款通则》第 20 条第 6 项"不得套取贷款用于借贷牟取非法收入"的相关规定，情节严重的，涉嫌构成我国《刑法》第 175 条规定的高利转贷罪。

（五）擅自发行股票、公司、企业债券罪

网络金融融资模式也可能涉嫌构成擅自发行股票、公司、企业债券罪。2013 年，利用网络融资平台向社会公众发行股票的行为被首次界定为"非法

---

〔1〕 罗明雄、唐颖、刘勇：《互联网金融》，中国财政经济出版社 2013 年版，第 123 页。万志尧："P2P 借贷的行政监管需求与刑法审视"，载《东方法学》2015 年第 2 期。

〔2〕 参见李晓明："P2P 网络借贷的刑法控制"，载《法学》2015 年第 6 期。

证券活动"。根据《证券法》（2019 年修订）第 9 条的规定，公开发行证券，必须符合法律、行政法规规定的条件，并依法报经国务院证券监督管理机构或者国务院授权的部门注册；未经依法注册，任何单位和个人不得公开发行证券。……有下列情形之一的，为公开发行：向不特定对象发行证券；向特定对象发行证券累计超过 200 人，但依法实施员工持股计划的员工人数不计算在内；法律、行政法规规定的其他发行行为。同时，根据最高人民检察院、公安部《关于公安机关管辖的刑事案件立案追诉标准的规定（二）》（2020 年修正）第 34 条的规定，未经国家有关主管部门批准，擅自发行股票或者公司、企业债券，涉嫌下列情形之一的，应予以立案追诉：发行数额在 50 万元以上的；虽未达到上述数额标准，但擅自发行致使 30 人以上的投资者购买了股票或者公司、企业债券的；不能及时清偿或者清退的；其他后果严重或者有其他严重情节的情形。P2P 网络融资模式很容易触犯上述法律规定，从而涉嫌构成我国《刑法》第 179 条规定的擅自发行股票、公司、企业债券罪。

三、众筹面临的刑事风险

2011 年 5 月，"点名时间"作为我国第一家专门的众筹平台上线，标志众筹正式进入我国。此后，淘梦网、追梦网、积木盒子、天使汇、大家投、众筹网等各具特色的众筹融资平台纷纷上线，其中，"天使汇"自创立以来，累计入驻创业项目多达 8000 多个，通过审核挂牌的企业超过 1000 家，注册的创业会员超过 20 000 人，认证投资者达 840 人，融资总额已超过 2.5 亿元，[1]呈现出一片欣欣向荣的景象。众筹作为互联网金融的一种重要模式，促进了我国投融资体系的发展和创新，有效地解决了中小微企业的融资问题，成为解决企业融资难的重要途径，但是，众筹模式还处于法律监管的"灰色地带"，面临重大的法律风险。按照对投资者的回报方式不同，众筹可以分为捐赠、实物、股权、债权等四种模式，在我国，目前主要存在实物和股权两种回报形式。[2]根据我国《刑法》的规定，众筹模式主要面临以下刑事法律风险。

---

〔1〕 参见杨涛主编：《互联网金融理论与实践》，经济管理出版社 2015 年版，第 212 页。

〔2〕 参见何欣奕："股权众筹监管制度的本土化法律思考——以股权众筹平台为中心的观察"，载《法律适用》2015 年第 3 期。

（一）非法吸收公众存款罪

众筹面临的最大刑事风险在于非法集资问题。[1]不管是实物回报型众筹还是股权回报型众筹，都可能涉嫌构成非法吸收公众存款罪。根据我国《刑法》第176条及2010年12月最高人民法院颁布的《非法集资解释》第1条的规定，（1）众筹平台在未经相关部门依法批准的情况下便擅自开展集资活动，符合该罪的"非法性"特征。（2）众筹平台以互联网为媒介，向社会公众公开宣传相关集资项目，符合该罪的"公开性"特征。（3）众筹平台承诺在一定期限内以实物等方式给付回报，符合该罪的"利诱性"特征。（4）众筹平台往往是针对社会不特定公众吸收资金，符合该罪的"社会性"特征。众筹平台若同时具备上述四个条件，并且符合个人实施非法吸收或变相吸收公众存款数额达到20万元，或者存款对象在30人以上，或者给存款人造成直接经济损失数额在10万元以上；单位实施非法吸收或变相吸收公众存款数额达到10万元，或者存款对象在150人以上，或者给存款人造成直接经济损失数额在50万元以上，[2]则涉嫌构成非法吸收公众存款罪。

（二）集资诈骗罪

众筹平台在运营时，投资人的资金通常先注入平台所设立的专用账户，虽然有网站声称投资人注入的资金由第三方账户（银行或其他支付机构）存管，但此类账户监管制度不够健全，账户资金并未受到监管机构的监督，多数仍受众筹平台掌控，若众筹平台以非法占有为目的，虚构获得批准从事吸收资金的资格，设置资金池，一旦运营出现问题或平台实际控制人出现道德风险，骗取投资人大量资金后关闭网站，卷款跑路，则平台的实际控制人涉嫌构成我国《刑法》第192条规定的集资诈骗罪。[3]就实物回报型众筹而言，尽管声称其性质为"预购+团购"，但并不同于普通的预购或团购。团购的标的大多已经制造成型，实物回报型众筹涉及的项目在发布时通常未生成产品，其最后能否必然按预期生产并及时交付给投资人，存在诸多变数。在当前信

---

〔1〕 参见肖凯："论众筹融资的法律属性及其与非法集资的关系"，载《华东政法大学学报》2014年第5期。

〔2〕 参见2010年12月13日最高人民法院颁布的《关于审理非法集资刑事案件具体应用法律若干问题的解释》第3条的规定。

〔3〕 参见邓建鹏："互联网金融时代众筹模式的法律风险分析"，载《江苏行政学院学报》2014年第3期。

用缺失的背景下，一旦实物回报型众筹的项目发起人以非法占有为目的，虚报项目并发布欺骗性信息，故意不兑换承诺，骗取投资人数额较大的资金时，涉嫌构成集资诈骗罪。[1]

（三）擅自发行股票、公司、企业债券罪

根据我国《刑法》第 179 条及 2010 年 12 月 13 日最高人民法院颁布的《非法集资解释》第 6 条的规定，"未经国家有关主管部门批准，向社会不特定对象发行、以转让股权等方式变相发行股票或者公司、企业债券，或者向特定对象发行、变相发行股票或者公司、企业债券累计超过 200 人的，应当认定为刑法第一百七十九条规定的'擅自发行股票、公司、企业债券'。构成犯罪的，以擅自发行股票、公司、企业债券罪定罪处罚"。由于股权众筹与原始股发行性质相似，若股权众筹的项目负责人向社会上不特定的对象发行股票或是向特定的对象发行股票累计超过 200 人，则极有可能构成擅自发行股票罪。[2]就我国股权众筹发展的现状来看，除极少数股权回报型众筹获得批准外，多数股权回报型众筹在股票的发行条件、程序、内容等方面，不仅未获得国家有关主管部门批准，而且达不到法律规定的要求，这种向社会不特定对象转让股权的方式变相发行股票的行为，若发行数额达到 50 万元，或者虽未达到 50 万元，但擅自发行致使 30 人以上的投资者购买了股票或公司、企业债券的，应认定为我国《刑法》第 179 条规定的擅自发行股票、公司、企业债券罪。

（四）非法经营罪

根据我国《刑法》第 225 条第 3 项的规定，"未经国家有关主管部门批准非法经营证券、期货、保险业务的，或者非法从事资金支付结算业务的"，构成非法经营罪。在众筹平台从事的业务中，即使不属于经营证券、期货、保险等金融业务，也属于从事资金支付结算业务。股权众筹平台项目的发起人为促成证券、期货、股票等交易的完成而提供的有偿服务，属于金融业务的范畴，众筹平台在参与这些业务时，属于非金融机构参与金融业务或从事资金支付结算业务，若未经国家有关主管部门批准，非法经营证券、期货、保

---

〔1〕 参见刘杨东、毛煜焕："互联网金融的刑事法律风险分析——以众筹模式为例"，载刘宪权主编：《刑法学研究：互联网金融刑法规制研究》（第 11 卷），上海人民出版社 2014 年版，第 36 页。

〔2〕 参见刘宪权："互联网金融股权众筹行为刑法规制论"，载《法商研究》2015 年第 6 期。

险业务数额在 30 万元以上，或者非法从事资金支付结算业务，数额在 200 万元以上，或者从事上述行为违法所得数额在 5 万元以上的，构成非法经营罪。

综上所述，无论从互联网金融本身来讲，还是从他人利用互联网金融产品实施违法犯罪行为的角度来讲，互联网金融创新均面临着较大的刑事风险，凸显刑法规制的必要性。对于互联网金融面临的刑事风险，现有的刑法规范有些滞后，不能够适应网络时代社会的发展趋势。但是，"法律总是具有一定程度的粗糙和不足，因为它必须在基于过去的同时着眼未来，否则就不能预见未来可能发生的全部情况。现代社会变化之疾之大，即使经常修改也赶不上它的速度"。[1] 对此，法律适用者应秉持刑罚积极主义立场，在罪刑法定原则所能够允许的最大限度内尽可能地扩充刑法规范的供给，以尽量弥补成文法典自身可能具有的滞后性特征，适应现实社会的需要，使刑法在社会保护中发挥更重要的作用。[2]

第三节　互联网金融刑法适用的理论基础

刑法作为事后法是保证各种法律规范得以贯彻执行的最后一道屏障，始终处于保障法的地位。我国互联网金融行业目前正处在创新时期，若刑法过度干预，不仅会抑制金融行业的创新发展，还会影响到公众对法律的认可度。因此，在适用刑法时应保持谦抑、谨慎，对那些严重危害金融秩序、用其他法律无法解决的行为，才有必要动用刑法来进行调整。刑法的谦抑性原理及犯罪的二次违法性理论对完善我国金融创新发展阶段的刑事定罪有着重要意义。

一、我国互联网金融犯罪与刑事领域中的行政犯

（一）我国刑法中的行政犯理论与实践

行政犯与刑事犯的分类起源于罗马法时代的自然犯与法定犯。[3] 刑事犯

---

〔1〕　[意] 恩里科·菲利：《犯罪社会学》，郭建安译，中国人民公安大学出版社 2004 年版，第 125 页。

〔2〕　参见付立庆："刑罚积极主义立场下的刑法适用解释"，载《中国法学》2013 年第 4 期。

〔3〕　意大利刑法学家加罗法洛在《犯罪学》中正式提出了自然犯和法定犯的概念。现代大陆法系刑法理论一般认为，自然犯是指无需法律规范的犯罪行为，其自身就具有罪恶性，而法定犯则由于法律规定才成为犯罪，行为本身不具有罪恶性。参见 [意] 加罗法洛：《犯罪学》，耿伟、王新译，中国大百科全书出版社 1996 年版，第 29~50 页。

属于自然犯，也就是实质上违反社会伦理道德的违法行为，而行政犯乃属于法定犯的性质，其行为并不违反社会的伦理道德，但为了贯彻行政措施也需加以处罚。[1]但是，行政犯与刑事犯的区分受到理论界的普遍关注则是在各国行政职权不断扩大、行政法律急剧增加后大量涌现的。

1. 行政犯的理论概览

区分行政犯与刑事犯的意义在于在此基础上区分普通刑法和行政刑法，并探讨行政刑法是否不必要完全适用普通刑法总则的理论基础。但是，什么是行政犯、如何划定行政犯与刑事犯的界限？是否如有的学者所言，"（行政犯和刑事犯）的区分或许在观念上是成立的，而在具体的划分上则是困难的。因为刑事犯与行政犯的区别是相对的、经常变动的。由于社会关系的日益复杂化、价值观的多样化，人们很难判断什么样的行为本身是恶的"？[2]

从学术史来看，刑事犯与行政犯的区分标准经历了如下的过程：（1）伦理价值标准。即以是否侵害一般社会伦理价值为标准判断构成刑事犯还是行政犯，加罗法洛为这一标准的主张者。（2）法律效果标准。该标准立足于犯罪行为违反的法律法规之类别，若违反固有的刑罚法规就是刑事犯，违反行政刑罚法规的则为行政犯。日本学者小野清一郎曾指出："刑法法规在理论上可以分为两种，即固有的刑罚法规与行政刑罚法规。与它们的区别相对应，犯罪可以分为刑事犯和行政犯。"[3]（3）法益侵害标准。即侵害法益或造成法益侵害危险的是刑事犯，没有侵害法益或造成法益侵害危险的是行政犯。这一观点为德国学者科林斯特于 1845 年提出。（4）质量差异理论。这一理论包含了多种流派：主张质的差异理论的学者认为，具有法益侵害性的是刑事犯，没有法益侵害性的是行政犯；提倡量的差异理论的学者认为刑事犯与行政犯都具有法益侵害性只是违法程度不同；而质量差异论的学者认为刑事犯与行政犯在质与量上均存在差异，刑事犯既具有较深的伦理非难性又具有较高的社会损害性与社会危险性，行政犯不仅在质上具有较低的伦理可责性，

---

[1] 参见姜涛："行政犯与二元化犯罪模式"，载《中国刑事法杂志》2010 年第 12 期。

[2] 张明楷编著：《外国刑法纲要》，清华大学出版社 1999 年版，第 59 页。

[3] [日] 秋山哲治："'自然犯——法定犯'与'刑事犯——行政犯'的概念"，载《刑法杂志》第 4 卷第 2 号。转引自姜涛："行政犯与二元化犯罪模式"，载《中国刑事法杂志》2010 年第 12 期。

在量上也不具有较高的社会损害性或危险性。[1]

本书认为，对于一个犯罪行为的法律评价，理应从"质"和"量"两个维度进行而不可偏颇。因而对于行政犯来说，在"质"的方面行政犯的刑事可罚性取决于行政法规范的具体规定，亦即行政犯的部分成立要件的定性一定程度上依赖于行政法的规范进行；[2]"量"的方面则主要是针对行政犯的刑罚当罚性，即是否有必要对其课以刑罚。从某种意义上来说，立法者将某种行政不法行为犯罪化，是因为普通的行政惩罚难以有效地遏制此类行为而必须诉诸刑事处罚。[3]

2. 我国刑法中的行政犯

目前在我国的法律框架下，行政法的渊源有三种：（1）刑法典中的行政刑法规范；（2）单行刑法中的行政刑法规范；（3）行政法律规范中的刑法规范。以行政法律规范中的刑法规范为例，1997 年《刑法》修订后，为了克服以往刑法中行政刑法规范和刑法典规定相脱节的种种问题，新制定的行政法对行政犯的规定采取的基本是笼统地规定"构成犯罪的，依法追究刑事责任"或"违反本规定，依照法律应当追究刑事责任的，依照有关法律的规定追究刑事责任"等。例如，《反洗钱法》第 33 条、《中华人民共和国节约能源法》第 85 条、《中华人民共和国未成年人保护法》第 129 条等都作了"构成犯罪的，依法追究刑事责任"的规定。《商业银行法》《中国人民银行法》也有类似的规定。

比照各国立法的已有经验和模式，目前刑事立法的双轨制已为多数先进法域所接受，即在刑法内只规定一些已经类型化并且社会危害性较为严重的行政犯罪，而把其他行政犯规定在行政法特别是经济法规中，并采用具有独立罪名和法定刑的行政犯立法模式。例如，陈兴良教授赞成"在刑事立法方式上采用独立性的散在型立法方式"，即"在经济行政法规中设置具有独立罪名和法定刑的刑法规范"。[4]张明楷教授也认为，"改进行政刑法规范的立法

---

〔1〕　参见姜涛："行政犯与二元化犯罪模式"，载《中国刑事法杂志》2010 年第 12 期。

〔2〕　例如，我国《刑法》第 186 条规定的"违法向关系人发放贷款罪"中对"关系人"的界定须"依照《中华人民共和国商业银行法》和有关金融法规确定"。

〔3〕　参见上海交通大学金融检察法治创新研究基地课题组："互联网金融创新中的刑法问题研究"，载陈旭主编：《金融检察年刊（2014）：金融检察与金融创新》，法律出版社 2015 年版。

〔4〕　陈兴良："论行政处罚与刑罚处罚的关系"，载《中国法学》1992 年第 4 期。

方式，就是要在行政刑法规范中直接规定罪名与法定刑，变现行的依附性规范为独立性规范"，并指出独立性规范的设置"有利于处理其与刑法典、单行刑法之间的关系，使它们保持协调一致……使这些规范就成了典型的分则性规范，与刑法典分则、单行刑法相并列，并都以刑法典总则为指导"。[1]

从立法技术的角度来讲，本书赞同上述观点。但是，从我国行政犯的实际立法情况来看，独立式散在型的立法方式存在一些问题：第一，立法的混乱与不协调。由于刑法与行政法律法规的彼此分立，不同的立法者具有不同的政策导向和立法观念，一旦行政法律法规中设定了新的罪名并直接规定法定刑，容易造成犯罪构成与量刑的混乱，进而导致法律系统内在的不协调。第二，司法的执行不力。我国《刑法》确立了近百个涉经济领域的罪名，但其中真正在现实中得到应用的极为有限，多数罪名完全处于虚设状态；另一方面，现实经济生活中又有大量"犯罪"行为在《刑法》中没有对应的罪名可以适用。在此情况下，若确立独立的散在式立法模式，势必要求司法人员不仅要解决刑法中各类经济犯罪的适用，还要关注各类行政法律并对这些法律的适用进行深入的理解，这显然对司法人员提出了过高的要求。第三，容易导致泛刑的思想。长期以来公民意识中普遍形成的观念是犯罪的罪名和刑罚的设定必须由刑事法律来完成，若刑事罪名和刑罚在其他行政法律法规中出现，无疑会产生强大的刑法扩大化的影响，造成人们对法律的抵触情绪。

3. 我国金融法律对刑法定罪的影响

互联网金融犯罪作为典型的行政犯，基础金融法律不可避免地对刑事法规范中金融犯罪定罪起着至关重要的作用。在刑事法律中，诸多罪名的犯罪构成以违反行政性法规规范或者受过行政处罚为犯罪前提。我国《刑法》条文中诸多"违反××法规""违反××管理规定"的表述，正体现了基础行政法规对犯罪定罪的要件影响。[2]值得注意的是，应当明确这种行政法规前置与罪刑法定原则之间的关系，依据罪刑法定原则，只有刑事法律中明确列举出的行为才是犯罪。"法无明文规定不为罪""法无明文规定不处罚"的罪刑法定原则包含两个方面的内涵，分别是刑罚规范的明确性和刑罚规范的内容适

---

[1] 张明楷："行政刑法辨析"，载《中国社会科学》1995年第3期。

[2] 例如：我国《刑法》第225条规定："违反国家规定，有下列非法经营行为之一，扰乱市场秩序，情节严重的，处五年以下有期徒刑或者拘役……"。

当性,后者包括禁止处罚不当罚的行为和禁止不均衡的刑罚。[1]基础金融法律对刑法定罪的影响正体现了罪刑法定原则的这些方面。

(二) 互联网金融犯罪与行政刑法

基于前述行政犯的理论,可以看出,金融刑法很大程度上是建构在基础性金融法律法规之上的,即针对金融犯罪行为的刑事立法很大程度上是"参照"或者"援引"自基础性金融法律制度。互联网金融犯罪作为互联网金融领域中行政性违法行为的极端表现,其触犯刑事法律的"红线"势必以违反金融法律法规为前提。换句话说,对于任何互联网金融违法行为,通常是由基础性金融法律制度而非刑事法律制度来给予界定的,后者的任务主要是告诉金融市场的参与者,何种范围、性质和程度的金融违法行为将进入刑法制裁的视野。[2]

以 P2P 网络借贷和众筹中涉及的非法集资犯罪为例,在我国刑法规范中规定的"非法吸收公众存款罪"、"擅自发行股票、公司、企业债券罪"和"集资诈骗罪"等罪名的基础性金融法律规范包括 2015 年《商业银行法》第81 条;2019 年《证券法》第 180 条;1993 年发布的《股票发行与交易管理暂行条例》第 70 条;1993 年发布的《企业债券管理条例》(2011 年修订)第 26 条等。由此,对于非法集资行为的刑事制裁,刑法的立法者并非从无到有自创一套全新的法律规制,而是在既有的金融法律规则对于非法集资行为内容的界定基础之上,划清行政违法和刑事犯罪的界限并明确行为人具体刑事责任承担的后果。[3]这一基于金融法律法规对非法集资类犯罪进行处罚的"独立的散在式"立法模式正是行政刑法和行政犯的题中应有之意。

上述行政刑法的立法模式在很大程度上避免了刑法典不易修改的问题,从而把多变的互联网金融犯罪行为交由更为灵活的金融法律法规规制。但即使在现有立法模式下,互联网金融犯罪的刑法规制依然面临较大的困境。主要表现在现实中大量的互联网金融犯罪并非以法律文本中的典型形式进行,而是呈现出一种发散的状态。以 P2P 网络贷款为例,网贷平台筹集投资者资

---

[1] 参见张明楷:《刑法学》,法律出版社 2007 年版,第 52~54 页。

[2] 参见黄韬:"刑法完不成的任务——治理非法集资刑事司法实践的现实制度困境",载《中国刑事法杂志》2011 年第 11 期。

[3] 参见黄韬:"刑法完不成的任务——治理非法集资刑事司法实践的现实制度困境",载《中国刑事法杂志》2011 年第 11 期。

金的行为是否构成金融法意义上的"吸收存款"取决于对"存款"这一概念的判断。根据国务院《非法金融机构和非法金融业务活动取缔办法》（现已失效）第 4 条对"非法吸收公众存款"和"变相吸收公众存款"的规定，金融行政法规对"存款"界定的核心在于"还本付息"的承诺，即行为人承诺在一定期限内以货币、实物等方式还本付息或者给付高额回报。具体到 P2P 网贷的业务，绝大多数都是以平台承诺保本进行的，甚至有的平台对利息也进行了承诺。但是，是否构成"承诺还本付息"就必然构成吸收存款？"承诺还本付息"究竟是"吸收存款"的充要条件还是必要非充分条件？这都不可一概而论。[1]

二、我国互联网金融犯罪中二次违法性原理的适用问题

互联网金融犯罪常常与金融创新行为或者违法行为交织在一起，罪与非罪、此罪与彼罪的界限交织，同时在刑法规制上多适用空白罪状与兜底条款，由于兜底条款在条文表述上使用的就是空白罪状的方式，致使在使用兜底条款进行定罪时，必然要将是否触犯相关法律、法规及其是否具有社会危害性作为重要依据。因此，如何厘清普通违法行为与刑事犯罪的界限就显得尤为关键，在上述过程中如何确定刑法介入的合理时机也显得至关重要。适用二次违法性原理有助于解决上述问题。

（一）二次违法性原理的涵义

二次违法性原理是指行为严重违反非刑法的前置法和刑法确定为犯罪的理论。即刑法只能在行为人既违反其他部门法又违反刑法，即存在二次违法的情况下才能介入，只有在其他法律的保护不充分时，才能允许刑法进行法益保护。[2]

二次违法性原理的核心观点在于：刑法定罪存在着一种严格的阶梯关系，认定犯罪不能简单地直接从刑法中寻找依据，而是应当首先从能否构成犯罪的这些刑法规定赖以建立的其他前置性法律当中去寻找。[3]犯罪的构成必须

---

[1] 上海交通大学金融检察法治创新研究基地课题组："互联网金融创新中的刑法问题研究"，载陈旭主编：《金融检察年刊（2014）：金融检察与金融创新》，法律出版社 2015 年版。

[2] 参见郭华：《互联网金融犯罪概说》，法律出版社 2015 年版，第 102 页。

[3] 参见杨兴培："犯罪的二次性违法理论探究"，载本书编辑委员会：《社会转型时期的刑事法理论》，法律出版社 2004 年版，第 412 页。

以违反有关法律、法规为前提，只有法律规范中明确要求追究责任，且在刑法中又予以规定的行为，才能被认定为犯罪。

二次违法性原理认为刑法起着保障其他部门法实施的作用，双重违法性是构成犯罪所必须具备的特点。金融犯罪在性质上属于法定犯或者行政犯，因互联网金融与传统金融在本质上具有一致性，其犯罪化既要考虑传统金融立法与司法现状，也要考虑作为新金融创新的具体情况。根据法定犯或者行政犯的一般原理，这类犯罪应当具有双重违法性：一是行政违法；二是刑事违法，且二者必须同时具备。在两者的关系上，"行政法与刑法是基础依据和实质依据的关系，行政法的规定为刑法的规定提供基础……行政法与刑法（在酒驾问题上）并非一种简单的衔接关系，而是一种递进式的基础和实质的关系"。[1]换言之，行政犯只有首先违反行政性法律规范，其次违反的才是刑事法律规范。在界定互联网金融行为是否犯罪时不能简单地直接从刑法中寻找依据，而是应当从前置法中去发现。刑法介入互联网金融犯罪具有对前置性行政法律规范的依附性，体现了刑法调整的紧缩性和补充性，而不是鲜明性和扩张性，以免刑罚投放过量影响互联网金融创新的动力。[2]因此，只有当规范互联网金融的前置法不能充分保护某种社会关系时，才能适用刑法。

（二）二次违法性原理在判断互联网金融犯罪与非罪中的适用

前述，互联网金融作为金融创新的拓新者，其创新模式多样，可能涉及多种金融犯罪。我国现行的法律还未界定互联网金融机构的属性，还没有专门的法律法规对互联网企业的经营活动进行完备的规范，互联网金融产品的设计和运作很容易踩上法律的底线。虽然互联网金融产品的设计和运作模式多种多样，但是很多都沿用了先行汇集资金再寻找项目的方式，导致资金与期限错配。以P2P网络借贷为例，其对债权期限和数额进行重新分割、组合、并允许用户通过个人账户对此类债权进行转让，这使得P2P网贷平台不再独立于借款人与贷款人，而是起到了一个中介的作用。此外，还有一些P2P网贷平台设立保证金规则，由借款人先行向P2P网贷平台支付"保证金"，在借款人按时归还借款后再予以返还，这与"非法吸收公众存款"类似。以众

---

〔1〕 张建："'醉驾型'危险驾驶罪的反拨与正源"，载《华东政法大学学报》2011年第5期。

〔2〕 参见郭华：《互联网金融犯罪概说》，法律出版社2015年版，第102页。

筹平台为例，如果众筹平台在没有合适项目的前提下，获得投资者的资金，公开进行宣传，再去寻找投资项目，并使用事先募集的资金进行投资，也存在非法集资的嫌疑。因此，在判断非法集资相关行为的罪与非罪时，应根据现有刑法并结合国家金融管理法律规定予以认定。

由于互联网金融存在交易匿名性、隐蔽性的问题，容易滋生洗钱犯罪。当前，难以对网络上流动的资金来源的合法性进行有效的监管、审查，因此不排除毒品犯罪、黑社会性质的组织犯罪、恐怖活动犯罪、走私犯罪、贪污贿赂犯罪、破坏金融管理秩序犯罪、金融诈骗犯罪违法所得财产存在于互联网金融平台中。在认定洗钱罪的罪与非罪时，应注意到行为人是否触犯了相关金融行政监管法律法规，是否违反了《反洗钱法》的规定，若认定行为人构成洗钱罪，应以其行为违反了相关金融行政监管法律等前置性法律法规为前提。鉴于此，现代社会在制定刑法设立犯罪时，应当遵循"出于他法而入于刑法"的立法基本原则，在司法实践中，一种行为构成犯罪，实际上就是这种行为已经超越了他法而进入《刑法》中，进而触犯了刑法的规定，因此具有二次违法性的特征。[1]

（三）二次违法性原理是刑法应对互联网金融犯罪的基本原则

在我国金融监管的体系中，刑法是国家对互联网金融进行监管的重要手段之一，刑事法律介入金融监管的原则是，当现有监管措施或者以其他法律规定可以有效制约不法行为的，刑法就不应当介入；相反，只有在其他法律规定不能有效制约不法行为的，才需要刑法对不法行为予以制裁。刑法不是预防和制裁互联网金融犯罪行为的主要手段，而是起保障作用的最后堡垒。[2]

第一，完善前置性法律法规是二次违法性原理的适用基础。任何一个犯罪行为都有一个从合法行为到一般违法行为再到犯罪行为的形成过程。当一个行为的性质十分恶劣、后果非常严重，却没有前置性法律法规对其作出限制约束，那么首先应当考虑相关前置性法律法规的立法问题，而不是首先适用刑法对该行为定罪。具体而言，首先，应健全前置性法律法规的整体体系

---

〔1〕 参见杨兴培："犯罪的二次性违法理论探究"，载本书编辑委员会：《社会转型时期的刑事法理论》，法律出版社2004年版，第412页。

〔2〕 参见陈文滔："浅析互联网金融犯罪中二次违法性原理的适用问题"，载陈旭主编：《金融检察年刊（2014）：金融检察与金融创新》，法律出版社2015年版。

及科学设置具体规范；其次，前置性法律法规应与刑法进行有效的衔接，特别是违法行为的种类应与刑法中的刑事责任相衔接；最后，需调整现有前置性法律法规与刑法规定的不协调情形，例如，一些金融犯罪中附加刑的设置与前置性法律法规的规定不协调。

第二，在互联网金融犯罪中适用二次违法性原理有利于金融创新领域的发展。在未对互联网金融市场做出谨慎研究和判断的情况下，随意扩大刑法介入的空间，将有可能违背市场自身规律，损害互联网金融市场的发展，不利于金融创新领域的发展。基于互联网金融市场的创新特点，刑法在对待互联网金融市场的不法行为时应当谨慎的介入，需考虑到该类行为是否违反了其他部门法的规定，该类行为是否达到了刑法非介入不可的严重程度。刑法对互联网金融犯罪的罪状、罪名的列举难免有疏漏之处，但是，从金融市场发展过程来看，一些看似是刑法的疏漏却未触犯其他部门法的行为很有可能是一种金融创新的行为。

第三，在互联网金融犯罪中适用二次违法性原理有助于准确打击犯罪、保障人权。法律、法规、政策、行业监管措施与刑法组成了互联网金融市场的监管体系，它们只有相互配合，形成良性互动，发挥各自的规范、监管职能，在充分认识刑事法律以及互联网金融市场自身规律的基础上确立以二次违法性原则为中心的刑法应对的基本原则，才能有效防范互联网金融违法犯罪行为，保障互联网进入市场秩序。在互联网金融犯罪中适用二次违法性原理对于准确适用金融犯罪的刑法规定，实现罪刑法定原则的人权保障机能具有重要意义。

在我国法律体系中，刑法制定以其他部门法的立法为基础，只有在其他法律的保护不充分时，才能允许刑法进行法益保护。在互联网金融罪与非罪的认定方面，我们应当坚持二次违法性原理，只有在行为人既违反其他部门法又违反刑法，即存在二次违法的情况下，才需要刑法的介入。对于违反金融行政监管法律法规，且构成犯罪的行为，刑法应坚决予以打击。

三、刑法的谦抑性与我国互联网金融犯罪刑事政策的适用

刑法的谦抑是指刑法的谦让、抑制，包含刑法的立法谦抑和司法谦抑。就前者而言，是指立法者应当力求以最小的支出，少用甚至不用刑罚，获取最大的社会效益，从而达到有效预防和控制犯罪的目的。就后者而言，是指

法院在裁判案件的过程中，在司法自由裁量权的范围内，基于各种原因对立法机关和行政机关的谦让与自我克制。刑法的谦抑性要求在涉及互联网金融违法犯罪问题时，在立法和司法层面考虑互联网金融作为金融创新的特殊性，考虑到互联网金融发展及民间融资的正当需求。

（一）刑法谦抑性的涵义

刑法的谦抑性，是指刑法应依据一定的规则控制处罚范围与处罚程度，即凡是适用其他法律足以抑止某种违法行为、足以保护合法权益时，就不要将其规定为犯罪；凡是适用较轻的制裁方法足以抑止某种犯罪行为、足以保护合法权益时，就不要规定较重的制裁方法。[1]之所以对刑事法律提出谦抑性的要求，其根本在于刑法的严厉性，即刑法在各种法律惩罚措施中最为严厉。德国著名法学家耶林指出："刑罚犹如两刃之剑，用之不得其当，则国家与个人两受其害。"[2]作为法律处罚体系的最后一道防线，刑事处罚不可能介入社会现实的方方面面，否则必然造成刑法规范的过剩和不自洽。

关于刑法谦抑性的内涵，日本学者平野龙一指出其三方面的含义："第一是刑法的补充性。即使是有关市民安全的事项，只有在其他手段如习惯的、道德的制裁即地域社会的非正式的控制或民事的规制不充分时，才能发动刑法……第二是刑法的不完整性。第三是刑法的宽容性，或者可以说是自由尊重性。即使市民的安全受到侵犯，其他控制手段没有充分发挥效果，刑法也没有必要无遗漏地处罚。"[3]从法经济学的角度来说，所有法律法规和法律活动，归根结底都以有效利用社会资源、最大限度增加社会福利为目的。这种效率动机事实上对刑法的谦抑性提出了要求。具体而言，刑法的效率目标意味着合理地确立最有效的、最小量的刑法资源投入，实现立法者主观追求的惩罚犯罪、预防犯罪的目标。只有自身适当、平衡的刑法才能帮助人们形成和调整自身的预期和动机，一个过剩、过度的刑法会触发和刺激犯罪，而一个不足的刑法则无法制止人们犯罪，适当而不失谦抑是审慎刑法的必由之路。

（二）刑法谦抑性视角下的互联网金融犯罪刑事政策

随着近年金融领域行为失范现象的不断涌现，互联网金融刑事政策的严

---

〔1〕 参见张明楷："论刑法的谦抑性"，载《法商研究》1995年第4期。

〔2〕 林山田：《刑罚学》，台湾"商务印书馆"1983年版，第127页。

〔3〕 ［日］平野龙一编：《现代刑法Ⅱ——现代法与刑罚》，岩波书店1965年版，第21~22页。转引自张明楷："论刑法的谦抑性"，载《法商研究》1995年第4期。

厉化倾向也逐渐显现。尽管 2011 年 5 月 1 日开始实施的《刑法修正案（八）》取消了信用卡诈骗罪、金融凭证诈骗罪以及票据诈骗罪的死刑，但从总体上看，我国对金融犯罪刑事立法的严厉性并无实质的改观。在刑事法律上对金融犯罪采取严厉的政策确实在某种程度上可以起到打击金融犯罪的作用，特别是当前互联网金融领域大量涌现的非法集资类犯罪和洗钱犯罪。但是，从某种意义上来说，金融创新的本质就是对监管的规避。同样，刑法对金融犯罪的打击势必也面临着金融创新巨大的灵活性和变通性从而使得其效用大打折扣。从刑法谦抑性的角度来说，严厉的犯罪打击与刑法谦抑的理念是相背离的。作为社会保障的最后防线，刑法应当作为其他部门法的补充而发挥效用。此外，过严的刑事打击将使得国内的金融监管环境劣于国外，对于原本便处于不利地位的我国金融市场的全球化无疑是巨大的伤害。因此，本书认为，鉴于互联网金融尚处于发展的初期，各项制度尚有待规范完善，只要不是恶性且伤害金融市场整体发展的金融犯罪，立法者和司法者就应当为其预留出充分的发展空间，并将主要的规制任务交给行政法和民商法来完成。

前述，我国金融犯罪立法及司法解释在发展中存在着打击范围不断扩大的现象，即金融犯罪圈不断扩大，立法者不断地扩大金融犯罪的范围，使刑法触角向新的金融领域如期货、基金、信托方面延伸，而且部分犯罪的法定刑上升。这种立法发展的特性表明，我国在金融犯罪问题上采取的是一种明显的重刑化立法政策，即通过扩大法网和严厉刑度的方式来打击和预防金融犯罪。但是，通过刑罚是否能从根本上抑制金融犯罪值得深思，金融犯罪与一般的暴力犯罪不同，需要在一定的社会关系、具体制度下才能实施。换句话说，相关的金融制度是否完善对金融违法犯罪活动具有根本性的影响。这使得人们要反思这种立法政策的制度绩效。同时，要在司法领域遵循谦抑性原则，在法律规定明确性不足的情况下，要慎用刑法。

互联网金融作为一个新生的事物，目前无论在机构设置、业务形态、风险防控还是盈利模式都尚处于摸索和起步的阶段。各类互联网金融机构及其业务产品需要一个漫长的阶段通过不断的试错实现稳定的发展。因此，在这样一个不稳定的起步阶段若施以其过重的刑事和行政处罚、监管力度，势必破坏这一试错过程的推进，对于整个互联网金融行业的长远发展来说是极为不利的。因此，本书认为，金融刑法及其执行机关在介入互联网金融领域时，必须要考虑刑法谦抑性对于犯罪打击和刑事政策的修正，而非揠苗助长。[1]

第四节　互联网金融创新行为的刑法保障

"互联网金融是传统金融机构与互联网企业（以下统称从业机构）利用互联网技术和信息通信技术实现资金融通、支付、投资和信息中介服务的新型金融业务模式。"[2]这种新型金融"对促进小微企业发展和扩大就业发挥了现有金融机构难以替代的积极作用，为大众创业、万众创新打开了大门"。[3]一定程度上改变了我国经济社会活动的生态，产生了一些新的社会现象和社会问题，积累了新的社会风险。"在现代化进程中，生产力的指数式增长，使危险和潜在威胁的释放达到了一个我们前所未知的程度。"[4]近年来特别是2015年陆续发生股灾、大量网贷平台"垮台"等互联网金融相关事件，反映出促进我国互联网金融健康发展已经刻不容缓。2015年7月中国人民银行等十部门联合发布《指导意见》，确立了"鼓励创新，支持互联网金融稳步发展"的战略，提出了较为全面的政策措施。但是，该《指导意见》属于部门规章，法律层级低、法律效力有限，难以全面规制互联网金融相关行为。我国应为互联网金融的健康发展提供全面的法律保障，作为最后保障的刑法，应当在保障互联网金融创新、打击互联网金融违法犯罪中发挥重要作用。

一、互联网金融创新行为的法律保障状况

互联网金融作为金融行业与互联网精神相结合的新兴领域，尤其是互联网"开放、平等、协作、分享"的精神不断冲击传统金融业态，形成互联网金融行业的独有特色。[5]但是，我国法律对互联网金融发展的关注不仅未能同步，而且远远落后于互联网金融的创新与发展。

（一）我国法律法规对互联网金融创新的立场

整体上，我国法律对互联网金融创新持赞同、支持、鼓励的立场。法律

---

〔1〕　上海交通大学金融检察法治创新研究基地课题组："互联网金融创新中的刑法问题研究"，载陈旭主编：《金融检察年刊（2014）：金融检察与金融创新》，法律出版社2015年版，第250页。

〔2〕　中国人民银行等十部门《关于促进互联网金融健康发展的指导意见》第1条。

〔3〕　中国人民银行等十部门《关于促进互联网金融健康发展的指导意见》第1条。

〔4〕　［德］乌尔里希·贝克：《风险社会》，何博闻译，译林出版社2004年版，第15页。

〔5〕　参见郭华：《互联网金融犯罪概说》，法律出版社2015年版，第70页。

根源于一定的经济基础，并服务于一定的经济基础。在市场运行的过程中，法律的主要功能一方面是保护自由竞争的市场秩序，另一方面对危及交易公平、交易安全的行为，又要予以及时的、必要的、适度的干预，并为劳动者基本的生存条件提供法律上的安排和救济。[1]目前，我国民商事、经济、金融、行政、刑事等法律从不同的角度对互联网金融进行了规定，基本满足了这一新型金融服务的法律需求。

以第三方支付为例，2004年通过的《电子签名法》首次在法律上确认电子交易的合法性，该法第14条规定："可靠的电子签名与手写签名或者盖章具有同等的法律效力。"该条明确了电子签名与文本签名具有相同的法律效力，促进了网上交易的快速发展。此后，中国人民银行相继颁布《电子支付指引（第一号）》、《支付清算组织管理办法（征求意见稿）》、《支付机构客户备付金存管办法》（现已失效）、《银行卡收单业务管理办法》、《非金融机构支付服务管理办法》（2020年修正）及《非金融机构支付服务管理办法实施细则》（2020年修正）等部门规章，进一步健全了第三方支付的法律体系。

至于P2P网贷，实质上和自然人之间借贷一样，是个体与个体之间的借贷，只不过增加了互联网因素而已。因此，我国《民法典》、《贷款通则》、最高人民法院《关于审理民间借贷案件适用法律若干问题的规定》等有关借贷的民事法律及司法解释对于P2P网贷仍然可以适用。同理，《证券法》、《公司法》、《中国人民银行法》、《商业银行法》、《非法金融机构和非法金融业务活动取缔办法》（现已失效）、《金融违法行为处罚办法》等法律、法规及部门规章也适用于余额宝、众筹等互联网金融形式。"法律应该以社会为基础，法律应该是社会共同的，由一定物质生活方式所产生的利益和需要的表现。"[2]总体而言，我国有关互联网金融创新的法律法规比较完备，互联网金融创新有法可依，现行法律法规对于互联网金融创新持积极鼓励和赞同发展的态度。

（二）我国法律对互联网金融创新保障体系

互联网金融作为一种全新的商业模式，在我国现行法律体系之下，是应该严格限制还是应该留下制度创新的空间？这属于互联网金融法律保障的范

---

〔1〕 参见沈宗灵主编：《法理学》，北京大学出版社2009年版，第58页。

〔2〕 参见《马克思恩格斯全集》（第6卷），人民出版社1961年版，第292页。

畴，应该深入研究。但是，对互联网进行法律保障，应首先考虑使用民商法和行政法进行保障，只有在民商、行政法律无法保障互联网金融创新的时候，才需要进行刑法规制，发挥刑法保障法的作用。

1. 规范我国互联网金融发展的行政性及政策性规定

针对互联网金融快速发展的现状，以中国人民银行为代表的监管机构相继出台文件，以规范互联网金融的发展。2015 年 7 月 14 日，中国人民银行等十部门发布《指导意见》，是促进互联网金融健康发展的纲领性文件。在第三方支付方面，2010 年 6 月 14 日，中国人民银行发布《非金融机构支付服务管理办法》（2020 年修正），2010 年 12 月 1 日，中国人民银行发布《非金融机构支付服务管理办法实施细则》（2020 年修正）以促进支付服务市场健康发展，规范非金融机构支付服务行为。此后，2012 年 9 月和 2013 年 6 月，中国人民银行又相继颁布《支付机构预付卡业务管理办法》《支付机构客户备付金存管办法》（现已失效）以促进支付行业健康有序发展。在 P2P 网贷方面，2011 年 8 月 23 日，银监会办公厅颁布《关于人人贷有关风险提示的通知》，对 P2P 网贷存在的问题及风险作了提示性规定，并提出监管措施与要求。2013 年国务院办公厅颁布《关于加强影子银行监管有关问题的通知》，肯定影子银行的产生是金融发展、金融创新的必然结果，是传统银行体系的有益补充。在众筹方面，2015 年 3 月 2 日，国务院办公厅颁布的《关于发展众创空间推进大众创新创业的指导意见》规定，"开展互联网股权众筹融资试点，增强众筹对大众创新创业的服务能力"，以适应和引领经济发展新常态，顺应网络时代大众创业、万众创新的新趋势。2016 年 4 月 12 日，国务院办公厅发布《关于印发互联网金融风险专项整治工作实施方案的通知》，以促进互联网金融规范有序发展。2017 年 6 月 2 日，最高人民检察院发布《关于办理涉互联网金融犯罪案件有关问题座谈会纪要》对办理涉互联网金融犯罪案件中遇到的有关行为性质、法律适用、证据审查、追诉范围等问题提供依据。这些"办法"、"通知"、"纪要"或"意见"虽不属于法律法规，但对实践具有重要的指导意义。

2. 我国民商、经济、金融、行政等法律法规对互联网金融的保障

首先，我国互联网金融交易存在着广泛的法律基础，2021 年 1 月 1 日施行的《民法典》涵盖了互联网金融交易的各个方面。对于利用互联网平台借贷、融资等行为，我国《民法典》第 680 条第 1 款规定："禁止高利放贷，借

款的利率不得违反国家有关规定。"2020年8月18日最高人民法院修订通过的《关于审理民间借贷案件适用法律若干问题的规定》第26条规定："出借人请求借款人按照合同约定利率支付利息的，人民法院应予支持，但是双方约定的利率超过合同成立时一年期贷款市场报价利率四倍的除外。"据此规定，若利用互联网平台发布借贷、集资信息，进行套利或者骗取他人财产，则要追究行为人的法律责任。例如，在P2P发展过程中，部分网络金融公司由于经营不善，风险失控，出现倒闭现象，网贷公司创始人携款潜逃，给投资人带来财产损失，这种行为可以根据其社会危害性大小，通过民事或刑事法律解决。

其次，在互联网金融企业设立、登记注册、发行公司企业股票、债券等方面，《公司法》、《证券法》、《中国人民银行法》、《商业银行法》、《非法金融机构和非法金融业务活动取缔办法》（现已失效）、《金融违法行为处罚办法》等法律法规为企业的运行提供了法律保障。以《公司法》为例，互联网金融公司的设立，股权转让，股份发行，发行公司债券，公司的合并、分立都受到该法的调整。《证券法》作为规范我国股权、债券的法律，健全了证券公司的内部控制制度，加强了对中小投资者合法权益的保护力度，对于防范客户与公司、不同客户之间的利益冲突，保证客户的资金安全发挥了重大作用。《商业银行法》则对商业银行的设立、存款人债权的保护及金融机构的监管作出了规定。这些法律指明了互联网金融企业的发展方向、规范了互联网金融企业的乱象。

最后，以《电子签名法》为代表的行政法规扫除了互联网金融中电子记录的法律障碍，加速了互联网金融企业的发展。《电子签名法》规定了电子签名的含义，确认了电子签名的效力，并对电子签名的认证与法律责任作出规定，被认为是推动我国电子商务发展和确保电子商务安全的重要立法举措。[1]该法作为规范我国电子商务活动的首部法律，顺应了时代的发展，对于促进互联网金融快速发展产生了重要影响。

3. 我国刑事法律对互联网金融的保障

目前，我国《刑法》尚没有直接规定针对互联网金融犯罪的法律条款，

---

〔1〕　参见高富平、俞迪飞："电子记录等同于纸面证据的解决方案——兼论《电子签名法》的局限性"，载《法学》2004年第11期。

对于涉嫌构成互联网金融犯罪的行为，只能按照传统金融犯罪处理，即依据《刑法》分则第三章第四节破坏金融管理秩序罪和第五节金融诈骗罪规定的38个罪名定罪处罚。其中，互联网金融创新最可能触犯非法吸收公众存款罪，集资诈骗罪，非法经营罪，擅自发行股票，公司、企业债券罪，擅自设立金融机构罪，洗钱罪等罪名。此外，最高人民法院2001年1月颁布《全国法院审理金融犯罪案件工作座谈会纪要》；最高人民检察院、公安部于2010年5月颁布《关于公安机关管辖的刑事案件立案追诉标准的规定（二）》（2020年修正）；最高人民法院、最高人民检察院2009年12月3日颁布《关于办理妨害信用卡管理刑事案件具体应用法律若干问题的解释》（2018年修正）；针对近年来非法集资比较严重的现象，最高人民法院于2010年12月13日颁行《非法集资解释》；最高人民法院2011年8月颁行《关于非法集资刑事案件性质认定问题的通知》；最高人民法院、最高人民检察院、公安部于2014年3月25日颁行《非法集资意见》；最高人民法院、最高人民检察院、公安部于2014年5月4日联合颁布了《关于办理网络犯罪案件适用刑事诉讼程序若干问题的意见》；最高人民法院2015年8月6日发布《关于审理民间借贷案件适用法律若干问题的规定》（2020年修正）等。上述司法解释对法律适用中的疑难问题作出规定，成为处理利用互联网平台进行金融犯罪案件的重要依据。

二、互联网金融创新的刑法保障标准

为互联网金融提供合理的刑法保障，必须确定明确的刑法保障标准，以甄别真正的互联网金融创新，将其与互联网金融相关的违法犯罪活动相区别，进而采取相应的保障或遏制的刑法对策。在我国互联网金融发展的浪潮中，既有对我国经济社会发展有重要推动作用的互联网金融创新，也有打着创新旗号的互联网金融违法犯罪，如果按照否定论者的观点对待，会"把孩子和脏水一起泼掉"，而按照肯定论者的观点对待，也会让互联网金融违法犯罪做大，严重危害甚至扼杀互联网金融的成长，2015年上半年的股灾和网贷"泡沫"就反映出互联网金融违法犯罪的巨大危害。刑法保障互联网金融的发展，不是容忍所有与互联网金融相关的活动，而要严厉打击互联网金融违法犯罪，保障真正的互联网金融创新。

刑法是规定犯罪与刑罚的法律，犯罪具有严重的社会危害性和刑事违法性。互联网金融发展的刑法保障标准应从社会危害性和刑事违法性两个方面、出罪标准和定罪标准两个层次上来设定，判断互联网金融创新的出罪标准是行为有利于实体经济和社会经济发展，认定相关行为成立犯罪的标准是行为同时具有严重的社会危害性和刑事违法性。

（一）出罪标准

判断互联网金融创新的出罪标准是行为是否有利于实体经济和促进经济社会发展。互联网金融的出现，改变了社会投融资环境，有利于小微企业融资和公众投资，有利于社会发展，判断某行为是互联网金融创新，还是相关的违法犯罪，应该以是否有利于实体经济和经济社会发展为标准。

实体经济是创造社会物质财富的引擎，是经济社会发展的基础。我国政府在许多重要文件强调了实体经济对社会发展的重要作用，并给予充分的政策支持。十八大报告指出，要"牢牢把握发展实体经济这一坚实基础，实行更加有利于实体经济发展的政策措施"，2013年中央经济工作会议指出，要"增强金融运行效率和服务实体经济能力"，2014年政府工作报告指出，要"让金融成为一池活水，更好地浇灌小微企业、'三农'等实体经济之树"，2014年4月中共中央政治局会议提出"要加大对实体经济的支持力度，夯实经济发展基础"。2014年4月央行发布的《中国金融稳定报告（2014）》更是明确提出互联网金融监管应遵循五大原则，要求"互联网金融创新必须坚持金融服务实体经济的本质要求"。2015年政府工作报告指出，"让更多的金融活水流向实体经济""围绕服务实体经济推进金融改革"。2015年7月中国人民银行等十部门发布的《指导意见》指出"促进互联网金融健康发展，更好地服务实体经济""建立服务实体经济的多层次金融服务体系"。上述文件都强调金融包括互联网金融必须服务于实体经济这一社会发展的基础。

有利于实体经济和经济社会发展的互联网金融，我国政府肯定其积极作用，给予政策扶持，在相关监管和立法上予以宽松对待，不符合犯罪的严重社会危害性特征，不应将其当作犯罪行为。但是，如果其脱离了服务于实体经济的轨迹，则可能转变为金融投机甚至金融违法犯罪，扰乱正常的金融秩序，引发社会不稳定因素，就会失去其存在的价值。例如，利用互联网金融所融的资金最终没有流向实体经济，而只是进行资金炒作，甚至借机骗取公众财富，则不仅无益于实体经济和经济社会发展，反而对社会有害，如果其符合刑法相关规定，应依法定罪量刑。

（二）定罪标准

关于经济领域犯罪的标准，主要有社会危害性标准、刑事违法性标准、社会危害性与刑事违法性双重标准，[1]互联网金融犯罪是经济领域犯罪的一种，其认定标准应当采纳社会危害性与刑事违法性的双重标准，前者是实质判断标准，后者是法律判断标准。社会危害性理论的功能在于对刑事立法的限制，社会危害性标准从根本上回答了立法者为什么把某些行为规定为犯罪，为什么要对这样的行为处以刑罚，[2]法律只把具有社会危害性的行为规定为违法行为，把具有严重社会危害性的行为规定为犯罪，进而在司法实践中将其认定为犯罪，不具有社会危害性的行为无论如何都不应被规定和认定为犯罪。但是，社会危害性与刑事违法性并不总是一致的，客观上存在有社会危害性行为，由于刑事立法的滞后而没有将其规定为犯罪，或者在法律上规定的犯罪行为而实质上已经没有社会危害性。[3]在社会变革时期，两者的错位会更加明显。"当社会体制或价值规范落后于社会生活的时候，作为违反社会体制或者价值规范的所谓犯罪往往成为社会变革的先声，从而促使社会变革的发生。"[4]对待这些所谓的"犯罪"，不能简单地从法条的字面意义来判断是否成立犯罪，而要坚持前述双重标准。

互联网金融是我国社会信息化的产物和金融改革的引领，对待 P2P 网络借贷、股权众筹等有可能触犯刑法的互联网金融相关活动，应分情况处理：第一，对于具有社会危害性但无刑事违法性的行为，应该严格遵循罪刑法定原则，不应认定为犯罪；第二，对于具有刑事违法性但无严重的社会危害性的行为，不应作为犯罪处理。社会危害性决定犯罪圈的大小及法定刑的轻重，某种互联网金融相关行为虽然从形式上表现出一定的刑事违法性，但社会危害性不大的，应该依据《刑法》第 13 条但书的规定，作出罪化处理。对于具有刑事违法性但实质上明显不具有社会危害性的行为，应依照实质标准评价为无罪，刑法的制定和适用应"自缚"；第三，对于罪与非罪界限不清，社会

---

〔1〕 参见孙国祥、魏昌东：《经济刑法研究》，法律出版社 2005 年版，第 71~72 页。

〔2〕 参见陈兴良：《刑法的启蒙》，法律出版社 1998 年版，第 107 页；张明楷：《犯罪论原理》，武汉大学出版社 1991 年版，第 59 页。

〔3〕 参见孙国祥、魏昌东：《经济刑法研究》，法律出版社 2005 年版，第 71~72 页。

〔4〕 Helen Li："对经济犯罪的理性思考——与北京证泰律师事务所主任赵曾海的对话"，载《中国科技财富》2003 年第 12 期。

危害性不大的行为，不宜作为犯罪处理；第四，对于具有严重的社会危害性和刑事违法性的行为，应当依法定罪处罚。总之，对于互联网金融相关犯罪的判断，刑法的介入应慎重，避免阻碍金融创新与改革，给我国经济社会发展造成损失。

对待互联网金融相关活动保持刑法的谦抑性是必要的。在互联网金融发展的新社会环境中，现行刑法相关规定的弊病凸显，在不完备的法律下被动式执法通常是不够的，法律的阻吓作用因其内在不完备性而削弱，[1]因此，刑法有必要保持谦抑、自缚，谨慎对待互联网金融相关行为，宽宥对待互联网金融中的误触刑网的行为，详述如下：（1）限制刑法的处罚范围是由刑法的目的决定的。"法律不是压制自由的手段，正如重力不是阻止运动的手段一样。……法典就是人民自由的圣经。"[2]P2P 网络借贷、股权众筹等互联网金融缓解了小微企业的融资困难，促进了经济自由，对社会有益，如果刑法介入过多，就会限制自由，使社会失去活力，因此，对经济行为的规制必须持谨慎、理性的态度，立法者应当具有必要的宽容。[3]（2）将有触犯刑法之虞的一般性互联网金融相关行为纳入刑法规制不适当。前文谈到，互联网金融是传统金融的有益补充和发展方向，对促进经济发展发挥积极作用，刑法作为保障法、限制法、最后法，其本质是维护和保障自由，不应将仅具触犯刑法之虞、不具有严重社会危害性的一般性互联网金融相关活动纳入刑法规制的范围。在国家明确鼓励、支持、规范发展互联网金融的政策背景下，互联网金融相关民商事、行政法律的修改还在酝酿中，互联网金融发展的路径和范围尚处于探索阶段，更适合以民商事、行政法律来规范其发展，而不应主要依靠刑法手段来调整。（3）以刑法手段打压互联网金融创新有碍经济社会的发展。要推动社会经济的发展，首先要调动人们创新的积极性，并从法律上赋予公民自由从事经济行为的权利。若把有益于社会的互联网金融创新纳入刑法规制，会导致刑法对金融乃至整个经济领域的过度干预，阻滞金融创新。在我国市场经济逐渐成熟的今天，要充分保障市场竞争者的自由，给其创造一个宽容的法律环境，避免扼杀经济发展的活力。

---

〔1〕 参见席月明："中国市场经济法治创新的着力点与挑战"，载席月明主编：《法律与经济——中国市场经济法治建设的反思与创新》（2013年第1卷），中国社会科学出版社 2013 年版。

〔2〕《马克思恩格斯全集》（第1卷），人民出版社 1960 年版，第 71 页。

〔3〕 参见顾肖荣等：《经济刑法总论比较研究》，上海社会科学院出版社 2008 年版，第 112 页。

三、互联网金融创新的刑法保障路径

从我国金融体制自身发展的规律和我国经济发展对金融体制的要求看，民间借贷从地下走向地面、由暗箱式操作走向阳光化运作、由无合法身份走向合法经营，是民间借贷未来发展的必然趋势。[1]因此，针对互联网金融，刑法应保持必要的限缩，为互联网金融发展预留合法化空间。互联网金融"法无明文禁止便可为"的思维，与"法无规定便不为"的传统金融思维发生碰撞，[2]如何在确保金融秩序稳定的前提下，支持、鼓励互联网金融发展，并合理界定刑法保障的红线，是需要深入研究的重要命题。本书认为，在国家鼓励互联网金融发展的背景下，应保护合法互联网金融活动，宽宥对待互联网金融发展中的轻微违法行为，严厉打击互联网金融犯罪，同时，对互联网金融的监管应首先考虑运用民商、行政等法律，只有在其难以有效发挥保障作用时，才需要刑法介入。

第一，对于服务于国家实体经济、没有诈骗目的的互联网金融行为，即使形式上符合刑事违法性，因其有利于经济发展、缺少社会危害性，刑法的适用要谦抑、犹豫，一般情况下应排除该类行为的犯罪性。随着社会的发展，过去被视为犯罪的行为，现在可能变为社会鼓励和需要的行为，行为的严重社会危害性已不复存在。"国家为促成经济的发展与配合经济结构的变动，其所制定之指导、奖励、限制与禁止经济行为的经济与贸易及财税等法令，也要随时作适当的调整与更张"，[3]由于法律本身的模糊性及易变性，以违反行政法规范为基础的行政刑法具有很大的弹性空间，刑法作为最后的手段，应结合社会形势的变化和法条的弹性，在互联网金融相关行为的社会危害性存疑的情况下，收敛、约束、限缩自身适用的范围。

互联网金融的兴旺或肃杀，与法律环境是否宽松有着紧密的联系。对互联网金融活动进行不适当的刑法规制，必然会限制乃至扼杀其发展，同时也会扼杀金融行业的创新。[4]在当前社会变迁时期，应重新审视现行刑法相关

---

〔1〕 参见邱兆祥、史明坤："关于民间借贷合法化的思考"，载《金融理论与实践》2009 年第 3 期。

〔2〕 参见刘宪权："论互联网金融刑法规制的'两面性'"，载《法学家》2014 年第 5 期。

〔3〕 林山田：《经济犯罪与经济刑法》，三民书局 1981 年版，第 89 页。

〔4〕 参见刘宪权："论互联网金融刑法规制的'两面性'"，载《法学家》2014 年第 5 期。

规定。正如有学者所言，随着经济领域改革的深入以及社会环境的变化，刑法中的某些罪名可能已经在某种程度上失去了当时的立法必要性，某些罪名尽管仍有存在必要，但是，如果不对其构成要件做出适当修改，这些罪名将难以适应时下社会发展的需要。[1]现行刑法中的非法吸收公众存款罪、集资诈骗罪等法条没有跟随社会的发展而及时完善，限制了互联网金融等民间金融的发展，其继续维持现状的合理性受到怀疑。对于符合我国市场经济发展方向、服务于我国实体经济的行为，特别是服务于国家支持发展的"三农"、节能环保、新能源等领域的实体经济的行为，即使其对当前过渡时期的金融体制造成一定冲击，也应对其保持宽容态度，对此类行为不宜犯罪化。[2]

第二，利用互联网金融进行资金炒作，如果其形式上具有刑事违法性，实质上具有严重社会危害性，不能因其是互联网金融而予以放任。在互联网金融发展中，出现了大量新的金融活动，备受关注的是恒生电子 HOMES 系统交易、程序化股市操作和恶意做空等行为。在我国大力发展"互联网+"经济的关键时期，2015 年 7 月发生惨烈的股灾，不仅给证券投资者造成惨重经济损失，也严重妨害金融管理秩序，迟滞了我国经济的转型升级，其中，恒生电子 HOMES 系统交易、程序化交易和恶意做空活动被认为是引起此次股灾的重要原因。恒生电子的 HOMES 系统是一种新型投资管理服务平台，具有开户、交易、风控、伞形分仓及平仓的功能，该系统自成一套券商系统，能帮助配置资金逃避监管进入股市，妨害国家金融监管秩序。程序化交易是指通过既定程序或特定软件，自动生成或执行交易指令的交易行为，一旦出现预设的条件，即出现巨量的交易活动，引起证券市场的剧烈波动，这种剧烈变化可以被恶意利用，用来操纵股市进行资金炒作。恶意做空是 2015 年股灾的重要原因，正常做空可以加速市场的流动及平衡供需，稳定市场价格及减少金融风险，而恶意做空则通过虚假交易、自买自卖、操纵市场等行为，引起金融市场的混乱。以上三种行为危害我国金融管理秩序和经济社会的发展，不仅没有对实体经济和经济社会发展发挥积极的推动作用，反而为恶意做空我国经济创造了条件，理应依法管控。相关机关依法对 HOMES 系统、程序化

---

〔1〕　参见刘宪权："自贸区建设中刑法适用不可回避的'四大关系'"，载《政法论坛》2014年第 5 期。

〔2〕　参见何荣功：《自由秩序与自由刑法理论》，北京大学出版社 2013 年版，第 286 页。

交易系统进行规范管理，对恶意做空活动依法打击，是合理合法的。我国需要互联网金融创新来实现改革发展的目标，但相关创新活动应符合服务于实体经济和经济社会发展的实质标准，损害国家、社会和公众利益、为个人或者小集团谋取私利的所谓互联网金融创新不应有法律上的豁免权，对于违反刑法规定的，应依法追究刑事责任。

第三，对于借助互联网金融创新为名行犯罪之实的，应依法定罪量刑。在互联网金融蓬勃发展的同时，也出现了互联网金融犯罪，后者借互联网金融创新之名，企图鱼目混珠，躲避法律的惩罚。前述《指导意见》指出要"坚决打击涉及非法集资等互联网金融犯罪，防范金融风险，维护金融秩序"。有些行为以网络股权众筹、P2P 网络借贷、第三方网络支付等为幌子，实际上是诈骗公众财物或者相关准备活动，对这些新形式的犯罪，应当按照其行为的实质认定其性质，依法追究刑事责任。判断行为的实质，应当从两方面考察：其一，要看该行为是否直接服务于实体经济，是否有利于经济社会的发展，以判断其是否具有社会危害性；其二，要看该行为在实质上是否符合相关犯罪的构成要件。有些行为与互联网金融创新或者其他合法经济活动相似，形式上与互联网股权众筹、P2P 网络借贷、第三方网络支付等相近，但是，其运作中有关键的环节违反国家禁止性规定，存在诈骗公众财产或者其他严重违反国家金融管理法规的行为，如未经国家有关主管部门批准，擅自开展证券、期货、保险、资金支付等金融业务、通过互联网平台吸纳公众资金、设置资金池、承诺还本付息或实质上进行放贷等。这些行为实质上是刑法规定的犯罪行为，其华丽的"互联网金融外衣"不是免罪的保护罩，应当对其依法定罪。严厉打击以上互联网金融犯罪，有利于扫清互联网金融的发展环境，也有利于保障互联网金融的健康发展，否则，可能导致真正的互联网金融被扼杀在起步阶段。

综合以上，互联网金融是信息化时代传统金融的变革和补充，其发展应当得到刑法的保障而不是遏制。互联网金融还处于探索阶段，其对传统金融体制的突破和适应，以及与现有法律体系的协调，可能要经历一个较长的过程，例如，对于互联网金融的业务范围、与传统金融业的竞争关系、互联网金融风险控制和信息披露等，监管部门是在试错中逐步完善相关管理制度。对于我国社会信息化关键环节的金融信息化，我国刑法的基本立场应当是保障其发展，而不是简单适用在传统金融体制环境下制定的刑法条文，对促进经济社会发展的金融变革进行扼杀，这不仅与我国经济社会发展的方向相背离，也与当前国家支持互联网金融发展的立场不符。"刑法安定性的最高价值、保障法的法体系地位和司法法的本性决定了我们不能指望刑法成为引领社会进步的力量，但必须尽可能避免刑法成为社会进步的阻碍力量"。[1]"犯罪化与非犯罪化可谓刑事立法政策上的左右手，刑事立法上必须随着刑事法理论与刑事思潮的演进，以及政治、经济、社会、文化等现实的演变，随时检讨刑事实体法规定的各种犯罪行为及其法律效果。"[2]现行刑法有必要跟随金融信息化的发展而修改完善，针对刑法中不合理的条款，在目前修改或废止尚不成熟的情况下，应该结合国家的金融政策，通过司法解释等方式，限缩相关法条的适用范围，调整相关行为的入罪门槛，以免阻滞互联网金融的创新和发展。

需要强调的是，综合运用民商法、行政法和刑法对保障互联网金融的发展至关重要。卢梭曾说："刑法在根本上与其说是一种特别的法律，还不如说是对其他一切法律的裁定。"[3]刑法是对不服从第一次规范如民法规范、行政法规范所保护的利益进行强有力保护的第二次规范。[4]刑法作为调整社会关系的最后一道防线，是保障互联网金融安全的最后一道屏障，理应在穷尽其他法律手段之后仍不足时才能动用，目前国家对互联网金融明确了规范发展、鼓励发展的态度，相关民事、行政法律尚处于调整阶段，在此情况下，刑法的位置如果过于靠前，特别是对一般性的互联网金融采取严厉态度，不仅会使刑法失去了最后的保障法的性质，也可能阻碍互联网金融法治的发展。民商法、行政法和刑法应当是保障互联网金融的"三驾马车"，民商法律侧重于保护投资者利益，行政法律着眼于行政监管，而刑法偏重于防控犯罪风险，应当更多地探索利用民商事法律、行政法律来规范和引导互联网金融发展，而不是简单地利用刑法设置"禁行线"，三者应当有效配置、协同力量最大程度地保障互联网金融的发展，使互联网金融成为名至实归的"普惠金融"。

---

〔1〕　何荣功："经济自由与经济刑法正当性的体系思考"，载《法学评论》2014 年第 6 期。

〔2〕　林山田：《刑法的革新》，学林文化事业出版公司 2001 年版，第 128 页。

〔3〕　[法] 卢梭：《社会契约论》，何兆武译，商务印书馆 2003 年版，第 70 页。

〔4〕　参见梁根林：《刑罚结构论》，北京大学出版社 1998 年版，第 174 页。

结　语

　　网络金融犯罪是一种新型金融犯罪，涉及问题众多，包括侵犯网络金融系统和数据安全犯罪、破坏网络金融管理秩序犯罪、网络金融诈骗犯罪及互联网金融犯罪等。目前，我国网络金融犯罪并无专门立法，随着《指导意见》的出台，网络金融犯罪刑事立法的制定也势在必行，现行刑法中有关金融犯罪的规定无法承载并实现其应有功能。我国网络金融犯罪日趋严重，需要对《刑法》中有关金融犯罪的条款进行立、改、废，以有效遏制网络金融犯罪，保障经济、金融秩序安全。

　　基于此，本书重点研究网络洗钱犯罪，新型网络支付诈骗犯罪及互联网金融犯罪。首先，关于网络洗钱犯罪。我国反洗钱立法仍侧重于传统洗钱的规制，难以涵盖网络洗钱这一新型洗钱方式，需要修改洗钱罪的犯罪构成，重新调整洗钱罪的归属，以解决理论和实务中遇到的问题。其次，关于新型网络支付诈骗犯罪。网络信用卡诈骗和第三方支付诈骗是支付领域出现的新型诈骗方式，我国《刑法》第196条规定的信用卡诈骗罪无法涵盖网络无卡信用卡诈骗行为、使用信用卡后拒付等情况，应将上述行为纳入信用卡诈骗罪的范畴；第196条第3款"盗窃信用卡并使用的"情形认定为盗窃罪在理论上难以自洽，应予以删除；此外，利用第三方支付进行套现的行为应根据情形分别认定为信用卡诈骗罪或非法经营罪。最后，关于互联网金融犯罪。互联网金融由于缺少行政监管和法律规制，在创新过程中存在一些模糊地带，游走于合法与非法的边缘，对传统金融犯罪的"入罪"和"出罪"标准提出了挑战。刑法作为事后法、保障法，对互联网金融创新行为应保持谦抑和克制，在通过民事或行政手段能够解决时，刑法应当自缚，准确认定互联网金融犯罪的入罪条件，以保持刑法与互联网金融发展的契合。

　　总之，预防和惩治网络金融犯罪是一个长期的过程，仅靠刑事立法难以承受其重，需要综合运用立法、司法、行政监管等多种手段，规范网络金融的发展。从金融发展的历程来看，金融发展的过程也是金融创新的过程，金融创新需要在现行法律的框架下进行，不能突破法律红线。在实践中，应以法治思维认真对待网络金融创新，正视网络金融创新行为对现行法律制度和交易规则的冲击，合理界定金融创新行为的边界，为金融创新提供足够的发展空间。在互联网金融"入罪"和"出罪"之间寻求平衡，理性对待互联网金融犯罪，保障互联网金融健康发展，是刑法应有的立场。

参考文献

（一）中文著作、译著类

1. 白建军主编：《金融犯罪研究》，法律出版社 2000 年版。

2. 曹红辉、李汉等：《中国第三方支付行业发展蓝皮书（2011）》，中国金融出版社 2012 年版。

3. 曹坚：《从犯问题研究——以经济刑法为视角》，上海社会科学院出版社 2009 年版。

4. 曹坚：《经济犯罪疑难问题与审判政策解读》，上海社会科学院出版社 2010 年版。

5. 陈家林：《外国刑法通论》，中国人民公安大学出版社 2009 年版。

6. 陈捷等：《全球化视野下中国洗钱犯罪对策研究》，中国书籍出版社 2013 年版。

7. 陈伶俐、于同志、鲍艳：《金融犯罪前沿问题审判实务》，中国法制出版社 2014 年版。

8. 陈兴良主编：《经济犯罪学》，中国社会科学出版社 1990 年版。

9. 陈兴良主编：《经济犯罪疑案探究》，中国社会科学出版社 1990 年版。

10. 陈兴良：《刑法的启蒙》，法律出版社 1998 年版。

11. 陈旭主编：《金融检察年刊（2014）：金融检察与金融创新》，法律出版社 2015 年版。

12. 陈志武：《金融的逻辑》，国际文化出版公司 2009 年版。

13. 储槐植：《刑事一体化与关系刑法论》，北京大学出版社 1997 年版。

14. 单晓华：《金融诈骗罪基本问题研究》，中国法制出版社 2007 年版。

15. 杜春鹏：《电子证据取证和鉴定》，中国政法大学出版社 2014 年版。

16. 范文仲等：《互联网金融理论、实践与监管》，中国金融出版社 2014 年版。

17. 冯玉军：《法律与经济推理：寻求中国问题的解决》，经济科学出版社 2008 年版。

18. 冯芸、杨冬梅、吴冲锋：《洗钱行为的识别与监管》，上海交通大学出版社 2008 年版。

19. 付雄：《网络洗钱现状分析及对策研究》，中国社会科学出版社 2012 年版。

20. 高富平：《电子商务法学》，北京大学出版社 2008 年版。

21. 高铭暄、马克昌主编：《刑法学》，北京大学出版社、高等教育出版社 2011 年版。

22. 高铭暄、马克昌主编：《刑法学》，北京大学出版社、高等教育出版社 2014 年版。

23. 高铭暄：《中华人民共和国刑法的孕育诞生和发展完善》，北京大学出版社 2012 年版。

24. 工业和信息化部电信研究院政策与经济研究所、腾讯互联网与社会研究院：《中国互联网法律与政策研究报告（2013）》，电子工业出版社 2014 年版。

25. 宫厚军：《经济犯罪与经济刑法研究》，中国方正出版社 2003 年版。

26. 顾肖荣、倪瑞平主编：《金融犯罪惩治规制国际化研究》，法律出版社 2005 年版。

27. 顾肖荣等主编：《体系刑法学——刑法分则三》，中国法制出版社 2012 年版。

28. 顾肖荣等：《当前金融犯罪新问题研究》，黑龙江人民出版社 2008 年版。

29. 顾肖荣等：《经济刑法总论比较研究》，上海社会科学院出版社 2008 年版。

30. 郭华：《互联网金融犯罪概说》，法律出版社 2015 年版。

31. 郭立新、黄明儒主编：《刑法分则适用典型疑难问题新释新解》，中国检察出版社 2010 年版。

32. 韩宝明、杜鹏、刘华编著：《电子商务安全与支付》，人民邮电出版社 2001 年版。

33. 何家弘主编：《电子证据法研究》，法律出版社 2002 年版。

34. 何萍：《洗钱与反洗钱动态研究》，法律出版社 2012 年版。

35. 何荣功：《自由秩序与自由刑法理论》，北京大学出版社 2013 年版。

36. 胡洪春：《我国存贷款犯罪研究》，上海社会科学院出版社 2013 年版。

37. 胡玫艳主编：《网络金融学》，对外经济贸易大学出版社 2008 年版。

38. 胡启忠等：《经济刑法立法与经济犯罪处罚》，法律出版社 2010 年版。

39. 胡晓军：《中国金融新生态：全面解析互联网金融》，人民邮电出版社 2014 年版。

40. 黄泽林：《网络犯罪的刑法适用》，重庆出版社 2005 年版。

41. 黄震、邓建鹏编著：《互联网金融法律与风险控制》，机械工业出版社 2014 年版。

42. 季境、张志超主编：《新型网络犯罪问题研究》，中国检察出版社 2012 年版。

43. 江维龙编著：《经济刑法学》，广西师范大学出版社 2009 年版。

44. 蒋平、杨莉莉编著：《电子证据》，清华大学出版社、中国人民公安大学出版社 2007 年版。

45. 金其高主编：《经济犯罪与经济安全》，学林出版社 2012 年版。

46. 金岳霖主编：《形式逻辑》，人民出版社 1979 年版。

47. 康树华主编：《犯罪学通论》，北京大学出版社 1996 年版。

48. 柯葛壮主编：《中国经济刑法发展史》，黑龙江人民出版社 2009 年版。

49. 黎宏：《刑法学》，法律出版社 2012 年版。

50. 李爱君：《电子货币法律问题研究》，知识产权出版社 2008 年版。

51. 李德伟等：《互联网金融理论与实践》，中国标准出版社 2014 年版。

52. 李建华：《经济刑法立法研究》，吉林大学出版社 2001 年版。

53. 李莉莎：《第三方电子支付法律问题研究》，法律出版社 2014 年版。

54. 李娜：《论金融安全的刑法保护》，武汉大学出版社 2009 年版。

55. 李文燕主编：《计算机犯罪研究》，中国方正出版社 2001 年版。

56. 李永升、刘建主编：《金融刑法学教程》，法律出版社 2014 年版。

57. 李永升、朱建华主编：《经济刑法学》，法律出版社 2011 年版。

58. 李永升主编：《金融犯罪研究》，中国检察出版社 2010 年版。

59. 利子平、胡祥福主编：《金融犯罪新论》，群众出版社 2005 年版。

60. 梁根林：《刑罚结构论》，北京大学出版社 1998 年版。

61. 梁循、杨健、陈华编著：《互联网金融信息系统的设计与实现》，北京大学出版社 2006 年版。

62. 梁循、曾月卿编著：《网络金融》，北京大学出版社 2005 年版。

63. 梁勇：《开放的难题：发展中国家的金融安全》，上海社会科学院出版社、高等教育出版社 1999 年版。

64. 林安民：《我国反洗钱立法演变研究》，厦门大学出版社 2010 年版。

65. 林东茂：《危险犯与经济刑法》，五南图书出版有限公司 1996 年版。

66. 林孟皇：《金融犯罪与刑事审判》，元照出版社 2011 年版。

67. 林山田：《经济犯罪与经济刑法》，三民书局 1981 年版。

68. 林山田：《刑法的革新》，学林文化事业出版公司 2001 年版。

69. 林亚刚：《刑法学教义（总论）》，北京大学出版社 2014 年版。

70. 刘会霞等编著：《网络犯罪与信息安全》，电子工业出版社 2014 年版。

71. 刘明祥、冯军主编：《金融犯罪的全球考察》，中国人民大学出版社 2008 年版。

72. 刘品新：《中国电子证据立法研究》，中国人民大学出版社 2005 年版。

73. 刘锡良等：《中国经济转轨时期金融安全问题研究》，中国金融出版社 2004 年版。

74. 刘宪权、卢勤忠：《金融犯罪理论专题研究》，复旦大学出版社 2002 年版。

75. 刘宪权：《金融犯罪刑法理论与实践》，北京大学出版社 2008 年版。

76. 刘宪权：《金融犯罪刑法学新论》，上海人民出版社 2014 年版。

77. 刘宪权：《金融犯罪刑法学专论》，北京大学出版社 2010 年版。

78. 刘宪权主编：《刑法学研究（第 2 卷）》，北京大学出版社 2006 年版。

79. 刘宪权主编：《刑法学研究——互联网金融刑法规制研究》（第 11 卷），上海人民出版社 2014 年版。

80. 刘鑫：《民间融资犯罪问题研究》，上海人民出版社 2015 年版。

81. 刘志伟编：《刑法规范总整理》，法律出版社 2019 年版。

82. 卢建平主编：《有组织犯罪比较研究》，法律出版社 2004 年版。

83. 卢勤忠：《非法集资犯罪刑法理论与实务》，上海人民出版社 2014 年版。

84. 卢勤忠：《中国金融刑法国际化研究》，中国人民公安大学出版社 2004 年版。

85. 吕廷杰编著：《网络经济与电子商务》，北京邮电大学出版社 1999 年版。

86. 罗明雄、唐颖、刘勇：《互联网金融》，中国财政经济出版社 2013 年版。

87. 马克昌：《比较刑法原理：外国刑法学总论》，武汉大学出版社 2002 年版。

88. 马克昌主编：《百罪通论》，北京大学出版社 2014 年版。

89. 马克昌主编：《犯罪通论》，武汉大学出版社 1999 年版。

90. 马克昌主编：《经济犯罪新论——破坏社会主义经济秩序罪研究》，武汉大学出版社 1998 年版。

91. 马民虎、果园：《网络通信监控法律制度研究》，法律出版社 2013 年版。

92. 麦永浩等主编：《计算机取证与司法鉴定》，清华大学出版社 2009 年版。

93. 毛玲玲：《金融犯罪的实证研究——金融领域的刑法规范与司法制度反思》，法律出版社 2014 年版。

94. 莫洪宪：《有组织犯罪研究》，湖北人民出版社 1998 年版。

95. 倪健民主编：《国家金融安全报告》，中共中央党校出版社 1999 年版。

96. 欧阳勇等：《网络金融：理论分析与实践探索》，西南财经大学出版社 2006 年版。

97. 彭凤莲、郦毓贝：《破坏金融管理秩序罪认定与疑难问题解析》，中国人民公安大学出版社 2009 年版。

98. 皮勇：《电子商务领域犯罪研究》，武汉大学出版社 2002 年版。

99. 皮勇：《网络安全法原论》，中国人民公安大学出版社 2008 年版。

100. 皮勇：《网络犯罪比较研究》，中国人民公安出版社 2005 年版。

101. 皮勇：《刑事诉讼中的电子证据规则研究》，中国人民公安大学出版社 2005 年版。

102. 齐爱民：《电子商务法原论》，武汉大学出版社 2010 年版。

103. 齐爱民：《拯救信息社会中的人格——个人信息保护法总论》，北京大学出版社 2009 年版。

104. 齐爱民：《中国信息立法研究》，武汉大学出版社 2009 年版。

105. 齐爱民等：《网络金融法原理与国际规则》，武汉大学出版社 2004 年版。

106. 秦成德、麻元元、赵青等编著：《网络金融》，电子工业出版社 2012 年版。

107. 秦成德主编：《电子商务法》，科学出版社 2007 年版。

108. 曲伶俐等：《刑事政策视野下的金融犯罪研究》，山东大学出版社 2010 年版。

109. 曲新久：《金融与金融犯罪》，中信出版社 2003 年版。

110. 屈学武：《金融刑法学研究》，中国检察出版社 2004 年版。

111. 阮方民：《洗钱犯罪的惩治与预防》，中国检察出版社 1998 年版。

112. 阮方民：《洗钱罪比较研究》，中国人民公安大学出版社 2002 年版。

113. 邵沙平等：《控制洗钱及相关犯罪法律问题研究》，人民法院出版社 2003 年版。

114. 沈宗灵主编：《法理学》，北京大学出版社 2009 年版。

115. 盛佳、柯斌、杨倩主编：《众筹：传统融资模式颠覆与创新》，机械工业出版社 2014

年版。

116. 时飞:《电子商务法》,对外经济贸易大学出版社 2012 年版。

117. 史尚宽:《民法总论》,中国政法大学出版社 2000 年版。

118. 舒慧明主编:《中国金融刑法学》,中国人民公安大学出版社 1997 年版。

119. 帅青红、夏军飞编著:《网上支付与电子银行》,东北财经大学出版社 2009 年版。

120. 苏宁主编:《中国反洗钱报告(2006)》,中国金融出版社 2007 年版。

121. 孙春雨、贾学胜编著:《计算机与网络犯罪专题整理》,中国人民公安大学出版社 2007 年版。

122. 孙国祥、魏昌东:《经济刑法研究》,法律出版社 2005 年版。

123. 孙景仙、安永勇:《网络犯罪研究》,知识产权出版社 2006 年版。

124. 孙利:《经济犯罪研究与刑法适用》,中国检察出版社 2001 年版。

125. 孙铁成:《计算机与法律》,法律出版社 1998 年版。

126. 谭秉学、王绪祥主编:《金融犯罪学概论》,中国社会科学出版社 1993 年版。

127. 谭志君:《证据犯罪研究》,法律出版社 2005 年版。

128. 唐稷尧:《经济犯罪的刑事惩罚标准研究》,四川大学出版社 2007 年版。

129. 唐应茂:《电子货币与法律》,法律出版社 2002 年版。

130. 涂龙科:《经济刑法规范特性研究》,上海社会科学院出版社 2012 年版。

131. 于同志:《热点难点案例判解:刑事类·网络犯罪》,法律出版社 2008 年版。

132. 万国海:《经济犯罪的刑事政策研究》,黑龙江人民出版 2008 年版。

133. 王宝杰:《金融犯罪的国际化防治研究》,黑龙江人民出版 2008 年版。

134. 王凤垒:《金融犯罪研究》,中国检察出版社 2008 年版。

135. 王洪青:《附加刑研究——经济刑法视角下的刑罚适用与改革路径》,上海社会科学院出版社 2009 年版。

136. 王利明主编:《电子商务法研究》,中国法制出版社 2003 年版。

137. 王龙华主编:《网络金融》,中国金融出版社 2009 年版。

138. 王世洲:《德国经济犯罪与经济刑法研究》,北京大学出版社 1999 年版。

139. 王蜀黔:《电子支付法律问题研究》,武汉大学出版社 2005 年版。

140. 王文华:《欧洲金融犯罪比较研究:以欧盟、英国和意大利为视角》,外语教学与研究出版社 2006 年版。

141. 王晓东主编:《当代金融犯罪防治对策研究》,山东人民出版社 2006 年版。

142. 王新:《反洗钱:概念与规范诠释》,中国法制出版社 2012 年版。

143. 王新:《金融刑法导论》,北京大学出版社 1998 年版。

144. 王远均:《网络银行监管法律制度研究》,法律出版社 2008 年版。

145. 王在魁、刘慧卓、李焱辉:《热点难点案例判解·刑事类·金融犯罪》,法律出版社

2008 年版。

146. 王作富主编：《刑法分则实务研究》（上），中国方正出版社 2010 年版。

147. 魏士廪编著：《电子合同法理论与实务》，北京邮电大学出版社 2001 年版。

148. 吴弘主编：《金融法律评论》（第三卷），中国法制出版社 2012 年版。

149. 吴弘主编：《金融法律评论》（第四卷），中国法制出版社 2013 年版。

150. 吴伟光：《电子商务法》，清华大学出版社 2004 年版。

151. 席涛：《法律经济学：直面中国问题的法律与经济》，中国政法大学出版社 2013 年版。

152. 席月民主编：《法律与经济：中国市场经济法治建设的反思与创新》，中国社会科学出版社 2013 年版。

153. 夏吉先：《经济犯罪与对策：经济刑法原理》，世界图书出版公司 1993 年版。

154. 夏露主编：《电子商务法规》，清华大学出版社 2011 年版。

155. 鲜铁可：《金融犯罪的定罪与量刑》，人民法院出版社 1999 年版。

156. 鲜铁可编著：《金融犯罪定罪量刑案例评析》，中国民主法制出版社 2003 年版。

157. 徐汉明、贾济东、赵慧：《中国反洗钱立法研究》，法律出版社 2005 年版。

158. 徐学锋编著：《电子支付与互联网银行》，上海财经大学出版社 2014 年版。

159. 许多奇主编：《互联网金融法律评论（2015 年第 1 辑）》，法律出版社 2015 年版。

160. 许秀中：《网络与网络犯罪》，中信出版社 2003 年版。

161. 薛瑞麟主编：《金融犯罪研究》，中国政法大学出版社 2000 年版。

162. 薛瑞麟主编：《金融犯罪再研究》，中国政法大学出版社 2007 年版。

163. 闫爱青、李丽、邵勇：《金融与金融犯罪研究》，中国民主法制出版社 2012 年版。

164. 闫爱青、石坚、王有云：《经济犯罪研究》，中国民主法制出版社 2007 年版。

165. 杨辉忠编著：《经济刑法：原理与实训》，南京大学出版社 2014 年版。

166. 杨坚争：《中华人民共和国电子签名法释义》，立信会计出版社 2004 年版。

167. 杨青编著：《电子金融学》，复旦大学出版社 2009 年版。

168. 杨涛主编：《互联网金融理论与实践》，经济管理出版社 2015 年版。

169. 杨天翔、薛誉华、刘亮编著：《网络金融》，复旦大学出版社 2015 年版。

170. 杨兴培、李翔：《经济犯罪和经济刑法研究》，北京大学出版社 2009 年版。

171. 杨正鸣主编：《网络犯罪研究》，上海交通大学出版社 2004 年版。

172. 姚文平：《互联网金融》，中信出版社 2014 年版。

173. 叶蔚、袁清文主编：《网络金融概论》，北京大学出版社 2006 年版。

174. 印辉编著：《电子商务合同实务指南》，知识产权出版社 2002 年版。

175. 游涛：《普通诈骗罪研究》，中国人民公安大学出版社 2012 年版。

176. 于同志：《热点难点案例判解：刑事类·网络犯罪》，法律出版社 2008 年版。

177. 郁光华：《法律与经济问题研究》，中国社会科学出版社 1999 年版。

178. 岳意定、吴庆田主编：《网络金融学》，东南大学出版社 2005 年版。

179. 臧景范：《金融安全论》，中国金融出版社 2001 年版。

180. 张成虎主编：《网络金融》，科学出版社 2005 年版。

181. 张楚：《电子商务法初论》，中国政法大学出版社 2000 年版。

182. 张楚主编：《电子商务法》，中国人民大学出版社 2011 年版。

183. 张继东编著：《电子商务法》，机械工业出版社 2011 年版。

184. 张劲松编著：《互联网金融经营管理之道》，机械工业出版社 2014 年版。

185. 张劲松编著：《网络金融》，机械工业出版社 2010 年版。

186. 张进、姚志国编著：《网络金融学》，北京大学出版社 2002 年版。

187. 张俊浩主编：《民法学原理》，中国政法大学出版社 2000 年版。

188. 张凌、陈辐宽、严励主编：《犯罪防控与法治中国建设——中国犯罪学学会年会论文集（2015 年）》，中国检察出版社 2015 年版。

189. 张明楷：《犯罪论原理》，武汉大学出版社 1991 年版。

190. 张明楷：《外国刑法纲要》，清华大学出版社 2007 年版。

191. 张明楷：《刑法格言的展开》，法律出版社 1999 年版。

192. 张明楷：《刑法学》，法律出版社 2016 年版。

193. 张明楷：《诈骗罪与金融诈骗罪研究》，清华大学出版社 2006 年版。

194. 张素华：《网络银行风险监管法律问题研究》，武汉大学出版社 2004 年版。

195. 张天虹：《经济犯罪新论》，法律出版社 2004 年版。

196. 张旭主编：《国际刑法——现状与展望》，清华大学出版社 2005 年版。

197. 张勇：《经济犯罪定量化研究》，法律出版社 2008 年版。

198. 张智辉、刘远主编：《金融犯罪与金融刑法新论》，山东大学出版社 2006 年版。

199. 赵凤祥主编：《国际金融犯罪比较研究与防范》，中国大百科全书出版社 1998 年版。

200. 赵家敏：《电子货币》，广东经济出版社 1999 年版。

201. 赵金成：《洗钱犯罪研究》，中国人民公安大学出版社 2006 年版。

202. 赵永林主编：《信用卡安全机制与法律问题研究》，法律出版社 2011 年版。

203. 郑丽萍：《货币犯罪研究》，中国方正出版社 2004 年版。

204. 郑毅：《网络犯罪及相关问题研究》，武汉大学出版社 2014 年版。

205. 周道鸾、张军主编：《刑法罪名精释：对最高人民法院关于罪名司法解释的理解和适用》，人民法院出版社 1998 年版。

206. 周道许编著：《金融全球化下的金融安全》，中国金融出版社 2001 年版。

207. 周密主编：《美国经济犯罪和经济刑法研究》，北京大学出版社 1993 年版。

208. 周平主编：《转型期金融犯罪忧思录》，上海财经大学出版社 2008 年版。

209. 周忠海等编著：《网络银行法律问题研究》，知识产权出版社 2008 年版。

210. 谢望原主编：《网络犯罪与安全：2017》，法律出版社 2017 年版。

211. 李兴安、董淑君：《网络犯罪学》，中国政法大学出版社 2017 年版。

212. 刘军：《网络犯罪治理刑事政策研究》，知识产权出版社 2017 年版。

213. 喻海松：《网络犯罪二十讲》，法律出版社 2018 年版。

214. 王肃之：《网络犯罪原理》，人民法院出版社 2019 年版。

215. 敬力嘉：《信息网络犯罪规制的预防转向与限度》，社会科学文献出版社 2019 年版。

216. 齐文远、杨柳：《网络犯罪问题研究》中国法制出版社 2019 年版。

217. 谢望原主编：《网络犯罪与安全：2018》，中国人民大学出版社 2019 年版。

218. 胡启忠：《非法集资刑法应对的理论与实践研究》，法律出版社 2019 年版。

219. 刘宪权：《金融犯罪刑法学原理》，上海人民出版社 2020 年版。

220. 汪恭政、皮勇：《第三方支付平台犯罪及刑事责任研究》，中国社会科学出版社 2020 年版。

221. 王玉薇：《网络犯罪治理的法治化路径》，北京大学出版社 2020 年版。

222. 《法学词典》，上海辞书出版社 1984 年版。

223. 《马克思恩格斯全集》（第 1 卷），人民出版社 1960 年版。

224. 《马克思恩格斯全集》（第 6 卷），人民出版社 1961 年版。

225. ［德］Christopher Kuner：《欧洲数据保护法 公司遵守与管制》，旷野、杨会永等译，法律出版社 2008 年版。

226. ［德］克劳斯·罗克辛：《德国刑法学总论》（第 1 卷），王世洲译，法律出版社 2005 年版。

227. ［德］克劳斯·罗克辛：《德国刑法学总论》（第 2 卷），王世洲等译，法律出版社 2013 年版。

228. ［德］乌尔里希·贝克：《风险社会》，何博闻译，译林出版社 2004 年版。

229. ［德］乌尔里希·齐白：《全球风险社会与信息社会中的刑法——二十一世纪刑法模式的转换》，周遵友、江溯等译，中国法制出版社 2012 年版。

230. ［法］卢梭：《社会契约论》，何兆武译，商务印书馆 2003 年版。

231. ［法］玛丽-克里斯蒂娜·迪皮伊-达侬：《金融犯罪：有组织犯罪怎样洗钱》，陈莉译，中国大百科全书出版社 2006 年版。

232. ［美］David Kosiur：《电子贸易》，陈曙辉等译，清华大学出版社 1998 年版。

233. ［美］M. W. 瓦托夫斯基：《科学思想的概念基础——科学的哲学导论》，范岱年译，求实出版社 1982 年版。

234. ［美］艾伯特-拉斯洛·巴拉巴西：《爆发：大数据时代预见未来的新思维》，马慧译，中国人民大学出版社 2012 年版。

235. ［美］马西安达罗主编：《全球金融犯罪：恐怖主义、洗钱与离岸金融中心》，周凯等译，西南财经大学出版社 2007 年版。

236. ［日］城田真琴：《大数据的冲击》，周自恒译，人民邮电出版社 2013 年版。

237. ［日］大谷实：《刑法总论》，黎宏译，法律出版社 2003 年版。

238. ［日］大塚仁：《刑法概说（各论）》，冯军译，中国人民大学出版社 2003 年版。

239. ［日］小林麻理：《IT 的发展与个人信息保护》，夏平、王俊红、周伟民译，经济日报出版社 2007 年版。

240. ［瑞典］汉斯·舍格伦、约兰·思科：《经济犯罪的新视角》，陈晓芳、廖志敏译，北京大学出版社 2006 年版。

241. ［意］艾柯等：《诠释与过度诠释》，王宇根译，生活·读书·新知三联书店 1997 年版。

242. ［意］恩里科·菲利：《犯罪社会学》，郭建安译，中国人民公安大学出版社 2004 年版。

243. ［英］巴瑞·亚历山大·肯尼斯·瑞德、闫海亭、邢莉红：《国际金融犯罪预防与控制》，金鹏辉译，中国金融出版社 2010 年版。

244. ［英］戴恩·罗兰德、伊丽莎白·麦克唐纳：《信息技术法》，宋连斌、林一飞、吕国民译，武汉大学出版社 2004 年版。

245. ［英］弗兰克·韦伯斯特：《信息社会理论》，曹晋等译，北京大学出版社 2011 年版。

（二）中文论文类

1. "'余额宝等互联网金融平台的刑法思考与风险规制'沙龙研讨活动综述"，载《犯罪研究》2014 年第 3 期。

2. 巴曙松、杨彪："第三方支付国际监管研究及借鉴"，载《财政研究》2012 年第 4 期。

3. 白光昭："地方政府金融办的职能定位"，载《中国金融》2010 年第 18 期。

4. 蔡清祥："刑事经济犯罪之研究——防制洗钱之探讨"，载《法学家》1996 年第 3 期。

5. 曹凤岐："互联网金融对传统金融的挑战"，载《金融论坛》2015 年第 1 期。

6. 曹士贞："金融计算机犯罪的特点及对策"，载《行政与法》1998 年第 3 期。

7. 陈国庆、韩耀元："正确适用刑法，依法打击利用互联网犯罪——全国人大常委会《关于维护互联网安全的决定》刑法适用有关问题研究"，载《网络安全技术与应用》2001 年第 2 期。

8. 陈玲："'网络钓鱼'与刑法规制"，载《政治与法律》2008 年第 8 期。

9. 陈敏轩、李钧："美国 P2P 行业的发展和新监管挑战"，载《金融发展评论》2013 年第 3 期。

10. 陈明华："洗钱罪的认定及处罚"，载《法律科学》（西北政法学院学报）1997 年第 6 期。

11. 陈鹏鹏、王周："集资诈骗罪的认定问题"，载《西南政法大学学报》2012 年第 2 期。

12. 陈小彪、吕哲如："论网络环境下的洗钱犯罪及其防范"，载《贵州警官职业学院学报》2008 年第 2 期。

13. 陈兴良："协助他人掩饰毒品犯罪所得行为之定性研究——以汪照洗钱案为例的分析"，载《北方法学》2009 年第 4 期。

14. 陈学权："我国监听立法研究"，载《人民检察》2007 年第 15 期。

15. 陈学文："网上银行洗钱犯罪的金融防范"，载《湖南人文科技学院学报》2005 年第 4 期。

16. 成琳、吕宁斯："中国股权众筹平台的规范化路径——以'大家投'为例"，载《金融法苑》2014 年第 2 期。

17. 崔翔、陈明奇："窃密型木马攻击性分析和防范措施"，载《信息网络安全》2006 年第 8 期。

18. 但伟："论信用证诈骗罪的若干问题"，载《法学评论》1999 年第 3 期。

19. 邓建鹏："互联网金融时代众筹模式的法律风险分析"，载《江苏行政学院学报》2014 年第 3 期。

20. 狄卫平、梁洪泽："网络金融研究"，载《金融研究》2000 年第 11 期。

21. 董守吉："计算机'木马'攻击窃密防范知识"，载《保密科学技术》2011 年第 2 期。

22. 童文俊："互联网金融洗钱风险与防范对策研究"，载《浙江金融》2014 年第 8 期。

23. 杜晓山："国内外 P2P 网贷机构发展及相关政策思考"，载《西部金融》2013 年第 8 期。

24. 段启俊、刘芬："网络洗钱犯罪的立法完善"，载《湖南大学学报》（社会科学版）2006 年第 5 期。

25. 方也媛："P2P 网络借贷可能涉及的犯罪及其防治"，载《税务与经济》2015 年第 1 期。

26. 封延会、贾晓燕："'人人贷'的法律监管分析——兼谈中国的影子银行问题"，载《华东经济管理》2012 年第 9 期。

27. 冯果、蒋莎莎："论我国 P2P 网络贷款平台的异化及其监管"，载《法商研究》2013 年第 5 期。

28. 付立庆："刑罚积极主义立场下的刑法适用解释"，载《中国法学》2013 年第 4 期。

29. 付雄："论网络洗钱犯罪及对策"，载《华南理工大学学报》（社会科学版）2010 年第 5 期

30. 傅冰、王东："试论网络金融犯罪的成因与治理对策"，载《犯罪与改造研究》2007 年第 3 期。

31. 傅跃建、傅俊梅："互联网金融犯罪及刑事救济路径"，载《法治研究》2014 年第 11 期。

32. 高富平、俞迪飞："电子记录等同于纸面证据的解决方案——兼论《电子签名法》的局

限性"，载《法学》2004 年第 11 期。

33. 高晋康："民间金融法制化的界限与路径选择"，载《中国法学》2008 年第 4 期。

34. 高巍："略论'人肉搜索'的刑事规制"，载《法学杂志》2010 年第 3 期。

35. 龚培华、陈海燕："第三方支付平台中的犯罪问题与法律对策"，载《上海政法学院学报》（法治论丛）2010 年第 1 期。

36. 顾肖荣、陈玲："必须防范金融刑事立法的过度扩张"，载《法学》2011 年第 6 期。

37. 郭德香："论我国网络银行风险的法律规制"，载《中州学刊》2011 年第 6 期。

38. 郭德香："试析电子金融化时代反洗钱措施之变革"，载《中国刑事法杂志》2014 年第 4 期。

39. 郭德香："网上银行金融犯罪法律防治措施新探"，载《中国刑事法杂志》2013 年第 9 期。

40. 郭璐："当前利用计算机网络从事金融犯罪的现状及预防打击对策"，载《公安研究》2006 年第 8 期。

41. 郭明龙："论个人信息之商品化"，载《法学论坛》2012 年第 6 期。

42. 韩赤风："互联网服务提供者的义务与责任——以《德国电信媒体法》为视角"，载《法学杂志》2014 年第 10 期。

43. 何萍："洗钱与高科技——洗钱犯罪的新动向：从现实世界到虚拟空间"，载《法学》2003 年第 2 期。

44. 何荣功："经济自由与经济刑法正当性的体系思考"，载《法学评论》2014 年第 6 期。

45. 何荣功："经济自由与刑法理性：经济刑法的范围界定"，载《法律科学》（西北政法大学学报）2014 年第 3 期。

46. 何欣奕："股权众筹监管制度的本土化法律思考——以股权众筹平台为中心的观察"，载《法律适用》2015 年第 3 期。

47. 洪海林："个人信息保护立法理念探究——在信息保护与信息流通之间"，载《河北法学》2007 年第 1 期。

48. 侯春俊："我国第三方支付平台存在的主要问题及监管策略研究"，载《电子商务》2009 年第 7 期。

49. 侯婉莹："集资诈骗罪中非法占有目的的司法偏执"，载《法学》2012 年第 3 期。

50. 胡光志、周强："论我国互联网金融创新中的消费者权益保护"，载《法学评论》2014 年第 6 期。

51. 胡建淼、马良骥："信息技术发展带来的法律新课题——《个人信息保护法》研究"，载《科学学研究》2005 年第 6 期。

52. 胡启忠："金融刑法立罪逻辑论—以金融刑法修正为例"，载《中国法学》2009 年第 6 期。

53. 胡雁云："论网络金融欺诈犯罪的刑事规制研究"，载《金融理论与实践》2011 年第 5 期。

54. 胡忠望、刘卫东："Cookie 应用与个人信息安全研究"，载《计算机应用与软件》2007 年第 3 期。

55. 黄健青、辛乔利：""众筹"——新型网络融资模式的概念、特点及启示"，载《国际金融》2013 年第 9 期。

56. 黄璟宜："论对第三方支付机构的法律监管"，载《南方论刊》2010 年第 3 期。

57. 黄婧："网络洗钱犯罪"，载《法制博览》2013 年第 2 期。

58. 黄凯东、张建兵："浅谈互联网金融理财的刑法规制"，载《中国检察官》2014 年第 16 期。

59. 黄太云：""刑法修正案（七）》解读"，载《人民检察》2009 年第 6 期。

60. 黄太云："有关危害互联网安全犯罪的刑法适用问题"，载《人民检察》2001 年第 4 期。

61. 黄辛、李振林："互联网金融犯罪的刑法规制"，载《人民司法》2015 年第 5 期。

62. 贾玉革："金融机构'大而不倒'中的道德风险及其防范"，载《中央财经大学学报》2009 年第 8 期。

63. 姜涛："非法吸收公众存款罪的限缩适用新路径：以欺诈和高风险为标准"，载《政治与法律》2013 年第 8 期。

64. 姜涛："互联网金融所涉犯罪的刑事政策分析"，载《华东政法大学学报》2014 年第 5 期。

65. 蒋舸："个人信息保护立法模式的选择——以德国经验为视角"，载《法律科学》（西北政法大学学报）2011 年第 2 期。

66. 鞠晔、王平："云计算背景下欧盟消费者个人敏感数据的法律保护"，载《法学杂志》2014 年第 8 期。

67. 康均心、林亚刚："国际反洗钱犯罪与我国的刑事立法"，载《中国法学》1997 年第 5 期。

68. 康树华："洗钱犯罪现状、原因与防治措施"，载《南都学坛》2006 年第 4 期。

69. 兰晓为、彭小坤：""网络服务提供者"之微观解析"，载《科技与法律》2009 年第 5 期。

70. 朗俊义："论互联网金融视野下第三方支付的刑事风险与防控对策——以银行卡犯罪为视角"，载《公安学刊》（浙江警察学院学报）2014 年第 6 期。

71. 朗俊义："试论互联网金融的刑事风险与法律规制"，载《政法学刊》2014 年第 5 期。

72. 黎四奇、李时琼："对余额宝所引发法律问题的思考——基于金融创新的视角"，载《中南大学学报》（社会科学版）2014 年第 3 期。

73. 李爱君："民间借贷网络平台的风险防范法律制度研究"，载《中国政法大学学报》2012 年第 5 期。

74. 李波："网络金融犯罪问题探析"，载《赤峰学院学报》（汉文哲学社会科学版）2010 年第 7 期。

75. 李芳："浅谈网络洗钱犯罪的防范"，载《福建金融》2006 年第 9 期。

76. 李昊："我国众筹融资平台法律问题研究"，载《宁夏社会科学》2014 年第 4 期。

77. 李俊："德国互联网金融的经验及其对中国的启示"，载《清华金融评论》2014 年第 2 期。

78. 李齐广、黄佩娟："洗钱罪上游犯罪的范围之认定"，载《河北法学》2012 年第 7 期。

79. 李睿："网络信用卡犯罪若干法律问题的新解读"，载《政治与法律》2009 年第 4 期。

80. 李文韬："加强互联网金融监管初探"，载《时代金融》2014 年第 5 期。

81. 李希慧："论非法吸收公众存款罪的几个问题"，载《中国刑事法杂志》2001 年第 4 期。

82. 李希慧："论洗钱罪的几个问题"，载《法商研究》（中南政法学院学报）1998 年第 2 期。

83. 李晓明："P2P 网络借贷的刑法控制"，载《法学》2015 年第 6 期。

84. 李晓云："'电子代理人'略论"，载《西华师范大学学报》（哲学社会科学版）2006 年第 3 期。

85. 李晓云："电子商务中的'电子代理人'问题研究"，载《经济体制改革》2006 年第 1 期。

86. 李星廷："利用第三方支付平台进行经济犯罪问题及其对策初探"，载《北京警察学院学报》2013 年第 4 期。

87. 李雪静："国外 P2P 网络借贷平台的监管及对我国的启示"，载《金融理论与实践》2013 年第 7 期。

88. 李雪静："众筹融资模式的发展探析"，载《上海金融学院学报》2013 年第 6 期。

89. 李有星等："互联网金融监管的探析"，载《浙江大学学报》（人文社会科学版）2014 年第 4 期。

90. 李有星、范俊浩："非法集资中的不特定对象标准探析——证券私募视角的全新解读"，载《浙江大学学报》（人文社会科学版）2011 年第 5 期。

91. 李源粒："网络安全与平台服务商的刑事责任"，载《法学论坛》2014 年第 6 期。

92. 李真："互联网金融：内生性风险与法律监管逻辑"，载《海南金融》2014 年第 4 期。

93. 李振林："'互联网金融犯罪的防控与治理'犯罪学沙龙综述"，载《犯罪研究》2014 年第 4 期。

94. 李振林："刑法规制非法集资限度问题研究"，载《时代法学》2012 年第 4 期。

95. 梁恒："风险·规制·完善：刑法视域下的个人信息保护"，载《重庆邮电大学学报》（社会科学版）2009 年第 6 期。

96. 梁捷："比特币的命运"，载《新民周刊》2013 年第 48 期。

97. 廖凡、张怡："英国金融监管体制改革的最新发展及其启示"，载《金融监管研究》2012 年第 2 期。

98. 廖理等："聪明的投资者：非完全市场化利率与风险识别——来自 P2P 网络借贷的证据"，载《经济研究》2014 年第 7 期。

99. 林和利："简论电子商务中的电子代理人"，载《南方经济》2003 年第 9 期。

100. 林清红、李振林："金融创新视野下金融刑法的规制路径抉择"，载《江西警察学院学报》2014 年第 5 期。

101. 林毅夫、孙希芳："信息、非正规金融与中小企业融资"，载《经济研究》2005 年第 7 期。

102. 林志农："试论我国金融犯罪现状、原因及其对策"，载《公安大学学报》2001 年第 6 期。

103. 刘春年："《电子支付指引》若干问题研究"，载《现代情报》2006 年第 3 期。

104. 刘东："P2P 网络借贷诉讼的程序选择与适用"，载《时代法学》2014 年第 4 期。

105. 刘环宇："P2P 网贷的刑法问题与规制路径探析"，载《北京政法职业学院学报》2015 年第 1 期。

106. 刘健、李辰辰："非法吸收公众存款罪之辨析——兼评《最高人民法院关于审理非法集资刑事案件具体应用法律若干问题的解释》"，载《法治研究》2012 年第 3 期。

107. 刘静："网络实名制下个人信息的法律保护"，载《新闻知识》2015 年第 4 期。

108. 刘青："信息法之实质：平衡信息控制与获取的法律制度"，载《中国图书馆学报》2007 年第 4 期。

109. 刘权："P2P 网络借贷犯罪及其刑法治理研究"，载《中国人民公安大学学报》（社会科学版）2014 年第 6 期。

110. 刘仁文、田坤："非法集资犯罪适用法律疑难问题探析"，载《江苏行政学院学报》2012 年第 1 期。

111. 刘威："电子货币犯罪解构及防控"，载《中国检察官》2012 年第 16 期。

112. 刘为波："《关于审理洗钱等刑事案件具体应用法律若干问题的解释》的理解与适用"，载《人民司法》2009 年第 23 期。

113. 刘伟："非法吸收公众存款罪的扩张与限缩"，载《政治与法律》2012 年第 11 期。

114. 刘宪权、金华捷："P2P 网络集资行为刑法规制评析"，载《华东政法大学学报》2014 年第 5 期。

115. 刘宪权、金华捷："论互联网金融的行政监管与刑法规制"，载《法学》2014 年第

6 期。

116. 刘宪权："互联网金融股权众筹行为刑法规制论"，载《法商研究》2015 年第 6 期。

117. 刘宪权："论互联网金融刑法规制的'两面性'"，载《法学家》2014 年第 5 期。

118. 刘宪权："信用卡诈骗罪若干疑难问题研究"，载《政治与法律》2008 年第 10 期。

119. 刘宪权："刑法严惩非法集资行为之反思"，载《法商研究》2012 年第 4 期。

120. 刘宪权："自贸区建设中刑法适用不可回避的'四大关系'"，载《政法论坛》2014 年第 5 期。

121. 刘艳红："当下中国刑事立法应当如何谦抑？——以恶意欠薪行为入罪为例之批判性分析"，载《环球法律评论》2012 年第 2 期。

122. 刘杨东、毛煜焕："互联网金融的刑事法律风险分析——以众筹模式为例"，载刘宪权主编：《刑法学研究——互联网金融刑法规制研究》（第 11 卷），上海人民出版社 2014 年版。

123. 刘颖："货币发展形态的法律分析——兼论电子货币对法律制度的影响"，载《中国法学》2002 年第 1 期。

124. 刘宇梅："P2P 网络借贷法律问题探讨"，载《法治论坛》2013 年第 1 期。

125. 刘媛："金融领域的原则性监管方式"，载《法学家》2010 年第 3 期。

126. 刘跃进："总体国家安全观视野下的传统国家安全问题"，载《当代世界与社会主义》2014 年第 6 期。

127. 卢建平："犯罪门槛下降及其对刑法体系的挑战"，载《法学评论》2014 年第 6 期。

128. 卢勤忠："《刑法修正案（六）》与我国金融犯罪立法的思考"，载《暨南学报》（哲学社会科学版）2007 年第 1 期。

129. 卢勤忠："我国洗钱罪立法完善之思考"，载《华东政法学院学报》2004 年第 2 期。

130. 吕岩峰："洗钱罪初论"，载《法制与社会发展》1998 年第 1 期。

131. 吕祚成："P2P 行业监管立法的国际经验"，载《金融监管研究》2013 年第 9 期。

132. 马克昌："完善我国关于洗钱罪的刑事立法——《以联合国反腐败公约》为依据"，载《国家检察官学院学报》2007 年第 6 期。

133. 马民虎、赵林："我国信息网络安全保障法的价值思考"，载《信息网络安全》2002 年第 1 期。

134. 毛玲玲："发展中的互联网金融法律监管"，载《华东政法大学学报》2014 年第 5 期。

135. 毛玲玲："金融犯罪的新态势及刑法应对"，载《法学》2009 年第 7 期。

136. 茅建中："商业性 P2P 网络借贷的风险与法律规制"，载《人民司法》2013 年第 17 期。

137. 梅夏英、杨晓娜："网络服务提供者信息安全保障义务的公共性基础"，载《烟台大学学报》（哲学社会科学版）2014 年第 6 期。

138. 莫洪宪、叶小琴："洗钱罪的若干问题"，载《江苏公安专科学校学报》2001 年第 5 期。

139. 孟勤国、刘生国："私人密码在电子商务中的法律地位和作用"，载《法学研究》2001 年第 2 期。

140. 潘建珊："实质损害原则——美国信息隐私保护利益平衡原则"，载《情报科学》2007 年第 11 期。

141. 彭冰："P2P 网贷与非法集资"，载《金融监管研究》2014 年第 6 期。

142. 彭冰："非法集资活动的刑法规制"，载《清华法学》2009 年第 3 期。

143. 彭冰："非法集资活动规制研究"，载《中国法学》2008 年第 4 期。

144. 彭冰："非法集资行为的界定——评最高人民法院关于非法集资的司法解释"，载《法学家》2011 年第 6 期。

145. 彭岳："众筹监管论"，载《法治研究》2014 年第 8 期。

146. 皮勇、黄琰："论刑法中的'应当知道'——兼论刑法边界的扩张"，载《法学评论》2012 年第 1 期。

147. 皮勇、黄琰："试论信息法益的刑法保护"，载《广西大学学报》（哲学社会科学版）2011 年第 1 期。

148. 皮勇、麦勇浩："论电子商务环境下的信用卡诈骗罪"，载《法学家》2002 年第 3 期。

149. 皮勇、王启欣："从'棱镜门'事件看我国公民个人信息的法律保护"，载《社会治理法治前沿年刊》2013 年第 00 期。

150. 皮勇："互联网上淫秽信息涉罪的几个问题"，载《法学评论》2002 年第 3 期。

151. 皮勇："论金融领域计算机犯罪"，载《法学评论》2000 年第 2 期。

152. 皮勇："论网络信用卡诈骗犯罪及其刑事立法"，载《中国刑事法杂志》2003 年第 1 期。

153. 皮勇："我国网络犯罪刑法立法研究——兼论我国刑法修正案（七）中的网络犯罪立法"，载《河北法学》2009 年第 6 期。

154. 戚莹："金融创新与金融监管"，载《当代法学》2003 年第 10 期。

155. 齐爱民："对开放平台背景下个人信息保护的立法经验与借鉴——以我国台湾地区为例"，载《社会科学家》2013 年第 6 期。

156. 齐爱民："论个人信息的法律属性与构成要素"，载《情报理论与实践》2009 年第 10 期。

157. 齐爱民："美国信息隐私立法透析"，载《时代法学》2005 年第 2 期。

158. 邱兆祥、史明坤："关于民间借贷合法化的思考"，载《金融理论与实践》2009 年第 3 期。

159. 沈晶："电子证据相关问题研究"，载《黑龙江对外经贸》2006 年第 4 期。

160. 沈利军、徐伟："支付宝虚拟账户支付的法律分析及规制"，载《贵州警官职业学院学报》2009年第5期。

161. 沈逸："控制优先：9·11后的美国国家信息安全政策"，载《复旦学报》（社会科学版）2006年第4期。

162. 施余兵、艾逦姗："新技术在网络洗钱中的应用及中国的应对"，载《北京政法职业学院学报》2012年第4期。

163. 石佳友："网络环境下的个人信息保护立法"，载《苏州大学学报》（哲学社会科学版）2012年第6期。

164. 史卫民："大数据时代个人信息保护的现实困境与路径选择"，载《情报杂志》2013年第12期。

165. 束剑平："关注利用网络赌博洗钱"，载《人民公安》2005年第5期。

166. 宋奕青："众筹，创新还是非法？"，载《中国经济信息》2013年第12期。

167. 隋信刚："当前我国金融犯罪的现状与特点"，载《辽宁警专学报》2002年第2期。

168. 孙昌兴、秦洁："个人信息保护的法律问题研究"，载《北京邮电大学学报》（社会科学版）2010年第1期。

169. 孙莉："中国民间金融的发展及金融体系的变迁"，载《上海经济研究》2000年第5期。

170. 孙永祥等："我国股权众筹发展的思考与建议——从中美比较的角度"，载《浙江社会科学》2014年第8期。

171. 汤啸天："网络空间的个人数据与隐私权保护"，载《政法论坛》2000年第1期。

172. 唐松松："浅议第三方支付平台沉淀资金及利息的归属"，载《商品与质量》2012年第S2期。

173. 唐义虎："传承与创新：论网络时代合同的成立"，载《中国石油大学学报》（社会科学版）2003年第5期。

174. 佟志伟："论网络金融犯罪及侦查对策"，载《内蒙古民族大学学报》（社会科学版）2007年第2期。

175. 万志尧："P2P借贷的行政监管需求与刑法审视"，载《东方法学》2015年第2期。

176. 万志尧："对第三方支付平台的行政监管与刑法审视"，载《华东政法大学学报》2014年第5期。

177. 汪振江、张驰："互联网金融创新与法律监管"，载《兰州大学学报》（社会科学版）2014年第5期。

178. 王晨："信用证诈骗罪定性问题研究"，载《法学评论》2004年第5期。

179. 王东："论网络金融犯罪的成因与法律监管"，载《中国经贸导刊》2011年第14期。

180. 王斐民、周之琦："P2P网络借贷的规矩失灵与法治回应"，载《中国矿业大学学报》

（社会科学版）2015 年第 1 期。

181. 王国刚、张扬："互联网金融之辨析"，载《财贸经济》2015 年第 1 期。

182. 王海英："论网络金融犯罪的防范"，载《福建金融管理干部学院学报》2002 年第 2 期。

183. 王洪、谢雪凯："网络服务商第三方责任之现代展开——立法演进、立法思想与理论基础"，载《河北法学》2013 年第 7 期。

184. 王佳俊："从微信红包事件看我国网络诈骗犯罪问题"，载《铁道警察学院学报》2014 年第 4 期。

185. 王建文、奚方颖："我国网络金融监管制度：现存问题、域外经验与完善方案"，载《法学评论》2014 年第 6 期。

186. 王利明："论个人信息权的法律保护——以个人信息权与隐私权的界分为中心"，载《现代法学》2013 年第 4 期。

187. 王利明："负面清单管理模式与私法自治"，载《中国法学》2014 年第 5 期。

188. 王明月、李钧："美国 P2P 借贷平台发展：历史、现状与展望"，载《金融监管研究》2013 年第 7 期。

189. 王娜、许大辰："移动社交网络中个人信息保护现状的调查与分析——从用户行为习惯视角出发"，载《情报杂志》2015 年第 1 期。

190. 王念、王海军、赵立昌："互联网金融的概念、基础与模式之辩——基于中国的实践"，载《南方金融》2014 年第 4 期。

191. 王倩、刘桂清："我国网络金融监管的现状及政策建议"，载《经济纵横》2006 年第 3 期。

192. 王锐、刘磊："P2P 网络服务中的知识产权刑事责任问题研究"，载《知识产权》2010 年第 3 期。

193. 王晓东、赵俊俊："网络洗钱刍议"，载《山东警察学院学报》2006 年第 3 期。

194. 王鑫："论网络金融诈骗犯罪的特点及防范对策"，载《行政与法》（吉林省行政学院学报）2006 年第 3 期。

195. 王学辉、赵昕："隐私权之公私法整合保护探索——以'大数据时代'个人信息隐私为分析视点"，载《河北法学》2015 年第 5 期。

196. 王雅龄、郭宏宇："基于功能视角的第三方支付平台监管研究"，载《北京工商大学学报》（社会科学版）2011 年第 1 期。

197. 王永茜："论现代刑法扩张的新手段——法益保护的提前化和刑事处罚的前置化"，载《法学杂志》2013 年第 6 期。

198. 王昭武、肖凯："侵犯公民个人信息犯罪认定中的若干问题"，载《法学》2009 年第 12 期。

199. 卫磊："信用卡套现行为的罪名认定及其处理"，载《政治与法律》2009 年第 7 期。

200. 魏兵："大数据时代，谁动了我的隐私?"，载《互联网经济》2015 年第 Z1 期。

201. 吴朝平："第三方在线支付业务的洗钱风险及反洗钱监管研究"，载《南方金融》，2012 年第 10 期。

202. 吴文嫔、张启飞："论互联网金融创新刑法规制的路径选择——以非法集资类犯罪为视角"，载《中国检察官》2015 年第 11 期。

203. 吴占英："变造货币罪研究"，载《武汉冶金管理干部学院学报》2001 年第 1 期。

204. 吴之成、王珂："论网络无卡方式信用卡诈骗及其刑法规制"，载《企业家天地》(理论版) 2011 年第 8 期。

205. 席月明："中国市场经济法治创新的着力点与挑战"，载席月明主编:《法律与经济——中国市场经济法治建设的反思与创新》(2013 年第 1 卷)，中国社会科学出版社 2013 年版。

206. 肖本华："美国众筹融资模式的发展及其对我国的启示"，载《南方金融》2013 年第 1 期。

207. 肖凯："论众筹融资的法律属性及其与非法集资的关系"，载《华东政法大学学报》2014 年第 5 期。

208. 肖中华、高尚："信用卡网络诈骗行为分析"，载《南昌大学学报》(人文社会科学版) 2013 年第 3 期。

209. 谢波、雷裕倩："电子代理人法律问题探究"，载张平主编:《网络法律评论》(第 7 卷)，北京大学出版社 2006 年版。

210. 谢杰、张建："'去中心化'数字支付时代经济刑法的选择——基于比特币的法律与经济分析"，载《法学》2014 年第 8 期。

211. 谢平、尹龙："网络经济下的金融理论与金融治理"，载《经济研究》2001 年第 4 期。

212. 谢平等："互联网金融模式研究"，载《新金融评论》2012 年第 1 期。

213. 谢平、邹传伟："互联网金融模式研究"，载《金融研究》2012 年第 12 期。

214. 谢平："互联网金融新模式"，载《新世纪周刊》2012 年第 24 期。

215. 谢清河："我国互联网金融发展问题研究"，载《经济研究参考》2013 年第 49 期。

216. 谢望原、张开骏："非法吸收公众存款罪疑难问题研究"，载《法学评论》2011 年第 6 期。

217. 邢会强："金融法的二元结构"，载《法商研究》2011 年第 3 期。

218. 邢丘丹、雷婷："第三方支付的崛起对网上银行支付业务发展的启示"，载《宁夏大学学报》(人文社会科学版) 2009 年第 6 期。

219. 熊理思："对互联网金融创新的刑法介入需谨慎——以余额宝为例"，载《广西社会科学》2014 年第 9 期。

220. 徐静村："电子证据——证据学的一个新领域"，载《重庆邮电学院学报》（社会科学版）2003 年第 1 期。

221. 许新源："我国金融刑事立法、金融刑事犯罪与公安金融安保工作"，载《公安大学学报》1998 年第 2 期。

222. 薛虹："论电子商务第三方交易平台——权力、责任和问责三重奏"，载《上海师范大学学报》（哲学社会科学版）2014 年第 5 期。

223. 薛虹："自动交易与电子代理人"，载《IT 经理世界》2000 年第 21 期。

224. 薛瑞麟："论持有、使用假币罪"，载《中国法学》1999 年第 4 期。

225. 阎二鹏："经济犯罪刑法适用的公众认同"，载《时代法学》2013 年第 3 期。

226. 杨东、刘翔："互联网金融视阀下我国股权众筹法律规制的完善"，载《贵州民族大学学报》（哲学社会科学版）2014 年第 2 期。

227. 杨东、苏伦嘎："股权众筹平台的运营模式及风险防范"，载《国家检察官学院学报》2014 年第 4 期。

228. 杨东："P2P 网络借贷平台的异化及其规制"，载《社会科学》2015 年第 8 期。

229. 杨东："互联网金融的法律规制——基于信息工具的视角"，载《中国社会科学》2015 年第 4 期。

230. 杨东："互联网金融风险规制路径"，载《中国法学》2015 年第 3 期。

231. 杨宏芹、张岑："第三方支付中沉淀资金的归属"，载《经济导刊》2012 年第 1 期。

232. 姚海放等："网络平台借贷的法律规制研究"，载《法学家》2013 年第 5 期。

233. 姚军、苏战超："互联网金融视角下的消费者权益保护"，载《金融法苑》2014 年第 2 期。

234. 殷宪龙："我国网络金融犯罪司法认定研究"，载《法学杂志》2014 年第 2 期。

235. 余平、黄瑞华："论信息活动及其对信息法调整对象范围的影响"，载《情报杂志》2004 年第 8 期。

236. 俞小海："互联网金融的风险评估及对刑法适用之影响"，载《北京警察学院学报》2014 年第 5 期。

237. 喻磊、张鹤："试析网络服务商对网络隐私权的保护"，载《江西社会科学》2008 年第 7 期。

238. 袁彬："'人肉搜索'的刑事责任主体及其责任模式选择"，载《政治与法律》2014 年第 12 期。

239. 袁道强："信用卡套现成本的博弈分析及其监管探讨"，载《金融理论与实践》2008 年第 12 期。

240. 岳彩申："互联网时代民间融资法律规制的新问题"，载《政法论丛》2014 年第 3 期。

241. 岳彩申："民间借贷的激励性法律规制"，载《中国社会科学》2013 年第 10 期。

242. 张楚："关于电子'代理人'法律问题的分析与思考"，载《人文杂志》2000 年第 4 期。

243. 张春普、李上上："对沉淀资金的性质及其孳息归属的探究——以第三方网上支付为视角"，载《天津商业大学学报》2013 年第 3 期

244. 张春燕："第三方支付平台沉淀资金及利息之法律权属初探——以支付宝为样本"，载《河北法学》2011 年第 3 期。

245. 张红霞、侯向磊："电子货币的界定及其应用中亟待解决的法律问题"，载《河北法学》2004 年第 7 期。

246. 张明楷："'风险社会'若干刑法理论问题反思"，载《法商研究》2011 年第 5 期。

247. 张明楷："注重体系解释 实现刑法正义"，载《法律适用》2005 年第 2 期。

248. 张庆麟："电子货币的法律性质初探"，载《武汉大学学报》（社会科学版）2001 年第 5 期。

249. 张少林、刘源："刑法中的'明知'、'应知'与'怀疑'探析"，载《政治与法律》2009 年第 3 期。

250. 张晓朴："互联网金融监管的原则：探索新金融监管范式"，载《金融监管研究》2014 年第 2 期。

251. 张雪楳："P2P 网络借贷相关法律问题研究"，载《法律适用》2014 年第 8 期。

252. 张玉洁："论'非法获取公民个人信息罪'的司法认定——基于 190 件案例样本的分析"，载《华东政法大学学报》2014 年第 6 期。

253. 张蕴萍："信息不对称与金融消费者保护"，载《学习与探索》2013 年第 1 期。

254. 张正平、胡夏露："P2P 网络借贷：国际发展与中国实践"，载《北京工商大学学报》（社会科学版）2013 年第 2 期。

255. 张竹英："金融领域计算机犯罪的特征及法律对策"，载《社会科学家》1998 年第 4 期。

256. 张宗亮："网络时代背景下的洗钱犯罪"，载《中国人民公安大学学报》（社会科学版）2006 年第 4 期。

257. 钊作俊："洗钱犯罪研究"，载《法律科学》（西北政法学院学报）1997 年第 5 期。

258. 赵桂民、韩玉胜："出售、非法提供公民个人信息罪犯罪主体的立法完善"，载《人民检察》2014 年第 15 期。

259. 赵廷光、皮勇："关于利用计算机实施盗窃罪的几个问题"，载《中国刑事法杂志》2000 年第 1 期。

260. 赵渊、罗培新："论互联网金融监管"，载《法学评论》2014 年第 6 期。

261. Helen Li："对经济犯罪数量居高不下的理性思考——与北京证泰律师事务所主任赵曾海的对话"，载《中国科技财富》2003 年第 12 期。

262. 赵振华："按市场化方向深化金融体制改革"，载《经济》2013 年第 12 期。

263. 郑成思、薛红："国际上电子商务立法状况"，载《科技与法律》2000 年第 3 期。

264. 郑娟、赵岩林："电子代理人法律问题探析"，载《政法论丛》2004 年第 1 期。

265. 中国人民银行海口中心支行课题组："第三方支付沉淀资金问题及监管"，载《南方金融》2007 年第 9 期。

266. 钟志勇："电子货币若干法律问题研究"，载《河北法学》2007 年第 9 期。

267. 周博文："我国民间融资视角下的非法集资犯罪研究"，载《公安研究》2010 年第 7 期。

268. 周强："论第三方互联网支付中的消费者权益保护"，载《金融法苑》2014 年第 2 期。

269. 朱锡平："拾得借记卡冒用取款行为的司法认定——刑法解释位阶视域中信用卡涵义的追问"，载《中国刑事法杂志》2005 年第 6 期。

270. 庄乾龙："论虚拟空间刑事法网之扩张与克制——以《网络诽谤解释》为背景的分析"，载《刑法论丛》2014 年第 2 期。

271. 邹伟："互联网金融发展过程中消费者权益保护问题"，载《时代金融》2014 年第 26 期。

272. 左坚卫："网络借贷中的刑法问题探讨"，载《法学家》2013 年第 5 期。

273. 王照华："网络洗钱犯罪及其法律规制研究"，载《东岳论丛》2009 年第 5 期。

274. ［德］卡尔·海因策："信息安全与权利保护的平衡发展：网络刑事立法的价值追求"，闫艳译，载《信息网络安全》2010 年第 1 期。

275. ［俄］科佩洛夫："论信息法体系"，赵国琦译，载《国外社会科学》2000 年第 5 期。

276. ［美］NATHAN C. HENDERSON："论政府对国内通讯实行实时电子监控的能力受《爱国者法》的影响"，丁康吉译，载《网络法律评论》2006 年第 00 期。

277. ［意］劳伦佐·彼高狄："信息刑法语境下的法益与犯罪构成要件的建构"，吴沈括译，载《刑法论丛》2010 年第 3 期。

（三）英文类

1. 105th Congress 2d Session, "Digital Millennium Copyright Act", http://www. copyright. gov/ legislation/hr2281. pdf.

2. 103th Congress of the United States of America, "Communications Assistance for Law Enforcement Act", https: //epic. org/privacy/wiretap/calea/calea_law. html.

3. "Interception of Communications in the United Kingdom, A Consultation Paper", http:// www. cyber-rights. org/interception/ioca. pdf.

4. "Regulation of Investigatory Powers Act 2000", http:// www. legislation. gov. uk/ukpga/ 2000/23/pdfs/ukpga_20000023_ en. pdf.

5. "Data Retention and Investigatory Powers Bill（HL Bill 37）", http://www. publications. par-

liament. uk/pa/bills/lbill/2014-2015/0037/lbill_2014-20150037_en_1. htm.

6. C. Hooper, B. Martini, Kim-Kwang R. Choo, "Cloud Computing and Its Implications for Cyber-crime Investigations in Australia", *Computer Law and Security Review*, Vol. 29. No. 2. , 2013.

7. P. R. Wayleith, *Data Security: Laws and Safeguards*, Nova Science Publishers, Inc, 2008.

8. H. L. Packer, *The Limits of the Criminal Sanction*, Stanford University Press, 1968.

9. G. B. Stewart, *Identity Theft*, Greenhaven Publishing LLC, 2007.

10. N. Swartz, "Will Red Flag Detour ID Theft?", *Information Management Journal*, Vol. 43, No. 1. , 2009.

11. D. I. Bainbridge, *Introduction to Computer Law*, Pearson Education, 2000.

12. M. Clarke, S. Wheeler, *Business Crime: It Nature and Control*, Palgrave Macmillan. , 1990.

13. D. B. Humphrey, L. B. Pulley, J. M. Vesala, "The Check's in the Mail: Why the United States Lags in the Adoption of Cost-Saving Electronic Payments", *Journal of Financial Services Research*, Vol. 17, No. 1, 2000.

14. J. Hemer, "A Snapshot on Crowdfunding", *Arbeitspapiere Unternehmen und Region*, No. R2. , 2011.

15. A. R. Stemler, "The JOBS Act and Crowdfunding: Harnessing the Power-and Money-of the Masses", Business Horizons, Vol. 56, No. 3. , 2013.

16. D. Weisburd, S. Wheeler, N. Bode, et al, *Crimes of the Middle Classes: White-Collar Offenders in the Federal Courts*, Yale University Press, 1991.

17. M. Jefferson, *Criminal Law*, Person Education Limited, 2009.

18. K. F. Brickey, *Corporate and White Collar Crime*, Wolters Kluwer Law & Business, 2009.

19. J. Gobert, E. Mugnai, "Coping with Corporate Criminality-Some Lessons from Italy", *Criminal Law Review*, 2002.

20. H. Edelhertz, "The Nature, Impact and Prosecution of White-Collar Crime", in D. Weisburd, S. Wheeler, N. Bode, et al. , *Crimes of the Middle Classes: White-Collar offenders in the Federal Courts*, Yale University Press, 1991.

21. A. Kennedy, "Dead Fish across the Trail: Illustrations of Money Laundering Methods", *Journal of Money Laundering Control*, Vol. 8, No. 4. , 2005.

22. C. S. Bradford, "Crowdfunding and the Federal Securities Laws", *Columbia Business Law Review*, Vol. 2012, No. 1. , 2012.

23. C. Nakajima, "Politics: Offshore Centres, Transparency and Integrity: The Case of the UK Territories", in D. Masciandaro, ed. , *Global Financial Crime: Terrorism, Money Laundering and Offshore Centres*, Ashgate, 2004.

24. Financial Action Task Force On Money Laundering: Annual Report 2000-2001.

25. F. N. Baldwin Jr. , R. J. Munro, *Money Laundering*, *Assert Forfeiture and International Crimes*, Oceana Publications, 1993.

26. H. G. Goldberg, R. W. H. Wong, "Restructuring Transactional Data for Link Analysis in the Fin CEN AI System", *Proceedings of 1998 AAAI Fall Symposium on Artificial Intelligence and Link Analysis*, 1998.

27. F. N. Baldwin Jr. , "The Financing of Terror in the Age of the Internet: Willful Blindness, Greed or a Political Statement?", *Journal of Money Laundering Control*, Vol. 8, No. 2. , 2004.

28. P. Le More, C. Mazza, "Securing the Transfer of Money in the New Technologies Context: the Case of the French Online Gaming Sector", *International Business Law Journal*, Vol. 5, 2011.

29. A. Bounds, "Peer-to-Peer Lending Fill Gap Left by Wary Banks", Financial Times, http://www. ft. com/content/de6727e4-26f7-11e3-9dc0-00144Feab7de.

30. E. M. Weitzenbock, "Electronic Agents and the Formation of Contracts", *International Journal of Law and Information Technology*, Vol. 9 , No. 3. , 2001.

31. Seung-Hoon Yoo, "Does Information Technology Contribute to Economic Growth in Developing Countries? A Cross-country Analysis", *Applied Economics Letters*, Vol. 10, 2003.

32. R. L. B. Stevenson, "Plugging the 'Phishing' Hole: Legislation Versus Technology", *Duke Law & Technology Review*, Vol. 4, No. 1. , 2005.

33. S. Wettig, E. Zehendner, "A Legal Analysis of Human and Electronic Agents", *Artificial Intelligence and Law*, Vol. 12, 2004.

34. T. Kellermann, "Money Laundering in Cyberspace", *The World Bank Financial Sector Working Paper*, 2004.

35. R. J. Shiller, "Capitalism and Financial Innovation", *Financial Analysts Journal*, Vol. 69, No. 1. , 2013.

36. E. F. Fama, "Efficient Capital Markets: A Review of Theory and Empirical Work", *The Journal of Finance*, Vol. 25, No. 2. , 1970.

37. T. L. Hazen, "Crowdfunding or Fraudfunding-Social Networks and the Securities Laws-Why the Specially Tailored Exemption Must Be Conditioned on Meaningful Disclosure", *North Carolina Law Review*, Vol. 90, No. 5. , 2012.

38. S. J. Grossman, J. E. Stiglitz, "Information and Competitive Price Systems", *The American Economic Review*, Vol. 66, No. 2. , 1976.

39. I. Fisher, *The Theory of Interest: As Determined by Impatience to Spend Income and Opportunity to Invest It*, A. M. Kelley Press, 1970.

40. R. C. Merton, "A Functional Perspective of Financial Intermediation", *Financial Management*, Vol. 24, No. 2. , 1995.

41. A. R. Palmiter, "Pricing Disclosure: Crowdfunding's Curious Conundrum", *Ohio State Entrepreneurial Business Law Journal*, Vol. 7, No. 2., 2012.

42. M. Spence, " Job Market Signaling ", *The Quarterly Journal of Economics*, Vol. 87, No. 3., 1973.

43. M. K. Brunnermeier, L. H. Pedersen, "Market Liquidity and Funding Liquidity", *The Review of Financial Studies*, Vol. 22, No. 6., 2009.

44. M. Rothschild, J. Stiglitz, "Equilibrium in Competitive Insurance Markets: An Essay on the Economics of Imperfect Information ", *The Quarterly Journal of Economics*, Vol. 90, No. 4., 1976.

45. N. D. Pope, " Crowdfunding Microstartups: It's Time for the Securities and Exchange Commission to Approve a Small Offering Exemption", *University of Pennsylvania Journal of Business Law*, Vol. 13, No. 4., 2011.

46. Basel Committee on Banking Supervision, "Basel III: A Global Regulatory Framework for More Resilient Banks and Banking Systems", https://www. bis. org/publ/bcbs189_ dec2010. pdf.

47. Basel Committee on Banking Supervision, " Basel III, Leverage Ratio Framework and Disclosure Requirements", http://www. bis. org/publ/bcbs270. pdf.

48. E. Simon, "Ditch the Banks and Get 6pc on Your Savings? There's a Catch: You May Not Get All Your Money Back", *The Daily Telegraph*, 2012.

49. A. Metrick, G. Gorton, "Securitized Banking and the Run on Repo", *Journal of Financial Economics*, Vol. 104, No. 3., 2012.

50. C. Stefanou, H. Xanthaki, *Financial Crime in the Eu: Criminal Record as Effective Tools or Missed Opportunities?*, Kluwer Law International, 2005.

51. D. Masciandaro, ed. , *Global Financial Crime: Terrorism, Money Laundering and Offshore Centres*, Ashgate, 2004.

52. "Person-to-Person Lending, New Regulatory Challenges Could Emerge as the Industry Grows", U. S. Government Accountability Office, https://www. gao. gov/assets/gao-11-613. pdf.

53. K. Loizou, "Start ups to the Power of Three", The Sunday Times, http://www. thetimes. co. uk/article/start-ups-to-the-power-of-tnree-vzvb2sl7tl3.

54. E. S. Brezis, P. R. Krugman, D. Tsiddon, " Leapfrogging in International Competition: A Theory of Cycles in National Technological Leadership", The *American Economic Review*, Vol. 83, No. 5., 1993.

55. A. F. Darrat, S. S. Al-Sowaidi, "Information Technology, Financial Deepening and Economic Growth: Some Evidence from A Fast Growing Emerging Economy", *Journal of Economics and International Finance*, Vol. 2, No. 2., 2010.

56. N. Kiyotakl, R. Wright, "A Search-Theoretic Approach to Monetary Economics", *The American Economic Review*, Vol. 83, No. 1. , 1993.

57. P. M. Romer, "New Goods, Old Theory, and the Welfare Costs of Trade Restrictions", *Journal of Development Economics*, Vol. 43, No. 1, 1994.

58. S. C. Salop, "Monopolistic Competition with Outside Goods", *The Bell Journal of Economics*, Vol. 10, No. 1. , 1979.

59. O. E. Williamson, *Markets and Hierarchies: Analysis and Antitrust Implication*, The Free Press, 1975.

60. F. Allen, J. Mcandrews, P. Strahan, "E-Finance: An Introduction", *Journal of Financial Services Research*, Vol. 22, No. 1. , 2002.

61. M. Armstrong, "Competition in Two-sided Markets", *The RAND Journal of Economics*, Vol. 37, No. 3. , 2006.

62. A. Bachmann, A. Becker, D. Buerckner, et al, "Online Peer-to-Peer Lending-A Literature Review", *Journal of Internet Banking and commerce*, Vol. 16, No. 2. , August, 2011.

63. S. Barati, S. Mohammadi, "An Efficient Model to Improve Customer Acceptance of Mobile Banking", *Proceedings of the Word Congress on Engineering and Computer Science*, Vol. 2, 2009.

64. S. C. Berger, F. Gleisner, "Emergence of Financial Intermediaries in Electronic Markets: The Case of Online P2P Lending", *BuR-Business Research Official open Access Journal of VHB*, Vol. 2, No. 1. , 2009.

65. N. J. Black, A. Lockett, C. Ennew, et al. , "Modelling Consumer Choice of Distribution Channels: An Illustration from Financial Services", *International Journal of Bank Marketing*, Vol. 20. No. 4. , 2002.

66. Chen L. F. , D. Woods, K. Curran, et al. , "Mobile Development Environments for Electronic Finance", *International Journal of Electronic*, Vol. 4, No. 2. , 2010.

67. S. Claessens, G. Dobos, D. Klingebiel, et al. , "The Growing Importance of Networks in Finance and Its Effects on Competition", in A. Nagurney, ed. , *Innovations in Financial and Economic Networks*, Edward Elgar Publishing, 2003.

68. K. Dandapani, G. V. Karels, E. R. Lawrence, "Internet Banking Services and Credit Union Performance", *Managerial Finance*, Vol. 34, No. 6. , 2008.

69. P. A. Greenberg, "Online Insurance: Who Needs-It", E-Commerce Time, http://www. ecommercetimes. com/story/12871. html.

70. R. Grinberg, "Bitcoin: An Innovation Alternation Distal Currency", *Hastings Science & Technologies Law Journal*, Vol. 4. , 2012.

71. D. Hancock, D. B. Humphrey, J. A. Wilcox, "Cost Reductions in Electronic Payments: The Rdes of Consolidation, Economies of Scale, and Technical Change", *Journal of Banking & Finance*, Vol. 23, No. 2-4. , 1999.

（四）报刊类

1. 陈军君："央行监管 P2P 将迎转型"，载《中国经济时报》2014 年 1 月 14 日，第 A11 版。

2. 关仕新："余额宝类理财产品风险几多"，载《检察日报》2014 年 5 月 24 日，第 3 版。

3. 黎宏："机器不能成为诈骗罪对象"，载《检察日报》2005 年 2 月 24 日。

4. 李文龙："引入第三方托管防范 P2P 网络借贷风险"，载《金融时报》2013 年 12 月 2 日，第 5 版。

5. 刘瑞："法律为互联网金融保驾护航"，载《新华书目报》2014 年 9 月 29 日，第 A11 版。

6. 刘宪权："互联网金融，法律如何监管"，载《解放日报》2014 年 4 月 23 日，第 5 版。

7. 刘宪权："互联网金融面临的刑事风险"，载《解放日报》2014 年 5 月 7 日，第 5 版。

8. 刘哲、荀雨杰："互联网金融反洗钱工作难点与对策"，载《金融时报》2014 年 12 月 1 日，第 10 版。

9. 毛宇舟："担保公司现跑路潮 鹏润担保'失联'涉资超 2.5 亿元"，载《证券日报》2014 年 7 月 8 日，第 B03 版。

10. 皮勇："网络服务提供者的刑事责任问题"，载《光明日报》2005 年 6 月 28 日。

11. 沈卫利："网站用户密码泄露的法律对策"，载《经济参考报》2012 年 3 月 20 日，第 A08 版。

12. 宋海："推动互联网金融健康发展"，载《金融时报》2014 年 12 月 1 日，第 11 版。

13. 王鹤、李圆："网络金融犯罪：互联网时代的毒瘤"，载《经济参考报》2005 年 6 月 20 日，第 6 版。

14. 王兰："余额宝：互联网金融时代的'鲶鱼'"，载《中国社会科学报》2013 年 8 月 21 日，第 A07 版。

15. 王璐："把握互联网金融创新与监管的平衡"，载《金融时报》2015 年 1 月 5 日，第 7 版。

16. 王涛："英国 完善法律加强监管 防范网络金融犯罪"，载《经济日报》2008 年 6 月 18 日，第 14 版。

17. 王晓雁："网上交易'软肋'亟待法律'撑腰'"，载《天津政法报》2008 年 4 月 25 日，第 8 版。

18. 吴景丽："互联网金融的基本模式及法律思考（上）"，载《人民法院报》2014 年 3 月 26 日，第 7 版。

19. 吴景丽："互联网金融的基本模式及法律思考（下）"，载《人民法院报》2014 年 4 月 2 日，第 7 版。

20. 肖文："'三问'互联网金融监管"，载《中国经济导报》2014 年 11 月 18 日，第 A03 版。

21. 谢惠茜："未来 30 年将是互联网金融时代"，载《深圳商报》2013 年 11 月 29 日，第 A02 版。

22. 熊理思："互联网金融创新的刑法规制"，载《上海法治报》2014 年 4 月 16 日，第 B06 版。

23. 徐丽红："互联网金融：搅动金融生态新格局"，载《中央财经报》2013 年 9 月 26 日，第 5 版。

24. 薛虹："电子合同中'错误'的法律后果"，载《人民法院报》2001 年 4 月 27 日，第 3 版。

25. 闫瑾："P2P 网贷平台陷短命怪圈"，载《北京商报》2014 年 7 月 7 日，第 B01 版。

26. 杨东："股权众筹是多层次资本市场的一部分"，载《中国证券报》2014 年 3 月 31 日，第 A05 版。

27. 袁蓉君："全球互联网犯罪日益威胁金融业"，载《金融时报》2012 年 5 月 9 日，第 8 版。

28. 张兰："警惕网络保险违法犯罪活动"，载《金融时报》2014 年 5 月 15 日，第 1 版。

29. 张年亮、林笛："非法集资呈现六类典型手法"，载《人民公安报》2014 年 4 月 22 日，第 4 版。

30. 张守营："互联网金融易出'庞氏骗局'需警惕"，载《中国经济导报》2014 年 2 月 11 日，第 B05 版。

31. 张晓朴："互联网金融监管十二原则"，载《第一财经日报》2014 年 1 月 20 日，第 B06 版。

32. 周静："央行首次划定 P2P 网贷红线 或促民间网络投融资入正轨"，载《通信信息报》2013 年 12 月 4 日，第 B2 版。

33. 卓尚进："推动互联网金融健康发展"，载《金融时报》2014 年 11 月 28 日，第 5 版。

34. 吴盛："公民个人信息的刑法保护宜更为周全——对《刑法修正案（七）（草案）》第六条的完善建议"，载《检察日报》2008 年 9 月 15 日，第 3 版。